A book for You
赤本バックナンバーの

赤本バックナンバーを1年単位で印刷製本しお

弊社発行の「**高校別入試対策シリーズ(赤本)**」の収録から外れた　　　　単位でご購入いただくことができます。

「**赤本バックナンバー**」はamazon(アマゾン)の***プリント・オン・デマンドサービス**によりご提供いたします。

定評のあるくわしい解答解説はもちろん赤本そのまま,解答用紙も付けてあります。

志望校の受験対策をさらに万全なものにするために,「**赤本バックナンバー**」をぜひご活用ください。

⚠*プリント・オン・デマンドサービスとは,ご注文に応じて1冊から印刷製本し,お客様にお届けするサービスです。

ご購入の流れ

① 英俊社のウェブサイト https://book.eisyun.jp/ にアクセス

② トップページの「高校受験」 赤本バックナンバー をクリック

③ ご希望の学校・年度をクリックすると,amazon(アマゾン)のウェブサイトの該当書籍のページにジャンプ

④ amazon(アマゾン)のウェブサイトでご購入

⚠ 納期や配送,お支払い等,購入に関するお問い合わせは,amazon(アマゾン)のウェブサイトにてご確認ください。

⚠ 書籍の内容についてのお問い合わせは英俊社(06−7712−4373)まで。

国私立高校・高専 バックナンバー

⚠ 表中の×印の学校・年度は,著作権上の事情等により発刊いたしません。あしからずご了承ください。

(アイウエオ順)

※価格はすべて税込表示

学校名	2019年 実施問題	2018年 実施問題	2017年 実施問題	2016年 実施問題	2015年 実施問題	2014年 実施問題	2013年 実施問題	2012年 実施問題	2011年 実施問題	2010年 実施問題	2009年 実施問題	2008年 実施問題	2007年 実施問題	2006年 実施問題	2005年 実施問題	2004年 実施問題	2003年 実施問題
大阪教育大附高池田校舎	1,540円 66頁	1,430円 60頁	1,430円 62頁	1,430円 60頁	1,430円 60頁	1,430円 58頁	1,430円 58頁	1,430円 60頁	1,430円 58頁	1,430円 56頁	1,430円 54頁	1,320円 50頁	1,320円 52頁	1,320円 52頁	1,320円 48頁	1,320円 48頁	
大阪星光学院高	1,320円 48頁	1,320円 44頁	1,210円 42頁	1,210円 34頁	×	1,210円 36頁	1,210円 30頁	1,210円 32頁	1,650円 88頁	1,650円 84頁	1,650円 84頁	1,650円 80頁	1,650円 86頁	1,650円 80頁	1,650円 82頁	1,320円 52頁	1,430円 54頁
大阪桐蔭高	1,540円 74頁	1,540円 66頁	1,540円 68頁	1,540円 66頁	1,540円 66頁	1,430円 64頁	1,540円 68頁	1,430円 62頁	1,430円 62頁	1,540円 68頁	1,430円 62頁	1,430円 62頁	1,430円 60頁	1,430円 62頁	1,430円 58頁		
関西大学高	1,430円 56頁	1,430円 56頁	1,430円 58頁	1,430円 54頁	1,320円 52頁	1,320円 52頁	1,430円 54頁	1,320円 50頁	1,320円 52頁	1,320円 50頁							
関西大学第一高	1,540円 66頁	1,430円 64頁	1,430円 64頁	1,430円 56頁	1,430円 62頁	1,430円 54頁	1,320円 48頁	1,430円 56頁	1,430円 56頁	1,430円 56頁	1,430円 56頁	1,320円 52頁	1,320円 52頁	1,320円 50頁	1,320円 46頁	1,320円 52頁	
関西大学北陽高	1,540円 68頁	1,540円 72頁	1,540円 70頁	1,430円 64頁	1,430円 62頁	1,430円 60頁	1,430円 60頁	1,430円 58頁	1,430円 58頁	1,430円 58頁	1,430円 56頁	1,430円 54頁					
関西学院高	1,210円 36頁	1,210円 36頁	1,210円 34頁	1,210円 34頁	1,210円 32頁	1,210円 32頁	1,210円 32頁	1,210円 32頁	1,210円 28頁	1,210円 30頁	1,210円 28頁	1,210円 30頁	×	1,210円 30頁	1,210円 28頁	×	1,210円 26頁
京都女子高	1,540円 66頁	1,430円 62頁	1,430円 60頁	1,430円 60頁	1,430円 60頁	1,430円 54頁	1,430円 56頁	1,430円 56頁	1,430円 56頁	1,430円 56頁	1,430円 56頁	1,430円 54頁	1,430円 54頁	1,320円 50頁	1,320円 50頁	1,320円 48頁	
近畿大学附属高	1,540円 72頁	1,540円 68頁	1,540円 68頁	1,540円 66頁	1,430円 64頁	1,430円 62頁	1,430円 58頁	1,430円 60頁	1,430円 58頁	1,430円 60頁	1,430円 54頁	1,430円 58頁	1,430円 56頁	1,430円 54頁	1,430円 56頁	1,320円 52頁	
久留米大学附設高	1,430円 64頁	1,430円 62頁	1,430円 58頁	1,430円 60頁	1,430円 58頁	1,430円 58頁	1,430円 58頁	1,430円 58頁	1,430円 56頁	1,430円 58頁	1,430円 54頁	×	1,430円 54頁	1,430円 54頁			
四天王寺高	1,540円 74頁	1,430円 62頁	1,430円 64頁	1,540円 66頁	1,210円 40頁	1,210円 40頁	1,430円 64頁	1,430円 64頁	1,430円 58頁	1,430円 62頁	1,430円 60頁	1,430円 60頁	1,430円 64頁	1,430円 58頁	1,430円 62頁	1,430円 58頁	
須磨学園高	1,210円 40頁	1,210円 40頁	1,210円 36頁	1,210円 42頁	1,210円 40頁	1,210円 40頁	1,210円 38頁	1,210円 38頁	1,320円 44頁	1,320円 48頁	1,320円 46頁	1,320円 48頁	1,320円 46頁	1,320円 44頁	1,210円 42頁		
清教学園高	1,540円 66頁	1,540円 66頁	1,430円 64頁	1,430円 56頁	1,320円 52頁	1,320円 50頁	1,320円 52頁	1,320円 48頁	1,320円 52頁	1,320円 50頁	1,320円 50頁	1,320円 46頁					
西南学院高	1,870円 102頁	1,760円 98頁	1,650円 82頁	1,980円 116頁	1,980円 112頁	1,980円 112頁	1,870円 110頁	1,870円 112頁	1,870円 106頁	1,540円 76頁	1,540円 76頁	1,540円 72頁	1,540円 72頁	1,540円 70頁			
清風高	1,430円 58頁	1,430円 54頁	1,430円 60頁	1,430円 60頁	1,430円 60頁	1,430円 60頁	1,430円 60頁	1,430円 60頁	1,430円 56頁	1,430円 58頁	×	1,430円 56頁	1,430円 58頁	1,430円 54頁	1,430円 54頁		

※価格はすべて税込表示

学校名	2019年実施問題	2018年実施問題	2017年実施問題	2016年実施問題	2015年実施問題	2014年実施問題	2013年実施問題	2012年実施問題	2011年実施問題	2010年実施問題	2009年実施問題	2008年実施問題	2007年実施問題	2006年実施問題	2005年実施問題	2004年実施問題	2003年実施問題
清風南海高	1,430円 64頁	1,430円 64頁	1,430円 62頁	1,430円 60頁	1,430円 60頁	1,430円 58頁	1,430円 58頁	1,430円 60頁	1,430円 56頁	1,430円 56頁	1,430円 56頁	1,430円 56頁	1,430円 58頁	1,430円 58頁	1,320円 52頁	1,430円 54頁	
智辯学園和歌山高	1,320円 44頁	1,210円 42頁	1,210円 40頁	1,210円 40頁	1,210円 38頁	1,210円 38頁	1,210円 40頁	1,210円 38頁	1,210円 38頁	1,210円 40頁	1,210円 40頁	1,210円 38頁	1,210円 38頁	1,210円 38頁	1,210円 38頁	1,210円 38頁	
同志社高	1,430円 56頁	1,430円 56頁	1,430円 54頁	1,430円 54頁	1,430円 56頁	1,430円 54頁	1,320円 52頁	1,320円 52頁	1,320円 50頁	1,320円 48頁	1,320円 50頁	1,320円 50頁	1,320円 46頁	1,320円 48頁	1,320円 44頁	1,320円 48頁	1,320円 46頁
灘高	1,320円 52頁	1,320円 46頁	1,320円 48頁	1,320円 46頁	1,320円 46頁	1,320円 48頁	1,210円 42頁	1,320円 44頁	1,320円 50頁	1,320円 48頁	1,320円 46頁	1,320円 48頁	1,320円 48頁	1,320円 46頁	1,320円 44頁	1,320円 46頁	1,320円 46頁
西大和学園高	1,760円 98頁	1,760円 96頁	1,760円 90頁	1,540円 68頁	1,540円 66頁	1,430円 62頁	1,430円 62頁	1,430円 62頁	1,430円 64頁	1,430円 64頁	1,430円 62頁	1,430円 64頁	1,430円 64頁	1,430円 62頁	1,430円 60頁	1,430円 56頁	1,430円 58頁
福岡大学附属大濠高	2,310円 152頁	2,310円 148頁	2,200円 142頁	2,200円 144頁	2,090円 134頁	2,090円 132頁	2,090円 128頁	1,760円 96頁	1,760円 94頁	1,650円 88頁	1,650円 84頁	1,760円 88頁	1,760円 90頁	1,760円 92頁			
明星高	1,540円 76頁	1,540円 74頁	1,540円 68頁	1,430円 62頁	1,430円 62頁	1,430円 64頁	1,430円 64頁	1,430円 60頁	1,430円 58頁	1,430円 56頁	1,430円 56頁	1,430円 54頁	1,430円 54頁	1,430円 54頁	1,320円 52頁	1,320円 52頁	
桃山学院高	1,430円 64頁	1,430円 64頁	1,430円 62頁	1,430円 60頁	1,430円 58頁	1,430円 54頁	1,430円 56頁	1,430円 54頁	1,430円 58頁	1,430円 58頁	1,430円 56頁	1,320円 52頁	1,320円 52頁	1,320円 48頁	1,320円 46頁	1,320円 50頁	1,320円 50頁
洛南高	1,540円 66頁	1,430円 64頁	1,540円 66頁	1,540円 66頁	1,430円 62頁	1,430円 64頁	1,430円 62頁	1,430円 62頁	1,430円 62頁	1,430円 60頁	1,430円 58頁	1,430円 64頁	1,430円 60頁	1,430円 62頁	1,430円 58頁	1,430円 58頁	1,430円 60頁
ラ・サール高	1,540円 70頁	1,540円 66頁	1,430円 60頁	1,430円 62頁	1,430円 60頁	1,430円 58頁	1,430円 60頁	1,430円 60頁	1,430円 58頁	1,430円 54頁	1,430円 60頁	1,430円 54頁	1,430円 56頁	1,320円 50頁			
立命館高	1,760円 96頁	1,760円 94頁	1,870円 100頁	1,760円 96頁	1,870円 104頁	1,870円 102頁	1,870円 100頁	1,760円 92頁	1,650円 88頁	1,760円 94頁	1,650円 88頁	1,650円 86頁	1,320円 48頁	1,650円 80頁	1,430円 54頁		
立命館宇治高	1,430円 62頁	1,430円 60頁	1,430円 58頁	1,430円 58頁	1,430円 56頁	1,430円 54頁	1,430円 54頁	1,320円 52頁	1,320円 52頁	1,430円 54頁	1,430円 56頁	1,320円 52頁					
国立高専	1,650円 78頁	1,540円 74頁	1,540円 66頁	1,430円 64頁	1,430円 62頁	1,430円 62頁	1,430円 62頁	1,540円 68頁	1,540円 70頁	1,430円 64頁	1,430円 62頁	1,430円 62頁	1,430円 60頁	1,430円 58頁	1,430円 60頁	1,430円 56頁	1,430円 60頁

公立高校 バックナンバー

※価格はすべて税込表示

府県名·学校名	2019年実施問題	2018年実施問題	2017年実施問題	2016年実施問題	2015年実施問題	2014年実施問題	2013年実施問題	2012年実施問題	2011年実施問題	2010年実施問題	2009年実施問題	2008年実施問題	2007年実施問題	2006年実施問題	2005年実施問題	2004年実施問題	2003年実施問題
岐阜県公立高	990円 64頁	990円 60頁	990円 60頁	990円 60頁	990円 58頁	990円 56頁	990円 58頁	990円 52頁	990円 54頁	990円 52頁	990円 52頁	990円 48頁	990円 50頁	990円 52頁			
静岡県公立高	990円 62頁	990円 58頁	990円 58頁	990円 60頁	990円 60頁	990円 56頁	990円 58頁	990円 58頁	990円 56頁	990円 54頁	990円 52頁	990円 54頁	990円 52頁	990円 52頁			
愛知県公立高	990円 126頁	990円 120頁	990円 114頁	990円 114頁	990円 114頁	990円 110頁	990円 112頁	990円 108頁	990円 108頁	990円 110頁	990円 102頁	990円 102頁	990円 102頁	990円 100頁	990円 100頁	990円 96頁	990円 96頁
三重県公立高	990円 72頁	990円 66頁	990円 66頁	990円 64頁	990円 66頁	990円 64頁	990円 66頁	990円 64頁	990円 62頁	990円 62頁	990円 58頁	990円 58頁	990円 52頁	990円 54頁			
滋賀県公立高	990円 66頁	990円 62頁	990円 60頁	990円 62頁	990円 62頁	990円 46頁	990円 48頁	990円 46頁	990円 48頁	990円 44頁	990円 44頁	990円 44頁	990円 46頁	990円 44頁	990円 44頁	990円 40頁	990円 42頁
京都府公立高(中期)	990円 60頁	990円 56頁	990円 54頁	990円 54頁	990円 56頁	990円 54頁	990円 56頁	990円 54頁	990円 56頁	990円 54頁	990円 52頁	990円 50頁	990円 50頁	990円 50頁	990円 46頁	990円 46頁	990円 48頁
京都府公立高(前期)	990円 40頁	990円 38頁	990円 40頁	990円 38頁	990円 38頁	990円 36頁											
京都市立堀川高 探究学科群	1,430円 64頁	1,540円 68頁	1,430円 60頁	1,430円 62頁	1,430円 64頁	1,430円 60頁	1,430円 60頁	1,430円 58頁	1,430円 58頁	1,430円 64頁	1,430円 54頁	1,320円 48頁	1,210円 42頁	1,210円 38頁	1,210円 36頁	1,210円 40頁	
京都市立西京高 エンタープライジング科	1,650円 82頁	1,540円 76頁	1,650円 80頁	1,540円 72頁	1,540円 72頁	1,540円 70頁	1,320円 46頁	1,320円 50頁	1,320円 46頁	1,320円 44頁	1,210円 42頁	1,210円 42頁	1,210円 38頁	1,210円 38頁	1,210円 40頁	1,210円 34頁	
京都府立嵯峨野高 京都こすもす科	1,540円 68頁	1,540円 66頁	1,540円 68頁	1,430円 64頁	1,430円 64頁	1,430円 62頁	1,210円 42頁	1,210円 42頁	1,320円 46頁	1,320円 44頁	1,210円 42頁	1,210円 40頁	1,210円 40頁	1,210円 36頁	1,210円 36頁	1,210円 34頁	
京都府立桃山高 自然科学科	1,320円 46頁	1,320円 46頁	1,210円 42頁	1,320円 44頁	1,320円 46頁	1,320円 44頁	1,210円 42頁	1,210円 38頁	1,210円 42頁	1,210円 40頁	1,210円 40頁	1,210円 38頁	1,210円 34頁	1,210円 34頁			

※価格はすべて税込表示

府県名・学校名	2019年実施問題	2018年実施問題	2017年実施問題	2016年実施問題	2015年実施問題	2014年実施問題	2013年実施問題	2012年実施問題	2011年実施問題	2010年実施問題	2009年実施問題	2008年実施問題	2007年実施問題	2006年実施問題	2005年実施問題	2004年実施問題	2003年実施問題
大阪府公立高(一般)	990円 148頁	990円 140頁	990円 140頁	990円 122頁													
大阪府公立高(特別)	990円 78頁	990円 78頁	990円 74頁	990円 72頁													
大阪府公立高(前期)					990円 70頁	990円 68頁	990円 66頁	990円 72頁	990円 70頁	990円 60頁	990円 58頁	990円 56頁	990円 56頁	990円 54頁	990円 52頁	990円 52頁	990円 48頁
大阪府公立高(後期)					990円 82頁	990円 76頁	990円 72頁	990円 64頁	990円 64頁	990円 64頁	990円 62頁	990円 62頁	990円 62頁	990円 58頁	990円 56頁	990円 58頁	990円 56頁
兵庫県公立高	990円 74頁	990円 78頁	990円 74頁	990円 74頁	990円 74頁	990円 68頁	990円 66頁	990円 64頁	990円 60頁	990円 56頁	990円 58頁	990円 56頁	990円 58頁	990円 56頁	990円 56頁	990円 54頁	990円 52頁
奈良県公立高(一般)	990円 62頁	990円 50頁	990円 50頁	990円 52頁	990円 50頁	990円 52頁	990円 50頁	990円 48頁	990円 48頁	990円 48頁	990円 48頁	990円 48頁	×	990円 44頁	990円 46頁	990円 42頁	990円 44頁
奈良県公立高(特色)	990円 30頁	990円 38頁	990円 44頁	990円 46頁	990円 46頁	990円 44頁	990円 40頁	990円 40頁	990円 32頁	990円 32頁	990円 32頁	990円 32頁	990円 28頁	990円 28頁			
和歌山県公立高	990円 76頁	990円 70頁	990円 68頁	990円 64頁	990円 66頁	990円 64頁	990円 64頁	990円 62頁	990円 66頁	990円 62頁	990円 60頁	990円 60頁	990円 58頁	990円 56頁	990円 56頁	990円 56頁	990円 52頁
岡山県公立高(一般)	990円 66頁	990円 60頁	990円 58頁	990円 56頁	990円 58頁	990円 56頁	990円 58頁	990円 60頁	990円 56頁	990円 56頁	990円 52頁	990円 52頁	990円 50頁				
岡山県公立高(特別)	990円 38頁	990円 36頁	990円 34頁	990円 34頁	990円 34頁	990円 32頁											
広島県公立高	990円 68頁	990円 70頁	990円 74頁	990円 68頁	990円 60頁	990円 58頁	990円 54頁	990円 46頁	990円 48頁	990円 46頁	990円 46頁	990円 46頁	990円 44頁	990円 46頁	990円 44頁	990円 44頁	990円 44頁
山口県公立高	990円 86頁	990円 80頁	990円 82頁	990円 84頁	990円 76頁	990円 78頁	990円 76頁	990円 64頁	990円 62頁	990円 58頁	990円 58頁	990円 60頁	990円 56頁				
徳島県公立高	990円 88頁	990円 78頁	990円 86頁	990円 74頁	990円 76頁	990円 80頁	990円 64頁	990円 62頁	990円 60頁	990円 58頁	990円 60頁	990円 54頁	990円 52頁				
香川県公立高	990円 76頁	990円 74頁	990円 72頁	990円 74頁	990円 72頁	990円 68頁	990円 68頁	990円 66頁	990円 66頁	990円 62頁	990円 62頁	990円 60頁	990円 62頁				
愛媛県公立高	990円 72頁	990円 68頁	990円 66頁	990円 64頁	990円 68頁	990円 64頁	990円 62頁	990円 60頁	990円 62頁	990円 56頁	990円 58頁	990円 56頁	990円 54頁				
福岡県公立高	990円 66頁	990円 68頁	990円 68頁	990円 66頁	990円 60頁	990円 56頁	990円 56頁	990円 54頁	990円 56頁	990円 58頁	990円 52頁	990円 54頁	990円 52頁	990円 48頁			
長崎県公立高	990円 90頁	990円 86頁	990円 84頁	990円 84頁	990円 82頁	990円 80頁	990円 80頁	990円 82頁	990円 80頁	990円 80頁	990円 80頁	990円 78頁	990円 76頁				
熊本県公立高	990円 98頁	990円 92頁	990円 92頁	990円 92頁	990円 94頁	990円 74頁	990円 72頁	990円 70頁	990円 70頁	990円 68頁	990円 68頁	990円 64頁	990円 68頁				
大分県公立高	990円 84頁	990円 78頁	990円 80頁	990円 76頁	990円 80頁	990円 66頁	990円 62頁	990円 62頁	990円 62頁	990円 58頁	990円 58頁	990円 56頁	990円 58頁				
鹿児島県公立高	990円 66頁	990円 62頁	990円 60頁	990円 60頁	990円 60頁	990円 60頁	990円 60頁	990円 60頁	990円 60頁	990円 58頁	990円 58頁	990円 54頁	990円 58頁				

英語リスニング音声データのご案内

英語リスニング問題の音声データについて

赤本収録年度の音声データ　弊社発行の**「高校別入試対策シリーズ（赤本）」に収録している年度**の音声データは,以下の一覧の学校分を提供しています。希望の音声データをダウンロードし，赤本に掲載されている問題に取り組んでください。

赤本収録年度より古い年度の音声データ　**「高校別入試対策シリーズ（赤本）」に収録している年度よりも古い年度**の音声データは,6ページの国私立高と公立高を提供しています。赤本バックナンバー（1～3ページに掲載）と音声データの両方をご購入いただき，問題に取り組んでください。

ご購入の流れ

① 英俊社のウェブサイト https://book.eisyun.jp/ にアクセス

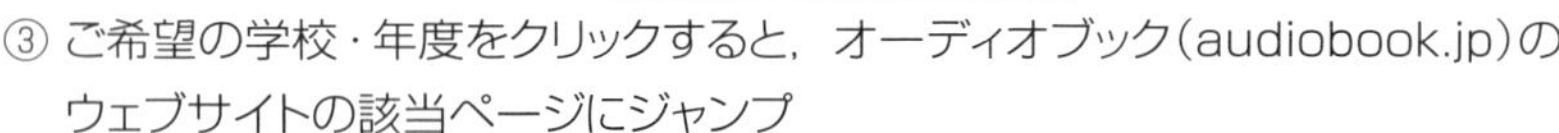

② トップページの「高校受験」 リスニング音声データ をクリック

③ ご希望の学校・年度をクリックすると，オーディオブック（audiobook.jp）のウェブサイトの該当ページにジャンプ

④ オーディオブック（audiobook.jp）のウェブサイトでご購入。※初回のみ会員登録（無料）が必要です。

⚠ ダウンロード方法やお支払い等,購入に関するお問い合わせは,オーディオブック（audiobook.jp）のウェブサイトにてご確認ください。

音声データを入手できる学校と年度

赤本収録年度の音声データ

ご希望の年度を1年分ずつ,もしくは赤本に収録している年度をすべてまとめてセットでご購入いただくことができます。セットでご購入いただくと,1年分の単価がお得になります。

⚠ ×印の年度は音声データをご提供しておりません。あしからずご了承ください。

国私立高（アイウエオ順）

※価格は税込表示

学校名	税込価格 2020年	2021年	2022年	2023年	2024年
アサンプション国際高	¥550	¥550	¥550	¥550	¥550
5か年セット	¥2,200				
育英西高	¥550	¥550	¥550	¥550	¥550
5か年セット	¥2,200				
大阪教育大附高池田校	¥550	¥550	¥550	¥550	¥550
5か年セット	¥2,200				
大阪薫英女学院高	¥550	¥550	¥550	¥550	×
4か年セット	¥1,760				
大阪国際高	¥550	¥550	¥550	¥550	¥550
5か年セット	¥2,200				
大阪信愛学院高	¥550	¥550	¥550	¥550	¥550
5か年セット	¥2,200				
大阪星光学院高	¥550	¥550	¥550	¥550	¥550
5か年セット	¥2,200				
大阪桐蔭高	¥550	¥550	¥550	¥550	¥550
5か年セット	¥2,200				
大谷高	×	×	×	¥550	¥550
2か年セット	¥880				
関西創価高	¥550	¥550	¥550	¥550	¥550
5か年セット	¥2,200				
京都先端科学大附高(特進・進学)	¥550	¥550	¥550	¥550	¥550
5か年セット	¥2,200				

※価格は税込表示

学校名	税込価格 2020年	2021年	2022年	2023年	2024年
京都先端科学大附高（国際）	¥550	¥550	¥550	¥550	¥550
5か年セット	¥2,200				
京都橘高	¥550	×	¥550	¥550	¥550
4か年セット	¥1,760				
京都両洋高	¥550	¥550	¥550	¥550	¥550
5か年セット	¥2,200				
久留米大附設高	×	¥550	¥550	¥550	¥550
4か年セット	¥1,760				
神戸星城高	¥550	¥550	¥550	¥550	¥550
5か年セット	¥2,200				
神戸山手グローバル高	×	×	×	¥550	¥550
2か年セット	¥880				
神戸龍谷高	¥550	¥550	¥550	¥550	¥550
5か年セット	¥2,200				
香里ヌヴェール学院高	¥550	¥550	¥550	¥550	¥550
5か年セット	¥2,200				
三田学園高	¥550	¥550	¥550	¥550	¥550
5か年セット	¥2,200				
滋賀学園高	¥550	¥550	¥550	¥550	¥550
5か年セット	¥2,200				
滋賀短期大学附高	¥550	¥550	¥550	¥550	¥550
5か年セット	¥2,200				

国私立高（アイウエオ順）

※価格は税込表示

学校名	税込価格				
	2020年	2021年	2022年	2023年	2024年
樟蔭高	¥550	¥550	¥550	¥550	¥550
5か年セット	¥2,200				
常翔学園高	¥550	¥550	¥550	¥550	¥550
5か年セット	¥2,200				
清教学園高	¥550	¥550	¥550	¥550	¥550
5か年セット	¥2,200				
西南学院高（専願）	¥550	¥550	¥550	¥550	¥550
5か年セット	¥2,200				
西南学院高（前期）	¥550	¥550	¥550	¥550	¥550
5か年セット	¥2,200				
園田学園高	¥550	¥550	¥550	¥550	¥550
5か年セット	¥2,200				
筑陽学園高（専願）	¥550	¥550	¥550	¥550	¥550
5か年セット	¥2,200				
筑陽学園高（前期）	¥550	¥550	¥550	¥550	¥550
5か年セット	¥2,200				
智辯学園高	¥550	¥550	¥550	¥550	¥550
5か年セット	¥2,200				
帝塚山高	¥550	¥550	¥550	¥550	¥550
5か年セット	¥2,200				
東海大付大阪仰星高	¥550	¥550	¥550	¥550	¥550
5か年セット	¥2,200				
同志社高	¥550	¥550	¥550	¥550	¥550
5か年セット	¥2,200				
中村学園女子高（前期）	×	¥550	¥550	¥550	¥550
4か年セット	¥1,760				
灘高	¥550	¥550	¥550	¥550	¥550
5か年セット	¥2,200				
奈良育英高	¥550	¥550	¥550	¥550	¥550
5か年セット	¥2,200				
奈良学園高	¥550	¥550	¥550	¥550	¥550
5か年セット	¥2,200				
奈良大附高	¥550	¥550	¥550	¥550	¥550
5か年セット	¥2,200				

※価格は税込表示

学校名	税込価格				
	2020年	2021年	2022年	2023年	2024年
西大和学園高	¥550	¥550	¥550	¥550	¥550
5か年セット	¥2,200				
梅花高	¥550	¥550	¥550	¥550	¥550
5か年セット	¥2,200				
白陵高	¥550	¥550	¥550	¥550	¥550
5か年セット	¥2,200				
初芝立命館高	×	×	×	×	¥550
東大谷高	×	×	¥550	¥550	¥550
3か年セット	¥1,320				
東山高	×	×	×	×	¥550
雲雀丘学園高	¥550	¥550	¥550	¥550	¥550
5か年セット	¥2,200				
福岡大附大濠高（専願）	¥550	¥550	¥550	¥550	¥550
5か年セット	¥2,200				
福岡大附大濠高（前期）	¥550	¥550	¥550	¥550	¥550
5か年セット	¥2,200				
福岡大附大濠高（後期）	¥550	¥550	¥550	¥550	¥550
5か年セット	¥2,200				
武庫川女子大附高	×	×	¥550	¥550	¥550
3か年セット	¥1,320				
明星高	¥550	¥550	¥550	¥550	¥550
5か年セット	¥2,200				
和歌山信愛高	¥550	¥550	¥550	¥550	¥550
5か年セット	¥2,200				

公立高

※価格は税込表示

学校名	税込価格				
	2020年	2021年	2022年	2023年	2024年
京都市立西京高（エンタープライジング科）	¥550	¥550	¥550	¥550	¥550
5か年セット	¥2,200				
京都市立堀川高（探究学科群）	¥550	¥550	¥550	¥550	¥550
5か年セット	¥2,200				
京都府立嵯峨野高（京都こすもす科）	¥550	¥550	¥550	¥550	¥550
5か年セット	¥2,200				

赤本収録年度より古い年度の音声データ

以下の音声データは,赤本に収録以前の年度ですので,赤本バックナンバー(P.1～3に掲載)と合わせてご購入ください。
赤本バックナンバーは1年分が1冊の本になっていますので,音声データも1年分ずつの販売となります。

※価格は税込表示

国私立高(アイウエオ順)

学校名	2003年	2004年	2005年	2006年	2007年	2008年	2009年	2010年	2011年	2012年	2013年	2014年	2015年	2016年	2017年	2018年	2019年
	税込価格																
大阪教育大附高池田校		¥550	¥550	¥550	¥550	¥550	¥550	¥550	¥550	¥550	¥550	¥550	¥550	¥550	¥550	¥550	¥550
大阪星光学院高(1次)	¥550	¥550	¥550	¥550	¥550	¥550	¥550	¥550	¥550	¥550	×	¥550	×	¥550	¥550	¥550	¥550
大阪星光学院高(1.5次)			¥550	¥550	¥550	¥550	¥550	¥550	×	×	×	×	×	×	×	×	×
大阪桐蔭高						¥550	¥550	¥550	¥550	¥550	¥550	¥550	¥550	¥550	¥550	¥550	¥550
久留米大附設高				¥550	¥550	×	¥550	¥550	¥550	¥550	¥550	¥550	¥550	¥550	¥550	¥550	¥550
清教学園高														¥550	¥550	¥550	¥550
同志社高						¥550	¥550	¥550	¥550	¥550	¥550	¥550	¥550	¥550	¥550	¥550	¥550
灘高																¥550	¥550
西大和学園高				¥550	¥550	¥550	¥550	¥550	¥550	¥550	¥550	¥550	¥550	¥550	¥550	¥550	¥550
福岡大附大濠高(専願)											¥550	¥550	¥550	¥550	¥550	¥550	¥550
福岡大附大濠高(前期)				¥550	¥550	¥550	¥550	¥550	¥550	¥550	¥550	¥550	¥550	¥550	¥550	¥550	¥550
福岡大附大濠高(後期)				¥550	¥550	¥550	¥550	¥550	¥550	¥550	¥550	¥550	¥550	¥550	¥550	¥550	¥550
明星高															¥550	¥550	¥550
立命館高(前期)						¥550	¥550	¥550	¥550	¥550	¥550	¥550	¥550	×	×	×	×
立命館高(後期)						¥550	¥550	¥550	¥550	¥550	¥550	¥550	¥550	×	×	×	×
立命館宇治高										¥550	¥550	¥550	¥550	¥550	¥550	¥550	×

※価格は税込表示

公立高(府県順)

府県名・学校名	2003年	2004年	2005年	2006年	2007年	2008年	2009年	2010年	2011年	2012年	2013年	2014年	2015年	2016年	2017年	2018年	2019年
	税込価格																
岐阜県公立高				¥550	¥550	¥550	¥550	¥550	¥550	¥550	¥550	¥550	¥550	¥550	¥550	¥550	¥550
静岡県公立高				¥550	¥550	¥550	¥550	¥550	¥550	¥550	¥550	¥550	¥550	¥550	¥550	¥550	¥550
愛知県公立高(Aグループ)	¥550	¥550	¥550	¥550	¥550	¥550	¥550	¥550	¥550	¥550	¥550	¥550	¥550	¥550	¥550	¥550	¥550
愛知県公立高(Bグループ)	¥550	¥550	¥550	¥550	¥550	¥550	¥550	¥550	¥550	¥550	¥550	¥550	¥550	¥550	¥550	¥550	¥550
三重県公立高				¥550	¥550	¥550	¥550	¥550	¥550	¥550	¥550	¥550	¥550	¥550	¥550	¥550	¥550
滋賀県公立高	¥550	¥550	¥550	¥550	¥550	¥550	¥550	¥550	¥550	¥550	¥550	¥550	¥550	¥550	¥550	¥550	¥550
京都府公立高(中期選抜)	¥550	¥550	¥550	¥550	¥550	¥550	¥550	¥550	¥550	¥550	¥550	¥550	¥550	¥550	¥550	¥550	¥550
京都府公立高(前期選抜 共通学力検査)												¥550	¥550	¥550	¥550	¥550	¥550
京都市立西京高(エンタープライジング科)		¥550	¥550	¥550	¥550	¥550	¥550	¥550	¥550	¥550	¥550	¥550	¥550	¥550	¥550	¥550	¥550
京都市立堀川高(探究学科群)												¥550	¥550	¥550	¥550	¥550	¥550
京都府立嵯峨野高(京都こすもす科)		¥550	¥550	¥550	¥550	¥550	¥550	¥550	¥550	¥550	¥550	¥550	¥550	¥550	¥550	¥550	¥550
大阪府公立高(一般選抜)														¥550	¥550	¥550	¥550
大阪府公立高(特別選抜)														¥550	¥550	¥550	¥550
大阪府公立高(後期選抜)	¥550	¥550	¥550	¥550	¥550	¥550	¥550	¥550	¥550	¥550	¥550	¥550	¥550	×	×	×	×
大阪府公立高(前期選抜)	¥550	¥550	¥550	¥550	¥550	¥550	¥550	¥550	¥550	¥550	¥550	¥550	¥550	×	×	×	×
兵庫県公立高	¥550	¥550	¥550	¥550	¥550	¥550	¥550	¥550	¥550	¥550	¥550	¥550	¥550	¥550	¥550	¥550	¥550
奈良県公立高(一般選抜)	¥550	¥550	¥550	¥550	×	¥550	¥550	¥550	¥550	¥550	¥550	¥550	¥550	¥550	¥550	¥550	¥550
奈良県公立高(特色選抜)				¥550	¥550	¥550	¥550	¥550	¥550	¥550	¥550	¥550	¥550	¥550	¥550	¥550	¥550
和歌山県公立高	¥550	¥550	¥550	¥550	¥550	¥550	¥550	¥550	¥550	¥550	¥550	¥550	¥550	¥550	¥550	¥550	¥550
岡山県公立高(一般選抜)					¥550	¥550	¥550	¥550	¥550	¥550	¥550	¥550	¥550	¥550	¥550	¥550	¥550
岡山県公立高(特別選抜)												¥550	¥550	¥550	¥550	¥550	¥550
広島県公立高	¥550	¥550	¥550	¥550	¥550	¥550	¥550	¥550	¥550	¥550	¥550	¥550	¥550	¥550	¥550	¥550	¥550
山口県公立高					¥550	¥550	¥550	¥550	¥550	¥550	¥550	¥550	¥550	¥550	¥550	¥550	¥550
香川県公立高					¥550	¥550	¥550	¥550	¥550	¥550	¥550	¥550	¥550	¥550	¥550	¥550	¥550
愛媛県公立高					¥550	¥550	¥550	¥550	¥550	¥550	¥550	¥550	¥550	¥550	¥550	¥550	¥550
福岡県公立高				¥550	¥550	¥550	¥550	¥550	¥550	¥550	¥550	¥550	¥550	¥550	¥550	¥550	¥550
長崎県公立高					¥550	¥550	¥550	¥550	¥550	¥550	¥550	¥550	¥550	¥550	¥550	¥550	¥550
熊本県公立高(選択問題A)													¥550	¥550	¥550	¥550	¥550
熊本県公立高(選択問題B)													¥550	¥550	¥550	¥550	¥550
熊本県公立高(共通)					¥550	¥550	¥550	¥550	¥550	¥550	¥550	¥550	×	×	×	×	×
大分県公立高					¥550	¥550	¥550	¥550	¥550	¥550	¥550	¥550	¥550	¥550	¥550	¥550	¥550
鹿児島県公立高					¥550	¥550	¥550	¥550	¥550	¥550	¥550	¥550	¥550	¥550	¥550	¥550	¥550

受験生のみなさんへ

英俊社の高校入試対策問題集

各書籍のくわしい内容はこちら→

近畿の高校入試シリーズ

最新の近畿の入試問題から良問を精選。
私立・公立どちらにも対応できる定評ある問題集です。

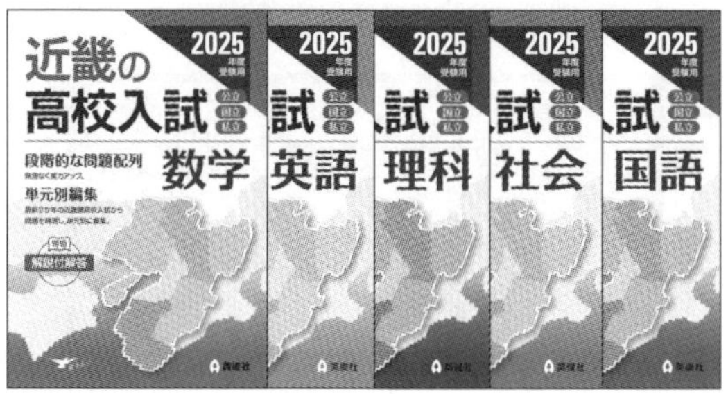

近畿の高校入試シリーズ

中1･2の復習

近畿の入試問題から１・２年生までの範囲で解ける良問を精選。
高校入試の基礎固めに最適な問題集です。

最難関高校シリーズ

最難関高校を志望する受験生諸君におすすめのハイレベル問題集。
灘、洛南、西大和学園、久留米大学附設、ラ・サールの最新７か年入試問題を単元別に分類して収録しています。

ニューウイングシリーズ　出題率

入試での出題率を徹底分析。出題率の高い単元、問題に集中して効率よく学習できます。

近道問題シリーズ

重要ポイントに絞ったコンパクトな問題集。苦手分野の集中トレーニングに最適です!

数学5分冊

01 式と計算
02 方程式・確率・資料の活用
03 関数とグラフ
04 図形〈1・2年分野〉
05 図形〈3年分野〉

英語6分冊

06 単語・連語・会話表現
07 英文法
08 文の書きかえ・英作文
09 長文基礎
10 長文実践
11 リスニング

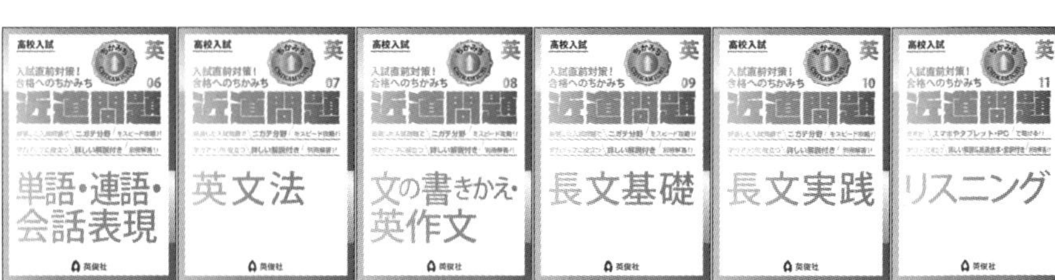

理科6分冊

12 物理
13 化学
14 生物・地学
15 理科計算
16 理科記述
17 理科知識

社会4分冊

18 地理
19 歴史
20 公民
21 社会の応用問題 ー資料読解・記述ー

国語5分冊

22 漢字・ことばの知識
23 文法
24 長文読解 ー攻略法の基本ー
25 長文読解 ー攻略法の実践ー
26 古典

学校・塾の指導者の先生方へ

赤本収録の**入試問題データベース**を利用して、**オリジナルプリント教材**を作成していただけるサービスが登場!! 生徒**ひとりひとりに合わせた**教材作りが可能です。

くわしくは KAWASEMI Lite 検索 で検索!
まずは**無料体験版**をぜひお試しください。

※指導者の先生方向けの専用サービスです。受験生など個人の方はご利用いただけませんので、ご注意ください。

公立高校入試対策シリーズ 3033－1

もくじ

●公立入試はこうだ！

●過去５か年の公立高入試問題

（注） 著作権の都合により，実際に使用された写真と異なる場合があります。 （編集部）

2020～2024年度のリスニング音声（書籍収録分すべて）は
英俊社ウェブサイト「**リスもん**」から再生できます。
https://book.eisyun.jp/products/listening/index/

再生の際に必要な入力コード→ **39652874**
（コードの使用期限：2025年７月末日）

スマホはこちら ——→

※音声は英俊社で作成したものです。

❖全日制公立高校の入学者選抜について（前年度参考）

※以下の内容は，2024 年度（前年度）に実施された入学者選抜の概要です。2025 年度の受検にあたっては，2025 年度入学者選抜要項を必ず確認してください。なお，2025 年度入学者選抜の主な日程等については 4 ページに掲載してあります。

特別入学者選抜

⑴ 実施校・科等　専門学科・総合学科，一部の普通科

5～11 ページの「別表」に示す学校・科・コース・類型・分野で実施する。

⑵ 募集人員　募集定員に対する募集人員の比率の上限は，専門学科・総合学科においては 50～80 %，普通科コースにおいては 50 %，一部の普通科（コース等を除く）では 30～50 %を原則とする。

※前年度の各科・コース・類型・分野の募集人員は，5～11 ページの「別表」を参照。

※学区を持つ普通科における学区外（5～30 %）出願者の，特別入学者選抜での合格内定者数の上限は，以下のとおり。

瀬戸・普通科 16 名，井原・普通科 3 名，勝山・普通科（蒜山校地除く）4 名

⑶ 出願条件　志願する科・コース・分野に対して，興味・関心があり，能力・適性を有し，志願する動機・理由が明白，適切な人が出願できる。

※合格者として内定した場合は，必ず入学すること。

⑷ 学力検査　国語・数学・英語　各教科 45 分　※英語は聞き取り検査を行う。

⑸ 面　　接　志望の目的や適性，中学校での活動状況などを把握する。実施する形態は志願校によって異なる。

⑹ 選択実施する検査

志願する科・コース・分野に対する志願者一人ひとりの能力や適性などを多面的に評価するために，各高校は，口頭試問，小論文，作文，実技から，一つ以上を選択し，科等の教育の特色を踏まえて，創意工夫した実施形態や内容の検査を実施する。

⑺ 選抜方法　調査書，学力検査・面接・選択実施する検査の結果などを資料として，目的意識や適性などを重視し，科・コース・分野の特色を配慮して総合的に合否を判断する。

重視する実績を示した選抜：募集人員の一部について，学力検査の結果が一定以上にあれば，あらかじめ示した実績を重視して選抜を行う高校もある（5～11 ページの「別表」を参照）。

一般入学者選抜

(1) **募集人員**　募集定員から特別入学者選抜等の合格内定者を除いた人数。

(2) **くくり募集**　二つ以上の科・コースで一括して募集を行う学校がある(5～11ページの「**別表**」を参照)。

(3) **出願の制限**　2校以上，同時に出願することはできない。ただし，(5) **複数校志願**の場合は，併願ができる。なお，特別入学者選抜等の合格内定者は出願できない。

(4) **第2志望及び第3志望**

① **第2志望**　第1志望の科・コースと同一の学科に属する他の科・コースを第2志望にすることができる。

次の科・コースは同一の学科の科とみなす。

●普通科，普通科コース*，理数科*，国際情報科*，生活ビジネス科，キャリア探求科

＊普通科コース，理数科及び国際情報科は，それぞれの学校の普通科とくくり募集をする。

●高梁城南高校の電気科，デザイン科，環境科学科

同一学科内に他の科・コースがない場合は，異なる学科の科・コースを第2志望とすることができる。

② **第3志望**　同一学科に属する科・コースが3つ以上ある学校において，第1志望の科・コースと同一の学科に属する他の科・コースを第2志望とした場合，第1志望及び第2志望の科・コースと同一の学科に属する他の科・コースを第3志望とすることができる。

(5) **複数校志願**　次に示す学校の看護科を志望する場合，3校から2校を選択し，第1志願校(複数校志願で第1志望とする志願校)及び第2志願校(第1志望とする志願校以外の併願校)とすることができる。また，第1志願校の異なる学科の科・コースを第2志望とすることができる。

●倉敷中央高校，津山東高校，真庭高校

(6) **学力検査**　国語・数学・社会・英語・理科　各教科45分

※英語は聞き取り検査を行う。

※岡山朝日高校では，国語・数学・英語は学校独自で作成した問題で実施する(社会・理科は共通問題で実施)。

(7) **面接・実技**　面接・実技の実施の方法については，学力検査当日に志願校で指示する。

(8) **選抜方法**　調査書，学力検査・面接・実技の結果などを資料として，科・コースの特色を配慮して総合的に合否を判断する。

学力の判定：「調査書の評定段階」と「学力検査の評定段階」から相関表を作成して判定する。

重視する実績を示した選抜：募集定員の一部について，学力検査の結果が一定

以上にあれば，調査書及び面接等の結果を重視して選抜する学校・科・コースがある（5～11ページの「別表」を参照）。

※合格者の決定については，特別入学者選抜等による合格者を含め，募集定員の90％にあたる人数を，第1志望の志願者から選抜する。次に，同一学科に属する他の科からの第2志望の志願者を含め，募集定員に達するまでの人数を選抜する。ただし，普通科と生活ビジネス科及び普通科とキャリア探求科との間においては，高等学校長が別に定める割合により選抜する。

※くくり募集のうち，選抜時に科・コースの所属を決定する場合は，それぞれの科・コースの選抜を並行して行い，いずれかの科・コースが募集定員に達するまで第1志望の志願者から選抜する。次に，募集定員に達していない科・コースの選抜を，第2志望の志願者を含めて行う。

◆　2025年度入学者選抜の主な日程等　◆

1．特別入学者選抜

出願期間：1月21日（火）～1月23日（木）

学力検査：2月5日（水）

面接・選択実施する検査：2月5日（水），6日（木）

※両日のうちいずれか1日で実施する場合がある。

選抜結果の通知：2月14日（金）

合格者の発表：3月19日（水）

2．一般入学者選抜（全日制課程）

出願期間：2月25日（火）～27日（木）

学力検査：3月11日（火）

面接・実技：3月12日（水）

合格者の発表：3月19日（水）

（別表）2024年度入学者選抜における学校別実施内容一覧（前年度参考）

- 特別入学者選抜の「募集人員（%）」欄の比率及び一般入学者選抜の「調査書及び面接等の結果を重視した選抜」欄の比率（%）は，当該科・コースの募集定員に対する募集人員の割合を表す。
- 特別入学者選抜及び一般入学者選抜の「面接」欄の「個」は個人面接，「集」は集団面接を表す。
- 「その他の選抜」欄の☆は，海外帰国生徒のための入学者選抜を実施する科を表す。
- 「その他の選抜」欄の□は，連携型中高一貫教育に係る入学者選抜を実施する科を表す。
- 「その他の選抜」欄の★は，定時制課程の特別な入学者選抜を実施する科を表す。
- 「その他の選抜」欄の「全」は，全国募集を実施する科を表す。
- 一般入学者選抜の「くくり募集」欄の◎は，第１志望，第２志望欄にそれぞれの科名等を記入する方法を表す。
- 一般入学者選抜の「くくり募集」欄の○は，第１志望欄にくくり募集の科名等を記入する方法を表す。
- 「備考」欄の◆は，一般入学者選抜において，同一の学科とみなして選抜を行い，第１志望の志願者に第２志望の志願者を含めて選抜する割合を高等学校長が定めることができる科・コースを表す。
  比率は，募集定員に対する，第１志望の志願者に第２志望の志願者を含めて選抜する割合を表す。
- 「備考」欄の◇は，一般入学者選抜において，同一の学科とみなして選抜を行う科を表す。
- 「備考」欄の※は，一般入学者選抜において，複数校志願を実施する科を表す。
- 「備考」欄の「全」は，一般入学者選抜において，全国募集を実施する科を表す。

学校名	科 コース 分野 系列	募集定員	特別入学者選抜					その他の選抜	一般入学者選抜					備考
			募集人員(%)	各校が選択実施する検査	面接	重視する実績を示した選抜 募集人員	重視する実績を示した選抜 重視する実績		くくり募集	傾斜配点	面接	調査書及び面接等の結果を重視した選抜 比率(%)	調査書及び面接等の結果を重視した選抜 重視する事項	
岡山朝日	普通	320	—	—	—	—	—	—	—	—	集	10%	生徒会活動，ボランティア活動，芸術・体育・科学・文化の分野における活動成果及び興味・関心の状況	
岡山操山	普通	280	—	—	—	—	—	—	—	—	集	5%	部活動，学級活動，生徒会活動，スポーツ・芸術・文化・科学の分野における実績	
岡山芳泉	普通	320	—	—	—	—	—	—	—	—	集	10%	科学・文化・芸術・スポーツの分野における活動及び生徒会活動の実績 海外体験など国際的な活動の実績	
岡山一宮	普通	240	—	—	—	—	—	☆	◎	—	集	5%	生徒会活動，部活動，校内外におけるスポーツ・芸術・文化・科学の分野での実績	
	理数	80	50%	・口頭試問（実験を含む）	個	5人程度	数学検定準２級以上又は英語検定準２級以上合格 全国規模の科学研究又は科学系コンテストの実績							
岡山城東	普通	320	—	—	—	—	—	☆	—	—	集	5%	部活動を含む，校内外における文化的・体育的な活動の実績 海外体験など国際的な活動の実績	
	国際教養分野		30人	・実技	個	5人程度	英語検定２級以上合格又はこれに相当する英語の実績							
	音楽分野		25人	・実技	個	—	—							
西大寺	普通	160	—	—	—	—	—	—	◎	—	集	10%	生徒会活動，部活動，校外におけるスポーツ・文化活動の実績	
	国際情報	40	50%	・口頭試問	集	10人程度	剣道，野球又はバドミントン	☆			集	10%	生徒会活動，部活動，校外におけるスポーツ・文化活動の実績	
	商業	80	80%	・口頭試問	集			—	—	—	集	10%	生徒会活動，部活動，校外におけるスポーツ・文化活動の実績	
瀬戸	普通	160	50%	・作文	集	—	—	—	—	—	集	10%	生徒会活動，部活動，スポーツ・芸術・文化・科学の分野における活動，地域貢献活動の実績	

学校名	科 コース 分野 系列	募集定員	特別入学者選抜 募集人員（%）	特別入学者選抜 各校が選択実施する検査	特別入学者選抜 面接	特別入学者選抜 重視する実績を示した選抜 募集人員	特別入学者選抜 重視する実績を示した選抜 重視する実績	その他の選抜	一般入学者選抜 くくり募集	一般入学者選抜 傾斜配点	一般入学者選抜 面接	一般入学者選抜 調査書及び面接等の結果を重視した選抜 比率（%）	一般入学者選抜 調査書及び面接等の結果を重視した選抜 重視する事項	備考
高松農業	農業科学	40	80%	• 口頭試問	集	10人程度	レスリング（男子・女子）又は陸上競技（男子・女子）	—	—	—	個	10%	生徒会活動，部活動，校外におけるスポーツ・文化活動の実績	
	園芸科学	40	80%	• 口頭試問	集			—	—	—	個	10%	生徒会活動，部活動，校外におけるスポーツ・文化活動の実績	
	畜産科学	40	80%	• 口頭試問	集			—	—	—	個	10%	生徒会活動，部活動，校外におけるスポーツ・文化活動の実績	
	農業土木	40	80%	• 口頭試問	集			—	—	—	個	10%	生徒会活動，部活動，校外におけるスポーツ・文化活動の実績	
	食品科学	40	80%	• 口頭試問	集			—	—	—	個	10%	生徒会活動，部活動，校外におけるスポーツ・文化活動の実績	
興　陽	農　業	40	80%	• 作文	個	10人程度	野球（男子），サッカー（男子），ソフトテニス（女子），バレーボール（女子），バスケットボール（女子）又は自転車	—	—	—	個	10%	生徒会の実績，部活動，校外におけるスポーツ・文化活動の実績	
	農業機械	40	80%	• 実技	個			—	—	—	個	10%	生徒会の実績，部活動，校外におけるスポーツ・文化活動の実績	
	造園デザイン	40	80%	• 作文	個			—	—	—	個	10%	生徒会の実績，部活動，校外におけるスポーツ・文化活動の実績	
	家　政	40	80%	• 口頭試問	個			—	—	—	個	10%	生徒会の実績，部活動，校外におけるスポーツ・文化活動の実績	
	被服デザイン	40	80%	• 口頭試問	個			—	—	—	個	10%	生徒会の実績，部活動，校外におけるスポーツ・文化活動の実績	
瀬戸南	生物生産	40	80%	• 口頭試問	個	10人程度	ホッケー	—	—	—	個	10%	生徒会活動，部活動，校外におけるスポーツ・文化活動の実績	
	園芸科学	40	80%	• 口頭試問	個			—	—	—	個	10%	生徒会活動，部活動，校外におけるスポーツ・文化活動の実績	
	生活デザイン	40	80%	• 口頭試問	個			—	—	—	個	10%	生徒会活動，部活動，校外におけるスポーツ・文化活動の実績	
岡山工業	機　械	80	80%	• 実技	集	10人程度	生徒会活動	—	—	—	集	5%	生徒会活動，部活動，校外におけるスポーツ・文化活動・社会貢献活動の実績	
	電　気	40	80%	• 実技	集			—	—	—	集	5%	生徒会活動，部活動，校外におけるスポーツ・文化活動・社会貢献活動の実績	
	情報技術	40	80%	• 実技	集			—	—	—	集	5%	生徒会活動，部活動，校外におけるスポーツ・文化活動・社会貢献活動の実績	
	化学工学	40	80%	• 口頭試問	集			—	—	—	集	5%	生徒会活動，部活動，校外におけるスポーツ・文化活動・社会貢献活動の実績	
	土　木	40	80%	• 実技	集			—	—	—	集	5%	生徒会活動，部活動，校外におけるスポーツ・文化活動・社会貢献活動の実績	
	建　築	40	80%	• 実技	集			—	—	—	集	5%	生徒会活動，部活動，校外におけるスポーツ・文化活動・社会貢献活動の実績	
	デザイン	40	80%	• 実技	集			—	—	—	集	5%	生徒会活動，部活動，校外におけるスポーツ・文化活動・社会貢献活動の実績	

学校名	科（コース・分野・系列）	募集定員	特別入学者選抜：募集人員（%）	特別入学者選抜：各校が選択実施する検査	特別入学者選抜：面接	重視する実績を示した選抜：募集人員	重視する実績を示した選抜：重視する実績	その他の選抜	一般入学者選抜：くくり募集	一般入学者選抜：傾斜配点	一般入学者選抜：面接	調査書及び面接等の結果を重視した選抜：比率（%）	調査書及び面接等の結果を重視した選抜：重視する事項	備考
東岡山工業	機　械	80	80%	• 口頭試問	集	―	―	―	○	―	集	―	―	
	電子機械	80	80%	• 口頭試問	集	―	―	―						
	電　気	40	80%	• 口頭試問	集	―	―	―						
	設備システム	40	80%	• 口頭試問	集	―	―	―	―	―	集	―	―	
	工業化学	40	80%	• 口頭試問	集	―	―	―	―	―	集	―	―	
岡山東商業	ビジネス創造	240	80%	• 作文	集	10人程度	バレーボール，バスケットボール，野球，陸上競技，剣道又は吹奏楽	―	○	―	集	5%	部活動を含む，校内外におけるスポーツ・文化活動の実績	
	情報ビジネス	80	80%	• 作文	集			―						
岡山南	商　業	80	80%	• 口頭試問	集	10人程度	野球，ソフトテニス，新体操（女子）又は陸上競技	―	―	―	集	10%	生徒会活動，部活動，校外における活動の実績	
	国際経済	40	80%	• 口頭試問	集		英語検定２級以上合格 野球，ソフトテニス，新体操（女子）又は陸上競技	―	―	―	集	10%	生徒会活動，部活動，校外における活動の実績	
	情報処理	80	80%	• 口頭試問	集		野球，ソフトテニス，新体操（女子）又は陸上競技	―	―	―	集	10%	生徒会活動，部活動，校外における活動の実績	
	生活創造	80	80%	• 口頭試問	集		野球，ソフトテニス，新体操（女子）又は陸上競技	―	―	―	集	10%	生徒会活動，部活動，校外における活動の実績	
	服飾デザイン	40	80%	• 口頭試問	集		野球，ソフトテニス，新体操（女子）又は陸上競技	―	―	―	集	10%	生徒会活動，部活動，校外における活動の実績	
岡山御津	キャリアデザイン（特別進学系列・地域協働系列）	120	80%	• 口頭試問	集	10人程度	漢字検定３級以上，数学検定３級以上又は英語検定３級以上合格 野球，吹奏楽又はバドミントン	―	―	―	個	10%	生徒会活動，部活動，校外におけるスポーツ・文化活動，ボランティア活動の実績	
倉敷青陵	普　通	320	―	―	―	―	―	―	―	―	集	5%	部活動，校外におけるスポーツ・文化活動の実績	
倉敷天城	普　通	200	―	―	―	―	―	―	◎	―	集	10%	生徒会活動，部活動，校外におけるスポーツ・文化活動，科学コンテスト，ボランティア活動の実績	
	理　数	40	100%注）	• 口頭試問（実験を含む）	個	2人程度	数学検定準２級以上又は英語検定準２級以上合格	―						
倉敷南	普　通	320	―	―	―	―	―	―	―	―	集	10%	生徒会活動，部活動，校外におけるスポーツ・文化活動の成果 海外体験など国際的な活動の実績	
倉敷古城池	普　通	280	―	―	―	―	―	―	―	―	集	10%	生徒会活動，部活動，校外におけるスポーツ・文化活動，ボランティア活動の実績 海外体験など国際的な活動の実績	
倉敷中央	普　通	80	―	―	―	―	―	―	◎	―	集	10%	生徒会活動，部活動，校外におけるスポーツ・文化活動の実績	
	子どもコース	40	50%	• 口頭試問（読み聞かせを含む）	個	10人程度	ソフトボール（女子），陸上競技（女子），バドミントン（女子），ソフトテニス（女子）又はハンドボール（女子）	―				―	―	
	健康スポーツコース	40	50%	• 口頭試問	個			―				―	―	
	家　政	40	80%	• 口頭試問	個			―	―	―	集	―	―	
	看　護	40	80%	• 口頭試問	個			―	―	―	集	―	―	※
	福　祉	40	80%	• 口頭試問	個			―	―	―	集	―	―	
玉　島	普　通	200	―	―	―	―	―	―	◎	―	集	10%	生徒会活動，部活動，校外におけるスポーツ・文化・科学活動，ボランティア活動の実績	
	理　数	40	50%	• 口頭試問（実験を含む）	個	5人程度	数学検定準２級以上又は英語検定準２級以上合格 科学研究又はコンテストの実績	―						

注）倉敷天城・理数科の募集人員は，募集定員から倉敷天城中学校からの進学者数を除いた人数に，当該比率を乗じた人数とする。

学校名	科 コース 分野 系列	募集定員	特別入学者選抜 募集人員(%)	各校が選択実施する検査	面接	重視する実績を示した選抜 募集人員	重視する実績	その他の選抜	一般入学者選抜 くくり募集	傾斜配点	面接	調査書及び面接等の結果を重視した選抜 比率(%)	重視する事項	備考
倉敷鷲羽	普　通	120	50%	• 口頭試問	個	10人程度	英語検定準２級以上又は数学検定準２級以上合格	—	—	—	個	10%	生徒会活動，部活動，ボランティア活動，校外における文化・スポーツ活動の実績	
	ビジネス	40	80%	• 口頭試問	個		野球(男子)，サッカー(男子)，ヨット又はレスリング	—	—	—	個	10%	生徒会活動，部活動，ボランティア活動，校外における文化・スポーツ活動の実績	
倉敷工業	機　械	80	80%	• 実技	集	10人程度	陸上競技，柔道，野球，卓球，ラグビー又はバドミントン	—	—	—	集	10%	生徒会活動，部活動，校外における文化・スポーツ活動の実績	
	電子機械	80	80%	• 実技	集			—	—	—	集	10%	生徒会活動，部活動，校外における文化・スポーツ活動の実績	
	電　気	80	80%	• 実技	集			—	—	—	集	10%	生徒会活動，部活動，校外における文化・スポーツ活動の実績	
	工業化学	40	80%	• 実技	集			—	—	—	集	10%	生徒会活動，部活動，校外における文化・スポーツ活動の実績	
	テキスタイル工学	40	80%	• 実技	集			—	—	—	集	10%	生徒会活動，部活動，校外における文化・スポーツ活動の実績	
水島工業	機　械	80	80%	• 口頭試問	集	10人程度	バドミントン（男子），陸上競技（男子），バスケットボール（男子），サッカー（男子）又はバレーボール（男子）	—	—	—	集	10%	生徒会活動，部活動，校外におけるスポーツ・芸術・文化・科学の分野における実績	
	電　気	80	80%	• 口頭試問	集			—	—	—	集	10%	生徒会活動，部活動，校外におけるスポーツ・芸術・文化・科学の分野における実績	
	情報技術	40	80%	• 口頭試問	集			—	—	—	集	10%	生徒会活動，部活動，校外におけるスポーツ・芸術・文化・科学の分野における実績	
	工業化学	40	80%	• 口頭試問	集			—	—	—	集	10%	生徒会活動，部活動，校外におけるスポーツ・芸術・文化・科学の分野における実績	
	建　築	40	80%	• 口頭試問	集			—	—	—	集	10%	生徒会活動，部活動，校外におけるスポーツ・芸術・文化・科学の分野における実績	
倉敷商業	商　業	200	75%	• 作文	集	10人程度	剣道，野球，バレーボール，ハンドボール又はバスケットボール	—	○	—	集	5%	生徒会活動，部活動，校外におけるスポーツ・文化活動の実績	
	国際経済	40	75%	• 作文										
	情報処理	80	75%	• 作文										
玉島商業	ビジネス情報	160	80%	• 口頭試問	集	10人程度	野球又は陸上競技	—	—	—	集	10%	生徒会活動，部活動，校外におけるスポーツ・文化活動の実績	
津　山	普　通	200	—	—	—	—	—	—	◎	—	集	—	—	
	理　数	40	100%注)	• 口頭試問（実験を含む）	集	—	—							
津山東	普　通	120	—	—	—	—	—	—	—	—	集	10%	生徒会活動・部活動，校外におけるスポーツ・文化活動の実績	
	食物調理	40	75%	• 作文	集	5人程度	剣道，野球又は陸上競技	—	—	—	集	—	—	
	看　護	40	75%	• 作文	集			—	—	—	集	—	—	※

注）津山・理数科の募集人員は，募集定員から津山中学校からの進学者数を除いた人数に，当該比率を乗じた人数とする。

学校名	科 コース 分野 系列	募集定員	特別入学者選抜 募集人員(%)	各校が選択実施する検査	面接	重視する実績を示した選抜 募集人員	重視する実績	その他の選抜	一般入学者選抜 くくり募集	傾斜配点	面接	調査書及び面接等の結果を重視した選抜 比率(%)	重視する事項	備考
津山工業	機　械	40	70%	• 作文	個	10人程度	ラグビー，剣道，バレーボール（男子），柔道又は硬式野球	—	—	—	個	15%	生徒会活動，部活動，地域活動，校外におけるスポーツ・文化活動の実績	
	ロボット電気	40	70%	• 実技	個			—	—	—	個	15%	生徒会活動，部活動，地域活動，校外におけるスポーツ・文化活動の実績	
	工業化学	40	70%	• 作文	個			—	—	—	個	15%	生徒会活動，部活動，地域活動，校外におけるスポーツ・文化活動の実績	
	土　木	40	70%	• 実技	個			—	—	—	個	15%	生徒会活動，部活動，地域活動，校外におけるスポーツ・文化活動の実績	
	建　築	40	70%	• 実技	個			—	—	—	個	15%	生徒会活動，部活動，地域活動，校外におけるスポーツ・文化活動の実績	
	デザイン	40	70%	• 実技	個			—	—	—	個	15%	生徒会活動，部活動，地域活動，校外におけるスポーツ・文化活動の実績	
津山商業	地域ビジネス	80	80%	• 口頭試問	集	10人程度	野球（男子），ソフトボール（女子），陸上競技，バスケットボール，空手道又は珠算	—	○	—	集	10%	生徒会活動，部活動，校外におけるスポーツ・文化活動の実績	
	情報ビジネス	80	80%	• 口頭試問	集			—						
玉　野	普　通	160	—	—	—	—	—	—	—	—	個	10%	生徒会活動，部活動，スポーツ・科学研究の分野における活動の実績	
玉野光南	普　通	120	—	—	—	—	—	—	—	—	個	10%	生徒会活動，部活動，校外におけるスポーツ・文化活動の実績	
	情　報	40	75%	• 口頭試問	個	2人程度	数学検定準2級以上，英語検定準2級以上又はITパスポート試験合格	—	—	—	個	10%	生徒会活動，部活動，校外におけるスポーツ・文化活動の実績	
	体　育	80	100%	• 実技検査Ⅰ・Ⅱ	個	—	—	—	—	—	個	—	—	
笠　岡	普　通	160	—	—	—	—	—	—	—	—	集	10%	生徒会活動，部活動，校外におけるスポーツ・芸術・文化・科学・ボランティアの分野における活動の実績	
笠岡工業	電子機械	40	80%	• 口頭試問	個	10人程度	レスリング，ウエイトリフティング又は野球	全	—	—	個	10%	生徒会活動，部活動，ものづくり競技，校外でのスポーツや文化活動，ボランティア活動の実績	
	電気情報	40	80%	• 口頭試問	個			全	—	—	個	10%	生徒会活動，部活動，ものづくり競技，校外でのスポーツや文化活動，ボランティア活動の実績	
	環境土木	40	80%	• 口頭試問	個			全	—	—	個	10%	生徒会活動，部活動，ものづくり競技，校外でのスポーツや文化活動，ボランティア活動の実績	
笠岡商業	ビジネス情報	120	80%	• 口頭試問	個	10人程度	野球，柔道，バスケットボール（女子）又はバドミントン（女子）	全	—	—	集	10%	生徒会活動，部活動，校外におけるスポーツ・文化活動の実績	
井　原	普　通	120	50%	• 作文	集	10人程度	英語検定準2級以上合格	全	—	—	集	—	—	全
	地域生活													
	グリーンライフコース	20	100%	• 作文	個		新体操	全	—	—	個	—	—	
	ヒューマンライフコース	20	100%	• 実技	個				—	—	個	—	—	
総　社	普　通	200	—	—	—	—	—	—	—	—	集	10%	生徒会活動，部活動，校外におけるスポーツ・文化活動の実績	
	家　政	40	80%	• 口頭試問	個	—	—	—	—	—	集	10%	生徒会活動，部活動，校外におけるスポーツ・文化活動の実績	

学校名	科 コース 分野 系列	募集定員	特別入学者選抜 募集人員(%)	各校が選択実施する検査	面接	重視する実績を示した選抜 募集人員	重視する実績	その他の選抜	一般入学者選抜 くくり募集	傾斜配点	面接	調査書及び面接等の結果を重視した選抜 比率(%)	重視する事項	備考
総社南	普通	240	—	—	—	—	—	☆	—	—	集	15%	生徒会活動，部活動，校外における体育・文化活動の実績	
	国際分野		25人	・口頭試問	個	5人程度	英語検定2級以上合格又はこれに相当する英語の実績							
	美術工芸分野		25人	・実技	個	—	—							
高梁	普通	120	50%	・口頭試問	集	—	—	—	—	—	集	—	—	
	家政	40	80%	・口頭試問	集	—	—	—	—	—	集	—	—	
高梁城南	電気	40	75%	・口頭試問	個	—	—	全	—	—	個	5%	生徒会活動，スポーツ，文化，芸術，科学の分野における実績	◇
	デザイン	35	80%	・実技	個	—	—	全	—	—	個	5%	生徒会活動，スポーツ，文化，芸術，科学の分野における実績	◇
	環境科学	40	80%	・口頭試問	個	—	—	全	—	—	個	5%	生徒会活動，スポーツ，文化，芸術，科学の分野における実績	◇
新見	普通	80	50%	・小論文	個	5人程度	ソフトボール（男子）	全	—	—	個	—	—	
	生物生産	30	50%	・口頭試問	個			全	—	—	個	—	—	
	工業技術	35	50%	・口頭試問	個			全	—	—	個	—	—	
備前緑陽	総合学科 普通進学系列 健康福祉系列 情報・ビジネス系列 工業技術系列	120	80%	・作文	個	10人程度	英語検定３級以上，数学検定３級以上又は漢字検定３級以上合格 サッカー，野球，吹奏楽，アーチェリー，ボート，又はレスリング	—	—	—	集	10%	生徒会活動，部活動，校外における文化・体育活動の実績	
邑久	普通	40	50%	・口頭試問	集	10人程度	英語検定３級以上，数学検定３級以上又は漢字検定３級以上合格 野球，ヨット，陸上競技又は美術	—	—	—	個	10%	生徒会活動，部活動，校外における文化・体育活動の実績	◆20%
	生活ビジネス	80	80%	・口頭試問	集		英語検定３級以上，数学検定３級以上又は漢字検定３級以上合格 野球，ヨット又は陸上競技	—	—	—	個	10%	生徒会活動，部活動，校外における文化・体育活動の実績	◆20%
勝山	普通	160	50%	・小論文	集	10人程度	英語検定準２級以上合格 野球・サッカー又は吹奏楽	—	—	—	集	—	—	
	普通（蒜山校地）	40	30%	・小論文	集	—	—	□全	—	—	個	—	—	
真庭	食農生産	40	75%	・作文	個	5人程度	ハンドボール（女子）	—	—	—	個	—	—	
	経営ビジネス	40	75%	・作文	個			—	—	—	個	—	—	
	看護	40	75%	・作文	個			全	—	—	個	—	—	※
林野	普通	120	50%	・小論文	集	8人程度	サッカー（男子・女子），野球（男子），バレーボール（女子）又は吹奏楽	全	—	—	個	10%	生徒会活動，部活動，校外におけるスポーツ・文化・科学の活動の実績	全
鴨方	総合学科 普通総合系列 デザイン・イラスト系列 介護・食物・保育系列 ビジネス系列	120	50%	・口頭試問	集	10人程度	英語検定３級以上又は数学検定３級以上合格 生徒会活動	全	—	—	個	20%	生徒会活動，部活動，芸術・福祉・科学・スポーツの分野における校内外の活動の成果	全

学校名	科（コース・分野・系列）	募集定員	特別入学者選抜：募集人員(%)	特別入学者選抜：各校が選択実施する検査	特別入学者選抜：面接	重視する実績を示した選抜：募集人員	重視する実績を示した選抜：重視する実績	その他の選抜	一般入学者選抜：くくり募集	一般入学者選抜：傾斜配点	一般入学者選抜：面接	調査書及び面接等の結果を重視した選抜：比率(%)	調査書及び面接等の結果を重視した選抜：重視する事項	備考
和気閑谷	普　通	80	50%	• 口頭試問	集	10人程度	英語検定３級以上合格又はこれに相当する英語の実績 海外体験など国際的な活動の実績 野球（男子），バレーボール（女子）又は吹奏楽	全	－	－	個	10%	生徒会活動，部活動，地域活動，英語・スポーツ・科学・芸術・文化の分野における活動の実績 海外体験など国際的な活動の実績	◆20%
	キャリア探求	40	80%	• 口頭試問	集			全	－	－	個	10%	生徒会活動，部活動，地域活動，英語・スポーツ・科学・芸術・文化の分野における活動の実績 海外体験など国際的な活動の実績	
矢　掛	普　通	80	50%	• 作文	個	10人程度	英語検定準２級以上合格	全	－	－	個	－	－	全
	地域ビジネス	40	80%	• 作文	個			全	－	－	個	－	－	
勝間田	総合学科 森林系列 園芸系列 食品系列 自動車系列 ビジネス系列	120	50%	• 口頭試問（討論，発表を含む）	個	5人程度	剣道又はなぎなた	－	－	－	個	10%	生徒会活動，部活動，ボランティア活動の実績	

学校名	科	募集定員	募集人員(%)	各校が選択実施する検査	面接	募集人員	重視する実績	その他の選抜	くくり募集	傾斜配点	面接	比率(%)	重視する事項	備考
烏　城	普　通（昼間部）	100	50%	• 作文	個	－	－	★	－	－	個	－	－	
	普　通（夜間部）	40	30%	• 作文	個	－	－	★	－	－	個	－	－	

❖2024年度 一般入学者選抜[第Ⅰ期]募集人員と志願者数

(県立全日制)

(注) 各欄の( )は,5%出願に係る数値で内数。

学校名	科名〈コース〉／系列名	募集定員	特別入学等合格内定者数	一般入学[第Ⅰ期]募集人員	一般入学[第Ⅰ期]志願者数	一般入学募集人員に対する比率
岡山朝日	普通	(16) 320	(−) −	(16) 320	(27) 362	1.13
岡山操山	普通	(8) 280	(−) 117	(8) 163	(9) 201	1.23
岡山芳泉	普通	(16) 320	(−) −	(16) 320	(7) 330	1.03
岡山一宮	普通	(12) 240	(−) 0	(12) 280	(11) 345	1.23
	理数	80	40			
岡山城東	普通	320	55	264	309	1.17
西大寺	普通	(8) 160	(−) 0	(8) 178	(14) 269	1.51
	国際情報	40	22			
	商業	80	64	16	32	2.00
瀬戸	普通	(32) 160	(9) 80	(23) 80	(24) 81	1.01
高松農業	農業科学	40	32	8	7	0.88
	園芸科学	40	32	8	10	1.25
	畜産科学	40	32	8	8	1.00
	農業土木	40	27	13	4	0.31
	食品科学	40	32	8	18	2.25
興陽	農業	40	32	8	20	2.50
	農業機械	40	32	8	10	1.25
	造園デザイン	40	32	8	17	2.13
	家政	40	32	8	20	2.50
	被服デザイン	40	32	8	19	2.38
瀬戸南	生物生産	40	32	8	7	0.88
	園芸科学	40	32	8	14	1.75
	生活デザイン	40	32	8	9	1.13
岡山工業	機械	80	64	16	21	1.31
	電気	40	32	8	9	1.13
	情報技術	40	32	8	13	1.63
	化学工学	40	32	8	13	1.63
	土木	40	32	8	8	1.00
	建築	40	32	8	11	1.38
	デザイン	40	32	8	33	4.13
東岡山工業	機械		64			
	電子機械	200	64	40	64	1.60
	電気		32			
	設備システム	40	32	8	14	1.75
	工業化学	40	32	8	8	1.00
岡山東商業	ビジネス創造	320	192	64	133	2.08
	情報ビジネス		64			
岡山南	商業	80	64	16	41	2.56
	国際経済	40	32	8	13	1.63
	情報処理	80	64	16	19	1.19
	生活創造	80	64	16	46	2.88
	服飾デザイン	40	32	8	14	1.75
岡山御津	キャリアデザイン／特別進学・地域協働	120	96	24	21	0.88

学校名	科名〈コース〉／系列名	募集定員	特別入学等合格内定者数	一般入学[第Ⅰ期]募集人員	一般入学[第Ⅰ期]志願者数	一般入学募集人員に対する比率
倉敷青陵	普通	(16) 320	(−) −	(16) 320	(21) 338	1.06
倉敷天城	普通	(5) 200	(−) 92	(5) 108	(5) 90	0.83
	理数	40	40	0	−	−
倉敷南	普通	(16) 320	(−) −	(16) 320	(7) 335	1.05
倉敷古城池	普通	(14) 280	(−) −	(14) 280	(3) 306	1.09
倉敷中央	普通	80	−			
	普通〈子ども〉	40	20	120	128	1.07
	普通〈健康スポーツ〉	40	20			
	家政	40	32	8	12	1.50
	看護	40	32	8	7	0.88
	福祉	40	32	8	4	0.50
玉島	普通	(10) 200	(−) −	(10) 220	(10) 233	1.06
	理数	40	20			
倉敷鷲羽	普通	120	60	60	45	0.75
	ビジネス	40	31	9	4	0.44
倉敷工業	機械	80	64	16	11	0.69
	電子機械	80	64	16	16	1.00
	電気	80	64	16	13	0.81
	工業化学	40	27	13	8	0.62
	テキスタイル工学	40	32	8	10	1.25
水島工業	機械	80	64	16	34	2.13
	電気	80	64	16	18	1.13
	情報技術	40	32	8	7	0.88
	工業化学	40	32	8	13	1.63
	建築	40	32	8	14	1.75
倉敷商業	商業		150			
	国際経済	320	30	80	160	2.00
	情報処理		60			
玉島商業	ビジネス情報	160	128	32	49	1.53
津山	普通	(7) 200	(−) 55	(7) 145	(2) 137	0.94
	理数	40	40	0	−	−
津山東	普通	120	−	120	144	1.20
	食物調理	40	30	10	13	1.30
	看護	40	30	10	15	1.50
津山工業	機械	40	28	12	11	0.92
	ロボット電気	40	28	12	16	1.33
	工業化学	40	28	12	18	1.50
	土木	40	28	12	14	1.17
	建築	40	28	12	18	1.50
	デザイン	40	28	12	10	0.83
津山商業	地域ビジネス	160	64	32	65	2.03
	情報ビジネス		64			
玉野	普通	(24) 160	(−) −	(24) 160	(22) 175	1.09

学校名	科名〈コース〉 系列名	募集定員	特別入学等合格内定者数	一般入学[第Ⅰ期]募集人員	一般入学[第Ⅰ期]志願者数	一般入学募集人員に対する比率
玉野光南	普通	120	−	120	121	1.01
	情報	40	30	10	13	1.30
	体育	80	80	0	−	−
笠岡		(16)	(−)	(16)	(6)	
	普通	160	−	160	116	0.73
笠岡工業	電子機械	40	31	8	2	0.25
	電気情報	40	20	20	2	0.10
	環境土木	40	28	12	2	0.17
笠岡商業	ビジネス情報	120	96	24	28	1.17
井原		(6)	(1)	(5)	(0)	
	普通	120	60	60	41	0.68
	地域生活（グリーンライフ）	20	20	0	−	−
	地域生活（ヒューマンライフ）	20	20	0	−	−
総社		(10)	(−)	(10)	(14)	
	普通	200	−	200	210	1.05
	家政	40	32	8	15	1.88
総社南	普通	240	51	189	258	1.37
高梁	普通	120	60	60	48	0.80
	家政	40	32	8	7	0.88
高梁城南	電気	40	20	20	2	0.10
	デザイン	35	28	7	10	1.43
	環境科学	40	32	8	5	0.63
新見	普通	80	36	44	1	0.02
	生物生産	30	15	15	8	0.53
	工業技術	35	17	18	8	0.44
備前緑陽	総合学科 普通進学 健康福祉 情報・ビジネス 工業技術	120	92	28	14	0.50
邑久	普通	40	20	20	30	1.50
	生活ビジネス	80	64	16	26	1.63
勝山		(8)	(1)	(7)	(0)	
	普通	160	80	80	28	0.35
	普通（蒜山校地）	40	17	23	3	0.13
真庭	食農生産	40	25	15	3	0.20
	経営ビジネス	40	22	18	1	0.06
	看護	40	13	27	6	0.22
林野	普通	120	60	60	19	0.32
鴨方	総合学科 普通総合 デザイン・イラスト 介護・食物・保育 ビジネス	120	60	60	37	0.62
和気閑谷	普通	80	40	40	23	0.58
	キャリア探求	40	27	13	7	0.54
矢掛	普通	80	40	40	50	1.25
	地域ビジネス	40	30	10	3	0.30
勝間田	総合学科 森林 園芸 食品 自動車 ビジネス	120	60	60	52	0.87

（注１） 岡山操山高校の特別入学等合格内定者数は，岡山操山中学校からの入学予定者 117 人である。

（注２） 倉敷天城高校の特別入学等合格内定者数には，倉敷天城中学校からの入学予定者 116 人を含む。

（注３） 津山高校の特別入学等合格内定者数には，津山中学校からの入学予定者 73 人を含む。

（注４） 岡山城東高校の特別入学等合格内定数には，海外帰国生徒のための入学者選抜の合格内定者２人を含む。

（注５） 西大寺高校の特別入学等合格内定数には，海外帰国生徒のための入学者選抜の合格内定者２人を含む。

（注６） 総社南高校の特別入学等合格内定数には，海外帰国生徒のための入学者選抜の合格内定者１人を含む。

（注７） 勝山高校普通科（蒜山校地）の特別入学等合格内定者数には，連携型中高一貫教育に係る入学者選抜の合格内定者６人を含む。

（市立全日制）

学校名	科名	募集定員	特別入学等合格内定者数	一般入学[第Ⅰ期]募集人員	一般入学[第Ⅰ期]志願者数	一般入学募集人員に対する比率
岡山後楽館	総合学科	160	136	24	39	1.63
玉野商工	ビジネス情報	80	44	36	11	0.31
	機械	40	32	8	3	0.38

（注） 岡山後楽館高校の特別入学等合格内定者数には，岡山後楽館中学校からの入学予定者 67 人を含む。

（県立定時制）

学校名	科（部）名	募集定員	特別入学等合格内定者数	一般入学[第Ⅰ期]募集人員	一般入学[第Ⅰ期]志願者数	一般入学募集人員に対する比率
烏城	普通（昼間部）	100	50	50	70	1.40

（市立定時制）

学校名	科（部）名	募集定員	特別入学等合格内定者数	一般入学[第Ⅰ期]募集人員	一般入学[第Ⅰ期]志願者数	一般入学募集人員に対する比率
倉敷翔南	総合学科（昼間部）	95	47	48	17	0.35
真備陵南	普通（３修コース）	40	20	20	19	0.95
	普通（４修コース）	40	10	30	5	0.17

❖傾向と対策〈数学〉

出題傾向

		数と式							方程式						関数					図形								資料の活用	
																									中3単元				
		数の計算	数の性質	平方根の計算	平方根の性質	文字式の利用	式の計算	式の展開・因数分解	一次方程式の計算	一次方程式の応用	連立方程式の計算	連立方程式の応用	二次方程式の計算	二次方程式の応用	比例・反比例	一次関数	関数 $y=ax^2$	いろいろな事象と関数	関数と図形	図形の性質	平面図形の計量	空間図形の計量	図形の証明	作図	相似	三平方の定理	円周角の定理	場合の数・確率	資料の分析と活用・標本調査
2024年度	一般入学者選抜	○	○	○		○	○				○		○				○	○		○	○	○	○	○		○	○	○	○
2023年度	一般入学者選抜	○	○	○			○					○		○	○		○		○	○	○		○			○	○	○	○
2022年度	一般入学者選抜	○		○			○	○				○				○	○		○		○	○	○	○	○	○		○	○
2021年度	一般入学者選抜	○		○			○					○	○		○		○	○			○	○	○	○	○	○	○	○	○
2020年度	一般入学者選抜	○		○			○					○	○			○	○		○		○	○	○	○	○	○	○	○	○

出題分析

★数と式…………正負の数や平方根の計算，単項式や多項式の計算などを中心に出題されている。2024年度は，数の性質や文字式の利用を含んだ応用問題が大問で出題されている。

★方程式…………連立方程式や2次方程式の計算問題，文章題を中心に出題されている。

★関　数…………座標平面上のグラフを題材として，図形と関連させた問題の出題が多く，平行線の性質や合同の利用，回転体の体積など，内容も様々である。また，小問集合で，関数についての基礎的な問題が出題される場合もある。そのほか，2021年には花粉の飛散量，2024年にはナースウォッチといった題材を用いた関数の問題も出題されている。

★図　形…………平面図形，空間図形について，円の性質，三平方の定理，合同，相似などを利用した問題が幅広く出題されている。また，証明問題，作図の問題も出題されているので注意したい。

★資料の活用……確率の問題が幅広い題材で出題されるほか，箱ひげ図や度数分布表，標本調査などを利用する資料の分析と活用の問題も出題され，大問で応用的な問題としての出題が多い。

来年度の対策

①基本事項をマスターすること！

出題は広範囲にわたっているので，まずは全範囲の復習をし，基本をマスターすることが大切である。出題頻度の高い問題を集めた「**ニューウイング 出題率 数学**」(英俊社) を使って，効率良く全体の総仕上げをしておこう。

②計算力をつけること！

計算問題が一定数出題されるので，とりこぼすことのないよう，速く正確な計算力を身につけておきたい。**数学の近道問題シリーズ**「**式と計算**」「**方程式・確率・資料の活用**」(ともに英俊社) は，薄手ながら内容豊富な問題集なので，能力アップに最適だ。ぜひ活用してほしい。

③図形の問題に強くなること！

相似，三平方の定理，円の性質について，基本をしっかりと身に付けた上で，幅広く応用できるようになっておきたい。また，証明問題，作図問題も演習を重ねておこう。上記シリーズ「**図形〈1・2年分野〉**」「**図形〈3年分野〉**」(ともに英俊社) を，弱点補強に役立ててほしい。解説もくわしいので，強い味方になってくれるだろう。

英俊社のホームページにて，中学入試算数・高校入試数学の解法に関する補足事項を掲載しております。必要に応じてご参照ください。

URL → https://book.eisyun.jp/

スマホはこちら ──→

❖傾向と対策〈英語〉

出題傾向

		放送問題	語い	音声			英文法					英作文			読解		長文問題										
				語の発音	語のアクセント	文の区切り・強勢	語形変化	英文完成	同意文完成	指示による書きかえ	正誤判断	整序作文	和文英訳	その他の英作文	問答・応答	絵や表を見て答える問題	会話文	長文読解	長文総合	設問の内容							
																				音声・語い	文法事項	英文和訳	英作文	内容把握	文の整序・挿入	英問英答	要約
2024年度	一般入学者選抜	○												○			○	○	○		○		○	○	○		
2023年度	一般入学者選抜	○												○			○	○	○		○		○	○	○		
2022年度	一般入学者選抜	○												○			○		○		○		○	○	○		
2021年度	一般入学者選抜	○												○			○		○		○		○	○	○		
2020年度	一般入学者選抜	○												○			○		○		○		○	○	○		

出題分析

★長文問題は標準的な分量で，内容把握に関する設問を中心に，語句や文の挿入，整序作文といった設問も見られる。2023年までは，表やグラフの読み取りも出題されていた。

★リスニングテストは対話の内容に合う絵を選ぶ問題，英文の内容をまとめたものの空所を補充する問題，対話と質問を聞き質問の答えを選ぶ問題など，さまざまな出題形式になっている。また，英文を聞いてまとまった語数の英語で答えを書く問題も出題されている。

来年度の対策

①長文を数多く読んでおくこと！

大意をつかみながらスピードを上げて読めるように，日頃から長文をたくさん読むようにしよう。その際，語いや文法も正確に理解するようにしたい。対話文形式の問題も出題されているので，対話の内容と流れをしっかりとおさえて読んでいく練習をしよう。**英語の近道問題シリーズ**の「**長文基礎**」（英俊社）を利用するとよい。

②リスニングに慣れておくこと！

リスニングは標準的な難易度だが，記述問題もあるので正確に聞き取る力が求められる。ネイティブスピーカーの話す英語に慣れるように練習しておこう。

③作文力をきたえておくこと！

整序作文，条件作文，自由英作文など，さまざまな形式の問題が出題されている。前記シリーズの「**文の書きかえ・英作文**」(英俊社) を利用して，英作文の基礎力をつけておきたい。

❖傾向と対策〈社会〉

出題傾向

		地理							歴史							公民										融合問題
		世界地理			日本地理			世界地理・日本地理総合	日本史					世界史	日本史・世界史総合	政治				経済				国際社会	公民総合	
		全域	地域別	地図・時差(単独)	全域	地域別	地形図(単独)		原始・古代	中世	近世	近代・現代	複数の時代			人権・憲法	国会・内閣・裁判所	選挙・地方自治	総合・その他	しくみ・企業	財政・金融	社会保障・労働・人口	総合・その他			
2024年度	一般入学者選抜	○				○							○												○	○
2023年度	一般入学者選抜	○				○							○												○	○
2022年度	一般入学者選抜	○			○							○	○												○	
2021年度	一般入学者選抜	○				○						○	○												○	
2020年度	一般入学者選抜	○				○							○													○

出題分析

★出題数と時間　過去5年間，大問数は5で一定，小問数は28～33。45分の試験時間としては少なめだが，資料の読解や文章の正誤判断に時間がかかるので，時間配分には気をつけなければならない。

★出題形式　記述式と選択式の両方が出されており，短文による説明を求められる問題も毎年必ず複数出されている。

★出題内容　①地理的内容について

大きく世界地理と日本地理に分けての出題となっている。世界地理では地図が提示された上で，位置・自然・地形・環境などについて問われる。日本地理では日本全図が提示されることもあるが，特定の都道府県や地方，地形図を題材にした問題もありバラエティに富んでいる。内容としては位置・自然・産業などについての出題が多い。

②歴史的内容について

日本史を中心とした出題になっている。時代を限らず総合的に問う問題と，テーマごとに時代を区切った問題が出されている。写真・史料・グラフ・年表なども豊富にとり入れた形式となっており，必ず年代順・時代順に関する問いが含まれていることも特徴。

③公民的内容について

政治・経済を中心に，国際社会をテーマとした出題もある。統計表や模式図などが多用されており，単に公民用語を問う問題だけでなく読解力・思考力が試される問題が含まれているので注意を要する。

④全体的にみると

地理・歴史・公民の3分野からかたよりのない出題になっているが，各分野をまたいだ融合問題が出題されることもあり，今後もこのような出題があると思われるので対策が必要。

★難 易 度　全体的に標準的なレベルだが，統計の読み取りなど日ごろから練習を積んでおかないと得点できない問題もあり，油断は禁物。

来年度の対策

①地図・グラフ・統計・雨温図などの読み取りができるように！

地理分野では教科書だけでなく，地図帳・資料集等をうまく活用し，広くていねいな学習を心がけること。

②人物や代表的な事件について年代とともにまとめておくこと！

年代順や時代判断，時代背景を問う問題がよく出ている。自分で年表を作成し，重要事項や関連人物などを整理する学習が効果的といえる。また，教科書・参考書などの写真や史料にも注意しておきたい。

③時事問題に関心を持とう！

公民分野では少子高齢社会・環境問題などが出題のテーマになることがある。関連するグラフや資料の読解力が求められているので，新聞の解説やニュース番組・インターネットから得られる情報などにも日ごろから注目し，理解を深めておこう。

④標準的な問題に対する不注意からくるミスをなくすことが重要！

教科書を中心に基礎的な事項を整理し，問題集を利用して基本的な知識の確認をしておこう。そのために**社会の近道問題シリーズ**（全４冊）（英俊社）を使って苦手な部分を集中的に学習しておいてほしい。

❖傾向と対策〈理科〉

出題傾向

		物理					化学					生物					地学					環境問題
		光	音	力	電流の性質とその利用	運動とエネルギー	物質の性質	物質どうしの化学変化	酸素が関わる化学変化	いろいろな化学変化	酸・アルカリ	植物	動物	ヒトのからだのつくり	細胞・生殖・遺伝	生物のつながり	火山	地震	地層	天気とその変化	地球と宇宙	
2024 年度	一般入学者選抜		○								○	○			○					○		
2023 年度	一般入学者選抜				○					○						○			○			
2022 年度	一般入学者選抜			○		○	○					○									○	
2021 年度	一般入学者選抜			○						○						○		○				
2020 年度	一般入学者選抜				○			○						○			○		○			

出題分析

★物　理…………力，運動とエネルギー，電流回路，電流と磁界などが出されている。計算問題や図示の問題が出題されることが多い。また，いくつかの単元を複合した問題も出されているので，注意が必要。

★化　学…………化学変化や物質・水溶液の性質について出題されている。出題内容にかたよりは見られないため，幅広い知識が必要となる。

★生　物…………植物のつくりや，細胞・生殖・遺伝，消化・吸収のしくみなどについて出題されている。この分野では，1つのテーマに沿ってさまざまな単元の内容を盛り込んだ，総合的な問題が出されることもある。

★地　学…………天体・天気・地震や地層の問題が出されている。出題内容は幅広く，さまざまな単元を盛り込んだ，総合問題として出されることもある。

全体的にみると…物理，化学，生物，地学の各分野から1題は出題されている。また，それに加えて小問集合や複合問題が出されることもある。複合形式になっている問題はかなり幅広く出題され，範囲にかたよりは見られない。

来年度の対策

①短文説明に備えよう！

短文説明の出題率はかなり高い。説明する内容は基本的なものが多いので，まずは教科書で公式や原理などを確認しておきたい。公式や原理などは，暗記するだけではなく，自分の言葉で説明できるように十分に理解しておこう。対策には，**理科の近道問題シリーズ**の「**理科記述**」(英俊社) がおすすめだ，ぜひやっておこう。

②問題を素早く理解しよう！

問題文がかなり長く，何について問われているかを理解するのに時間がかかることもある。そのため，素早く問題の意図を読みとれるように，いろいろな問題で練習しておこう。

③複合問題に備えよう！

複合問題が出されやすい。問題文や内容は標準的だが範囲が非常に広く，かたよった知識では正答しづらい。そのため，試験前には重要事項の総復習が必要となる。総復習には，「**ニューウイング 出題率 理科**」(英俊社) を活用してほしい。入試でよく出される問題ばかりを集めているので，最後の仕上げに最適だろう。

❖傾向と対策〈国語〉

出題傾向

		現代文の読解									国語の知識									作文		古文・漢文								
		内容把握	原因・理由	接続語	適語挿入	脱文挿入	段落の働き・論の展開	要旨・主題	心情把握・人物把握	表現把握	漢字の読み書き	漢字・熟語の知識	ことばの知識	慣用句・ことわざ・四字熟語	文法	敬語	文学史	韻文の知識	表現技法	課題作文・条件作文	短文作成・表現力	読解問題	主語・動作主把握	会話文・心中文	要旨・主題	古語の意味・口語訳	仮名遣い	文法・係り結び	返り点・書き下し文	古文・漢文・漢詩の知識
2024 年度	一般入学者選抜	○	○		○		○		○	○	○				○				○		○	○								
2023 年度	一般入学者選抜	○	○	○	○		○		○	○	○			○					○		○						○			
2022 年度	一般入学者選抜	○	○						○	○	○				○		○				○									○
2021 年度	一般入学者選抜	○	○		○				○	○	○	○	○					○			○						○			
2020 年度	一般入学者選抜	○	○		○				○	○	○			○	○				○		○						○			

【出典】

2024年度 1文学的文章　角田光代「ゆうべの食卓」
2漢文(書き下し文)　山田史生「哲学として読む老子　全訳」
3論理的文章　町田　樹「若きアスリートへの手紙――〈競技する身体〉の哲学」

2023年度 1文学的文章　相沢沙呼「教室に並んだ背表紙」
2古文・鑑賞文　渡辺　実「新日本古典文学大系 25　枕草子」
3論理的文章　郡司芽久「キリンのひづめ、ヒトの指」

2022年度 1文学的文章　天沢夏月「ヨンケイ!!」

②漢詩・鑑賞文　杜牧「山行」，串田久治・諸田龍美「ゆっくり楽に生きる　漢詩の知恵」
③論理的文章　原　研哉「日本のデザイン、その成り立ちと未来」(『創造するということ』所収)

2021年度　①文学的文章　荻原　浩「ストロベリーライフ」
②俳句・鑑賞文　井上泰至「俳句のルール」
③論理的文章　梶谷真司「考えるとはどういうことか」
④作文　中村　明「日本語の美――書くヒント――」

2020年度　①文学的文章　壁井ユカコ「2.43　清陰高校男子バレー部」
②和歌・鑑賞文　鈴木宏子「『古今和歌集』の創造力」
③論理的文章　光嶋裕介「建築という対話　僕はこうして家をつくる」

出題分析

★現代文…………文学的文章，論理的文章が各1題出されている。それに加えて和歌と解説文や，発表原稿などの形式もある。文学的文章では，心情把握を中心に理由説明や内容把握などが出題され，論理的文章では，内容把握を中心に出題されている。

★古文・韻文……解説文とともに出題されることが多い。現代仮名遣いや口語訳，解説文と照合させながらの内容把握などが出題されている。2024年度では，漢文の書き下し文が出題された。

★漢　字…………現代文の中で読み書きともに出されるが，特に難解なものはない。

★国語の知識……現代文の中で，品詞の識別，表現技法，慣用句や四字熟語，語句の意味などが問われている。

★作　文…………資料や会話文をふまえ，それらの読み取りと，条件に従って60～100字の短文作成が出題されている。

来年度の対策

文学的文章では，登場人物の関係やそれぞれの場面での心情などを正確にとらえることが求められ，論理的文章では，論理の展開を理解し，筆者の主張を読みとることが求められる。どちらの文章でも字数制限のある記述式の問題が出されるので，多くの問題にあたって練習をしておきたい。漢字や文法，熟語，韻文の知識についても基本的なことをしっかりおさえておく必要がある。古文については，解説文がなくても内容を理解できるような基本的な読解力をつけておきたい。また，資料をふまえた短文作成が出されているので，日頃からテレビや新聞で取り上げられていることや自分が興味を持ったことなどについて，100字程度で意見をまとめる練習をしておくとよい。

長文の読解力，漢字の読み書きやことばの知識，文法，古文・漢文の読解力など中学校で学習する内容が総合的に問われているので，「**国語の近道問題シリーズ**（全5冊)」(英俊社）のような単元別の問題集に取り組み，苦手分野をなくしておこう。そのうえで，入試で出題率の高い問題を集めた「**ニューウイング 出題率 国語**」(英俊社）をやっておけば安心である。

【写真協力】 Alialzrgani・via Wikimedia CC-BY SA ／ ピクスタ株式会社
【地形図】 本書に掲載した地形図は，国土地理院発行の地形図・地勢図を使用したものです。

岡山県公立高等学校
（一般入学者選抜）

2024年度
入学試験問題

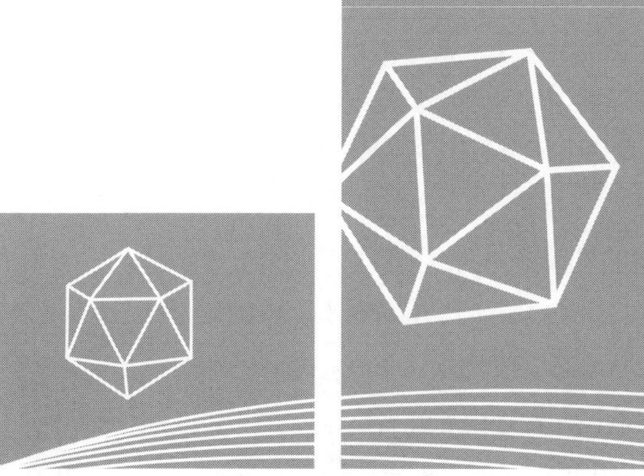
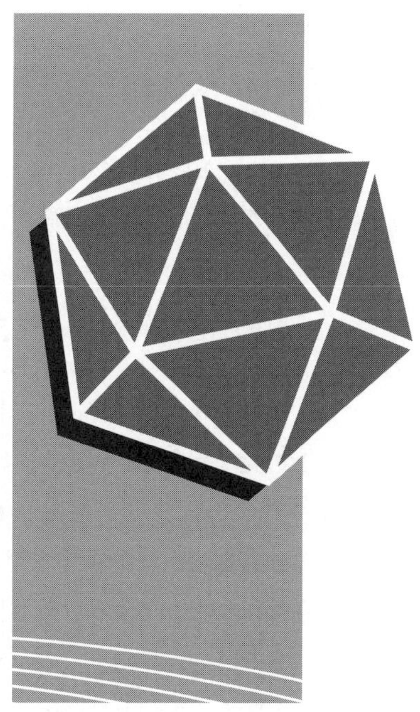

数学

時間　45分　　　　満点　70点

(注)　1　答えに$\sqrt{\ }$が含まれるときは，$\sqrt{\ }$をつけたままで答えなさい。その際，$\sqrt{\ }$の中の数は，できるだけ小さい自然数にしなさい。

2　答えに円周率を使うときは，πを用いなさい。

1　次の(1)～(4)の計算をしなさい。(5)～(10)は指示に従って答えなさい。

(1)　$5+(-12)$　(　　　)

(2)　$7-8\times(-2)$　(　　　)

(3)　$\dfrac{2}{3}ab\div(-4b)\times 9a$　(　　　)

(4)　$(\sqrt{3}-\sqrt{5})^2$　(　　　)

(5)　連立方程式$\begin{cases} x+5y=11 \\ 3x+2y=-6 \end{cases}$を解きなさい。(　　　　　)

(6)　方程式$x(x+2)=48$を解きなさい。(　　　)

(7)　図のように，関数$y=ax^2$のグラフと関数$y=x-5$のグラフが2点A，Bで交わっています。点Aのx座標が-2であるとき，定数aの値を求めなさい。ただし，原点をOとします。(　　　)

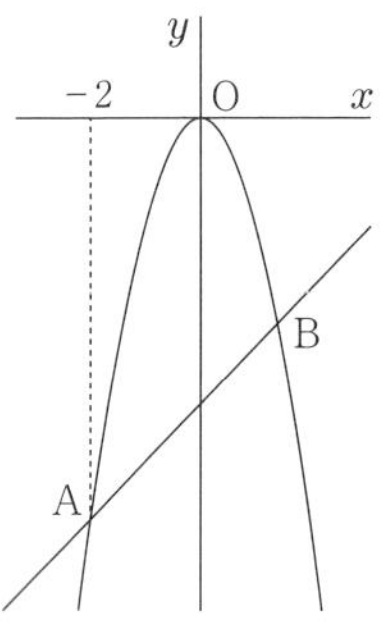

(8)　3枚の10円硬貨を同時に投げるとき，1枚は表で，2枚は裏となる確率を求めなさい。ただし，表と裏の出方は同様に確からしいものとします。(　　　)

(9)　図のような，AB＝4 cm，BC＝3 cm，∠ABC＝90°の△ABCがあります。△ABCを直線ABを軸として1回転させてできる立体の体積をV cm^3とし，△ABCを直線BCを軸として1回転させてできる立体の体積をW cm^3とするとき，体積の比V：Wを最も簡単な整数の比で表しなさい。(　　　)

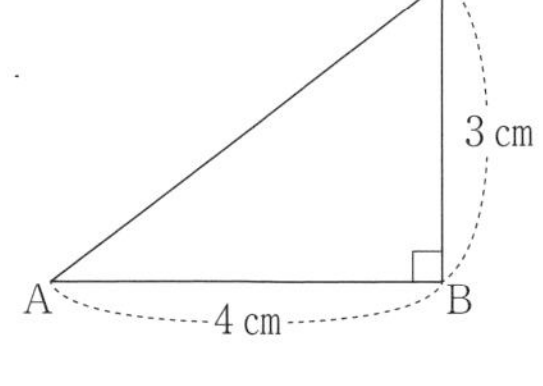

(10)　図のように，平行四辺形ABCDの紙を対角線BDで折ったとき，点Cが移動した点をEとします。このとき，4点A，B，D，Eは一つの円周上にありますか。解答欄に「ある」または「ない」のいずれかを書きなさい。また，そのように判断した理由も答えなさい。

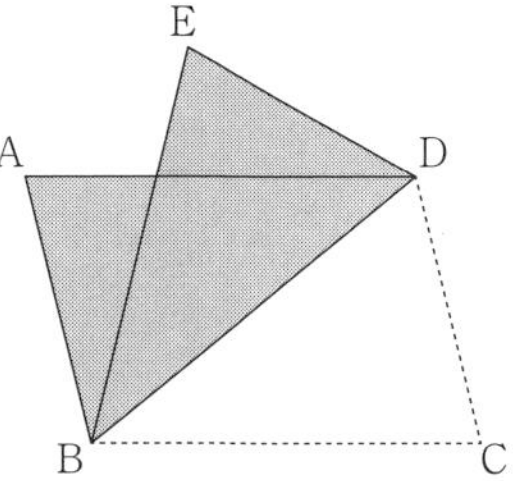

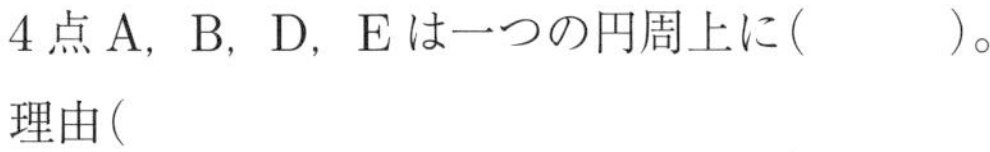
4点A，B，D，Eは一つの円周上に(　　　)。

理由(　　　　　　　　　　　　　　　　　　　　　)

2 太郎さんと花子さんは，通っている中学校で標本調査を行いました。(1)～(3)に答えなさい。

(1) 次の［　　］には，それぞれ全数調査，標本調査のいずれかが入ります。標本調査が入るのは，ア～エのうちではどれですか。当てはまるものをすべて答えなさい。(　　　)

ア 中学校の健康診断は，生徒一人一人の健康状態を知る必要があるため，［　　］で行われる。

イ 食品を出荷する前の品質検査は，検査に使った食品は商品として売ることができないため，［　　］で行われる。

ウ テレビの視聴率調査は，少ない時間や労力，費用で，目的にあう程度に正確な結果が得られるため，［　　］で行われる。

エ 日本に住んでいるすべての人が調査対象となっている国勢調査は，国内の人口や世帯の実態を明らかにするため，［　　］で行われる。

(2) 太郎さんは，全校生徒300人について，数学の勉強が好きかどうかの調査をするために，全校生徒300人を母集団として，50人を無作為に抽出する標本調査を行いました。①，②に答えなさい。

① 標本の選び方に関して述べたX，Y，Zの文について，内容の正誤を表したものとして最も適当なのは，ア～カのうちではどれですか。一つ答えなさい。(　　　)

X 全校生徒に通し番号をつけ，乱数表を使って50人を選ぶ。

Y 1年生98人全員に通し番号をつけ，くじ引きで50人を選ぶ。

Z 全校生徒にアンケート用紙を配布し，回答をくれた順に50人を選ぶ。

ア Xのみ正しい。　イ Yのみ正しい。　ウ Zのみ正しい。

エ XとYのみ正しい。　オ XとZのみ正しい。　カ YとZのみ正しい。

② 調査した50人のうち，数学の勉強が好きと答えた人は28人でした。このとき，全校生徒300人のうち数学の勉強が好きな人はおよそ何人と推定されるかを答えなさい。ただし，解答欄には式も書きなさい。

(式)(　　　　　　　　　　　　　　　　　　　)　(答)(およそ　　　人)

(3) 花子さんは，3年生107人に対して，平日1日あたりの数学の学習時間を調べ，標本調査から母集団の平均値を推定しようとしています。

〈手順〉 1．107個のデータから，標本の大きさを10として無作為に抽出し，それらの平均値を求める。

2．手順1を20回行い，得られた20個のデータについて，その分布をヒストグラムと箱ひげ図に表す。

3．標本の大きさを20，30に変えて，手順1，2を行う。

標本の大きさが10の場合

(個) 10, 8, 6, 4, 2, 0

52 55 58 61 64 67 (分)

標本の大きさが20の場合

(個) 10, 8, 6, 4, 2, 0

52 55 58 61 64 67 (分)

標本の大きさが30の場合

(個) 10, 8, 6, 4, 2, 0

52 55 58 61 64 67 (分)

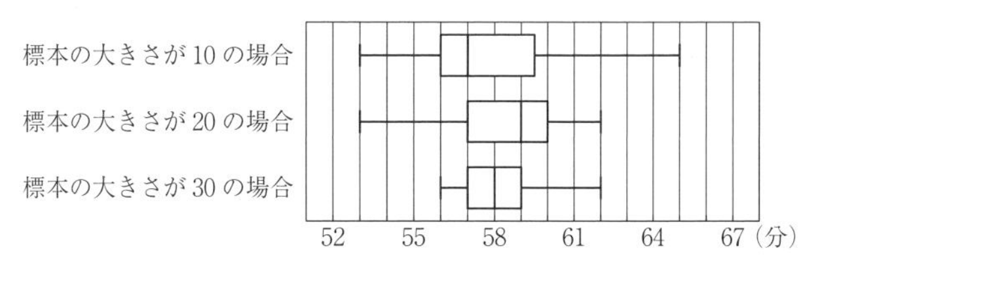

ヒストグラムと箱ひげ図から読み取れることを次のように整理したとき，［(あ)］，［(い)］に当てはまることばの組み合わせとして最も適当なのは，ア～エのうちではどれですか。一つ答えなさい。(　　　)

> 標本の大きさが［(あ)］方が，標本の平均値の範囲や四分位範囲が［(い)］傾向にあり，母集団の平均値を推定しやすくなる。

ア　(あ)　大きい　　(い)　大きくなる　　イ　(あ)　大きい　　(い)　小さくなる
ウ　(あ)　小さい　　(い)　大きくなる　　エ　(あ)　小さい　　(い)　小さくなる

③　太郎さんと花子さんは，カレンダーを見て気づいたことを話し合っています。(1)～(4)に答えなさい。

カレンダー

日	月	火	水	木	金	土
1	2	3	4	5	6	7
8	9	10	11	12	13	14
15	16	17	18	19	20	21
22	23	24	25	26	27	28
29	30	31				

太郎：あれっ？カレンダーで6の倍数の日の前の日と次の日は素数になっているね。

花子：よく見て。そうなっていない日もあるよ。

太郎：見落としていたよ。でも，6日以降で前の日と次の日がどちらも素数の場合，それらにはさまれた日は6の倍数になっているね。

花子：確かにそうだね。いつでも，そうなっているのかな？

太郎：確かめようよ。まず，2より大きい素数は［(あ)］だから，前の日と次の日がどちらも素数の場合，それらにはさまれた日は［(い)］になるね。

花子：それから，連続する三つの自然数には，3の倍数が含まれているよね。3より大きい素数は3の倍数でないから，6日以降で前の日と次の日がどちらも素数の場合，それらにはさまれた日は3の倍数になるね。

太郎：なるほど。6日以降で前の日と次の日がどちらも素数の場合，それらにはさまれた日は2の倍数であって，3の倍数でもあるから，6の倍数になるね。

(1)　次のことがらは正しくありません。反例を書きなさい。(　　　　　　　　　　　)

> 6以上31以下の自然数 m が6の倍数ならば，$m-1$ と $m+1$ はどちらも素数である。

(2)　下線部のことがらを次のように整理したとき，［(あ)］，［(い)］に当てはまることばの組み合わせとして最も適当なのは，ア～エのうちではどれですか。一つ答えなさい。(　　　)

> 2より大きい素数は［(あ)］だから，6以上の自然数nについて，$n-1$と$n+1$がどちらも素数の場合，nは［(い)］になる。

ア (あ) 偶数 (い) 偶数　イ (あ) 偶数 (い) 奇数　ウ (あ) 奇数 (い) 偶数
エ (あ) 奇数 (い) 奇数

(3) 連続する三つの自然数a，$a+1$，$a+2$について，aを3で割ったときの商をb，余りを1とします。①，②に答えなさい。

① a，bの関係を正しく表しているのは，ア～エのうちではどれですか。当てはまるものをすべて答えなさい。(　　　)

ア $a+1=3b$　イ $a-3b=1$　ウ $a<3b+1$　エ $a>3b$

② $a+2$を3で割ったときの余りを求めなさい。(　　　)

(4) 31より大きい2桁の自然数のうち，その自然数より1小さい数と1大きい数がどちらも素数であるものを一つ答えなさい。(　　　)

4 太郎さんは，看護師等が使う「ナースウォッチ」とよばれる脈拍測定機能付きの時計について調べました。(1)～(3)に答えなさい。

〈太郎さんが調べたこと〉

> ナースウォッチは，関数の関係を利用して，1分間の脈拍をより短い時間で測定することができる時計です。
>
> ナースウォッチには，文字盤の内側に数字があり，その数字を読み取ることで脈拍の測定ができます。
>
> [ナースウォッチを使った脈拍の測り方]
>
> 1．秒針が文字盤の6，もしくは，12を指したところから脈拍を15回数える。
>
> 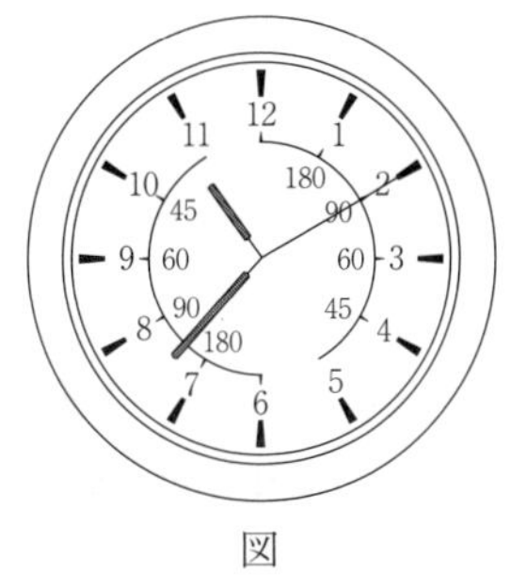
>
> 図
>
> 2．脈拍が15回を数えたときに，秒針が指した文字盤の内側の数字が1分間の脈拍となる。
>
> 図は，秒針が文字盤の12を指したところから脈拍が15回を数えたときの秒針の位置を表しています。この図では，秒針が文字盤の2，内側の数字は90を指しているので，脈拍が15回を数えるまでにかかった時間は10秒，1分間の脈拍は90回と測定します。
>
> 一般成人の1分間の脈拍は，安静時60～100回が正常の目安です。
>
> また，ナースウォッチには，脈拍を20回数えて測定するものもあり，脈拍を15回数えて測定するものとは文字盤の内側の数字が異なります。

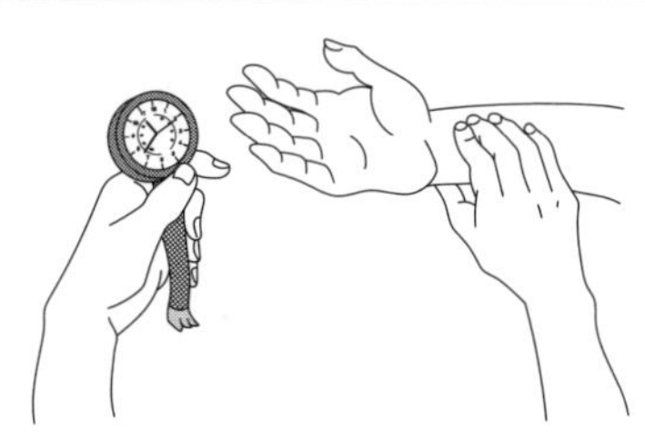

(1)　y が x の関数であるものは，ア～エのうちではどれですか。当てはまるものをすべて答えなさい。(　　　)

ア　毎分 x m の速さで 10km の道のりを走るときにかかる時間 y 分

イ　周の長さが x cm の長方形の面積 y cm^2

ウ　1500 円を出して，1 個 x 円の品物を 10 個買ったときのおつり y 円

エ　半径が x cm の円の面積 y cm^2

(2)　脈拍が 15 回を数えるまでにかかった時間を x 秒，1 分間の脈拍を y 回とします。①，②に答えなさい。

①　x と y の関係を表したグラフとして最も適当なのは，ア～エのうちではどれですか。一つ答えなさい。ただし，原点を O とします。(　　　)

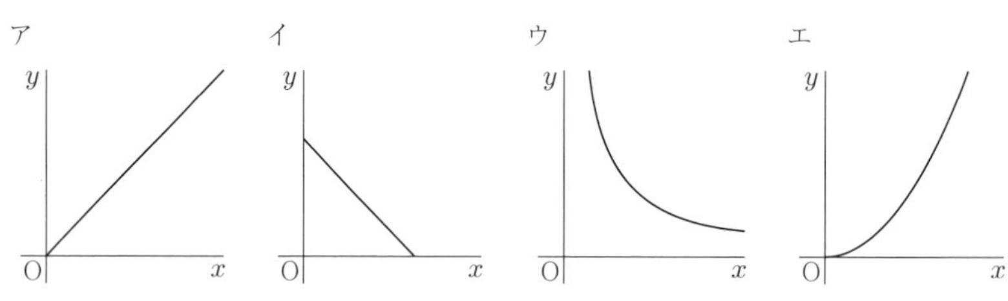

②　次の □ に適当な数を書きなさい。(　　　)

x の変域が □ $\leqq x \leqq 15$ のとき，y の変域は $60 \leqq y \leqq 100$ である。

(3)　脈拍を 20 回数えて測定するナースウォッチについて，文字盤の 3 の内側にある数字を答えなさい。ただし，脈拍の測り方は次のとおりとします。(　　　)

1．秒針が文字盤の 6，もしくは，12 を指したところから脈拍を 20 回数える。 2．脈拍が 20 回を数えたときに，秒針が指した文字盤の内側の数字が 1 分間の脈拍となる。

5 太郎さんと花子さんは，次の【問題】を考えています。(1)～(4)に答えなさい。

【問題】

右の図のように，平行な2直線 ℓ，m と点Aがある。二つの頂点B，Cがそれぞれ直線 ℓ，m 上にあるような正三角形ABCを作図しなさい。

花子：先生から条件の一つを外して考えてみたらと言われたよ。「頂点Cが直線 m 上にある」という条件を外して考えてみようよ。

太郎：そうだね。一つの頂点が直線 ℓ 上にある正三角形ADEや正三角形AFGをかいたよ。

花子：私は，(あ)30°の角の作図を使って，二つの頂点が直線 ℓ 上にある正三角形AHIをかいたよ。

太郎：あれっ？ 3点E，I，Gは一直線上にありそうだね。

花子：(い)△AHDと△AIEは合同，△AFHと△AGIも合同だから，∠AIEと(う)∠AIGの大きさが決まるね。このことから，3点E，I，Gは一直線上にあるといえるね。

太郎：この直線と直線 m の交点をCとして，線分ACを1辺とする正三角形をかくと，直線 ℓ 上に頂点がある正三角形がかけるね。この頂点がBだね。

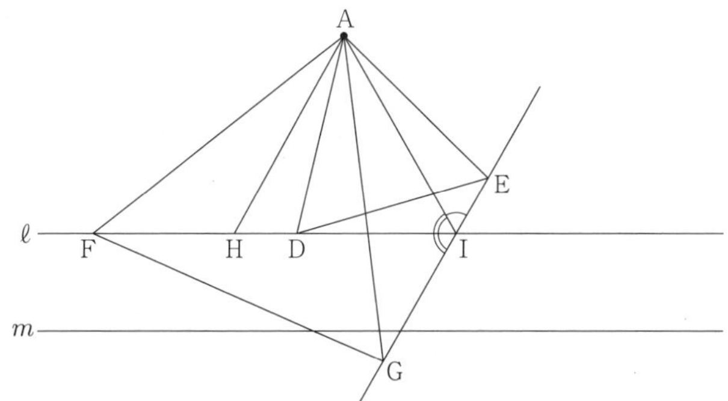

(1) 下線部(あ)について，点Aから直線 ℓ へ下ろした垂線 h を，点Aを中心として時計回りに30°だけ回転移動させた直線を n とします。この直線 n を定規とコンパスを使って作図しなさい。作図に使った線は残しておきなさい。

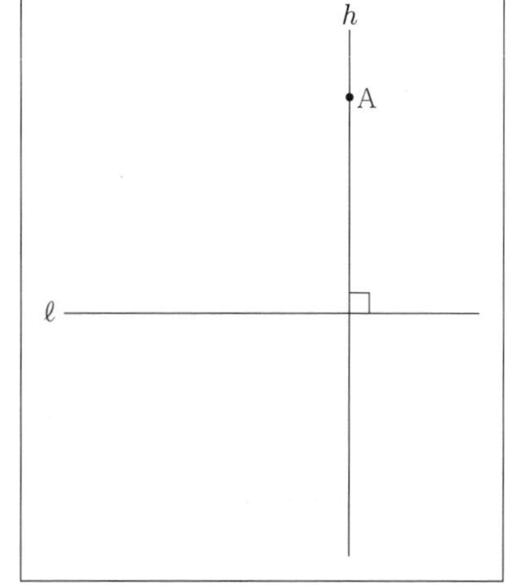

(2) 下線部(い)について，△AHD ≡ △AIEを証明しなさい。

(3) 下線部(う)について，∠AIGの大きさを求めなさい。

（　　　）

(4) この【問題】において，点Aと直線 ℓ との距離が6cm，点Aと直線 m との距離が9cmのとき，正三角形ABCの1辺の長さを求めなさい。（　　　cm）

英語

時間　45分　　　　満点　70点

（編集部注）　放送問題の放送原稿は英語の末尾に掲載しています。
音声の再生についてはもくじをご覧ください。

（注）　1　英語で書くところは，活字体，筆記体のどちらで書いてもかまいません。

2　語数が指定されている設問では，「,」や「.」などの符号は語数に含めません。また，「I'm」などの短縮形は，1語とします。

1　この問題は聞き取り検査です。問題A～問題Dに答えなさい。すべての問題で英語は2回ずつ読まれます。途中でメモをとってもかまいません。

問題A　(1)，(2)のそれぞれの英文で説明されている内容として最も適当なのは，ア～エのうちではどれですか。一つ答えなさい。(1)(　　　)　(2)(　　　)

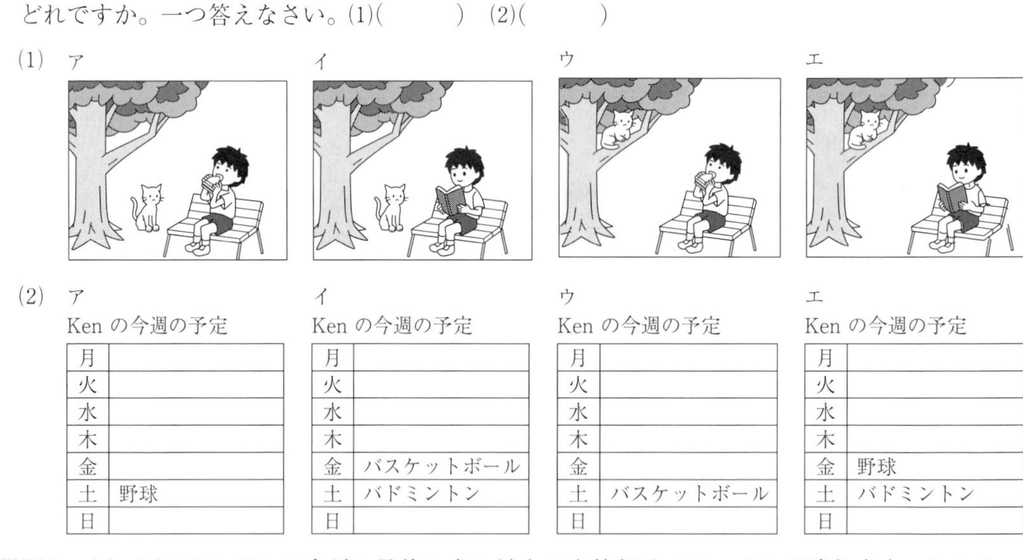

(1)　ア　イ　ウ　エ

(2)

ア　Kenの今週の予定

月	
火	
水	
木	
金	
土	野球
日	

イ　Kenの今週の予定

月	
火	
水	
木	
金	バスケットボール
土	バドミントン
日	

ウ　Kenの今週の予定

月	
火	
水	
木	
金	
土	バスケットボール
日	

エ　Kenの今週の予定

月	
火	
水	
木	
金	野球
土	バドミントン
日	

問題B　(1)，(2)のそれぞれの会話の最後の文に対する応答部分でチャイムが鳴ります。そのチャイムの部分に入れるのに最も適当なのは，ア～エのうちではどれですか。一つ答えなさい。

(1)(　　　)　(2)(　　　)

(1)　ア　It's delicious.　　イ　It's near the station.　　ウ　It's already summer.

エ　It's sunny today.

(2)　ア　Yes, she is. I think she will be happy.

イ　No, you can't. We should give a gift.

ウ　Why don't we buy some flowers?

エ　How did you get these presents?

問題C　Tomokiが，ホームステイに向けて事前説明会に参加しています。説明を聞いて，Tomokiがまとめたメモの［(あ)］～［(う)］にそれぞれ適当な英語1語を入れなさい。

(あ)(　　　)　(い)(　　　)　(う)(　　　)

[Tomoki のメモ]

When	What
on [(あ)] 7th	・leave Japan
on my 1st weekend in New Zealand	・go to a party at a [(い)] ・make a [(う)] at the party

問題D　Nancy と Sayaka が，水族館で館内放送を聞いた後に話をしています。館内放送と Nancy の発言を聞いて，(1)，(2)に答えなさい。

(1)　館内放送の内容と合っているのは，ア～エのうちではどれですか。一つ答えなさい。(　　　)

ア　この水族館にいる魚の数は，200 匹である。

イ　この水族館には，他では見られない魚がいる。

ウ　この水族館では，ペンギンが最も人気である。

エ　この水族館の二階に，迷子センターがある。

(2)　館内放送の後に Nancy が発言したことに対して，どのように答えますか。あなたが Sayaka になったつもりで，書き出しに続けて，[①]，[②] に，それぞれ 5 語以上の英語を書き，英文を完成させなさい。

①(　　　　　　　　　　　　　　　　　　　　)

②(　　　　　　　　　　　　　　　　　　　　)

OK. First, let's [①]. Second, we can [②].

2 問題A，問題Bに答えなさい。

問題A　Rikoとクラスメートの Cathy が，姉妹校（sister school）の生徒である Simon，Paul，Leoからの E メールを見ながら，姉妹校での学校生活などについて話をしています。次は，その E メールと会話です。(1)〜(5)に答えなさい。

Simon からの E メールの一部

> On weekdays, our school has seven classes. We have a tea break once a day between our second and third classes at school.

Paul からの E メールの一部

> My favorite event at school is International Day. Many students also like it. Our school has a lot of students from different countries. On that day, we learn about each other's cultures. For example, I (あ)teach some French words two years ago. Leo, one of my friends from Spain, performed a traditional dance from his country for other students last year. We cooked a popular dish from Italy this year.

Leo からの E メールの一部

> I live in a school dormitory. About fifty students live together in this dormitory. Please look at this photo. I share the same room with these two boys. The boy wearing [(い)] is Paul. The other boy wearing a tie is Simon.
>
> To live in the dormitory, we have many rules. Some of them are strict. For example, we have some rules about the times for dinner and bed.
>
> However, I enjoy living with other students here because I can make good friends. It's interesting to talk with them.

Riko　: Three students at our sister school sent e-mails to us about their school lives. I want to have a tea break at our school, like them.

Cathy : Me, too. Oh, please read this e-mail which has a photo. Maybe the students living together can talk a lot at night.

Riko　: Really? This student wrote about the strict [(う)] in his dormitory. I think they need to go to bed early.

Cathy : Maybe that's true, but I think they have a good time at the dormitory.

Riko　: I see. Well, please read this e-mail from Paul. He wrote about a popular [(え)] at their school. If I were one of the international students at their school, I would like to make *udon* at the [(え)]. I know the recipe and I've made *udon* many times.

Cathy : Wow. I want to make it with you.

〔注〕 dormitory　寮

(1) 下線部(あ)の単語を，最も適当な形に変えて書きなさい。(　　　)

(2) [(い)] に入れるのに最も適当な英語1語を書きなさい。(　　　)

(3) [(う)] に入れるのに最も適当な英語1語を，E メールから抜き出して書きなさい。(　　　)

(4) [(え)] に共通して入れるのに最も適当なのは，ア〜エのうちではどれですか。一つ答えなさい。(　　　)

ア　event　　イ　country　　ウ　photo　　エ　room

(5) Eメールと会話から読み取れる内容として最も適当なのは，ア～エのうちではどれですか。一つ答えなさい。(　　　)

ア Simon's school has a tea break after the third class on weekdays.

イ Last year, Paul's friends danced for other students on the Sports Day.

ウ Leo likes living with other students in his dormitory.

エ Riko does not know how to make *udon*.

問題B Taku と留学生の David が，あるウェブサイトを見ながら，料理教室に行く計画を立てています。次の英文は，二人の会話で，次のア～エは，二人が見ているウェブサイトの画面です。二人が行くことにした料理教室を示すウェブサイトの画面として最も適当なのは，ア～エのうちではどれですか。一つ答えなさい。(　　　)

Taku : Look at this website. I'll be free this weekend, on March 23rd and 24th, so I want to join one of these cooking classes. Do you want to come with me?

David : Yes. Every class looks interesting, but I'll be busy this Sunday. How about this one?

Taku : Oh, sorry. I forgot. My uncle is going to visit me on Saturday morning. I want to see him. So, can we choose the other one?

David : I see. Then, let's choose this cooking class.

Taku : OK.

ア

Let's Bake Cookies !

Date & Time
Saturday, March 23rd
9:00－11:30

イ

Let's Make a Cake !

Date & Time
Saturday, March 23rd
13:30－17:00

ウ

Let's Make a Pizza !

Date & Time
Sunday, March 24th
9:30－14:00

エ

Let's Make a Hamburger !

Date & Time
Sunday, March 24th
10:00－12:00

③ Kotomi と留学生の Vicky が，あるウェブサイトを見ながら，博物館への行き方について話をしています。次は，そのウェブサイトの画面の一部と会話です。ウェブサイトの画面の一部と会話の内容に合うように，【条件】1 および 2 に従って，会話を完成させなさい。

(　　)

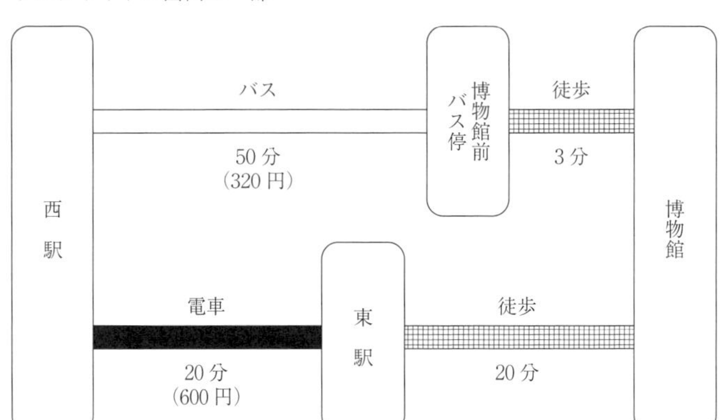

Kotomi： I'm happy to go to the museum with you tomorrow. Look at this website. How will we go there from Nishi Station?

Vicky　： I want to go there by bus. What do you think?

Kotomi： I agree. We ＿＿＿＿.

【条件】

1　会話の ＿＿＿ に，「バスで行きたい理由」を 7 語以上の英語で書きなさい。2 文以上になってもかまいません。

2　次の【語群】からいずれか 1 語を選び，用いなさい。使用する【語群】の語も，語数に含みます。

【語群】 minutes　　money

4 Hill先生の英語の授業で，Ken，Naoto，Yukiがtourism（観光旅行）について話し合いをしています。次の英文は，話し合いと，それを聞いてNaotoが授業で書いたワークシートです。(1)～(5)に答えなさい。

■話し合い

Mr. Hill：Next month, you are going to join a presentation contest. The topic is tourism. In your group, please make a special tour plan for tourists who will visit our prefecture. Today, I want you to come up with ideas for your presentations.

Ken：Well, how about visiting the old castle?

Naoto：I like your idea, but it is already a popular place for tourists. For the presentation, I'd like to talk about something different.

Ken：I see. Then, how about rafting?

Naoto：[(あ)] I've never heard about it.

Ken：When you go rafting, you ride a kind of boat called a raft. Tourists go down a river on a raft with other people. They can enjoy nature.

Mr. Hill：Ken, the activity reminds me of "adventure tourism."

Ken：Oh, I've read an article about it in the newspaper. Adventure tourism is a kind of tour. Tourists can have a new and different experience during an adventure tour. It's popular in Australia, right?

Mr. Hill：That's right. Adventure tourism has three important things: physical activity, nature, and culture. It's necessary for it to provide two or more of these for tourists during a tour.

Yuki：Wow. That's interesting. I want to know more.

Mr. Hill：Tourists (い) can / cannot / something special / experience / that they) easily try in their daily lives. It is easy to stay home and surf the Internet to find beautiful photos of nature. However, in adventure tourism, tourists visit a place and have unique experiences. They cannot easily do that in their daily lives.

Yuki：[(う)]

Mr. Hill：Yes. In my country, Australia, I joined a tour with my friends from Japan two years ago. We enjoyed some interesting activities. Our guide knew many things about nature. We listened to him carefully and learned what we should do during the activities.

Yuki：That sounds nice. [(え)] do during the tour?

Mr. Hill：Five or six activities. For example, we climbed mountains and saw the beautiful sunrise. We really enjoyed them.

Ken：Great. Oh, I've got an idea for a good tour plan for our prefecture. Well, first, tourists will go rafting in the morning. Then, they will go camping in the mountains. At night, they will look at stars. There is a town which is famous for stars. I've never been there, but I've heard that late at night many people living there turn off the lights outside to protect the wonderful, beautiful view of the sky. Tourists will visit the town and enjoy a lot of stars.

Naoto　：　Ken, maybe I think I know the town. I went there with my family last winter. I saw so many beautiful stars for the first time. The night sky in the town and the one in my city were not the same.

Mr. Hill：　OK. You've got a lot of good ideas. I'm sure you can start making your tour plans.

■ Naotoが授業で書いたワークシート

> Today, we came up with many ideas for the presentation contest. I like Ken's idea because tourists can enjoy amazing stars at night. Last winter, I visited a town with my family and looked at a lot of beautiful stars. I hope that many people visiting our prefecture will [(お)], like me.

〔注〕 prefecture　県　　raft　いかだに乗る，いかだ　　physical　身体的な　　guide　案内人，ガイド

(1) [(あ)]，[(う)] に入れる英語の組み合わせとして最も適当なのは，ア～エのうちではどれですか。一つ答えなさい。(　　　)

ア　(あ) When is the best season?　(う) Can you tell me about the hotels?

イ　(あ) When is the best season?　(う) Have you ever joined a tour?

ウ　(あ) What is it?　(う) Can you tell me about the hotels?

エ　(あ) What is it?　(う) Have you ever joined a tour?

(2) 下線部(い)の語句をすべて用いて，話し合いの流れに合うように並べ替えなさい。

(　　　　　　　　　　　　　　　　　　　　　　　　　　)

(3) あなたがYukiになったつもりで，[(え)] に適当な英語5語を書きなさい。

(　　　　　　　　　　　　　　　　　　　　　　　　　　)

(4) 話し合いの内容と合っているのは，ア～エのうちではどれですか。一つ答えなさい。(　　　)

ア　The students are going to join a presentation contest today.

イ　Naoto would like to talk about the old castle for the presentation.

ウ　Adventure tourism is popular in Mr. Hill's country.

エ　Ken and his family climbed mountains in Australia two years ago.

(5) [(お)] に入れるのに最も適当な英語6語を，話し合いの中のKenの発言から抜き出して書きなさい。

(　　　　　　　　　　　　　　　　　　　　　　　　　　)

5 Kumiが月（moon）での植物工場（plant factory）に関する研究について調べ，レポートにまとめました。次の英文は，そのレポートです。(1)～(6)に答えなさい。

How can we live on the moon? Some scientists try to answer this big question by making and testing hypotheses. People will need many things to live on the moon. One of them is food. When astronauts go into space now, they take food with them. However, when a lot of people live on the moon for a long time in the future, it will be almost impossible to take all of the food that they will need. To solve (あ) this food problem, the scientists made a plan to build a plant factory on the moon. If people have one, they can grow plants for food on the moon.

Imagine the conditions on the moon. These are different from the ones on Earth. For example, on the moon, when the temperature is very high, it is about 110℃ because of the strong light from the sun. When it is very low, it is about -170℃. The amount of water is different, too. On the moon, people cannot find a lot of water that they can use.

[　(い)　] To answer this question, the scientists have made hypotheses. For example, if they can create suitable conditions in the plant factory on the moon, they can grow plants there. There are several things that are necessary for growing plants on Earth: light, water, nutrients, suitable temperatures, and so on. However, these conditions on the moon are not suitable for plants. Then, the scientists came up with (う) some ideas for creating suitable conditions in the plant factory there. For example, they will keep suitable temperatures. They will not use the light from the sun, so they will use artificial light. Also, they will need water which has nutrients.

To test these hypotheses, the scientists built a room on Earth for their research and started to grow plants inside. Through the research, they have got useful results about [　(え)　]. Red is an effective color of artificial light to grow plants in the room for their research. To do so, they have found another effective color of artificial light, blue.

The scientists had another question. What kinds of plants are good for growing on the moon? To choose them, they thought about the conditions on the moon again. People will not have enough water in a plant factory on the moon, so they should find plants which can grow with [　(お)　] of water.

Now, the scientists believe that their research is also useful for solving food problems on Earth. Testing hypotheses has given the scientists some good ideas which can be connected with these food problems. These days, there is not enough food for some people around the world, so farmers growing plants on Earth can use the scientists' research. At first, I thought that a plant factory on the moon and the food problems on Earth were different topics. However, now I understand that these topics [　(か)　]. Scientists make hypotheses and test them a lot of times, and this is important for their research. By doing so, I also want to solve problems in my daily life.

〔注〕 test ～ ～を検証する hypotheses *hypothesis*(仮説)の複数形 space 宇宙
conditions 環境 temperature 温度 amount 量 suitable 適した，適切な
nutrient 栄養 ～ and so on ～など research 研究

(1) 下線部(あ)の具体的内容を説明する次の文の[①]，[②]にそれぞれ適当な日本語を入れなさい。①(　　　) ②(　　　)

将来，多くの人々が[①]ときに，[②]を持って行くのは，ほぼ不可能だということ。

(2) [(い)]に入れるのに最も適当なのは，ア～エのうちではどれですか。一つ答えなさい。(　　)

ア What language do the scientists use to solve the food problem?

イ When will astronauts build a plant factory on the moon?

ウ In such conditions on the moon, how can people grow plants for food?

エ To build a plant factory on the moon, how long will the scientists need?

(3) 下線部(う)の具体例を説明する次の文の[　　]に入れるのに最も適当なのは，ア～エのうちではどれですか。一つ答えなさい。(　　)

[　　] in the plant factory on the moon.

ア Suitable temperatures will not be kept　　イ The light from the sun will be used

ウ Artificial light will not be necessary　　エ Water with nutrients will be needed

(4) [(え)]，[(お)]に入れる英語の組み合わせとして最も適当なのは，ア～エのうちではどれですか。一つ答えなさい。(　　)

ア (え) artificial light　(お) a limited amount

イ (え) artificial light　(お) a large amount

ウ (え) temperatures　(お) a limited amount

エ (え) temperatures　(お) a large amount

(5) [(か)]に入れるのに最も適当な英語3語を，同じ段落中から抜き出して書きなさい。
(　　　　)

(6) 本文の内容と合っているのは，ア～オのうちではどれですか。当てはまるものをすべて答えなさい。(　　)

ア The temperature on the moon is always 110℃.

イ A room for the scientists' research was built on Earth.

ウ The scientists have found that blue is not an effective artificial light to grow plants.

エ The scientists had a question about the kinds of plants to grow on the moon.

オ When Kumi tries to solve problems, she will make and test hypotheses many times.

〈放送原稿〉

2024 年度岡山県公立高等学校一般入学者選抜入学試験英語の聞き取り検査を行います。

問題A　次の英文が 2 回読まれるのを聞いて，問題用紙の指示に従って答えなさい。

(1) There is a cat in the tree. A boy is reading a book on the bench.

(繰り返す)

(2) It's Friday today. On Saturdays, Ken usually plays basketball in the gym, but this weekend, the badminton team is going to use it. So, tomorrow, Ken is going to play baseball in the park. (繰り返す)

問題B　次の会話が 2 回読まれるのを聞いて，問題用紙の指示に従って答えなさい。

(1) A： What will we eat for lunch?
B： I want to eat a hamburger.
A： OK. I know a good hamburger shop.
B： Where is it?
A： (チャイム) (繰り返す)

(2) A： This Sunday is Mom's birthday.
B： Yes. I want to give her a present.
A： Me, too. Let's buy something for her this afternoon.
B： Do you have any ideas for a present?
A： (チャイム) (繰り返す)

問題C　次の英文が 2 回読まれるのを聞いて，問題用紙の指示に従って答えなさい。

You are going to leave Japan on August seventh. On your first weekend in New Zealand, you are going to go to a party at a restaurant, and you will make a speech at the party. I hope you will enjoy your time in New Zealand. (繰り返す)

問題D　次の英文が 2 回読まれるのを聞いて，問題用紙の指示に従って答えなさい。

A：Welcome to our aquarium. We have more than three hundred kinds of fish here. Some of them are unique, so you can see them only in this aquarium. Now, I'll tell you today's events. You can enjoy a show at eleven a.m. and three p.m. You can watch dolphins at the show. They are the most popular animals in this aquarium. This show takes thirty minutes. At another event, you can watch a video about beautiful fish. You can watch it at one p.m. and four p.m. This video takes twenty minutes. For more information, please come to the entrance hall.

B：Sayaka, let's go to these two events. It's ten o'clock now. We will leave here before two p.m., so what is the best plan for today? What time will we go to each event?

(A，B を繰り返す)

これで聞き取り検査を終わります。

社会

時間　45分　　　　満点　70点

1　わたるさんは，「我が国の商工業の様子」に着目して，近世までの歴史的分野の学習を振り返り，次の表を作成しました。(1)～(5)に答えなさい。

表

時代	奈良	平安	鎌倉	室町（南北朝）	室町（戦国）	安土（あづち）桃山	江戸
おもな商工業の様子	(a)平城京に市が設けられた。			京都などで X や酒屋が金融業を行った。 商工業者たちによる同業者組織が増加した。…【A】	(b)戦国大名が商工業者たちを城下町に集めた。		諸藩が大阪に Y をおいた。 老中の田沼意次（たぬまおきつぐ）が同業者組織を積極的に認めた。…【B】 (c)工場制手工業が広まった。

(1)　わたるさんは，傍線部(a)について調べました。①，②に答えなさい。

①　次は，平城京の遺跡から発見された木簡（荷札）について，わたるさんがまとめたものです。[　　] に当てはまる最も適当なことばを漢字一字で書きなさい。(　　　)

> この木簡は，三斗の塩が都へ運ばれた際に使われたものです。三斗は塩の量を示しており，木簡が記されたころの成人男性一人分の税負担量だとわかりました。木簡に記された塩は，庸と同様に税の一つである [　　] として都へ運ばれたと考えました。

②　平城京に都が移された奈良時代の文化について述べた文として最も適当なのは，ア～エのうちではどれですか。一つ答えなさい。(　　　)

ア　兼好法師により随筆の文学作品である『徒然草（つれづれぐさ）』が書かれた。

イ　貴族や防人（さきもり）などの和歌を収めた『万葉集』が成立した。

ウ　かな文字の文学作品である『枕草子（まくらのそうし）』が生まれた。

エ　『一寸法師』などのお伽草子（とぎぞうし）と呼ばれる絵入りの物語が作られた。

(2)　傍線部(b)が，それぞれの領国支配のために定めた法の総称を何といいますか。(　　　)

(3) 表中の X ， Y に当てはまることばの組み合わせとして最も適当なのは，ア～エのうちではどれですか。一つ答えなさい。(　　　)

ア　X：土倉　Y：藩校　イ　X：組頭　Y：藩校　ウ　X：土倉　Y：蔵屋敷

エ　X：組頭　Y：蔵屋敷

(4) 次は，傍線部(c)の様子がわかる資料と，わたるさんがそれを見て気づいたことを書いたメモです。[　　] に当てはまる適当な内容を書きなさい。(　　　　　　　　　)

資料

・資料は，現在の兵庫県伊丹(いたみ)市で行われていた酒づくりの様子。
・手工業による生産過程の形態に着目すると，作業場内の人々が [　　] という工場制手工業のしくみがわかる。

(5) わたるさんは，表を作成した後，次のようにまとめました。[　　] に共通して当てはまる適当な内容を書きなさい。(　　　　　　　　　)

〈気づいたこと・整理できたこと〉

表中の【A】と【B】にある「同業者組織」という同じことばについて，詳しく調べると，次の図のようなしくみだとわかりました。

【A】の同業者組織

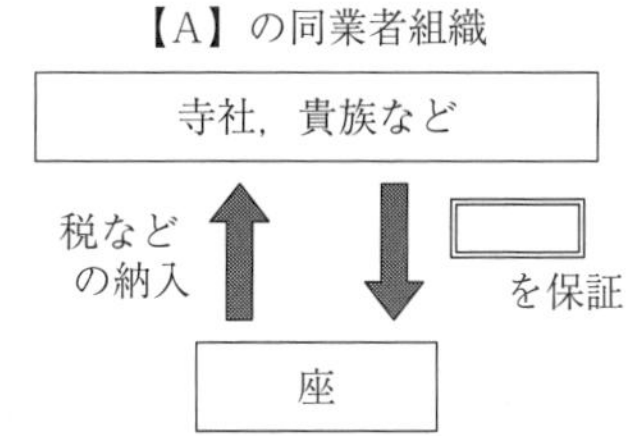

【B】の同業者組織

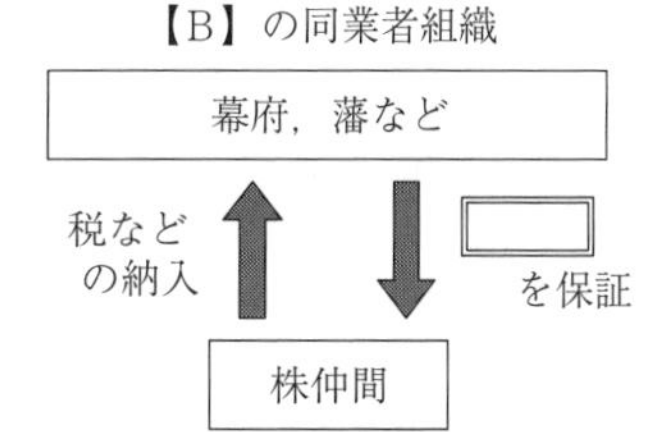

座は寺社や貴族などに対し，株仲間は幕府や藩などに対し，それぞれ税などを納入する代わりに，[　　] が保証される特権を得ている点で共通しています。

〈さらに調べてみたいこと〉

座と株仲間をもっと詳しく調べ，どのような違いがあるかを比べてみたいです。

2　次の図は，緯線と経線が直角に交わる地図であり，緯線は赤道から，経線は本初子午線からいずれも20度間隔です。(1)～(3)に答えなさい。

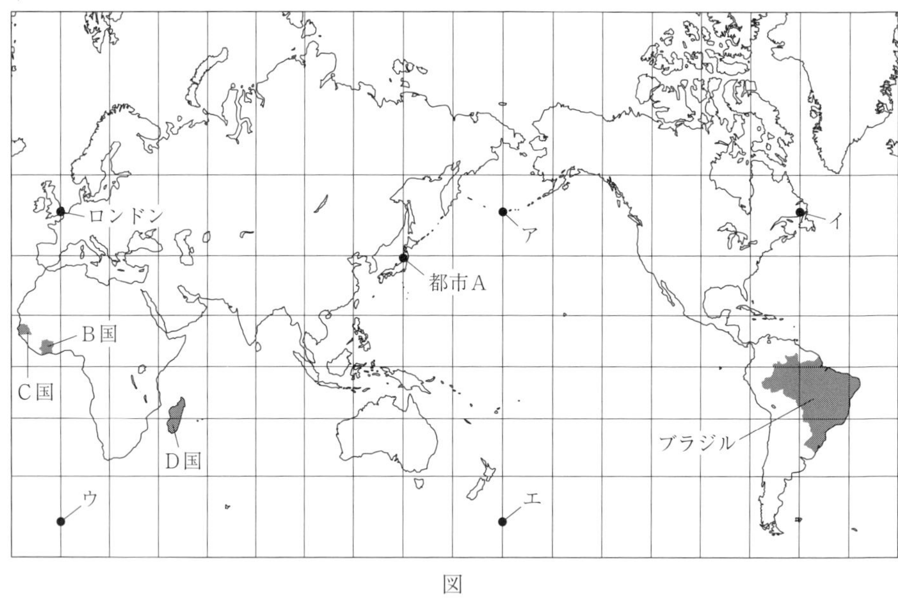

図

(1)　図の都市Aとロンドンについて，①～③に答えなさい。

①　都市Aのある日本列島が属する造山帯は何といいますか。(　　　　造山帯)

②　ロンドンからみて地球の中心を通った反対側の地点として最も適当なのは，図のア～エのうちではどれですか。一つ答えなさい。(　　　)

③　次の雨温図は都市Aとロンドンのものです。ロンドンの気候について正しく述べているのは，アとイのどちらですか。一つ答えなさい。また，そのような気候となる理由を，気候の要因となる海流と風それぞれの名称にふれながら，解答欄の書き出しに続けて書きなさい。

選択(　　　)

理由(ロンドンは，　　　　　　　　　　　　　　　　　　)

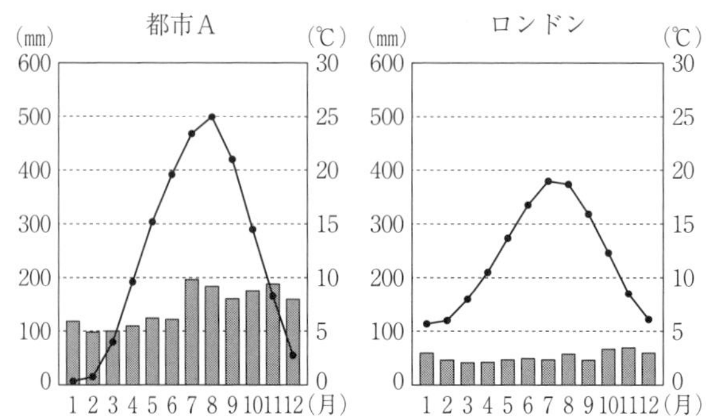

(注) 統計は1991年から2020年の月別平均値。

(「2023 データブック　オブ・ザ・ワールド」から作成)

ア　ロンドンは都市Aに比べて高緯度に位置しているが，ロンドンの冬は都市Aの冬よりも温暖である。

イ　ロンドンは都市Aに比べて月ごとの降水量の差は小さいが，ロンドンは都市Aよりも夏と冬の気温の差が大きい。

(2)　次の資料1～3は，図のB～D国それぞれに関するものです。資料1～3からわかることについて述べたあとの文章の□に当てはまる最も適当なことばを書きなさい。(　　　)

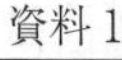
資料1

B 国の市場や街かどでは，フランスパンが売られている。

資料2

C国では，公用語としてフランス語が使用されている。その他の言語として，ウォロフ語，フラニ語，セレール語などが使用されている。

資料3　D国の輸出額上位3か国

1位	2位	3位
フランス	アメリカ合衆国	ドイツ

(注)　統計年次は2020年。

(「2023 データブック　オブ・ザ・ワールド」から作成)

資料1～3を見ると，アフリカ州に属しているB～D国には共通点がみられる。これは，かつて3か国が□としてフランスの支配下にあったことが影響している。

(3)　次の表はブラジルの輸出額上位5品目と輸出総額に占める割合を示し，表のⅠ～Ⅲは1970年，1985年，2019年のいずれかです。表に関して説明したあとのXとYの文について，内容の正誤を表したものとして最も適当なのは，ア～エのうちではどれですか。一つ答えなさい。(　　　)

表

	1位	2位	3位	4位	5位
Ⅰ	大豆 11.6 %	原油 10.7 %	鉄鉱石 10.1 %	肉類 7.2 %	機械類 7.2 %
Ⅱ	コーヒー豆 34.6 %	鉄鉱石 7.7 %	綿花 5.7 %	粗糖 4.7 %	とうもろこし 3.0 %
Ⅲ	コーヒー豆 9.2 %	鉄鉱石 6.5 %	石油製品 6.3 %	大豆かす 4.7 %	果実 3.1 %

(注)　粗糖とは精製していない砂糖。

(経済産業省「通商白書 2014 年版」，「世界国勢図会 2021／22」から作成)

X　ブラジルは，1970年ごろまでモノカルチャー経済の国だったため，ⅢはⅡより古い年のものである。

Y　ブラジルでは，農業に関する幅広い経済活動を行う企業が進出した結果，植物油などの原料となる作物が増産されているため，Ⅰは2019年のものである。

ア　X，Yのどちらも正しい。　　イ　Xのみ正しい。　　ウ　Yのみ正しい。

エ　X，Yのどちらも誤っている。

3　ゆうきさんは，歴史的分野の学習のまとめとして，民衆の政治への関わりや働きかけについて調べ，発表するためのスライドとその発表原稿を作成しました。(1)～(6)に答えなさい。

スライド1

一、今日、山城国（やましろのくに）南部の人々が集会をした。参加者の年齢は、六十から十五・六歳という。（中略）今回起きた守護大名の畠山（はたけやま）両氏の軍に対する態度を決めるためだという。
一、今後は、畠山両氏の軍は国の中に入ってはならない。
一、今日、山城国南部の人々は集会をした。山城国の法を制定するのだという。
（「大乗院寺社雑事記」から抜粋して作成）

これは，中世の山城国（現在の京都府）南部の人々が，守護大名を追い出し，［X］を行ったことがわかる資料です。集会には，私と同年代の15歳の人も参加していました。

スライド2

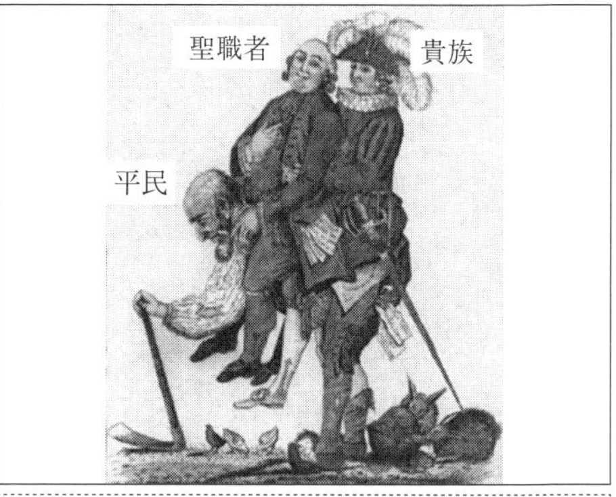

この資料は，フランス革命前の様子を表した風刺画です。この革命が起きていた1789年に発表された人権宣言では，平民の［Y］などの権利が示されました。

スライド3

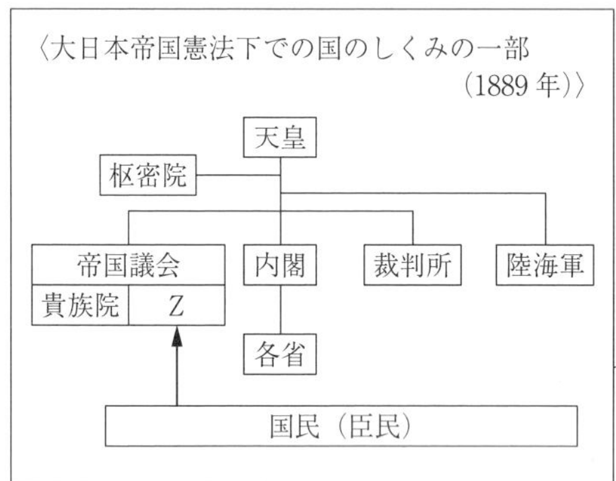

大日本帝国憲法下では，当初，［Z］議員の選挙権は限られた男性のみとされました。男性普通選挙権の獲得は1925年で，(a)女性の選挙権は第二次世界大戦後まで与えられませんでした。

スライド4

国会議事堂前に見えるのは，1960年の日米安全保障条約の改定に対して反対の意を示した人々です。多くの人が議事堂前に集まり，安保闘争が起きました。

(1)　［X］，［Y］に当てはまることばの組み合わせとして最も適当なのは，ア～エのうちではどれですか。一つ答えなさい。(　　　)

ア　X：自治　　Y：自由や平等　　イ　X：打ちこわし　　Y：自由や平等
ウ　X：自治　　Y：勤労や団結　　エ　X：打ちこわし　　Y：勤労や団結

(2)　［Z］に共通して当てはまる最も適当なことばを書きなさい。(　　　)

(3)　ゆうきさんは，スライド2と同様に風刺画として描かれた資料1を収集し，これに関する資料2を作成し，二つの資料から読み取ったことをまとめました。ゆうきさんがまとめたあとの文章の［　　］に当てはまる適当な内容を，下線部が具体的に指すものを明らかにしながら，資料2から読み取れる情報をもとに書きなさい。

(　　　　　　　　　　　　　　　　　　　　　　　　　　　　　　)

資料1

資料2　日清・日露戦争における臨時軍事費とおもな講和内容

	臨時軍事費	おもな講和内容
日清戦争	210 973 千円	朝鮮の独立，遼東半島・台湾等の割譲，賠償金2億両
日露戦争	1 746 421 千円	韓国における日本の優越権，旅順・大連の租借権，長春以南の鉄道の利権

（「明治財政史」，「明治大正財政史」から作成）

> 資料1の中心に描かれているのは日露戦争後の民衆の様子です。日清戦争後から，<u>資料1の民衆が背負う荷物</u>は負担として重たくなっていきました。日露戦争後に日比谷焼き打ち事件が起こったのは，民衆が［　　　　］ということを知ったことが背景にあるとわかりました。

(4)　下線部(a)に関して，明治時代に青鞜社を結成して，女性の解放に向けて活動した人物として最も適当なのは，ア～エのうちではどれですか。一つ答えなさい。（　　　）

ア　津田梅子　　イ　与謝野晶子　　ウ　樋口一葉　　エ　平塚らいてう(ちょう)

(5)　スライド4の安保闘争前後の我が国のできごとについて述べたア～ウを，年代の古いものから順に並ぶように記号で答えなさい。（　　→　　→　　）

ア　日韓基本条約の締結　　イ　警察予備隊の設置　　ウ　ソ連との国交回復

(6)　ゆうきさんは，現在の国民の政治参加について調べ，資料3を用いて次のようにまとめました。資料3は，日本における三権分立の関係の一部を示しています。［ P ］に共通して当てはまることばとして最も適当なのは，ア～ウのうちではどれですか。一つ答えなさい。また，［ Q ］に当てはまる適当な内容を書きなさい。

P（　　　）

Q（　　　　　　　　　　　　　　　　）

資料3

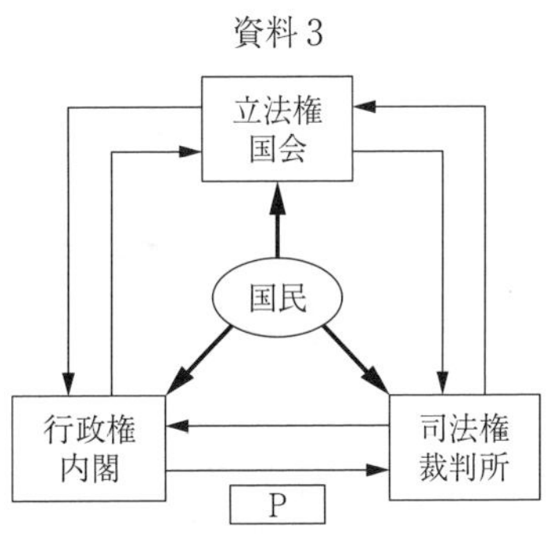

> 歴史の中で，民衆が政治に関わり，働きかけてきたことが改めてわかりました。資料3のように，内閣が裁判所に対して［ P ］を行うなどして，国会，内閣，裁判所が，たがいに抑制し合うことで，［ Q ］を防いでいます。そして，その中心には主権者である国民が位置しています。政治や経済などの知識や考え方を身に付け，主権者としての役目を果たしていきたいです。

ア　憲法改正の発議　　イ　最高裁判所長官の指名　　ウ　裁判員の選任

4　かなこさんは，授業で関東地方について学習した後，資料1を見つけ，なぜ群馬県大泉町では外国人人口割合が高いのかと疑問を感じました。そこで，図1と図2を用いて，資料1の五つの都道県について調べました。(1)～(4)に答えなさい。なお，図1と図2の縮尺は異なります。

資料1

全国の外国人人口割合（%）の市町村ランキング		
1位	大泉町（群馬県）	18.8
2位	占冠（しむかっぷ）村（北海道）	12.1
3位	新宿区（東京都）	9.9
3位	蕨（わらび）市（埼玉県）	9.9
5位	美濃加茂（みのかも）市（岐阜県）	9.3

（注）統計年次は2022年。東京都の特別区は各区ごとで集計。

（「データでみる県勢2023」から作成）

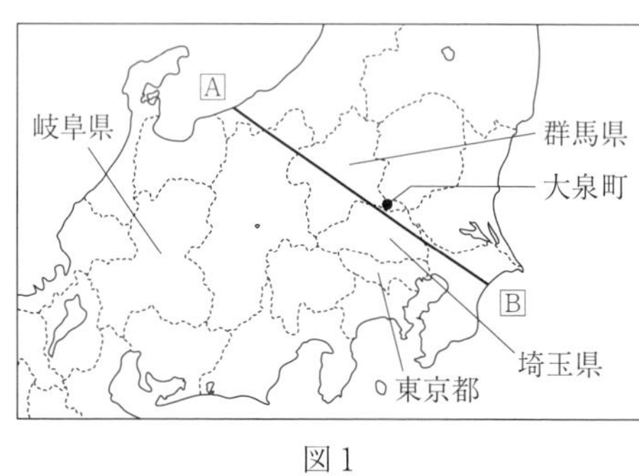

図1

図2

(1)　図1のA―B間の断面を模式的に示したものとして最も適当なのは，ア～エのうちではどれですか。一つ答えなさい。(　　　)

ア
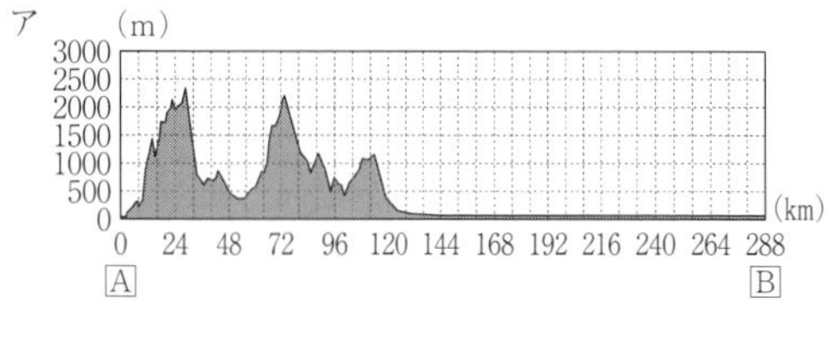

イ
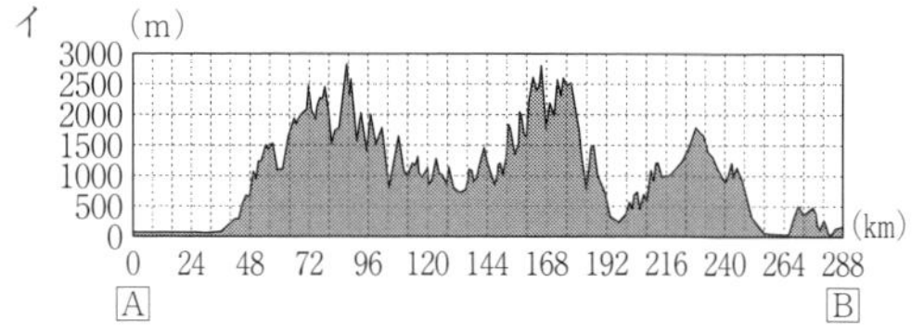

ウ
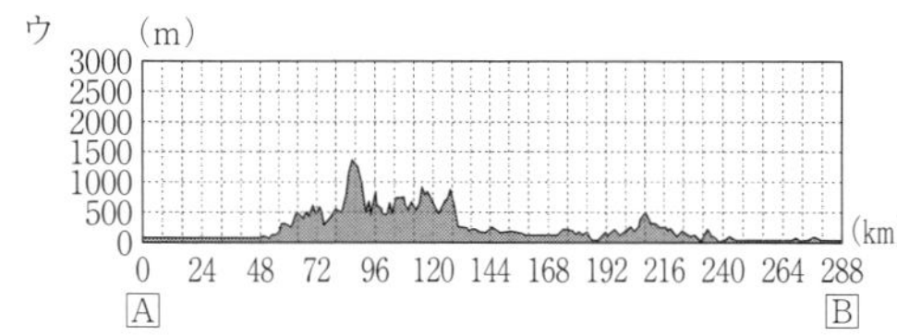

エ
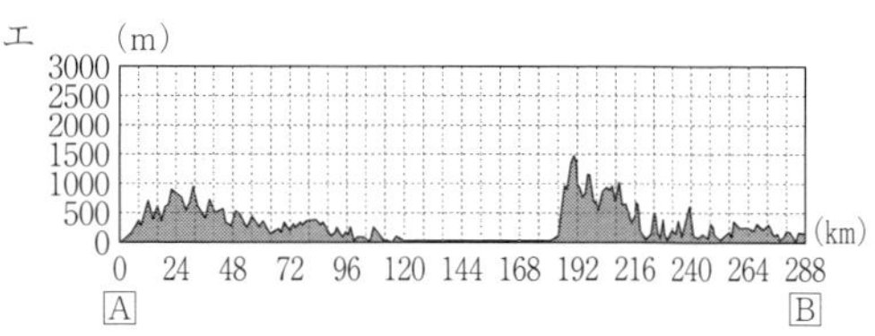

(2)　かなこさんは，資料1の五つの都道県をさまざまな視点から比較するために資料2を収集しました。資料2のア～オは，北海道，群馬県，埼玉県，東京都，岐阜県のいずれかです。群馬県が当てはまるのは，ア～オのうちではどれですか。一つ答えなさい。(　　　)

資料2

	昼夜間人口比率(%)	農業産出額(億円)	製造品出荷額等(億円)	※発電方式別発電電力量(百万 kWh)	
				火力	水力
ア	119.2	229	70 805	5 620	198
イ	100.0	12 667	55 872	23 256	4 930
ウ	87.6	1 678	128 630	627	258
エ	96.3	1 093	56 149	41	8 073
オ	100.0	2 463	78 889	162	4 060

(注) 統計年次は2020年(※のみ2020年度)。昼夜間人口比率＝(昼間人口÷夜間人口)× 100。農業産出額は加工農産物を含む。製造品出荷額等は従業者4人以上の事業所のみ。発電電力量は電気事業者のみ。

(「データでみる県勢 2022」,「データでみる県勢 2023」から作成)

(3) かなこさんは，関東地方の学習内容を振り返り，群馬県の工業と農業について，次のようにまとめました。□に共通して当てはまる適当な内容を書きなさい。(　　　　　)

群馬県の工業について

東京都・神奈川県・埼玉県は京浜工業地帯，千葉県の臨海部は京葉工業地域とよばれています。1970年代以降は，各地で□が進んだことにより，貿易港などへの製品輸送が容易となりました。これにより，群馬県などの内陸部へ工場が進出していき，多くの工場が集まる北関東工業地域が形成されました。

群馬県の農業について

群馬県の高原が広がる地域では，その気候を生かした農業が盛んです。都市から離れたこうした地域へもつながる□が進むとともに，輸送機関が発達しました。その結果，都市の住民向けの農産物を消費地から離れた地域で生産し，新鮮なまま運ぶことが可能になりました。

(4) かなこさんは，群馬県大泉町が北関東工業地域に属していることを知り，収集した資料3をもとに，群馬県大泉町と北海道占冠村の外国人人口割合が高い要因について考察したことをまとめました。資料3は群馬県大泉町と北海道占冠村の月別外国人人口割合を示したグラフです。①，②に答えなさい。

資料3

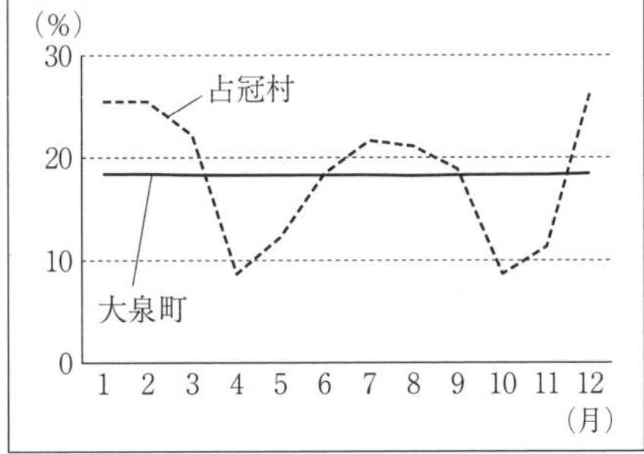

(注) 統計年次は2018年。月別外国人人口割合は各町村における月ごとの総人口に占める外国人人口の割合。外国人人口割合には，短期滞在の外国人観光客などは含まれず，就労などで住民として町や村に登録された外国人を含む。

(北海道総合政策部計画局統計課 Web ページ，群馬県統計情報提供システム Web ページから作成)

資料３から，大泉町の外国人人口割合が高い要因は，北関東工業地域の形成を背景とした労働力不足を補う外国人の増加にあると考えました。一方，図２のＣの山脈の西側に位置する占冠村は，グラフの推移を見ると，月ごとに変化があります。占冠村の外国人人口割合が高い要因は，大泉町のように工業地域での労働ではなく，北海道の［　　　　］という気候の特色を生かした産業に従事する外国人の増加が関係していると考えました。今回調べた大泉町のような地域では，多文化共生に向けて，どのようなまちづくりを進めているのか，さらに調べてみたいです。

①　下線部の山脈名として最も適当なのは，ア～エのうちではどれですか。一つ答えなさい。

（　　　）

ア　飛驒(ひだ)山脈　　イ　日高山脈　　ウ　赤石山脈　　エ　奥羽(おうう)山脈

②　［　　　］に当てはまる適当な内容を，資料３の占冠村の月別外国人人口割合が大泉町の月別外国人人口割合より高い時期にふれながら書きなさい。

（　　　　　　　　　　　　　　　　　　　　　　　　　　　　　　）

5 あすかさん，けんじさん，さやかさんのグループは，「よりよい社会を目指して」というテーマで探究する学習を行っています。次の図は，学習のはじめに，現代の社会について，人口，政治，経済の側面からどのようなことを考察するかをグループでまとめたものです。(1)～(6)に答えなさい。

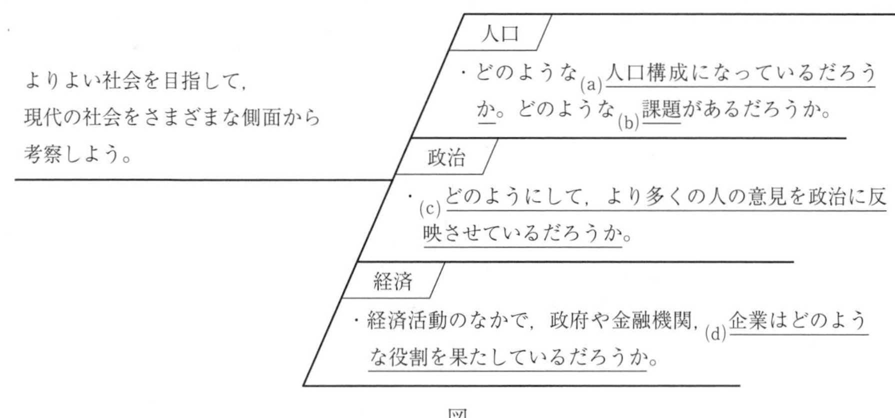

図

(1) 人口の側面を担当するあすかさんは，下線部(a)がわかる資料1を収集しました。資料1は，日本を含む4か国における，年齢を3区分に分けた人口構成割合を示しています。日本が当てはまるのは，ア～エのうちではどれですか。一つ答えなさい。(　　　)

資料1

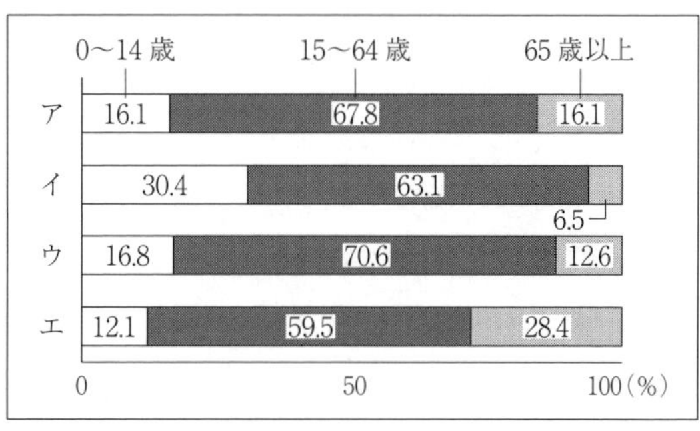

（注）統計年次は2019年。

（「世界国勢図会 2020／21」，「世界国勢図会 2021／22」から作成）

(2) あすかさんは，下線部(b)について考えるために，日本の社会保障に着目し，収集した資料2について，あとのようにまとめました。①，②に答えなさい。

資料2　日本を含む6か国の国民負担率と社会保障給付費

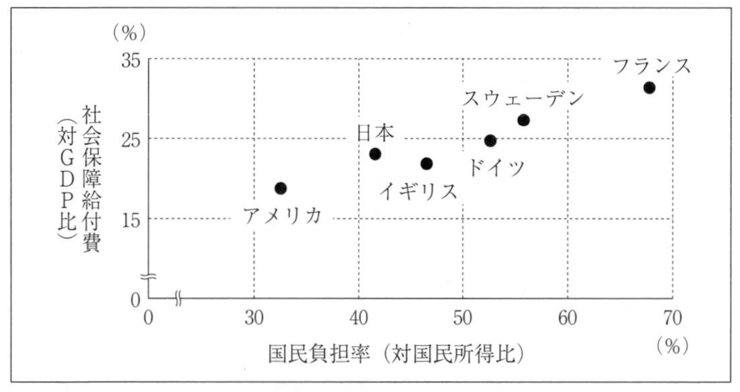

（注）　社会保障給付費の統計年次は2013年。国民負担率の統計は，日本は2013年度，その他は2013年。国民負担率は，国民の税負担率と社会保障負担率を合わせたもの。社会保障給付費は，社会保障制度によって国や地方公共団体などから国民に給付される費用。

（独立行政法人 労働政策研究・研修機構「データブック国際労働比較」から作成）

> 資料2では，フランスの社会保障は，国民の［X］なっていて，アメリカの社会保障は，国民の［Y］なっています。現在の日本の人口構成割合では，国民負担率と社会保障給付費のバランスが課題となります。日本が，資料2の状態から国民負担率を変えず，社会保障給付費のみを増加させると，将来の世代へ負担の先送りとなる［Z］の発行が増えていくことも考えられます。

① ［X］，［Y］に当てはまることばの組み合わせとして最も適当なのは，ア～エのうちではどれですか。一つ答えなさい。(　　　)

ア　X：負担は大きく，給付も多く　　Y：負担は大きく，給付も多く

イ　X：負担は小さく，給付も少なく　　Y：負担は大きく，給付も多く

ウ　X：負担は大きく，給付も多く　　Y：負担は小さく，給付も少なく

エ　X：負担は小さく，給付も少なく　　Y：負担は小さく，給付も少なく

② ［Z］に当てはまる最も適当なことばを書きなさい。(　　　)

(3)　政治の側面を担当するけんじさんは，下線部(c)に関して，日本の地方自治のしくみを表した資料3を収集し，議院内閣制のしくみと比較してあとのようにまとめました。［P］に当てはまる最も適当なことばを書きなさい。また，［Q］に当てはまる適当な内容を，「指名」ということばを用いて書きなさい。

P(　　　)

Q(　　　　　　　　　　　　　　　　　　　)

資料3

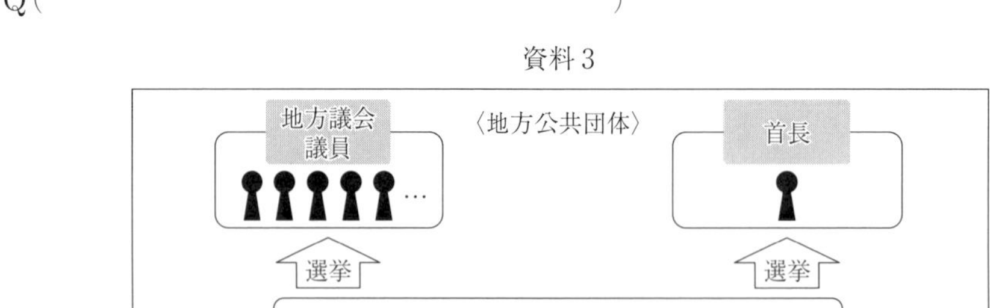

> 地方公共団体には，地方議会と地方公共団体の長である首長が置かれています。国の政治において，内閣総理大臣は，［P］の中から，国民による選挙ではなく［Q］ことが定められていますが，地方の政治では，資料3のように，地方議会の議員と首長を選挙によって選ぶことができるため，住民の意見がより反映されるしくみになっています。

(4)　けんじさんは，選挙制度にも着目し，日本の選挙制度を特徴ごとに分類するために資料4を作成しました。日本の小選挙区制と比例代表制はア～エのいずれかに当てはまります。日本の小選挙区制と比例代表制が当てはまるものとして最も適当なのは，ア～エのうちではどれですか。それぞれ一つ答えなさい。小選挙区制(　　　)　比例代表制(　　　)

資料4

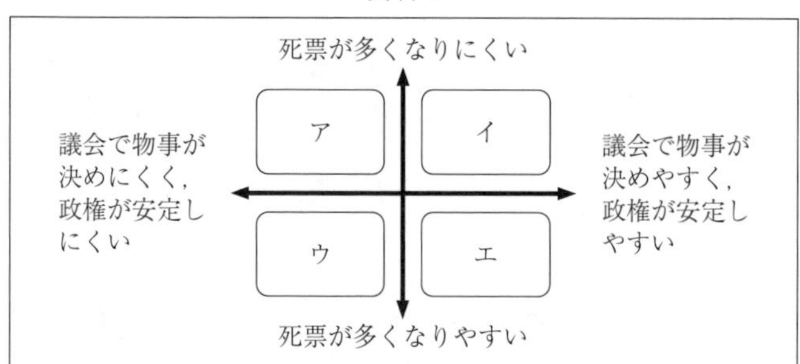

(5) 経済の側面を担当するさやかさんは，下線部(d)について学習内容を振り返り，次のようにまとめました。①，②に答えなさい。

> ・日本の企業には，公企業と私企業があり，公企業は国や地方公共団体が運営し，公共の目的のために活動しています。私企業は利益を求めるだけでなく，(e)企業の社会的責任を果たすことも求められています。
> ・現在の日本の企業は株式会社が多く，株主は，おもに企業の利潤を見通して株式を購入しますが，社会的責任を十分に果たすことができていない企業には投資しない傾向もあります。
> ・株主は，株主総会に出席して，企業の基本方針などに対して意見を述べることができます。また，株主には，株式を保有している企業が倒産しても，[　　　　]は負わないことが認められています。

① 下線部(e)に関して述べた次のXとYの文について，内容の正誤を表したものとして最も適当なのは，ア～エのうちではどれですか。一つ答えなさい。(　　　)

X 企業の経営状況などの情報を公開する。

Y 環境に配慮した生産や環境保護に貢献する。

ア X，Yのどちらも正しい。　イ Xのみ正しい。　ウ Yのみ正しい。

エ X，Yのどちらも誤っている。

② [　　　]に当てはまる適当な内容を，「金額」ということばを用いて書きなさい。

(　　　　　　　　　　　　　　　　　　　　　　)

(6) 次は，現代の社会を考察する活動後に，けんじさんが書いた振り返りの一部です。[　　　]に当てはまる最も適当なことばを書きなさい。(　　　)

> 今回，人口や政治，経済の側面から現代の社会を考察しました。探究する課題を決める次の活動では，あすかさんが調べてくれた人口の側面に焦点を当て，「日本の人口構成をふまえ，『よりよい社会』に何が必要か」を設定するのはどうかと提案してみようと思います。例えば，高齢者や障害のある人などにとって重要な[　　　]化が地域内の道路，公共交通機関の乗降口，エレベーターのボタンの位置などでどのくらい進められているかを調査することも提案したいです。

理科

時間　45分　　　満点　70点

1　次の(1)～(6)に答えなさい。

(1)　ヒトのからだに関して，①，②に答えなさい。

①　次の文の［　　］に共通して当てはまる適当な語を書きなさい。(　　　)

形やはたらきが同じ細胞が集まって［　　］をつくり，さらにいくつかの種類の［　　］が集まって，特定のはたらきをもつ器官をつくっている。

②　机の上にあるコップを目で見て確認し，手で持ち上げました。このとき，目で受けとった刺激が信号として伝わり，筋肉で反応を起こすまでの経路を表すものとして最も適当なのは，ア～エのうちではどれですか。一つ答えなさい。(　　　)

ア　目→運動神経→せきずい→脳→感覚神経→筋肉

イ　目→感覚神経→せきずい→脳→運動神経→筋肉

ウ　目→運動神経→脳→せきずい→感覚神経→筋肉

エ　目→感覚神経→脳→せきずい→運動神経→筋肉

(2)　図1は，太陽の周りを公転している地球と星座の位置関係を模式的に表したものです。①，②に答えなさい。

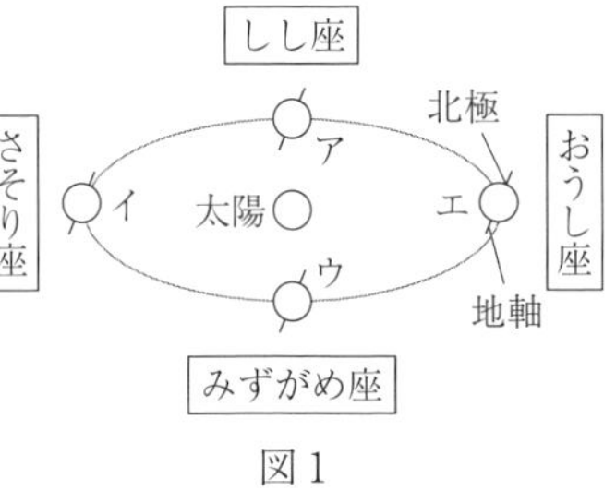

図1

①　地球の公転にともない，太陽は星座の間を動いているように見えます。このような太陽の見かけの通り道を何といいますか。(　　　)

②　真夜中ごろに岡山県から空を見たとき，南の空にさそり座が見える地球の位置として最も適当なのは，図1のア～エのうちではどれですか。一つ答えなさい。(　　　)

(3)　図2は，10Vの直流電源と抵抗器Ⅰ～Ⅲをつないだ回路図です。抵抗器Ⅲの抵抗は5Ωで，抵抗器Ⅱには0.3A，抵抗器Ⅲには0.8Aの電流が流れています。抵抗器Ⅰの抵抗は何Ωですか。(　　　Ω)

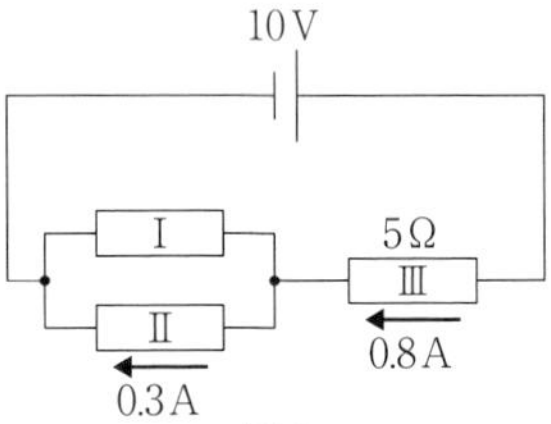

10V　Ⅰ　Ⅱ　0.3A　5Ω　Ⅲ　0.8A

図2

(4)　水を入れた水槽に体積が等しい2個の立方体AとBを入れました。2個の立方体が図3のような位置にあるときに，それぞれの立方体にはたらく浮力の大きさの関係を示したものとして適当なのは，ア～ウのうちのどれですか。一つ答えなさい。(　　　)

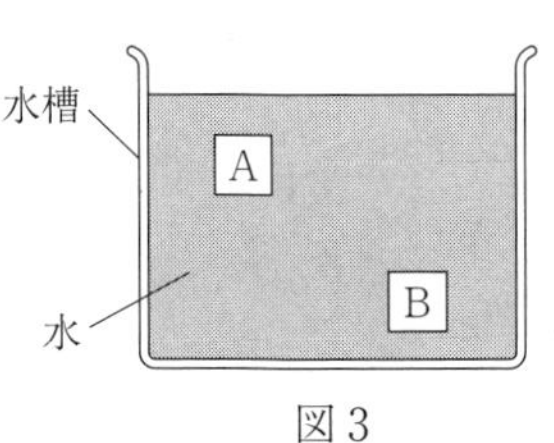

図3

ア　立方体Aにはたらく浮力は，立方体Bにはたらく浮力よりも大きい。

イ　立方体Aにはたらく浮力は，立方体Bにはたらく浮力よりも小さい。

ウ　立方体Aにはたらく浮力と立方体Bにはたらく浮力の大きさは等しい。

(5) 表は，4種類の金属ア～エの密度を示しています。ある金属の質量を測定したところ，67.5gでした。また，水50cm^{3}を入れたメスシリンダーに，この金属を静かに入れたところ，水の液面は図4のようになりました。この金属は，表のア～エのうちではどれですか。一つ答えなさい。ただし，温度による密度の変化は考えないものとし，水の密度は1.0g/cm^{3}とします。(　　　)

表

金属	密度〔g/cm³〕
ア	2.70
イ	7.15
ウ	7.87
エ	8.96

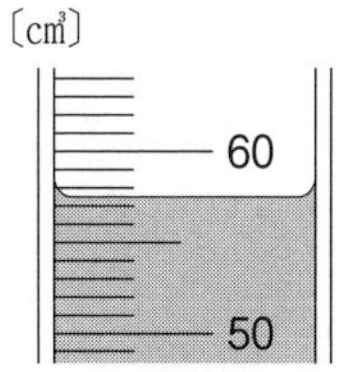

〔cm³〕 60 50

図4

(6) アンモニアを集めてゴム栓をした試験管を，図5のように水が入った水槽に入れました。水中でゴム栓を取り外したところ，図6のようになりました。このことから，アンモニアにはどのような性質があるといえますか。簡潔に答えなさい。

(　　　　　　　　　　　　　　　　　　　　　)

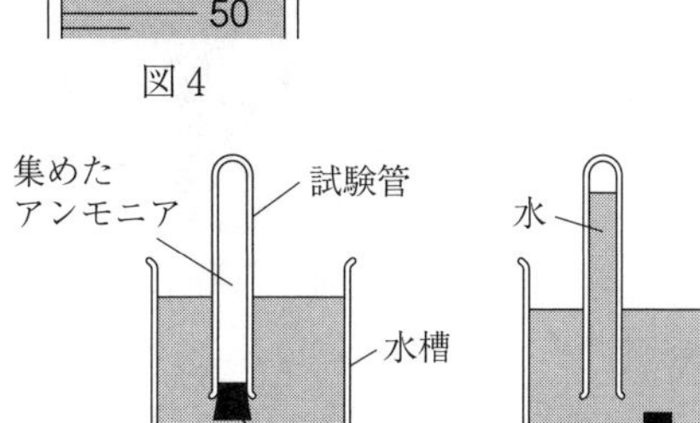

図5　　図6

2　花子さんは，ある植物Xを観察して観察記録をかき，図を使って分類を行いました。(1)～(5)に答えなさい。

植物Xの観察記録

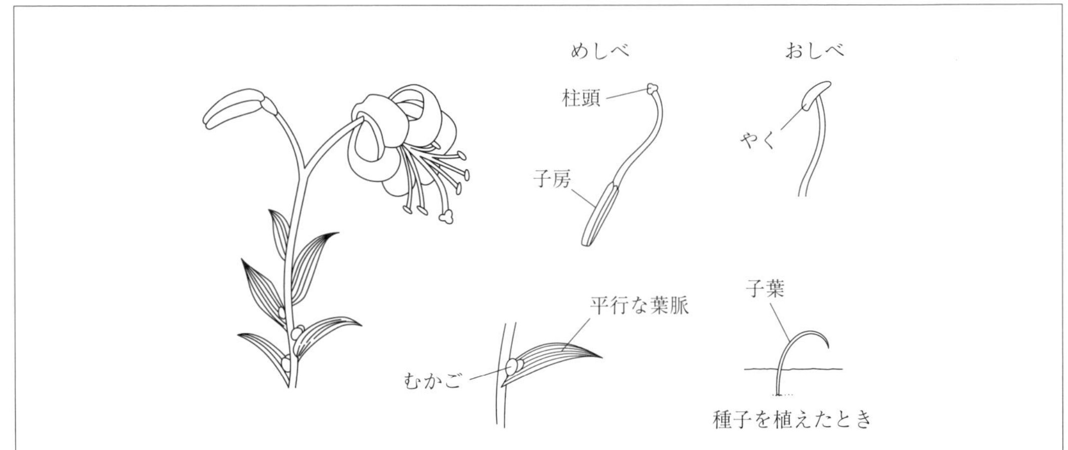

茎と葉の間には，むかごができていた。むかごは，体細胞分裂によってつくられる。種子を植えると子葉が出て，新しい個体ができるが，むかごを植えても芽が出て，新しい個体ができる。この植物は，種子によって子をつくる場合と，むかごによって子をつくる場合がある。

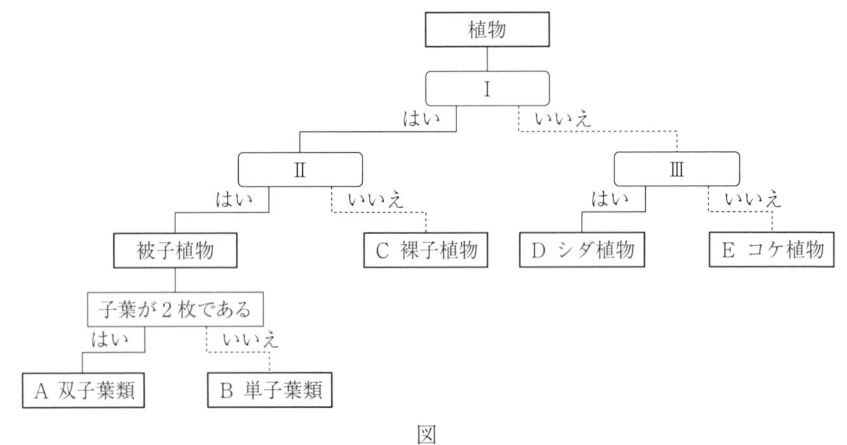

図

(1)　図のⅠ～Ⅲに入る特徴として最も適当なのは，ア～カのうちではどれですか。それぞれ一つ答えなさい。Ⅰ(　　　)　Ⅱ(　　　)　Ⅲ(　　　)

ア　胞子をつくる　　　イ　種子をつくる

ウ　葉・茎・根の区別がある　　　エ　葉・茎・根の区別がない

オ　胚珠が子房におおわれている　　　カ　胚珠がむき出しになっている

(2)　植物Xの分類として最も適当なのは，図のA～Eのうちではどれですか。一つ答えなさい。

(　　　)

(3)　植物Xと同じ分類の植物は，ア～カのうちではどれですか。すべて答えなさい。(　　　)

ア　イネ　　イ　イヌワラビ　　ウ　アサガオ　　エ　トウモロコシ　　オ　ゼニゴケ

カ　マツ

(4) むかごから新しい個体をつくる生殖のような，生殖細胞の受精によらない生殖を何といいますか。(　　　)

(5) 植物Xのある対立形質について，顕性形質の遺伝子を「R」，潜性形質の遺伝子を「r」とします。遺伝子の組み合わせが「Rr」の個体に現れる形質が顕性形質であるとき，この遺伝子の伝わり方と形質について，①，②に答えなさい。

① 遺伝子の組み合わせが「Rr」の個体どうしをかけ合わせて（交配して）できた種子から生じる個体の遺伝子の組み合わせとして可能性のあるものを，Rとrを使ってすべて答えなさい。

(　　　　)

② 遺伝子の組み合わせが「Rr」の個体を親として，むかごのみで子をふやした場合，子に現れる形質とその割合を表したものとして最も適当なのは，ア～オのうちではどれですか。一つ答えなさい。また，現れる形質と割合がそのようになる理由を，親から受け継がれる遺伝子の組み合わせにふれながら説明しなさい。

選択(　　　)　理由(　　　　　　　　　　　　　　　　　　　　　　　　)

ア　すべて顕性　　イ　顕性と潜性が3：1　　ウ　顕性と潜性が1：1

エ　顕性と潜性が1：3　　オ　すべて潜性

3　太郎さんは，中和の様子を調べるための実験を行い，レポートを作成しました。(1)～(7)に答えなさい。

太郎さんのレポートの一部

酸とアルカリを混ぜ合わせたときの変化

【目的】　硫酸と水酸化バリウム水溶液の中和について考察する。

【操作】　1　図のように，同じ濃度の水酸化バリウム水溶液 $60cm^3$ を入れたビーカーA～Eそれぞれに，うすい硫酸を $10cm^3$，$20cm^3$，$30cm^3$，$40cm^3$，$50cm^3$ ずつ加え，各ビーカー内に白い沈殿が生じることを確認する。

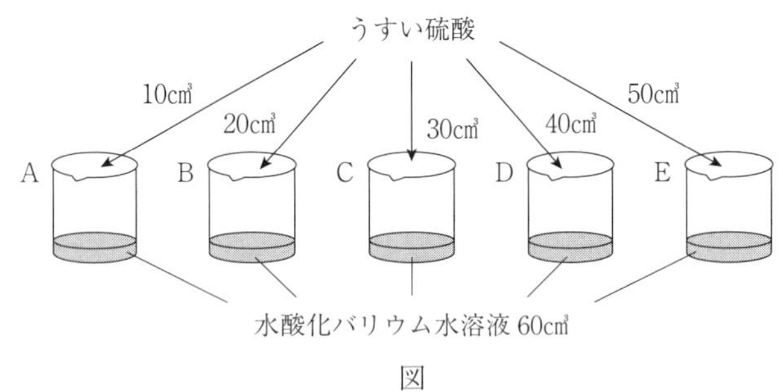

図

2　ビーカーの中身をろ過し，各ろ液にBTB溶液を加えて色を確認する。

3　生じた白い沈殿の質量を測定する。

【結果】

ビーカー	A	B	C	D	E
加えたうすい硫酸の体積〔cm^3〕	10	20	30	40	50
BTB溶液を加えたときの色	青色	青色	緑色	黄色	黄色
生じた白い沈殿の質量〔g〕	0.3	0.6	0.9		

【考察】　ビーカー内で起こった中和を化学反応式で書くと，

H_2SO_4 + $Ba(OH)_2$ → $BaSO_4$ + [　　] であり，

生じた白い沈殿は，硫酸バリウムだと考えられる。

BTB溶液を加えて色が青色になったビーカーのろ液では，加えた硫酸からの[P]イオンはすべて反応して水になったが，まだ[Q]イオンが残っているため，ろ液が[R]を示していると考えられる。

(1)　ビーカーAのろ液に，BTB溶液の代わりにフェノールフタレイン溶液を加えたときの色として最も適当なのは，ア～エのうちではどれですか。一つ答えなさい。(　　　)

ア　無色　　イ　赤色　　ウ　緑色　　エ　黄色

(2)　ビーカー内で起こった中和について，解答欄の[　　]をうめて，化学反応式を完成させなさい。

H_2SO_4 + $Ba(OH)_2$ → $BaSO_4$ + [　　　]

(3)　水酸化バリウムが水にとけて，電離したときの様子を表したモデルとして最も適当なのは，ア～エのうちではどれですか。一つ答えなさい。ただし，●は陽イオン1個を，○は陰イオン1個を表しています。(　　　)

ア 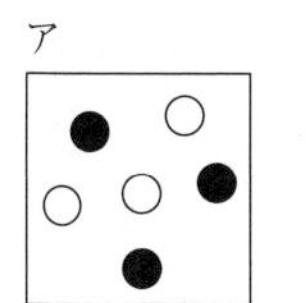 イ 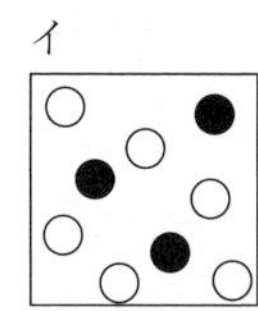 ウ 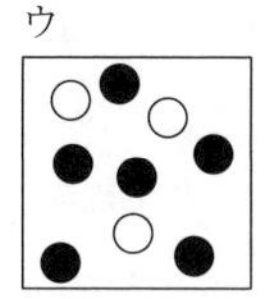 エ 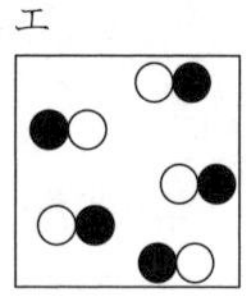

(4) 中和を示している化学反応式は，ア～エのうちではどれですか。一つ答えなさい。(　　　)

ア　$2CuO + C \rightarrow 2Cu + CO_2$　　イ　$2NaHCO_3 \rightarrow Na_2CO_3 + CO_2 + H_2O$

ウ　$KOH + HCl \rightarrow KCl + H_2O$　　エ　$CH_4 + 2O_2 \rightarrow CO_2 + 2H_2O$

(5) [P]～[R]に当てはまるのは，ア～キのうちではどれですか。太郎さんの考察が正しくなるように，それぞれ一つ答えなさい。P(　　　) Q(　　　) R(　　　)

ア　水酸化物　　イ　水素　　ウ　硫酸　　エ　バリウム　　オ　中性　　カ　酸性

キ　アルカリ性

(6) ビーカーA～Eのろ液にマグネシウムリボンを入れると，ビーカーA，B，Cのろ液では変化がありませんでしたが，ビーカーDとEのろ液では気体が発生しました。このときに発生した気体の名称を答えなさい。(　　　)

(7) 【結果】をもとに，加えたうすい硫酸の体積〔cm^3〕と生じた白い沈殿の質量〔g〕の関係を表したグラフをかきなさい。ただし，ビーカーDとEで生じた白い沈殿の質量については，数値が記入されていないので，記入されている他の結果から数値を推測して，グラフをかくこと。

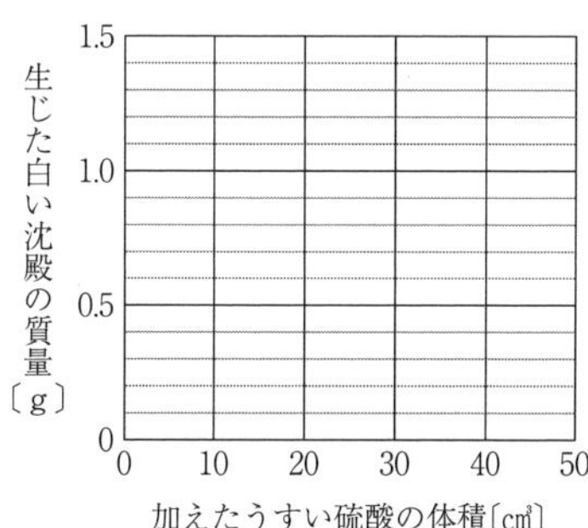

4　サイエンス部に所属する和也さんは，先生と日本の気象について話をしています。(1)～(4)に答えなさい。

先生：2月19日に，九州北部と四国で「春一番」がふいたと発表されましたね。

和也：はい。ニュースで発表を聞いて，季節の変化を感じました。

先生：気象庁は，立春から春分までの間に最初にふく，暖かくて強い南風を「春一番」とよんでいますが，もともと「春一番」は漁師が使っていたことばです。

和也：そうなのですね。確かに，強風は船を使う漁業に大きな影響を与えますね。

先生：図1は，「春一番」がふいた2月19日のある時刻の気圧配置と前線の様子です。図2は，関東地方のある地点Xでの2月18日正午から2月20日正午までの気温，湿度，気圧の変化を表したグラフです。

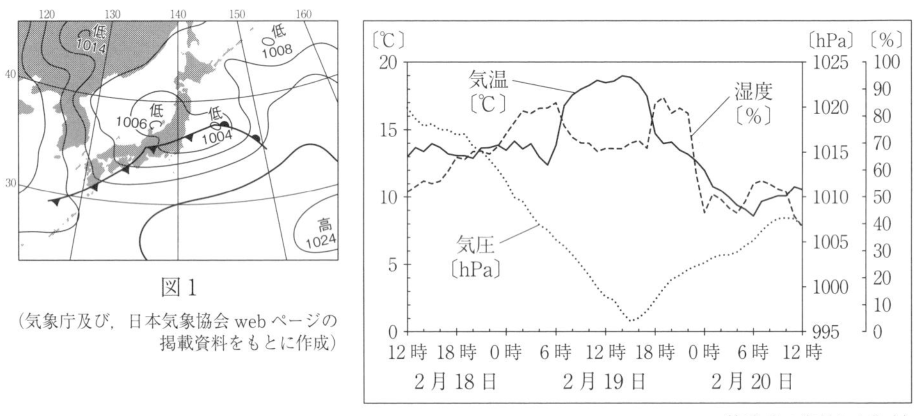

図1

(気象庁及び，日本気象協会 web ページの掲載資料をもとに作成)

図2

(気象庁の資料から作成)

和也：2月19日は，(a)発達しながら移動する低気圧に向かって，南寄りの強い風がふき込むことで，一時的にとても暖かい日になったとニュースで聞きました。(b)図1では，温暖前線と寒冷前線が確認できます。天気の変化には，低気圧にともなう前線の通過も影響していますね。

先生：そうですね。この季節は，低気圧の通過により荒れた天気になりやすく，「春一番」のような(c)暖かく強い南風がふいて，漁業以外にもさまざまな影響をおよぼすことがあります。

(1)　下線部(a)について，日本付近の低気圧は上空の風の影響を受け，おおむね特定の方向に移動し，それにともなって天気も変わっていきます。日本の天気が変わっていく方向として最も適当なのは，ア～エのうちではどれですか。一つ答えなさい。(　　　)

ア　北から南　　イ　南から北　　ウ　西から東　　エ　東から西

(2)　図1と同じ日時の日本周辺の衛星画像として最も適当なのは，ア～エのうちではどれですか。一つ答えなさい。(　　　)

ア
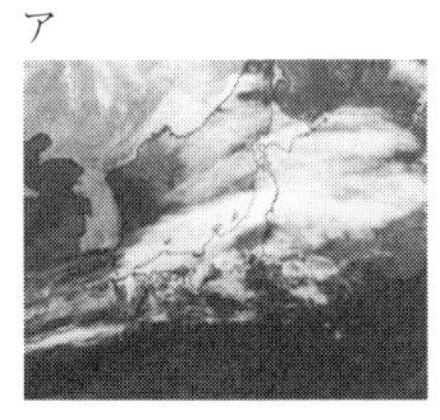

イ
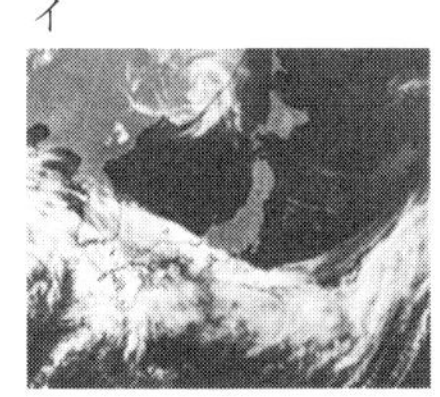

ウ

エ

(日本気象協会 web ページの掲載資料をもとに作成)

(3) 下線部(b)について，①，②に答えなさい。

① 温暖前線付近の空気の動きと前線の断面を表した模式図として最も適当なのは，ア～エのうちではどれですか。一つ答えなさい。ただし，➡は暖かい空気の動きを，⇨は冷たい空気の動きを表しています。(　　　)

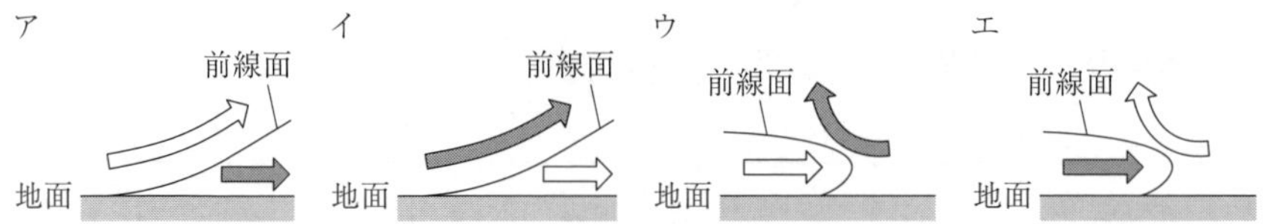

② 2月19日に寒冷前線が地点Xを通過した時間帯として最も適当なのは，ア～ウのうちではどれですか。一つ答えなさい。また，その時間帯を選択した理由を，図2をもとに説明しなさい。

選択(　　　)　理由(　　　　　　　　　　　　　　　　　　　　　　　　　　　　)

ア　4～6時　　イ　10～12時　　ウ　16～18時

(4) 下線部(c)について，次の文章の□に当てはまる適当な内容を書きなさい。

(　　　　　　　　　　)

冬型の気圧配置では，日本海側で雪が降り，太平洋側は乾燥した日が多くなる。しかし，「春一番」のような南寄りの暖かく強い風がふくと，日本海側に高温で乾燥した風がふき下ろす現象が起こる。この現象が原因となり，日本海側では気温の上昇により，□ことで，河川の増水や山間部で雪崩が起こる危険性が高まる。また，乾燥した強い風により，落ち葉などが燃えやすくなることで，大規模な火事が引き起こされる危険性もある。

5　次は，音に関する実験と音の性質について説明した文章です。(1)～(6)に答えなさい。

【実験】

(a)モノコードの弦をはじくと，弦が振動して音が出る。図1のように，コンピュータにマイクロホンを接続し，モノコードの弦をはじいたときの音の波形を調べた。ことじをはずして弦をはじいたところ，(b)図2のような波形が観測された。

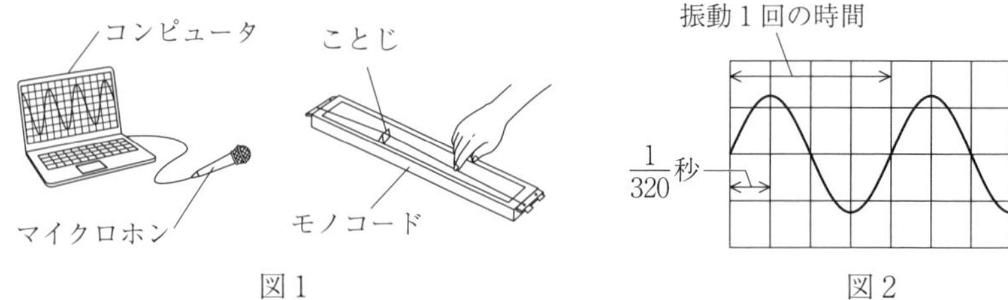

図1　　図2

次に，図1のモノコードの弦の張りの強弱を変えたり，ことじの位置を調節することで，はじく弦の長さを40cmと80cmに変えたりして，音の振動数を測定したところ，表のような結果が得られた。

表

弦の張り	A		B	
弦の長さ	C	D	C	D
振動数	75Hz	144Hz	122Hz	238Hz

【音の性質】

遠くで打ち上げられた花火は，光が見えてから，音が聞こえるまでに少し時間がかかる。これは，音が空気中を伝わる速さが，光の速さに比べて□ためである。

音は空気などの気体だけでなく，液体や固体の中でも伝わり，音の伝わる速さは，一般的に気体，液体，固体の順で速くなる。

また，光と同じように，(c)音も反射する性質をもち，私たちの身の回りでは，その性質を利用した技術が使われている。

(1)　下線部(a)について，弦のように振動して音を出しているものを何といいますか。(　　　)

(2)　下線部(b)について，図2の波形が観測されたときの振動数は何Hzですか。ただし，図2の横軸は時間を表し，横軸の1目盛りは$\frac{1}{320}$秒です。(　　　Hz)

(3)　表のA～Dに当てはまることばと長さの組み合わせとして最も適当なのは，ア～エのうちではどれですか。一つ答えなさい。(　　　)

	A	B	C	D
ア	強い	弱い	80cm	40cm
イ	強い	弱い	40cm	80cm
ウ	弱い	強い	80cm	40cm
エ	弱い	強い	40cm	80cm

(4)　モノコードの弦をはじいて図2の波形が確認できた後，少し時間がたち，音が小さくなったときに観測される波形として最も適当なのは，ア～エのうちではどれですか。一つ答えなさい。ただし，横軸，縦軸の目盛りのとり方は，いずれも図2と同じです。(　　　)

ア
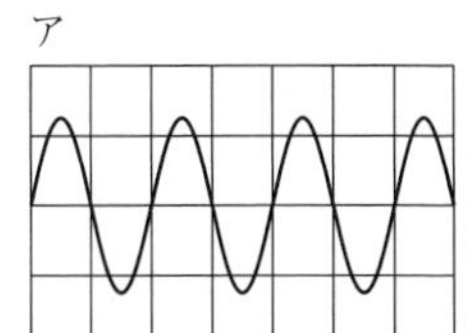
イ
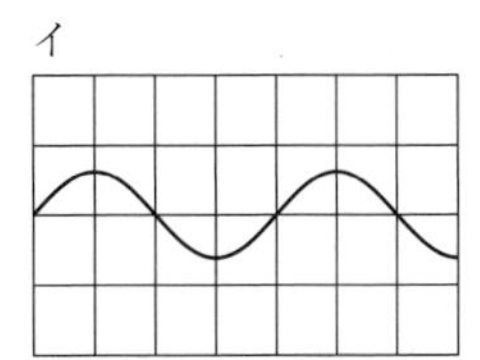
ウ
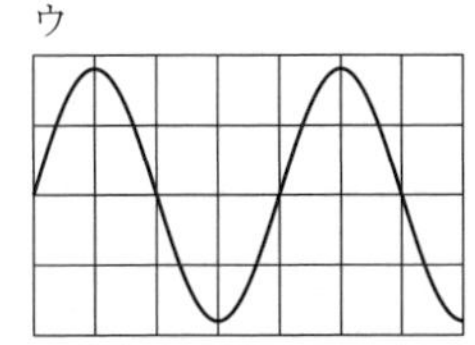
エ
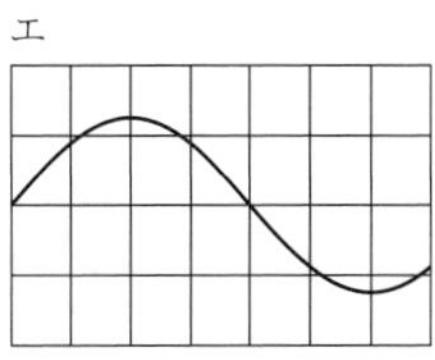

(5)　【音の性質】の□に当てはまる適当な内容を書きなさい。(　　　　　　　　　　)

(6)　下線部(c)について，次の説明を読み，①，②に答えなさい。

魚群探知機は，図3のように船底から超音波[※]を出し，超音波が魚群や海底に当たって反射し，船底に戻ってくるまでの時間を測定することで，魚群や海底がどのくらいの深さにあるかを調べる装置である。また，魚群や海底でどのように超音波が反射するかを読み取り，魚群の大きさや海底の様子を確認することもできる。

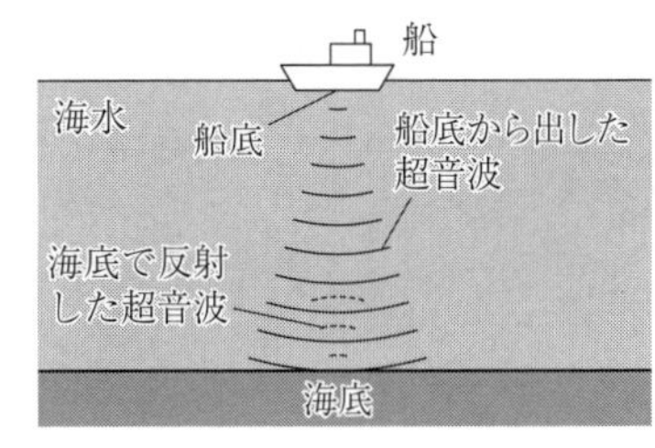

図3

また，液体や固体の中を伝わる音は，気体との境界面で反射する割合が大きいことが知られており，この性質はコンクリートの検査に利用されている。超音波をコンクリートの表面から当てると，内部のひび割れなどの空洞部分にできるコンクリートと空気との境界面で超音波が反射する。反射した超音波を読み取れば，コンクリートを傷つけることなく，ひび割れなどの劣化状況を把握することができる。

同様の技術は医療現場でも使われており，超音波検査はからだを傷つけることなく体内の様子を診断できる。超音波をからだの表面から当て，内臓の内部の構造で反射した超音波を信号として画像化することで，肝臓などの内部の様子を調べることができる。

※超音波…一般にはヒトが聞くことができない振動数 20000Hz 以上の音

①　図3の船底から真下の海底までの距離が300mであるとき，船底で出した超音波が，真下の海底で反射して船底に戻ってくるまでに0.4秒かかりました。このとき，海水中を音が伝わる速さは何m/sですか。ただし，海水中において，音は一定の速さで伝わるものとします。

(　　　m/s)

②　超音波検査は，肺の内部の様子を，肝臓と同じようには調べることができません。その理由を説明した次の文の□に当てはまる適当な内容を書きなさい。

(　　　　　　　　　　　　　　　　)

肺は□ため，超音波が肺の内部に届く前にほとんど反射してしまうので，肺の内部の様子を肝臓と同じようには画像化することができないから。

ア　康太さんは、話し合いが活発になるように、議論の最初に話し合いの目的や手順を示している。

イ　理絵さんは、他の人の意見に反対するときに、資料を用いることで発言の正当性を高めている。

ウ　友子さんは、前の人の発言内容を受けて、着眼点の誤りや発言の不十分な点を指摘している。

エ　健司さんは、発言の根拠として、資料の内容よりも自分が実際に体験したことを重視している。

(4)　「夕食で……食べる」とありますが、これ以外にも「消費者として食品ロスを解決するための提案」を発表することになりました。これについて、康太さんたちが班で話し合った内容を踏まえて、あなたの考えを条件に従って八十字以上百字以内で書きなさい。

条件

1　二文で書き、一文目に、「どの発生場所に着目するか」を、【資料Ⅱ】の内容を根拠とした理由とともに書くこと。ただし、理由を書く際に「最も多い」もしくは「最も高い」という表現を使うこと。

2　二文目に、一文目で着目した発生場所において、【資料Ⅲ】の発生要因を解消するための「具体的な行動」を提案として書くこと。

※数値を使う場合は、左の(例)を参考にして表記すること。

(例)　約20%　183万t

【話し合い】

康太　そもそも「食品廃棄物」と「食品ロス」って何が違うのかな。
理絵　【資料Ⅰ】によると、「食品廃棄物」は廃棄される食品全般を指し、「食品ロス」は食品廃棄物の中でも、「本来食べられるにもかかわらず捨てられる食品」を指すみたいだよ。だから［X］は「食品ロス」ではないということだね。
康太　社会問題になるくらい、食べ物がたくさん捨てられているってこと？
理絵　食品が作られてから私たちが食べるまでの間に、様々な場所で捨てられているみたいよ。どの発生場所の食品ロスが多いかは【資料Ⅱ】の数字が大きい所に注目してみたらわかるね。
康太　一番大きい数字は、「食品製造業」の「１４１１万ｔ」だね。
友子　それは「食品廃棄物」全体の数字だよ。食品ロスの発生量や、食品廃棄物に占める割合といった、「食品ロス」に関する数字に注目しようよ。
健司　「食品ロス」の数字に注目すると、食品卸売業（しょくひんおろしうりぎょう）の食品ロスの発生量は16万ｔと他の発生場所より少ないけれど、食品廃棄物の発生量の半数以上を占めているね。また、割合に注目すると、［Y］ことがわかるね。つまり、スーパーマーケットやレストランを利用する僕たち消費者の行動が食品ロスの問題に影響するんだね。
理絵　【資料Ⅲ】によると、消費者が関係することだけでも様々な要因があることがわかるね。
康太　じゃあ、消費者として食品ロスを解決する方法を提案しようよ。「がんばって残さず食べるように気をつけよう」はどうかな？
友子　「残さず食べる」は大事なことだけれど、「がんばる」や「気をつける」だけでは提案として不十分だよ。【資料Ⅲ】の発生要因を解決するための具体的な行動を提案したいね。
康太　ええと、夕食で残ったおかずを次の日のお弁当に入れて食べる、というのは具体的な提案になるかな？
健司　そうだね、そんなふうにできるだけ具体的な行動を提案したいね。どの発生場所に着目するか、資料の大きな数字を根拠として紹介したら、さらに説得力のある提案になりそうだね。

(1)　［X］に当てはまることばを【資料Ⅰ】から八字で抜き出して書きなさい。

(2)　【資料Ⅱ】から読み取れることとして、健司さんの発言の内容が論理的なものとなるために、［Y］に当てはまるものとして最も適当なのは、ア～エのうちではどれですか。一つ答えなさい。（　）

ア　食品卸売業では、食品ロスの発生量の割合より、その他の食品廃棄物の発生量の割合が高い
イ　すべての発生場所で、食品廃棄物に占める食品ロスの発生量の割合は二分の一以上である
ウ　食品小売業の食品ロスの発生量が、食品ロス全体の発生量の約半分の割合を占めている
エ　食品小売業や外食産業の食品ロス発生量の割合は、食品製造業の食品ロス発生量の割合より高い

(3)　【話し合い】の特徴を説明したものとして最も適当なのは、ア～エのうちではどれですか。一つ答えなさい。（　）

学といった情報を収集すること。

イ　練習やパフォーマンスを繰り返し行うことを通して、コツをつかむための情報を収集すること。

ウ　練習を繰り返すことでコツを身につけ、各感覚器官を発達させるための情報を収集すること。

エ　場所や時間に関係なくパフォーマンスを繰り返し、肉体派になるための情報を収集すること。

②「技」を育むことについての筆者の考えを説明した次の文章の□に入れるのに適当なことばを、四十字以内で書きなさい。

□

「技」を修練することで、物事を上手にこなすことが可能となる。そのためには、「体」の修練と役割に加えて、□という「心」の修練と役割が必要である。

(5)　この文章の構成と内容の特徴について説明したものとして最も適当なのは、ア～エのうちではどれですか。一つ答えなさい。(　　)

ア　冒頭の段落で筆者自身の意見は述べずに「心技体」の一般論の説明のみにとどめることで、読者に当事者意識を持たせている。

イ　筆者の意見を述べる前に他の研究者の論を紹介して反対の立場の意見と比較することで、筆者の主張の優れている点を強調している。

ウ　全体を通してカッコ（　）を使った言い換えの表現で用語について補足することで、最も重要な要素が何かを明確にしている。

エ　一般論に対する意見を述べた後に競技や体験談といった複数の具体例を提示することで、筆者の考察や主張の説得力を補強している。

4　四人の中学生が「身近な社会生活について考える」という内容の授業で、班のテーマを「日本の食品ロス」に設定して、クラス発表で課題解決の提案をするために【資料Ⅰ】～【資料Ⅲ】をもとに話し合いをしました。次の【話し合い】を読んで、(1)～(4)に答えなさい。

【資料Ⅰ】　食品ロスと食品廃棄物の定義

「食品ロス」は、「本来食べられるにもかかわらず捨てられる食品」と定義されます。

「食品廃棄物」とは、「食品の製造や調理過程で生じる調理くず」、「食品の流通過程や消費段階で生じる売れ残りや食べ残し」といった廃棄される食品をいいます。食品廃棄物には、食品ロスのほか、例えば、魚・肉の骨等の食べられない部分が含まれます。

(消費者庁「令和２年度版消費者白書」及び国税庁酒税課「食品リサイクル法の概要」を参考に作成)

【資料Ⅱ】　発生場所ごとの食品廃棄物と食品ロスの発生量

単位：万 t

発生場所＼発生量	食品廃棄物	食品ロス
食品製造業	1411	121（約　9％）
食品卸売業	27	16（約 59％）
食品小売業	123	64（約 52％）
外食産業	206	127（約 62％）
一般家庭	783	284（約 36％）

※(　)内の％は食品廃棄物に占める食品ロスの発生量の割合

【資料Ⅲ】　消費者が関係する食品ロスの発生要因

発生場所＼要因	販売側の要因	消費側の要因
食品小売業	賞味・消費期限切れ 販売期限切れ	鮮度志向 買い過ぎ
外食産業	作り過ぎ	急な予約キャンセル 食べ残し
一般家庭		期限切れ 過剰除去 作り過ぎによる食べ残し

(【資料Ⅱ】【資料Ⅲ】は消費者庁「令和２年度版消費者白書」から作成)

である。そして、そのおかげで従来よりも早くスランプを脱出することができたり、あるいは、新たな法則（コツ）を発見する契機にも恵まれるようになった。Dもし私がその心理学の講義を履修しておらず、アルゴリズムとヒューリスティックの思考法を知ることがなかったら、私はスランプ地獄から抜け出せずに、ただもがき続けるだけの競技人生を送っていたことだろう。

ちなみに、この心理学の授業で体験した出来事は、ほんの一例にすぎない。私は大学在学中、これと同様の出来事を何度も経験し、技術は練習場だけでなく、教室でも修練可能なものであることを学んだのである。

「心」（知性）の鍛錬で面白いことは、一見、競技に関係のなさそうな知識でも、いつどこでどのように役に立つかわからない、ということだ。たとえば、経済学の知識は競技力に直接関係しないかもしれないが、一方で、競技活動を継続させるうえで必要となる資金の調達方法を考案するきっかけになるかもしれない。あるいは文学を学んでも、筋肉を増強させることはできないだろうが、もしかしたら試合に負けて落ち込んでいる自分の気持ちに寄り添い、再び前へと踏み出すための活力をもたらしてくれるような文学作品との出合いがあるかもしれない。だからあなたもぜひ、どのような種類の知識であれ、貪欲に摂取して「心」（知性）を鍛えてみてほしい。そうしてⓓ「心」と「体」の両方を修練していけば、自然とそのふたつが結び合わさって「技」が育まれていくはずである。

（町田　樹「若きアスリートへの手紙――〈競技する身体〉の哲学」より）

(注)　中井正一――日本の評論家。日本で初めてスポーツを美学（美の本質を研究する学問）の領域で論じた。

パフォーマンス――演技。

アスリート――運動選手。

スランプ――一時的に調子がくずれ、いつもの能力が発揮できない状態。

藁にもすがる思い――追いつめられたときに、頼りにならないものにも頼ろうとする気持ち。

履修――大学などで授業を選んで学ぶこと。

アルゴリズム、ヒューリスティック――どちらも問題を解決するための考え方や方法。

(1)　――の部分ⓐ、ⓒの漢字の読みを書きなさい。

ⓐ（　　き）　ⓒ（　　）

(2)　＝の部分A～Dのうち、品詞が異なるものはどれですか。一つ答えなさい。（　　）

(3)　「ⓑでは、実際に……だろうか」とありますが、筆者が紹介した具体例について説明した次の文の X 、 Y に入れるのに適当なことばを、 X は十五字、 Y は五字で、それぞれ文章中から抜き出して書きなさい。

集団で走るときに、マラソン選手が X 走ることが多いのは、 Y を根拠に習得した技術を使っているからである。

X □□□□□□□□□□□□□□□　Y □□□□□

(4)　「ⓓ『心』と『体』の……はずである」とありますが、これについて、①、②に答えなさい。

①　「技」を育むための「体」の修練と役割についての筆者の考えを説明したものとして最も適当なのは、ア～エのうちではどれですか。一つ答えなさい。（　　）

ア　法則を見つけるために、競技場だけでなく教室でも心理学や文

3　次の文章は、スポーツ科学研究者である町田樹（まちだたつき）が書いた文章の一部です。これを読んで、(1)〜(5)に答えなさい。

よくスポーツの世界では、「心技体」という言葉が用いられる。これはすなわち、「精神力」、「技術」、「体力」の三要素をバランスよく鍛えることの重要性を説いている言葉であるが、実のところ、私はこの三つが同列に語られていることに若干の違和感を感じている。というのも、「技術」は「精神力」と「体力」が結びついた結果として生まれるものだと思うからだ。

A おそらくあなたも知っているとおり、心技体の三者関係というのは、往々にして図一のように表わされる。しかし、これではあたかも「心」、「技」、「体」という三つの要素が、それぞれ個別に修練できるものであるかのような印象を受けるのではないだろうか。たしかに、この三要素のうち、「心」と「体」は個別に修練することができるかもしれない。「心」だけⓐ磨きたければ、B あえて頭脳派になればよいし、「体」だけ鍛えたければ肉体派になればよい。だが、「技」に関してだけは、「心」と「体」の両者がそろわなければ絶対に修練することはできない。（中略）

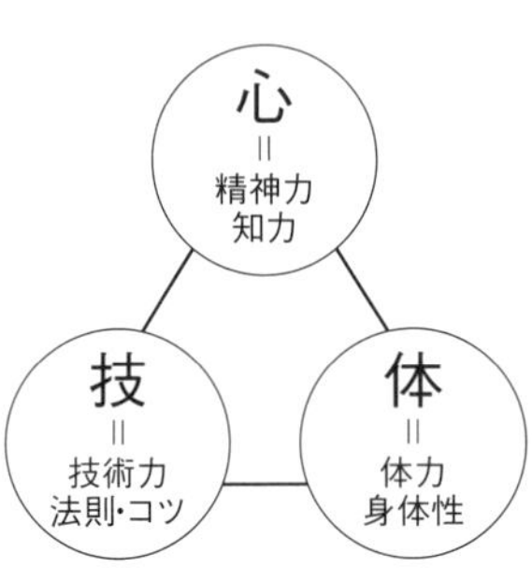

心＝精神力 知力
技＝技術力 法則・コツ
体＝体力 身体性

図一　一般的な心技体の図式

中井正一の技術論を引き合いに出そう。中井は、「技」とは「物事を上手にこなすための法則」のようなものであると述べていた。では、この法則（＝コツ）をつかむためには、どうすればよかっただろうか。（中略）

まず法則をつかむためには、実際に何度もパフォーマンスを繰り返し行（おこ）なって、法則につながりそうな情報を収集する必要があったはずだ。当然、パフォーマンスを行なうためには「体」が必要となるし、情報を収集するのも「体」の各感覚器官である。だが、「体」は法則そのものを探り当てることはできない。最終的に収集された情報を分析して法則を導き出すのは、「心」（知性）の役割だからだ。このように「心」と「体」が結びついてはじめて、「技術」は創造されるのである。したがって、「体」だけ鍛えていても、編み出せる技術にはやはりどうしても限度がある。

ⓑ では、実際に「心」を鍛えることで、アスリートはどれほど技術を豊かにできるものなのだろうか——。たとえば、マラソンランナーが競技中に繰り広げるライバルとの駆け引きを想像してみよう。マラソン選手は、集団で競争状態にあるとき、その集団の先頭で走ろうとするのではなく、あえて集団のなかに入り、誰かの真後ろに隠れるようにして走ろうとする傾向にある。なぜなら、他者の後ろにぴたりとつく戦術をとることによって、自分の身体にかかる空気抵抗を軽減することができ、より楽に、C そして速く走ることが可能となるからだ。

さて、ここであなたに質問があるのだが、このマラソン選手が空気抵抗を減らして楽に速く走るための技術は、マラソンの練習（＝「体」の修練）をするだけで編み出せるものであるだろうか。私は何時間走ったとしても編み出せないと考えている。やはりこの技術（＝法則）は、空気抵抗や抗力に関する科学的知識がないと習得できないだろう。このように知識をつけることでしか発見できない技術もたくさんあるのだ。

私はそのことを大学時代に身をもって学ぶことができた。（中略）

大学時代、ⓒ頻繁にスランプに悩まされており、競技成績も低迷していた私は、藁（わら）にもすがる思いでとにかく心理学の授業で学んだ思考法を実践してみたのであった。すると、スランプに陥っている原因を冷静に分析でき、なおかつ無駄なく解決策を探ることができるようになったの

ウ　クラスの話し合いで自分の意見とは異なっていたが、自分の立場が悪くならないように多数派の意見に賛同した。
エ　生徒会長として実現したい公約があるので、自分の主張が他の立候補者よりも優れていることを熱心に演説した。

(4)「ⓓ孔子と老子とではずいぶん見方がちがう」とありますが、【解説】を読んだ中学生の真希さんは、孔子の言葉を調べて次の【資料】を見つけ、【解説】と【資料】を読み比べて考えたことを【真希さんのノート】にまとめました。これを読んで、①、②に答えなさい。

【資料】

子　川の上（ほとり）に在りて曰（いわ）く、ゆく者は斯くの如きか。昼夜を舎かず。
（意味）　先生は川のほとりで言われた。「過ぎゆくものはすべてこの川の流れと同じなのだろうか。昼も夜も一刻もとどまることがない。」
（説明）　一刻もとどまらない川の流れを眺めながら、孔子はこの流れと同様、人も世も自然も不可逆的に推移する時間とともにあり、みずからもまた刻一刻と老いてゆくことを実感する。

（井波律子「完訳　論語」を参考に作成）

【真希さんのノート】

老子と孔子の見方の違い
・老子は、人の「善いありかた」を水や川の流れにたとえ、孔子は、［X］を川の流れにたとえている。
・老子は水に、どんな場所や状況にも対応しつつ、自然体でいられる性質を見出（みいだ）し、孔子は川の流れに［Y］性質を見出している。

①　［X］に入れるのに最も適当なことばを、【資料】の（説明）から二字で抜き出して書きなさい。［　　］

②　［Y］に入れるのに最も適当なのはア～エのうちではどれですか。一つ答えなさい。（　　）
ア　過ぎゆくことも動くこともない
イ　止まることも戻ることもない
ウ　繰り返すことも変わることもない
エ　間違うことも逆らうこともない

2 次の文章は、老子のことばの【書き下し文】と【現代語訳】および【解説】です。これを読んで、(1)～(4)に答えなさい。

【書き下し文】

上善は水の若し。水は善く万物を利して而も争わず。衆人の悪む所に処る。故に道に幾し。（中略）

夫れ唯だ争わず、故に尤め無し。

【現代語訳】

すばらしく善いありかたとは、たとえば水のような（自然の法則にしたがった）ありかたである。水はあらゆる生きものに恵みをほどこしながら、しかも（みずからは勝ちをもとめて）争うことがない。たれもがイヤがる（低い）ところにとどまる。だからこそ自然の法則（にしたがったありかた）に近いのだ。（中略）

そもそも（勝ちをもとめて）争うことがなければ、まちがいをしでかすこともない。

【解説】

水は先を争うことなく、高いほうから低いほうへと流れてゆく。その低いところが「ⓐ利」のない、ひとのイヤがるところであろうとも、水はイヤがらずに流れてゆく。そういう水のような「ⓑ」という生きかたをしていれば「尤め無し」だと老子は結論づける。なにしろ争わないのだから、けっしてとがめられることはない——こんなふうに割りきると、ともすれば「事勿れ主義」のようにとられかねない。

ⓒ水は自然の法則にしたがって存在することの象徴である。水は自然の法則にしたがいながら流れてゆくのみであるから、いちいち先を争わず、わざわざ場所をえらばない。とはいえ争わないありかたを主体的にもとめているわけではない。水はすすんで、みずから欲して、そうしているのではない。水はただ自然の法則にしたがって流れたり、よどんだり、たまったりしているだけである。

蛇口をひねれば水がでてくる現代の生活とちがい、老子のころのひとにとって「水の若し」といえば、まずは川の流れがイメージされただろう。孔子は「ゆく者は斯くの如きか。昼夜を舎かず」（『論語』子罕）という。流れてゆくよ、昼となく、夜となく、と。孔子は川の流れにおいて不断かつ不可逆的なありかたをみている。

老子が川の流れになぞらえているのは、けっして逆らわず、文句もいわずに低いほうへゆくという、われこそはといった積極性とはとことん無縁なありかたである。おなじ水をみてもⓓ孔子と老子とではずいぶん見方がちがう。

（山田史生「哲学として読む老子　全訳」より）

(注) たれ——誰。

事勿れ主義——やっかいな問題が起こらず、ただ平穏無事にすめばよいと望む消極的な態度や考え。

(1) 「ⓐ利」とありますが、ここでの意味を【現代語訳】から二字で抜き出して書きなさい。

(2) ⓑ に入れるのに適当なことばを、【書き下し文】から三字で抜き出して書きなさい。

(3) 「ⓒ水は自然の法則にしたがって存在する」とありますが、【解説】から読み取れる、老子の考える水のようなありかたの例として最も適当なのは、ア～エのうちではどれですか。一つ答えなさい。（　）

ア　調べ学習の役割分担で、みんなが難しいと思う課題の担当を頼まれ、自分に与えられた役割だと思い引き受けた。

イ　部活動で自分が主将に選ばれたいと望んでおり、顧問の先生に指名してもらえるように直接お願いをしに行った。

忙しさを言い訳にしたり意見されることを面倒くさいと感じたりして Y という自覚がある中で、ほぼ一方的に母から「お弁当やめる」と宣言されてしまったから。

(3)「ⓑマジか」とありますが、このようにつぶやいた時の「理名」の心情を説明したものとして最も適当なのは、ア～エのうちではどれですか。一つ答えなさい。（　）

ア　お弁当が無いことや遅刻しそうなことを忘れるほど、昨夜の母のそっけない態度を心配している。

イ　母が自分を起こしてくれなかったために寝坊したが、母と顔を合わせなかったことを喜んでいる。

ウ　まだ学校に行く準備をしていないのに、家を出る時間が迫っていることに気づいてあせっている。

エ　母はすでに出かけている上に、お弁当どころか昼食に使えそうな食べ物も無いことに驚いている。

(4)「ⓒ玲佳もぽつりと言う」とありますが、この部分で使われている表現技法は、ア～エのうちではどれですか。一つ答えなさい。（　）

ア　体言止め　イ　擬態語　ウ　倒置　エ　擬人法

(5)「ⓕ今日なんかつけ麺だよ」とありますが、「理名」が母にこのような発言をした意図とそれまでの経緯を説明した次の文章の X 、 Y に入れるのに適当なことばを、それぞれ二十字以内で書きなさい。

X

Y

母から「お弁当やめる」と宣言されてしまったが、今では昼休みに X ことが楽しくなった。そのような時、母から「斬新ね」と言われたことに対して、今までのように面倒くさがることなく Y を母に紹介した。

(6)この文章の表現の特徴について説明したものとして最も適当なのは、ア～エのうちではどれですか。一つ答えなさい。（　）

ア　「あらためて萌衣の弁当を見る」という表現は、母がお弁当を作ってくれなくなったことから自分でお弁当を作ろうと決心し、萌衣のお弁当を参考にしようとする理名の熱意を印象づけている。

イ　「納豆丼なんてなしかな」「においがね」「納豆オムレツならいいんじゃない？」という表現は、理名たちが普段から必要最低限の会話しか交わしていないという、複雑な人間関係を強調している。

ウ　「今度ママにも作ってあげるよ」という表現は、これまで色々なことを母任せにしていた理名が、お弁当作りをきっかけに自分から料理作りを申し出るという、成長した様子を印象づけている。

エ　「理名は奇妙な意欲に燃える」という表現は、母との会話をきっかけにお弁当のおかずのヒントを得たことを喜び、友だちとの思い出になるようなお弁当を作ろうとする理名の決意を強調している。

自作弁当を見せ合うのだ。
　弁当歴がそろそろ一年になる萌衣は、さすがに彩りも栄養もいい模範的弁当だ。理名といっしょにお弁当作りをはじめた玲佳はぶっとんでいて、ジャーにスープとごはんを入れた「リゾット弁当」やごはんにコロッケとたくあんだけをのせた「コロッケ丼」を作ってくる。彩りも栄養も偏りも無視した、でもなんだか肝が据わった感じのお弁当に、理名はすっかり感銘を受けている。
　二人からアイディアをもらい、理名は、冷食の焼売を使った中華弁当を彩りよく作ってみたり、前日のおかずの肉団子と野沢菜と炒り卵をごはんでⓓツツんだ巨大おにぎらずを作ってみたりしている。三人で机をⓔカコみ、いっせーの、せ！　でお弁当を広げる。歓声が上がり、感嘆のため息が漏れ、「納豆丼なんてなしかな」「においがね」「納豆オムレツならいいんじゃない？」などと、アイディアを出し合いながら自作弁当を食べる。お昼休みが前よりだんぜんたのしくなった。
　夕食後、残ったカレーを小鍋に取り分けている理名に気づいた母が、
「それ、どうするの？　朝ごはん？」と訊く。
「ジャーに入れてカレー弁当にする」と答えると、
「へええ、斬新ね」と目を丸くしている。
「玲佳って友だちがいるんだけど、おとなしいのに、おっかしなお弁当持ってくるんだよね。ⓕ今日なんかつけ麺だよ。スープをジャーに入れてお弁当箱に麺と葱とチャーシュー詰めて」
「ええっ、そんなのあり？」（中略）
「今はほら、なんでもありの時代だから」理名は母親の言葉をまねて言う。「今度ママにも作ってあげるよ。私の巨大おにぎらず、インパクトあって、玲佳と萌衣に褒められた」
「う、うん、ありがとう」母は言い、テレビの前に向かう。
　働いて家事をして、夫とは離ればなれで、唯一のたのしみは韓国ドラマらしい母親にも、自分と同じような高校時代があったのかと思うと、理名は不思議な気持ちになる。そうしてふと、自分もいつか母親くらい年をとるのだと気づく。年齢を重ねていくにつれて、仲良し三人でキャーキャー騒ぎながらお弁当を食べている今の時間が、泣きそうなくらいなつかしいものになるだろうと確信するように思う。だとしたら、この先ずっと、私も玲佳も萌衣も、ぜったいに忘れられないようなお弁当を作ってやると、理名は奇妙な意欲に燃える。あーあ、ますます忙しくなっちゃう。理名はつぶやき、夕食後の食器を洗いはじめる。

（角田光代「ゆうべの食卓」より）

(注)　フルタイム——就業場所における勤務時間の始まりから終わりまで働くこと。
冷食——「冷凍食品」の略。
俄然——急に。突然。
ジャー——飲み物やご飯などを入れる保温容器。
おにぎらず——おにぎりのようには握らず、ご飯と具材をのりやラップで平らにくるんだ状態のもの。

(1)　——の部分ⓓ、ⓔを漢字に直して楷書で書きなさい。
ⓓ□んだ　ⓔ□み

(2)　「ⓐ居心地の悪い思い」とありますが、「理名」が居心地の悪い思いをした理由を説明した次の文の X 、 Y に入れるのに適当なことばを、 X は二字で文章中から抜き出して書き、 Y は十五字以内で書きなさい。
X　Y
　理名自身が母に対する X の気持ちを表に出せないだけでなく、

国語

時間　四五分
満点　七〇点

（注）　字数が指定されている設問では、「、」や「。」も一ます使いなさい。

1　次の文章は、高校生の「浜野理名」が母親と夕食をとる場面です。「理名」は反抗期を迎えて、母と顔を合わせないように自室で過ごすことが多くなっていました。これを読んで、(1)～(6)に答えなさい。

ママお弁当を作るの、やめる。

浜野理名の母親、麻耶（まや）がそう宣言したのは、節分が終わってからだ。

父親が上海（シャンハイ）に単身赴任し、兄の大知が進学とともに家を出て、理名と母の二人暮らしはもうじき三年目にさしかかる。フルタイムで働きながら家事をこなしている母に感謝しているし、手伝おうと思うものの、理名は、なかなか感謝の言葉は言えず、実際に手伝ったりもしていない。だって忙しいんだもん、と理名は言い訳のように思う。勉強もしなくちゃだし、友だちづきあいもあるし、好きな人とどうすれば両思いになれるのか悩んでもいるし、進路のことも考えなきゃいけない。それに最近は、母と話すのもおっくうなのだ。すぐに意見されるし。

「ママはがんばりすぎた、理名のこともかまいすぎた。このままだと理名はなんにもできない人になっちゃう。なんにもできない人は、男でも女でもまったくもてない時代なのに」と、夕食を食べながら母は言う。「だからママ、明日からお弁当やめる。自分で作ってもいいし、何か買ってもいいよ」

母はそう言って、食べ終えた自分の食器を下げて、洗わず、テレビの前のソファに座り、このところはまっているらしい韓国ドラマを見はじめる。理名はⓐ居心地の悪い思いで食事を終えて、食器を下げ、母のぶんといっしょに洗って水切りかごに入れた。

そんなふうには言っても、でも何か、かんたんなものは用意してあるだろうな。翌朝目覚め、そう思いながら階下にいくと、驚いたことに母はもういなかった。お弁当もなく、冷蔵庫を開けても作り置きのおかずもない。冷凍庫にも、お弁当に使えそうな冷凍食品もない。

「マジか」思わず理名はつぶやく。時計を確認し、「ⓑマジか」もう一度つぶやいて、速攻で制服に着替え、髪を整え、泣きそうになりながら寝癖をなおし、通学鞄（つうがくかばん）にノートや教科書を詰めて、ガスの元栓と鍵が閉まっているかを確認して家を飛び出す。

コンビニエンスストアのサンドイッチを食べながら、理名は萌衣（もえ）や玲佳（れいか）の弁当を盗み見る。

「いいなあ、うちなんか、ママが弁当ストライキ起こして、今日から作らないんだって」と言うと、

「え、私、高校入ってからずっと自分で作ってるよ」と萌衣が言い、

「マジで?」理名と玲佳は声を揃（そろ）えた。あらためて萌衣の弁当を見る。ブロッコリーとチーズのサラダ、プチトマト、じゃこ入り卵焼き、ウインナーと肉団子。「これだけ冷食」と萌衣は肉団子をお箸で指す。なんにもできないとまったくもてない時代になるという、母の声が理名の耳によみがえる。

「わかった、私もがんばる!」理名が言うと、

「私もやってみようかな」ⓒ玲佳もぽつりと言う。

お弁当作りは面倒くさいけれど、理名は昼休みが俄然（がぜん）たのしくなってきた。理名と玲佳と萌衣、ずっといっしょにお弁当を食べている三人で、

2024年度／解答

数　学

1 【解き方】(1) 与式$=5-12=-7$

(2) 与式$=7+16=23$

(3) 与式$=\dfrac{2ab}{3}\times\left(-\dfrac{1}{4b}\right)\times\dfrac{9a}{1}=-\dfrac{3}{2}a^2$

(4) 与式$=(\sqrt{3})^2-2\times\sqrt{3}\times\sqrt{5}+(\sqrt{5})^2=3-2\sqrt{15}+5=8-2\sqrt{15}$

(5) 与式を順に①，②とする。①×3－②より，$13y=39$　よって，$y=3$　これを①に代入して，$x+5\times3=11$ より，$x=-4$

(6) 整理して，$x^2+2x-48=0$ より，$(x+8)(x-6)=0$　よって，$x=-8,\ 6$

(7) $y=x-5$ に $x=-2$ を代入して，$y=-2-5=-7$　よって，$\mathrm{A}(-2,\ -7)$　$y=ax^2$ に点Aの座標を代入して，$-7=a\times(-2)^2$　よって，$a=-\dfrac{7}{4}$

(8) 3枚の硬貨の表裏の出方は，(表，表，表)，(表，表，裏)，(表，裏，表)，(表，裏，裏)，(裏，表，表)，(裏，表，裏)，(裏，裏，表)，(裏，裏，裏)の8通り。このうち，1枚が表で2枚が裏となるのは，下線を引いた3通りだから，確率は $\dfrac{3}{8}$。

(9) $\mathrm{V}=\dfrac{1}{3}\times\pi\times3^2\times4=12\pi$　$\mathrm{W}=\dfrac{1}{3}\times\pi\times4^2\times3=16\pi$　よって，$\mathrm{V}:\mathrm{W}=12\pi:16\pi=3:4$

【答】(1) -7　(2) 23　(3) $-\dfrac{3}{2}a^2$　(4) $8-2\sqrt{15}$　(5) $x=-4,\ y=3$　(6) $x=-8,\ 6$　(7) $-\dfrac{7}{4}$　(8) $\dfrac{3}{8}$

(9) 3：4

(10) (4点A，B，D，Eは一つの円周上に)ある(。)（理由）平行四辺形の対角はそれぞれ等しいから，$\angle\mathrm{A}=\angle\mathrm{C}$……①　また，点Eは点Cが移動した点だから，$\angle\mathrm{E}=\angle\mathrm{C}$……②　①，②から，$\angle\mathrm{A}=\angle\mathrm{E}$　点A，点Eは，直線BDについて同じ側にあって，$\angle\mathrm{A}=\angle\mathrm{E}$ だから，4点A，B，D，Eは一つの円周上にある。

2 【解き方】(1) ア，エは，すべての人について調べなければならないから，全数調査となる。イは全部を調べることができない。また，ウは無作為に抽出した標本で一定の正確な結果が得られるから，標本調査でよい。

(2) ① Yは1年生だけ，Zはアンケートに回答した人だけが対象になるから，適さない。② 数学の勉強が好きな人は，全体の，およそ $\dfrac{28}{50}$ の割合と推定できる。

【答】(1) イ，ウ　(2) ① ア　②（式）$300\times\dfrac{28}{50}=168$　（答）（およそ）168（人）　(3) イ

3 【解き方】(1) 24日の翌日の25日は，$25=5^2$ より，素数ではない。

(2) $n-1$，$n+1$ が2より大きい素数のとき，これらは奇数だから，n は偶数になる。

(3) ① $a=3b+1$ だから，$a-3b=1$　また，a は $3b$ より大きいから，$a>3b$ も正しい。② $a+2=(3b+1)+2=3b+3=3(b+1)$ より，余りは0。

(4) 6の倍数に着目すると，36は，1小さい35が，$5\times7=35$ で素数ではない。次に，42は，41，43とも素数になっている。

【答】(1) m が24のとき　(2) ウ　(3) ① イ，エ　② 0　(4)（例）42

4 【解き方】(1) アは $y=\dfrac{10000}{x}$，ウは $y=1500-10x$，エは $y=\pi x^2$ と表すことができ，x の値が決まると y

の値がただ一つに決まるから，y は x の関数であるといえる。イは縦と横の長さが分からないから，面積は決まらない。

(2) ① 15 回の $\frac{60}{x}$ 倍が，1 分間の脈拍となる。よって，$y = 15 \times \frac{60}{x} = \frac{900}{x}$ これは，反比例の関係を表している。② $x > 0$ のとき，x が増加すると y は減少するから，$y = 100$ のときの x の値を求めればよい。$y = \frac{900}{x}$ に $y = 100$ を代入して，$100 = \frac{900}{x}$ よって，$x = 9$

(3) 脈拍を 20 回数えるまでにかかった時間を x 秒，1 分間の脈拍を y 回とするとき，$y = 20 \times \frac{60}{x} = \frac{1200}{x}$ と表せる。文字盤の 3 は $x = 15$ だから，$y = \frac{1200}{15} = 80$

【答】 (1) ア，ウ，エ (2) ① ウ ② 9 (3) 80

5 **【解き方】** (1) 次図 1 のように ℓ と h との交点を M とする。AM を 1 辺とする正三角形を作成し，角 A の二等分線を引けば，30° が作図できる。よって，次図 2 のように作図をすればよい。

(3) $\angle AIG = \angle AHF = 180° - 60° = 120°$

(4) △ABC は，次図 3 のようになる。A から ℓ，m に垂線を引き，それぞれの交点を P，Q とする。また，C から ℓ に垂線 CR を下ろす。このとき，△CIR は 30°，60° の直角三角形で，CR = 9 − 6 = 3 (cm) だから，$IR = \frac{3}{\sqrt{3}} = \sqrt{3}$ (cm) また，△AIP も 30°，60° の直角三角形だから，$PI = \frac{6}{\sqrt{3}} = 2\sqrt{3}$ (cm) よって，$QC = PR = 2\sqrt{3} - \sqrt{3} = \sqrt{3}$ (cm) だから，△AQC において，三平方の定理より，$AC = \sqrt{9^2 + (\sqrt{3})^2} = 2\sqrt{21}$ (cm)

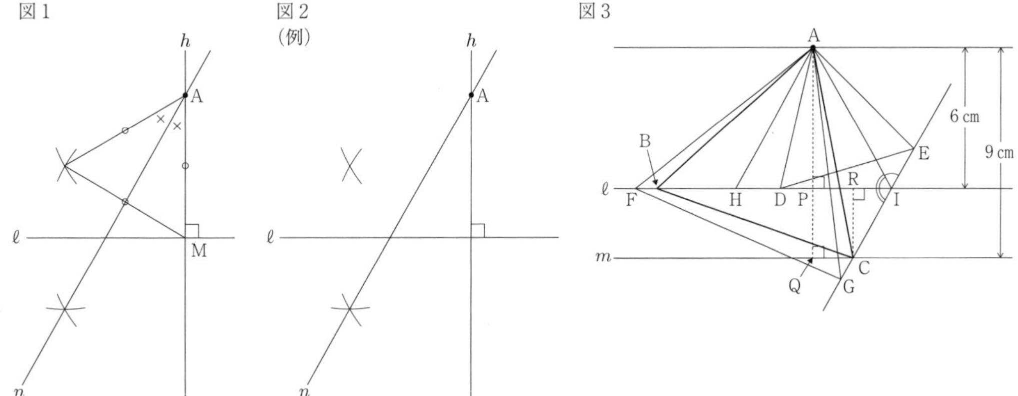

【答】 (1) (前図 2)

(2) △AHD と△AIE において，△ADE，△AHI は正三角形だから，AD = AE……① AH = AI……② また，∠HAD = 60° − ∠DAI ∠IAE = 60° − ∠DAI よって，∠HAD = ∠IAE……③ ①，②，③から，2 組の辺とその間の角がそれぞれ等しいので，△AHD ≡ △AIE

(3) 120° (4) $2\sqrt{21}$ (cm)

英　語

1 【解き方】問題A. (1)「木にネコがいる」「男の子がベンチで本を読んでいる」に合うものを選ぶ。(2) 土曜日は体育館でバスケットボールができないので，ケンは公園で野球をする。

問題B. (1)「それはどこにありますか？」に対する返答。It's near ～.＝「それは～の近くにある」。(2)「何かプレゼントのアイデアはありますか？」に対する返答。Why don't we ～?＝「～するのはどうでしょう？」。

問題C. (あ)「8月」7日に日本を出発する予定である。(い)・(う) ニュージーランドの最初の週末に「レストラン」でのパーティーへ行って，パーティーで「スピーチ」をする予定である。

問題D. (1)「それらのいくつかは珍しいので，あなたたちはこの水族館だけでそれらを見ることができます」と述べられている。(2) ナンシーは2つのイベントの両方に行きたいと言っている。ショーは午前11時と午後3時にあり，ビデオは午後1時と午後4時に見ることができる。午後2時前に水族館を出るので，「11時にショーを見よう。次に1時にビデオを見ることができる」と答えればよい。

【答】問題A. (1) エ　(2) ア　問題B. (1) イ　(2) ウ　問題C. (あ) August　(い) restaurant　(う) speech

問題D. (1) イ　(2) (例) ① watch the show at eleven　② watch the video at one

◀全訳▶　問題A.

(1) 木にネコがいます。男の子がベンチで本を読んでいます。

(2) 今日は金曜日です。土曜日に，ケンはたいてい体育館でバスケットボールをしますが，今週末，バドミントンのチームがそこを使うことになっています。そのため，明日，ケンは公園で野球をするつもりです。

問題B.

(1)

A：私たちは昼食に何を食べましょうか？

B：私はハンバーガーが食べたいです。

A：わかりました。私は良いハンバーガーショップを知っています。

B：それはどこにありますか？

A：それは駅の近くにあります。

(2)

A：今週の日曜日はお母さんの誕生日です。

B：そうですね。私は彼女にプレゼントをあげたいと思っています。

A：私もそう思っています。今日の午後に彼女のために何かを買いましょう。

B：何かプレゼントのアイデアはありますか？

A：花をいくつか買うのはどうでしょう？

問題C. あなたたちは8月7日に日本を出発する予定です。ニュージーランドでの最初の週末に，あなたたちはレストランでのパーティーへ行って，そのパーティーでスピーチをする予定です。あなたたちがニュージーランドでの時間を楽しむことを私は望みます。

問題D.

A：私たちの水族館へようこそ。ここには300種類以上の魚がいます。それらのいくつかは珍しいので，あなたたちはこの水族館だけでそれらを見ることができます。今から，私は今日のイベントをあなたたちにお伝えします。あなたたちは午前11時と午後3時にショーを楽しむことができます。あなたたちはそのショーでイルカを見ることができます。彼らはこの水族館で最も人気のある動物です。このショーは30分かかります。別のイベントで，あなたたちは美しい魚についてのビデオを見ることができます。午後1時と午後4時にそれを見ることができます。このビデオは20分かかります。詳しい情報は，エントランスホールに来てください。

B：サヤカ，これらの2つのイベントへ行きましょう。今は10時よ。私たちは午後2時前にここを出るので，今日の一番良い計画は何かな？　私たちは何時にそれぞれのイベントへ行きましょうか？

2 【解き方】問題A. (1) 文末に two years ago（2年前）があるので過去の文。teach は不規則動詞。(2) イラストの二人の男の子を見る。一人はメガネをかけていて，もう一人はネクタイをしている。「メガネ」= glasses。(3) レオのEメールの後半で，彼は夕食や寝る時間に関する寮の規則について述べている。「この生徒は彼の寮の厳しい『規則』について書きました」となる。(4) ポールのEメールではインターナショナルデイとよばれる学校でのイベントについて述べられている。「彼は彼らの学校での人気のある『イベント』について書きました」,「私はその『イベント』でうどんを作りたいと思います」となる。(5) ア. サイモンのEメールを見る。「1日に1回，2時間目と3時間目の授業の間にお茶の休憩時間があります」と述べられている。3時間目の授業のあとではない。イ. ポールのEメールの後半を見る。ポールの友達が伝統的な踊りを披露したのは「体育祭」ではなく「インターナショナルデイ」である。ウ.「レオは彼の寮で他の生徒たちと暮らすことが好きである」。レオのEメールの最終段落に「しかし，良い友達をつくることができるので，私はここで他の生徒たちと住むことを楽しんでいます」と述べられている。内容に合う。エ. リコの最後の発言を見る。「私はそのレシピを知っているし，何度もうどんを作ったことがあります」と述べている。

問題B. デイビッドは日曜日は忙しく，タクは土曜日の午前中におじさんが来るので，二人の予定が合うのは土曜日の午後だけである。土曜日の13時30分から17時まで授業があるイが適切。

【答】問題A. (1) taught　(2) glasses　(3) rules　(4) ア　(5) ウ　問題B. イ

◀全訳▶　問題A.

サイモンからのEメールの一部

> 平日，私たちの学校は授業が7つあります。私たちは学校で1日に1回，2時間目と3時間目の授業の間にお茶の休憩時間があります。

ポールからのEメールの一部

> 私が学校で一番好きなイベントはインターナショナルデイです。多くの生徒もそれが好きです。私たちの学校にはさまざまな国から来たたくさんの生徒がいます。その日，私たちはそれぞれの文化について学びます。例えば，2年前に私はいくつかのフランス語の単語を教えました。スペイン出身の私の友達の一人のレオは，去年他の生徒のために彼の国の伝統的な踊りを披露しました。私たちは今年，イタリアの人気のある料理を作りました。

レオからのEメールの一部

> 私は学校の寮に住んでいます。およそ50人の生徒がこの寮に一緒に住んでいます。この写真を見てください。私はこれらの二人の男の子と同じ部屋を共有しています。メガネをかけている男の子がポールです。ネクタイをしているもう一人の男の子がサイモンです。
> その寮に住むために，私たちにはたくさんの規則があります。それらのうちのいくつかは厳しいものです。例えば，私たちには夕食や寝る時間についていくつかの規則があります。
> しかし，良い友達をつくることができるので，私はここで他の生徒たちと一緒に住むことを楽しんでいます。彼らと話すことはおもしろいです。

リコ　：私たちの姉妹校の三人の生徒が彼らの学校生活について私たちにEメールを送ってくれたわ。私は彼らのように，私たちの学校でお茶の休憩時間がほしいわ。

キャシー：私もよ。ああ，写真がついたこのＥメールを読んで。おそらく一緒に住んでいる生徒たちは夜にたくさん話すことができるね。

リコ　　：本当に？　この生徒は彼の寮の厳しい規則について書いていたわ。彼らは早く寝る必要があると私は思うわ。

キャシー：おそらくそれは本当だろうけれども，私は彼らが寮で楽しく過ごしていると思うわ。

リコ　　：そうね。ええと，このポールからのＥメールを読んで。彼は彼らの学校での人気のあるイベントについて書いていたわ。もし私が彼らの学校の留学生の一人だったら，そのイベントでうどんを作りたいわ。私はそのレシピを知っているし，何度もうどんを作ったことがあるの。

キャシー：わあ。私はあなたと一緒にそれを作りたいわ。

問題B.

タク　　　：このウェブサイトを見て。僕は今週末，3月23日と24日は暇なので，これらの料理教室の1つに参加したいと思っている。僕と一緒に行きたい？

デイビッド：うん。全ての教室がおもしろそうだけれど，僕は今週の日曜日は忙しいんだ。この教室はどうかな？

タク　　　：ああ，ごめん。僕は忘れていた。僕のおじさんが土曜日の午前中に僕を訪ねてくるんだ。僕は彼に会いたいんだ。だから，僕たちは別の教室を選ぶことができるかな？

デイビッド：わかった。それでは，この料理教室を選ぼう。

タク　　　：いいよ。

3 **【解き方】**ウェブサイトの画面の一部を見て，バスで行くほうが良い理由を考える。「値段が安い」，「20分間歩かなくてもよい」などの理由が考えられる。

【答】(例) don’t have to walk for twenty minutes

◀全訳▶

コトミ　　：私は明日あなたと一緒に博物館へ行くことができて嬉しいわ。このウェブサイトを見て。私たちは西駅からどうやってそこへ行きましょうか？

ヴィッキー：私はバスでそこへ行きたいわ。あなたはどう思う？

コトミ　　：賛成するわ。私たちは20分間歩く必要がないからね。

4 **【解き方】**(1) (あ) 直後にナオトが「私は今までにそれについて聞いたことがありません」と言い，ケンがラフティングについて説明している。「それは何ですか？」が適切。(う) 直後にヒル先生が「はい」と言い，オーストラリアで参加したツアーについて述べている。「あなたは今までにツアーに参加したことがありますか？」が適切。

(2)「旅行者は彼らの日常生活で簡単にやってみることができない特別なことを体験することができます」となる。「特別なこと」= something special。主格の関係代名詞 that 以下が something special を修飾する。

(3) 直後にヒル先生が「5つか6つの活動をしました」と答えている。「あなたはツアーの間にいくつの活動をしましたか？」となる。「いくつの～」= how many ～。

(4) ア．ヒル先生の最初の発言を見る。ケンたちがプレゼンテーションのコンテストに参加するのは来月である。イ．「昔の城を訪れるのはどうでしょうか？」と提案しているのはナオトではなくケンである。ウ．「アドベンチャーツーリズムはヒル先生の国で人気がある」。ケンが4つ目の発言でアドベンチャーツーリズムについて「それはオーストラリアで人気がありますよね？」と質問し，ヒル先生が「その通りです」と答えている。また，ヒル先生の5つ目の発言よりヒル先生の母国はオーストラリアである。内容と合っている。エ．ヒル先生の5つ目の発言を見る。2年前にオーストラリアの山に登ったのは，ケンと彼の家族ではなくヒル先生と彼の友人たちである。

(5)「私たちの県を訪れる多くの人々が私のように『新しくて違った体験をする』ことを私は望みます」となる。

ケンが4つ目の発言で「旅行者はアドベンチャーツアーの間に新しくて違った体験をすることができます」と話していることに注目する。

【答】 (1) エ (2) can experience something special that they cannot
(3) (例) How many activities did you (4) ウ (5) have a new and different experience

◀全訳▶

ヒル先生：来月，あなたたちはプレゼンテーションのコンテストに参加する予定です。テーマは観光旅行です。あなたたちのグループで，私たちの県を訪れる旅行者のための特別なツアープランを立ててください。今日，私はあなたたちにプレゼンテーションのためのアイデアを考えてほしいと思っています。

ケン　：ええと，昔の城を訪問するのはどうでしょう？

ナオト　：私はあなたのアイデアが好きですが，そこはすでに旅行者に人気の高い場所です。プレゼンテーションのために，私は何か違ったものについて話したいと思います。

ケン　：わかりました。それでは，ラフティングはどうでしょうか？

ナオト　：それは何ですか？　私は今までにそれについて聞いたことがありません。

ケン　：ラフティングに行くと，あなたはいかだとよばれる一種のボートに乗ります。旅行者は他の人々と一緒にいかだで川を下ります。彼らは自然を楽しむことができます。

ヒル先生：ケン，その活動は私に「アドベンチャーツーリズム」を思い出させます。

ケン　：ああ，私は新聞でそれについての記事を読んだことがあります。アドベンチャーツーリズムは一種の旅行です。旅行者はアドベンチャーツアーの間に新しくて違った体験をすることができます。それはオーストラリアで人気がありますよね？

ヒル先生：その通りです。アドベンチャーツーリズムには3つの重要なことがあります。それらは身体的な活動，自然，そして文化です。ツアーの間にこれらのうち2つかそれ以上を旅行者に提供することがそれには必要です。

ユキ　：へえ。それは興味深いですね。私はもっと知りたいです。

ヒル先生：旅行者は彼らの日常生活で簡単にやってみることができない特別なことを体験することができます。家にいて自然の美しい写真を見つけるためにインターネットを閲覧することは簡単です。しかしながら，アドベンチャーツーリズムにおいては，旅行者はある場所を訪れて珍しい体験をします。彼らは日常生活で簡単にそれをすることはできません。

ユキ　：先生は今までにツアーに参加したことがありますか？

ヒル先生：はい。私の国のオーストラリアで，私は2年前に日本から来た友人たちとあるツアーに参加しました。私たちはいくつかの興味深い活動を楽しみました。私たちのガイドは自然について多くのことを知っていました。私たちは注意深く彼の言うことを聞いて，私たちが活動の間に何をすべきかを学びました。

ユキ　：それはいいですね。先生はツアーの間にいくつの活動をしましたか？

ヒル先生：5つか6つの活動をしました。例えば，私たちは山に登って美しい日の出を見ました。私たちは本当にそれらを楽しみました。

ケン　：素晴らしいですね。ああ，私は私たちの県のための良いツアープランのアイデアを思いつきました。ええと，まず，旅行者は朝にラフティングへ行きます。それから，彼らは山へキャンプをしに行きます。夜に，彼らは星を見ます。星で有名な町があります。私はそこへ行ったことがありませんが，素晴らしく美しい空の景色を守るために，そこに住む多くの人たちが夜遅くには外の光を消すということを聞いたことがあります。旅行者はその町を訪れてたくさんの星を楽しむでしょう。

ナオト　：ケン，たぶん私はその町を知っていると思います。私はこの前の冬に家族と一緒にそこへ行きました。私はあんなにたくさんの美しい星を初めて見ました。その町の夜空と私の街の夜空は同じではありませんでした。

ヒル先生：いいですね。あなたたちはたくさんの良いアイデアを思いつきました。私はあなたたちがきっとツアープランを作り始めることができると思います。

5【解き方】(1) 直前の文で「この食料問題」が説明されている。live on the moon for a long time =「長い間月に住む」。all of the food that they will need =「彼ら（人々）が必要とする全ての食べ物」。

(2) 第3段落では，月で植物を育てるために科学者たちが立てた仮説について説明されている。ウの「月のそのような環境の中で，人々はどのようにして食料用の植物を育てることができるだろうか？」が適切。

(3) 下線部は「そこ（月）の植物工場で適切な環境を作りだすためのいくつかの考え」という意味。下線部のあとの3文に注目。エの「栄養を含んだ水が必要になるだろう」が適切。

(4) (え) 直後に「人工の光」の色について述べられている。(お) 同文の前半で，月の植物工場には十分な水がないだろうと述べられている。したがって「制限された量」の水で育つことができる植物を見つけるべきである。

(5) 直前の「月の植物工場と地球上の食料問題は異なるテーマであると私は考えました」と However でつながれていることに注目。「今，これらの話題は『結びつけられることができる』と私は理解している」となる。「結びつけられる」= be connected。

(6) ア．第2段落の中ごろを見る。月の気温について，「とても低いとき，およそマイナス170度である」と述べられている。イ．「科学者たちの研究のための部屋が地球に建てられた」。第4段落の1文目を見る。内容と合っている。ウ．第4段落の最終文に「彼らはもう1つの効果的な人工の光の色である青色を発見した」と述べられている。エ．「科学者たちには月で育てる植物の種類についての疑問があった」。第5段落の最初の2文を見る。内容と合っている。オ．「問題を解決しようとするとき，クミは何度も仮説を立てて検証するだろう」。最終段落の最後の2文を見る。クミは日常問題を解決するために仮説を立て検証したいと考えている。内容と合っている。

【答】(1) ① 長い間月に住む　② 必要になるすべての食べ物（それぞれ同意可）　(2) ウ　(3) エ　(4) ア
(5) can be connected　(6) イ・エ・オ

◀全訳▶　私たちはどのようにして月に住むことができるでしょうか？　仮説を立てて検証することによって，この大きな疑問に答えようとしている科学者たちがいます。月に住むために人々は多くのものを必要とするでしょう。それらの1つが食料です。今，宇宙飛行士が宇宙へ行くとき，彼らは食料を持っていきます。しかしながら，将来多くの人々が長い間月に住むとき，彼らが必要とする食料を全て持っていくことはほぼ不可能でしょう。この食料問題を解決するために，科学者たちは月に植物工場を建てる計画を立てました。もし人々が工場を持てば，彼らは月で食料用の植物を育てることができます。

月の環境を想像してください。これらは地球のものとは異なっています。例えば，月では，気温が非常に高いとき，太陽からの強い光のためおよそ110度です。とても低いとき，およそマイナス170度です。水の量も異なっています。月では，人々は使うことができるたくさんの水を見つけることができません。

月のそのような環境の中で，人々はどのようにして食料用の植物を育てることができるのでしょうか？　この疑問に答えるために，科学者たちは仮説を立てました。例えば，もし彼らが月の植物工場の中に適切な環境を作りだすことができれば，彼らはそこで植物を育てることができます。地球で植物を育てるために必要いくつかのものがあります。それらは光，水，栄養，適切な温度などです。しかしながら，月でのこれらの環境は植物にとって適してはいません。そこで，科学者たちはそこの植物工場で適切な環境を作りだすためのいくつかの考えを思いつきました。例えば，彼らは適した温度を保つでしょう。彼らは太陽からの光を使うつもりはないので，人工の光を使うでしょう。また，彼らは栄養を含んだ水を必要とするでしょう。

これらの仮説を検証するために，科学者たちは研究のための部屋を地球に建て，その中で植物を育て始めました。その研究を通して，彼らは人工の光について有益な結果を得ました。赤色は彼らの研究のために部屋の中で植物を育てるには効果的な人工の光の色です。そうするために，彼らはもう1つの効果的な人工の光の色である青色を発見しました。

科学者たちには別の疑問がありました。どのような種類の植物が月で育てるには良いのでしょうか？　それらを選ぶために，彼らは月の環境について再び考えました。月の植物工場には十分な水がないでしょうから，人々は制限された量の水で育つことができる植物を見つけるべきです。

今，科学者たちは，彼らの研究が地球上での食料問題を解決することにも役立つと信じています。仮説を検証することは，これらの食料問題に結びつけられることができるいくつかの良いアイデアを科学者たちに与えました。最近，世界中の一部の人々には十分な食料がないので，地球で植物を育てている農場経営者は科学者たちの研究を利用することができます。最初，月の植物工場と地球上の食料問題は異なるテーマであると私は考えました。しかしながら，今，これらの話題は結びつけられることができると私は理解しています。科学者は仮説を立て何度もそれらを検証し，そしてこれが彼らの研究には重要です。そうすることによって，私も自分の日常生活の問題を解決したいと思います。

社　会

1 【解き方】(1) ① 各地の特産物を納めることが定められていた。② アは鎌倉時代，ウは平安時代，エは室町時代の文化。

(2) 今川氏の『今川仮名目録』や，武田氏の『甲州法度之次第(はっとのしだい)』などが定められた。

(3)「藩校」は，江戸時代に武士の子弟を教育するためにつくられた学校。「組頭」は，江戸時代の村役人である村方三役のひとつ。

(4) 工場制手工業（マニュファクチュア）が広まる以前には，問屋制家内工業が広まっていた。

(5) 織田信長は楽市・楽座政策により座の特権を排除し，水野忠邦は天保の改革において株仲間を解散させた。

【答】(1) ① 調　② イ　(2) 分国法　(3) ウ　(4) 分業によって生産する（同意可）　(5) 営業の独占（同意可）

2 【解き方】(1) ① 太平洋を取り囲むように形成されている造山帯。アンデス山脈，ロッキー山脈なども含まれる。② 緯度 0 度の赤道は，ギニア湾沖，マレー半島の南，アマゾン川の下流付近などを通る。経度 0 度の本初子午線は，ロンドンを通る経線。また，ある地点に対する，地球の反対側に位置する地点の緯度は，北緯と南緯を入れ替え，経度は 180 度からその地点の経度を引き，東経と西経を入れ替えたものになる。③ ロンドンは，西岸海洋性気候に属する都市。

(2) B 国はコートジボワール，C 国はセネガル，D 国はマダガスカル。

(3) X. ⅡとⅢを比較すると，特定の作物の生産や輸出だけに頼っていないのがⅢなので，モノカルチャー経済からの脱却を図ったブラジルにおいては，ⅡよりもⅢのデータの方が新しい。

【答】(1) ① 環太平洋(造山帯)　② エ　③ (選択) ア　(理由) (ロンドンは,) 暖流である北大西洋海流と，その上空を吹く偏西風の影響を受けるため。(同意可)

(2) 植民地　(3) ウ

3 【解き方】(1)「打ちこわし」は，江戸時代に，ききんなどによって米の価格が上昇したことなどを理由に，町民らが米屋や高利貸を襲ったできごと。「勤労や団結」は勤労権（労働権）の内容で，20 世紀的人権ともいわれる社会権のひとつ。

(2) 帝国議会は衆議院と貴族院の二院制を採用したが，選挙で議員が選ばれるのは衆議院のみだった。

(3) 日清戦争で得た賠償金はばく大な金額で，その一部は，八幡製鉄所の建設にも使われた。

(4) アは女子教育に力を尽くした人物で，現在の津田塾大学の創設者。イは『みだれ髪』などをのこした歌人。ウは『たけくらべ』などを著した小説家。

(5) アは 1965 年，イは 1950 年，ウは 1956 年のできごと。

(6) アは国会，ウは裁判所が行う。三権分立を唱えたのは，フランスの思想家モンテスキュー。

【答】(1) ア　(2) 衆議院

(3) 重税に苦しんだにもかかわらず，日露戦争の講和条約で賠償金を得られない（同意可）　(4) エ

(5) イ→ウ→ア　(6) P. イ　Q. 権力のゆきすぎ（同意可）

4 【解き方】(1) 東京都を中心とする首都圏一帯には，日本最大の平野である関東平野が広がっている。

(2) 群馬県は昼夜間の人口移動がほとんどなく，山間部で水力発電が行われていることがポイント。アは東京都，イは北海道，ウは埼玉県，エは岐阜県。

(3) 特に高速道路網が整備されたことが強く影響している。

(4) ① アとウは中部地方，エは東北地方の山脈。② 冬はスキー場など，夏は避暑地がにぎわう。

【答】(1) ア　(2) オ　(3) 交通網の整備（同意可）　(4) ① イ　② 冬は降雪が多く，夏は涼しい（同意可）

5 【解き方】(1) 日本の高齢者人口の比率は，世界で最も高い。

(2) ① フランスは「大きな政府」，アメリカは「小さな政府」の考え方をしていることがわかる。② 国の借金にあたる。日本の歳入の約 3 割を占めている。

(3) 議院内閣制はイギリスにおいて発達した政治制度。

(4) どちらの制度にも長所・短所があるので，日本の衆議院議員選挙では，小選挙区比例代表並立制が採用されている。

(5) ② 株主の有限責任制がとられている。

(6) 2006 年からバリアフリー法が施行された。

【答】 (1) エ (2) ① ウ ② 国債 (3) P. 国会議員 Q. 国会の議決で指名される（同意可）
(4)（小選挙区制）エ （比例代表制）ア (5) ① ア ② 出資した金額をこえる責任（同意可） (6) バリアフリー

理　科

1 【解き方】(2) ② 真夜中に南の空に見える星座は，太陽と反対の位置にあるので，太陽，地球，さそり座の順に並ぶ位置に地球がある。

(3) 抵抗器Ⅲに加わる電圧の大きさは，オームの法則より，0.8 (A) × 5 (Ω) = 4 (V) なので，抵抗器Ⅰに加わる電圧の大きさは，10 (V) − 4 (V) = 6 (V)　抵抗器Ⅰに流れる電流の大きさは，0.8 (A) − 0.3 (A) = 0.5 (A) なので，抵抗器Ⅰの抵抗の大きさは，$\frac{6\ (\mathrm{V})}{0.5\ (\mathrm{A})} = 12\ (\Omega)$

(4) 浮力の大きさは，物体の水面下の体積の大きさに比例するので，同じ体積の2個の立方体がすべて水面下に沈んでいる状態では，それぞれの立方体にはたらく浮力の大きさは等しい。

(5) 図4のメスシリンダーの水の液面が示す値は $57.5\mathrm{cm}^3$ なので，ある金属の体積は，$57.5\ (\mathrm{cm}^3) - 50\ (\mathrm{cm}^3) = 7.5\ (\mathrm{cm}^3)$　よって，ある金属の密度は，$\frac{67.5\ (\mathrm{g})}{7.5\ (\mathrm{cm}^3)} = 9\ (\mathrm{g/cm}^3)$ なので，表より，金属エと考えられる。

【答】(1) ① 組織　② エ　(2) ① 黄道　② イ　(3) 12 (Ω)　(4) ウ　(5) エ

(6) 水に非常にとけやすい性質（同意可）

2 【解き方】(2) 植物Xは子葉が1枚で，葉脈が平行に並んでいるので単子葉類。

(3) イはシダ植物，ウは双子葉類，オはコケ植物，カは裸子植物。

(5) 遺伝子の組み合わせが「Rr」の個体どうしをかけ合わせてできた種子から生じる個体の遺伝子の組み合わせは右図のようになる。

	R	r
R	RR	Rr
r	Rr	rr

【答】(1) Ⅰ. イ　Ⅱ. オ　Ⅲ. ウ　(2) B　(3) ア・エ　(4) 無性生殖

(5) ① RR・Rr・rr　② (選択) ア　(理由) むかごは体細胞分裂でつくられるので，親と同じ遺伝子の組み合わせが受け継がれるため。(同意可)

3 【解き方】(1) BTB溶液が青色に変化したので，ビーカーAのろ液はアルカリ性とわかる。アルカリ性の水溶液にフェノールフタレイン溶液を加えると赤色に変化する。

(3) $Ba(OH)_2 \rightarrow Ba^{2+} + 2OH^-$ というように電離しているので，水溶液中の陽イオンと陰イオンの数の比は1：2。

(4) 酸性の水溶液とアルカリ性の水溶液を混ぜ合わせているものを選ぶ。

(6) ビーカーDとEは硫酸を過剰に加えた状態なので，反応せずに残った硫酸とマグネシウムリボンが反応して水素が発生する。

(7) ビーカーCのBTB溶液が緑色に変化していることから，うすい硫酸 $30\mathrm{cm}^3$ を加えたときに水酸化バリウム水溶液とうすい硫酸が過不足なく反応することがわかる。よって，それ以上うすい硫酸を加えても生じた白い沈殿の質量は変わらない。

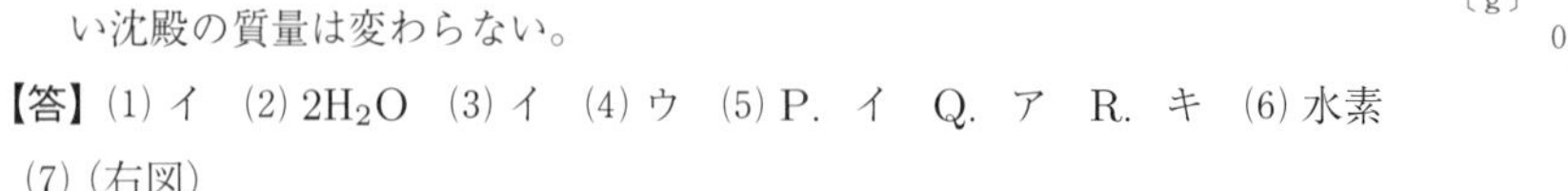
【答】(1) イ　(2) $2H_2O$　(3) イ　(4) ウ　(5) P. イ　Q. ア　R. キ　(6) 水素

(7) (右図)

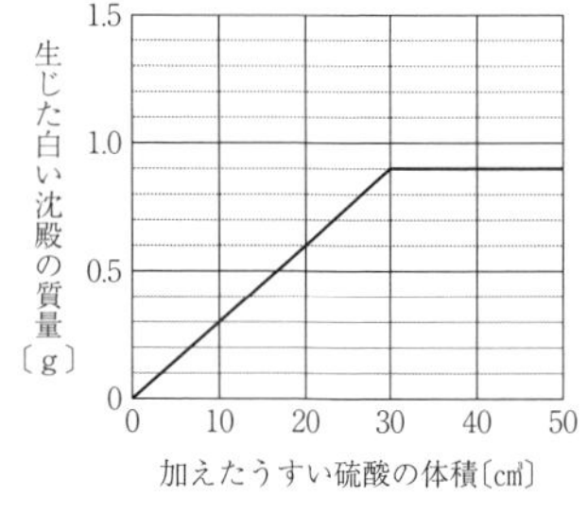

4 【解き方】(1) 日本付近の上空にふく風は偏西風で，西から東に向かってふいている。

(2) 図1で前線の北側に雲ができるので，日本全国に雲がかかっていると考えられる。また，太平洋上に高気圧があるので，太平洋側には雲がないと考えられる。

(3) ① 温暖前線の前線面では，冷たい空気の上に暖かい空気が乗り上げるように進む。

【答】(1) ウ　(2) ア

(3) ① イ　② (選択) ウ　(理由) 16時から18時の間で，気温が急激に下がっているから。(同意可)

(4) 雪がとける（同意可）

5 【解き方】(2) 図2より，振動1回の時間は，$\frac{1}{320}$(秒)× 4 = $\frac{1}{80}$(秒)なので，振動数は，1 ÷ $\frac{1}{80}$(秒) = 80 (Hz)

(3) 弦の張りを強くしたり，弦の長さを短くしたりすると振動数が多くなる。

(4) 音の大小は振幅によって決まり，振幅が小さいほど音は小さくなるので，図2の波形と振動数が同じで振幅が小さい波形になる。

(6) ① 船底で出した超音波が，真下の海底で反射して船底に戻ってくるまでの距離は，300 (m) × 2 = 600 (m) なので，$\frac{600\,(\text{m})}{0.4\,(\text{秒})}$ = 1500 (m/s)

【答】 (1) 音源　(2) 80 (Hz)　(3) ウ　(4) イ　(5) はるかに遅い（同意可）

(6) ① 1500 (m/s)　② 内部に肺胞が多数存在しており，空気を多く含む（同意可）

国　語

1 【解き方】(2) 理名は「フルタイムで働きながら家事をこなしている母」に対して，「感謝しているし，手伝おうと思うものの…感謝の言葉は言えず，実際に手伝ったりもしていない」現状を，「だって忙しいんだもん」と「言い訳のように」考えていた。また，「母と話すのもおっくう」になっていたところに「ママ，明日からお弁当やめる」と言われてしまい，「居心地の悪い思い」をしている。

(3) 理名が，「時計を確認」して思わずつぶやいたことばである。直後に「速攻で制服に着替え，髪を整え…通学鞄にノートや教科書を詰めて」と急いで身支度をし，「家を飛び出」している点に着目する。

(4) 玲佳がひかえめに発言した様子を表現するために，「ぽつりと」というそれらしく聞こえることばを用いる技法。

(5) X.「昼休み」にしている楽しいことを探す。理名は，萌衣の影響もあり自分で弁当を作るようになってから，「歓声が上がり…お昼休みが前よりだんぜんたのしくなった」と感じている。Y. 前後の「今までのように面倒くさがることなく」「母に紹介した」に注目。理名が夕食後に残ったカレーを「ジャーに入れてカレー弁当にする」と言ったことに対して，母は「斬新ね」と驚き，理名はそれに答える形で「玲佳って友だち」が「おっかしなお弁当持ってくる」ことを説明している。

(6) 理名は元々，母が「フルタイムで働きながら家事をこなしている」ことに感謝しつつも「実際に手伝ったりもしていない」状態であり，母が「ママ，明日からお弁当やめる」と宣言した翌日も，「そんなふうには言っても…かんたんなものは用意してあるだろうな」と期待していた。しかし，萌衣の影響もあって弁当を作るようになってからは，自分で「夕食後，残ったカレーを小鍋に取り分け」たり，「今度ママにも作ってあげるよ」と言ったりできるようになっている。

【答】(1) ⓓ 包(んだ)　ⓔ 囲(み)　(2) X. 感謝　Y. 手伝いや話すことを避けてきた（14字）（同意可）
(3) ウ　(4) イ
(5) X. アイディアを出し合って自作弁当を食べる（19字）　Y. 友だちも斬新な弁当を作ること（14字）（それぞれ同意可）
(6) ウ

2 【解き方】(1)「利」の意味を考えるにあたり，書き下し文の「万物を利して」に着目する。「利して」は，現代語訳では「恵みをほどこしながら」となっている。

(2)「なにしろ争わないのだから，けっしてとがめられることはない」と言い換えているので，書き下し文の中で「なにしろ争わないのだから」にあたる部分を探す。

(3) 水のありかたについて，解説で「水はすすんで，みずから欲して，そうしているのではない。水はただ自然の法則にしたがって流れたり…たまったりしているだけである」と説明されているので，選択肢の中から「みずから欲して」行っているものではない例を選ぶ。また，「争わないありかたを主体的にもとめているわけではない」こともふまえる。

(4) ①「一刻もとどまらない川の流れ」に対して，孔子が「この流れと同様」であると考えているものを探す。② 孔子は「川の流れ」について，「昼も夜も一刻もとどまることがない」ものであると同時に，「不可逆的に推移する」ものであると実感している。

【答】(1) 恵み　(2) 争わず　(3) ア　(4) ① 時間　② イ

3 【解き方】(2) C のみ，活用のない自立語で，文と文や，語と語をつなぐ接続詞。他は，活用のない自立語で，用言を修飾する副詞。

(3) マラソン選手が「集団で競争状態にあるとき」を具体例として挙げながら，選手は「他者の後ろにぴたりとつく戦術」を「楽に速く走るための技術」として用いており，これは「空気抵抗や抗力に関する科学的知識」がなければ習得できないと説明している。

(4) ① 筆者は「法則（＝コツ）をつかむためには，どうすればよかっただろうか」と疑問を呈した上で，「まず法則をつかむためには，実際に何度もパフォーマンスを繰り返し行なって，法則につながりそうな情報を収集する必要があったはずだ」「当然，パフォーマンスを行なうためには『体』が必要となるし，情報を収集するのも『体』の各感覚器官である」と述べている。②「法則をつかむため」の「情報を収集する」のは「『体』の各感覚器官である」とした上で，「最終的に収集された情報を分析して法則を導き出すのは，『心』（知性）の役割」だと説明している。また，別の箇所では，「『心』（知性）の鍛錬で面白いことは，一見，競技に関係のなさそうな知識でも，いつどこでどのように役に立つかわからない，ということだ」として，そのため「どのような種類の知識であれ，貪欲に摂取して『心』（知性）を鍛えてみてほしい」とも述べている。

(5) 筆者は冒頭で「よくスポーツの世界では，『心技体』という言葉が用いられる」と切り出し，この言葉について説明しつつ「『技術』は『精神力』と『体力』が結びついた結果として生まれるものだと思う」という自らの考えを提示している。その後で「マラソンランナー」の競技中の駆け引きや，自身が「大学時代に身をもって学ぶことができた」ことを具体例として挙げながら，最終的に「『心』と『体』の両方を修練していけば，自然とそのふたつが結び合わさって『技』が育まれていくはずである」と，改めて冒頭で提示した自身の考えへと着地している。

【答】 (1) ⓐ みが(き)　ⓒ ひんぱん　(2) C　(3) X．誰かの真後ろに隠れるようにして　Y．科学的知識

(4) ① イ　② 様々な種類の知識を学び，その知識を用いて「体」が収集した情報を分析して法則を導く（40字）（同意可）

(5) エ

4 **【解き方】** (1)「『食品ロス』ではないということだね」ということばに続いているので，資料Ⅰの中で，「食品廃棄物」に含まれる，食品ロス以外のものを抜き出す。

(2) 食品ロスの「割合に注目」した結果，「スーパーマーケットやレストランを利用する僕たち消費者の行動が食品ロスの問題に影響するんだね」と健司さんが発言していることをふまえて資料Ⅱを確認する。ここで「スーパーマーケット」にあたるのは「食品小売業」,「レストラン」にあたるのは「外食産業」であり，食品ロスの発生量の割合はそれぞれ約 52 %と約 62 %である。一方で，食品廃棄物の発生量自体が 1411 万 t と最大値である食品製造業は，食品ロスの発生量の割合になると約 9 %にとどまっている。

(3)「どの発生場所の食品ロスが多いか」について注目する上で，「一番大きい数字は，『食品製造業』の『1411 万 t』だね」と言った康太さんに対し，友子さんは「それは『食品廃棄物』全体の数字だよ」と表の見方を訂正している。また，後半で康太さんが「消費者として食品ロスを解決する方法を提案しようよ…気をつけよう』はどうかな？」と発言したことを受けて，友子さんは「『がんばる』や『気をつける』だけでは提案として不十分だよ」とさらなる議論をうながしている。

(4)「消費者として食品ロスを解決するための提案」なので，発生場所は消費者がかかわっている「食品小売業」「外食産業」「一般家庭」のいずれかから選ぶよう気をつける。

【答】 (1) 食べられない部分　(2) エ　(3) ウ

(4) (例) 食品廃棄物に占める食品ロスの発生割合が約 62 %と最も高いため，外食産業に着目しました。例えば，レストランで食べ残しをしないために，一度にたくさん注文せず，足りないときに追加で注文することを提案します。(99 字)

~MEMO~

岡山県公立高等学校
（一般入学者選抜）

2023年度
入学試験問題

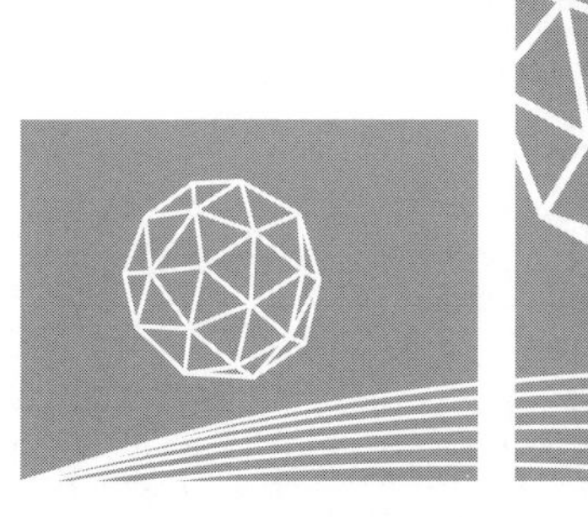

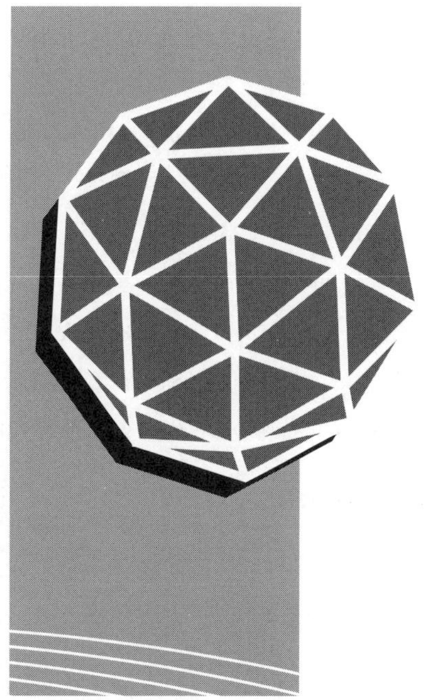

数学

時間　45分　　　　満点　70点

(注)　1　答えに $\sqrt{\ }$ が含まれるときは，$\sqrt{\ }$ をつけたままで答えなさい。また，$\sqrt{\ }$ の中の数は，できるだけ小さい自然数にしなさい。

2　円周率は π を用いなさい。

1　次の(1)～(5)の計算をしなさい。(6)～(10)は指示に従って答えなさい。

(1)　$-1+7$　(　　　)

(2)　$(-8)\times(-2)-(-4)$　(　　　)

(3)　$(-3a-5)-(5-3a)$　(　　　)

(4)　$4a^2b \div \dfrac{3}{2}b$　(　　　)

(5)　$(\sqrt{3}+2)(\sqrt{3}-5)$　(　　　)

(6)　ある正の整数から3をひいて，これを2乗すると64になります。この正の整数を求めなさい。ただし，解答欄の書き出しに続けて，答えを求めるまでの過程も書きなさい。

(ある正の整数を x とすると，　　　　)

(7)　y は x に反比例し，$x=-3$ のとき $y=1$ です。このとき，y を x の式で表しなさい。

(　　　)

(8)　ことがらAの起こる確率を p とするとき，ことがらAの起こらない確率を p を使って表しなさい。(　　　)

(9)　次のことがらが正しいかどうかを調べて，正しい場合には解答欄に「正しい」と書き，正しくない場合には反例を一つ書きなさい。(　　　　　　　　)

a が3の倍数ならば，a は6の倍数である。

(10)　図のように，線分ABを直径とする半円Oの弧AB上に点Cがあります。3点A，B，Cを結んでできる△ABCについて，AB＝8 cm，∠ABC＝30°のとき，弧BCと線分BCで囲まれた色のついた部分の面積を求めなさい。(　　　cm^2)

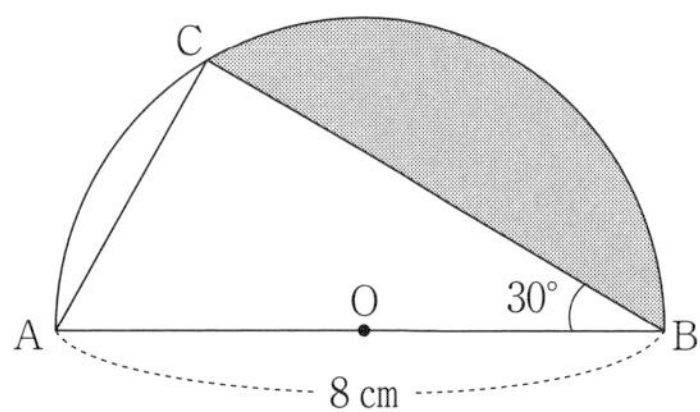

2 太郎さんと花子さんは，中学生の体力について調べています。〈会話〉を読んで，(1)～(3)に答えなさい。

〈会話〉

太郎：私たちの中学校で実施している2年生の体力テストの結果を，5年ごとに比較してみよう。

花子：(あ)2010年，2015年，2020年の50m走のデータをもとに，箱ひげ図を作ってみたよ。

太郎：箱ひげ図の箱で示された区間には，すべてのデータのうち，真ん中に集まる約 (い) %のデータが含まれていたよね。箱ひげ図は，複数のデータの分布を比較しやすいね。

花子：(う)2010年，2015年，2020年の50m走のデータをもとに，ヒストグラムも作ってみたよ。

太郎：箱ひげ図とヒストグラムを並べると，データの分布をより詳しく比較できるね。次は，反復横とびのデータを比較してみようよ。

花子さんが作った箱ひげ図

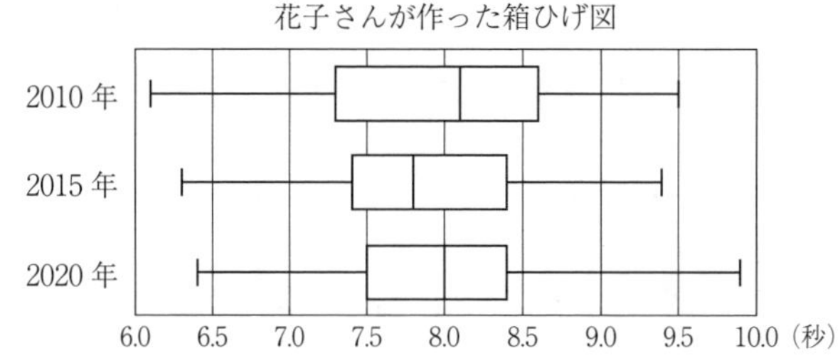

(1) 下線部(あ)について，花子さんが作った箱ひげ図から読み取れることとして，次の①，②のことがらは，それぞれ正しいといえますか。[選択肢] のア～ウの中から最も適当なものをそれぞれ一つ答えなさい。

① 2015年の第3四分位数は，2010年の第3四分位数よりも小さい。(　　)

② 2020年の平均値は8.0秒である。(　　)

[選択肢]

ア 正しい　　イ 正しくない　　ウ 花子さんが作った箱ひげ図からはわからない

(2) (い) に当てはまる数として最も適当なのは，ア～エのうちではどれですか。一つ答えなさい。(　　)

ア 25　　イ 50　　ウ 75　　エ 100

(3) 下線部(う)について，次の3つのヒストグラムは，花子さんが作った箱ひげ図の2010年，2015年，2020年のいずれかに対応しています。各年の箱ひげ図に対応するヒストグラムを，ア～ウの中からそれぞれ一つ答えなさい。2010年(　　) 2015年(　　) 2020年(　　)

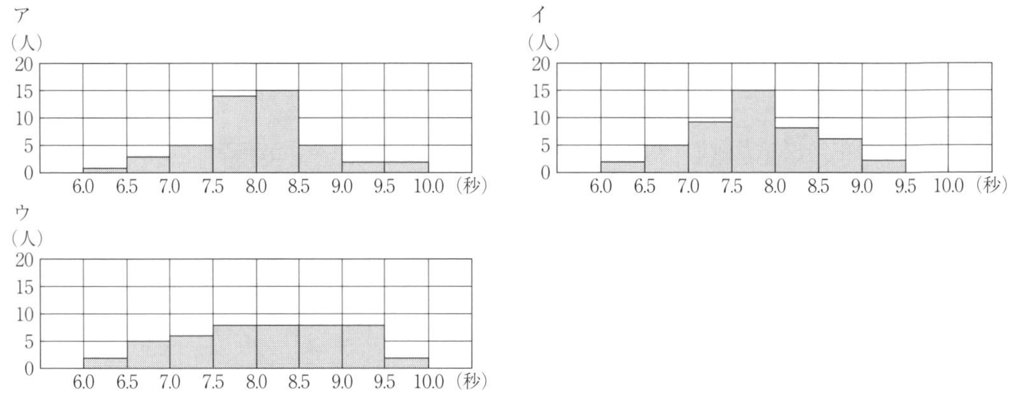

※ヒストグラムについて，例えば，6.0～6.5の区間は，6.0秒以上6.5秒未満の階級を表す。

③　太郎さんは，ある洋菓子店で1500円分の洋菓子を買おうと考えています。(1)，(2)に答えなさい。ただし，消費税は考えないものとします。

(1)　洋菓子店では，1500円すべてを使い切ると，1個180円のプリンと1個120円のシュークリームを合わせて9個買うことができます。①，②に答えなさい。

①　次の数量の間の関係を等式で表しなさい。(　　　　)

1個180円のプリンをx個と1個120円のシュークリームをy個買うときの代金の合計が1500円である。

②　プリンとシュークリームをそれぞれ何個買うことができるかを求めなさい。

プリン(　　　　個)　シュークリーム(　　　　個)

(2) 太郎さんが洋菓子店に行くと，プリンが売り切れていたので，代わりに1個120円のシュークリームと1個90円のドーナツを，1500円すべてを使い切って買うことにしました。①，②に答えなさい。

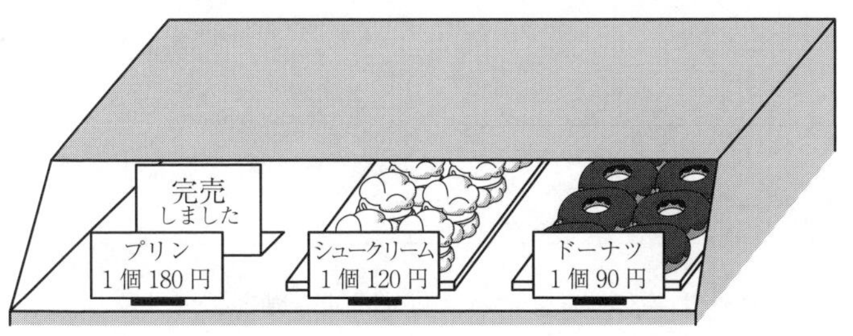

① 太郎さんは，シュークリームとドーナツをそれぞれ何個か買い，代金の合計が1500円になる買い方について，次のように考えました。□には同じ数が入ります。□に適当な数を書きなさい。（　　　）

〈太郎さんの考え〉

まず，次の数量の間の関係を等式で表します。

1個120円のシュークリームを a 個と1個90円のドーナツを b 個買うときの代金の合計が1500円である。

次に，この等式を満たす a，b がどちらも0以上の整数である場合を考えます。そのような a，b の組は，全部で□組あります。

よって，シュークリームとドーナツをそれぞれ何個か買い，代金の合計が1500円になるような買い方は，全部で□通りあります。

② シュークリームとドーナツがどちらも8個ずつ残っているとき，それぞれ何個買うことができるかを求めなさい。シュークリーム（　　　個） ドーナツ（　　　個）

4　太郎さんは，パラボラアンテナに放物線の性質が利用されていることを知り，放物線について考えています。

パラボラアンテナの写真

〈太郎さんが興味を持った性質〉

パラボラアンテナの形は，放物線を，その軸を回転の軸として回転させてできる曲面です。

この曲面には，図1の断面図のように軸に平行に入ってきた光や電波を，ある1点に集めるという性質があります。

この点のことを焦点といいます。

また，光や電波がこの曲面で反射するとき，

入射角＝反射角

となります。

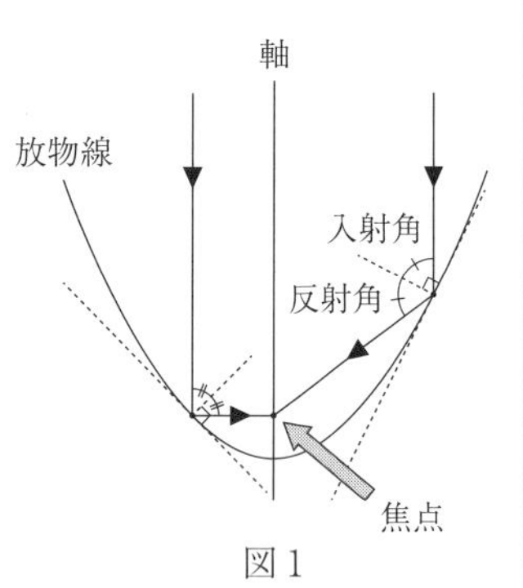

図1

このとき，図2のように，点Pや点Qを同時に通過した光や電波は，曲面上の点Aや点Bで反射し，同時に焦点Fに到達します。光や電波の進む速さは一定なので，

$$PA + AF = QB + BF$$

が成り立ちます。このことは，光や電波が，図2の破線上のどの位置を通過しても成り立ちます。

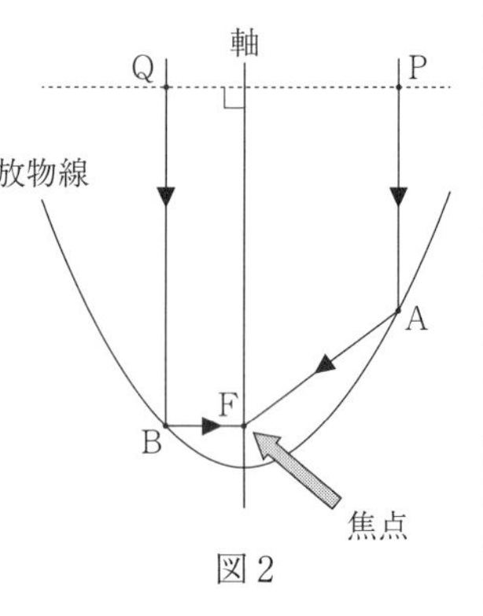

図2

図3は，〈太郎さんが興味を持った性質〉を座標平面上に表したものです。図3と【図3の説明】をもとに，(1)～(3)に答えなさい。

【図3の説明】

- 2点A，Bは関数 $y = ax^2$ (a は定数)のグラフ上の点
- 点Aの座標は(4，4)
- 点Bの x 座標は－2
- 点Fの座標は(0，1)
- 点Pの座標は(4，8)
- 点Qの座標は(－2，8)
- 直線 m は∠PAFの二等分線
- 直線 ℓ は点Aを通り，直線 m と垂直に交わる直線
- 点Oは原点

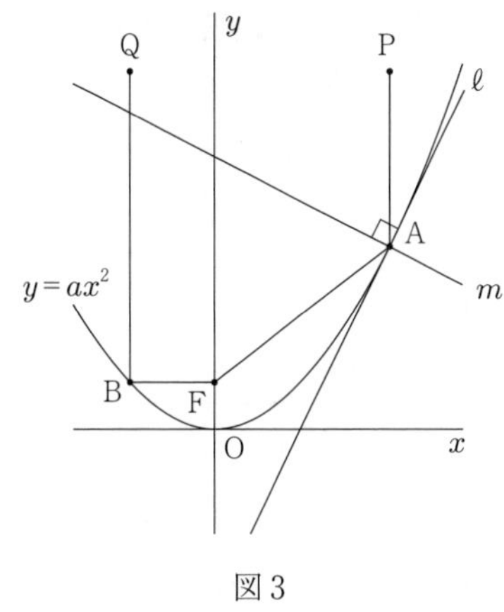

図3

(1) 関数 $y = ax^2$ について，①，②に答えなさい。

① a の値を求めなさい。(　　　)

② x の変域が $-2 \leqq x \leqq 4$ のとき，y の変域を求めなさい。(　　　)

(2) 次の［　　］には8より小さい同じ数が入ります。［　　］に適当な数を書きなさい。(　　　)

PA + AFの値は，点Pと点(4，［　　］)の間の距離と等しい。

QB + BFの値は，点Qと点(－2，［　　］)の間の距離と等しい。

(3) 直線 ℓ の方程式を求めなさい。(　　　)

5 太郎さんは，正五角柱の形をしたケーキを4等分したいと考えています。〈太郎さんの考え〉を読み，(1)〜(3)に答えなさい。

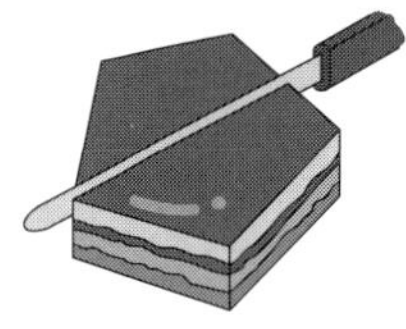

〈太郎さんの考え〉

図1の正五角形ABCDEは，ケーキを真上から見たときの模式図です。

ケーキを4等分するために，正五角形ABCDEの面積を4等分する線分を考えます。

はじめに，点Aから辺CDに垂線AFをひくと，線分AFは正五角形ABCDEの面積を2等分します。

次に，点Bを通り，四角形ABCFの面積を2等分する直線を考えます。点Cを通り，直線BFに平行な直線と，直線AFとの交点をPとします。このとき，△BCFの面積と (あ) の面積が等しいから，四角形ABCFの面積は (い) の面積と等しくなります。したがって，(う) を点Qとすると，線分BQは四角形ABCFの面積を2等分します。

同じように考えて，線分EQは四角形AEDFの面積を2等分します。

以上のことから，線分AF，線分BQ，線分EQにより，正五角形ABCDEの面積は4等分されます。

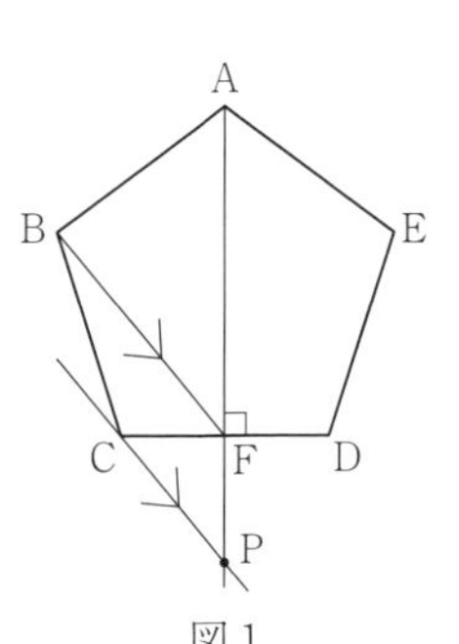

図1

(1) (あ)，(い) に当てはまるものとして最も適当なのは，ア〜カのうちではどれですか。それぞれ一つ答えなさい。(あ)(　　　) (い)(　　　)

ア △CPF　イ △BPF　ウ △BCP　エ △ACP　オ △ABP

カ 四角形BCPF

(2) (う) に当てはまるものとして最も適当なのは，ア〜エのうちではどれですか。一つ答えなさい。(　　　)

ア 直線BEと直線AFとの交点　イ 線分AFの中点　ウ 線分APの中点

エ 直線BDと直線AFとの交点

(3) 太郎さんは，下線部について，点Cを通り，直線BFに平行な直線を〈作図の手順〉に従って作図し，作図した直線と直線BFは平行であることを次のように説明しました。①，②に答えなさい。

〈作図の手順〉

手順1）点Cを中心として，線分BFの長さと等しい半径の円Mをかく。

手順2）点Fを中心として，線分BCの長さと等しい半径の円Nをかく。

手順3）図2のように，2つの円の交点の1つをGとし，直線CGをひく。

〈作図した直線と直線 BF は平行であることの説明〉

図 2 において,

　△BCF ≡△GFC

となり,

対応する角は等しいから,

　∠BFC = ∠GCF

よって, (え) が等しいので,

　BF ∥ CG

となります。

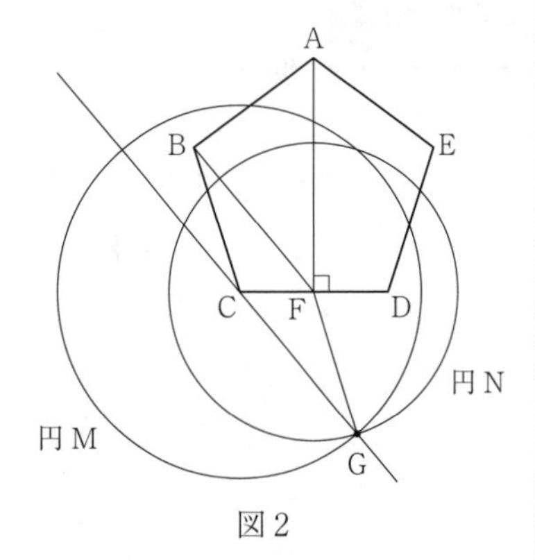

図 2

① △BCF ≡△GFC を証明しなさい。

〔　　　　　　　　　　　　　　　　〕

② (え) に当てはまるものとして最も適当なのは, ア～エのうちではどれですか。一つ答えなさい。(　　　)

ア　対頂角　　イ　同位角　　ウ　錯角　　エ　円周角

英語

時間　45分　　満点　70点

（編集部注）放送問題の放送原稿は英語の末尾に掲載しています。
音声の再生についてはもくじをご覧ください。

（注）1　英語で書くところは，活字体，筆記体のどちらで書いてもかまいません。
2　語数が指定されている設問では，「,」や「.」,「?」などの符号は語数に含めません。また，「don't」などの短縮形は，1語とします。

1　この問題は聞き取り検査です。問題A～問題Dに答えなさい。すべての問題で英語は2回ずつ読まれます。途中でメモをとってもかまいません。

問題A　(1), (2)のそれぞれの英文で説明されている内容として最も適当なのは，ア～エのうちではどれですか。一つ答えなさい。(1)(　　　)　(2)(　　　)

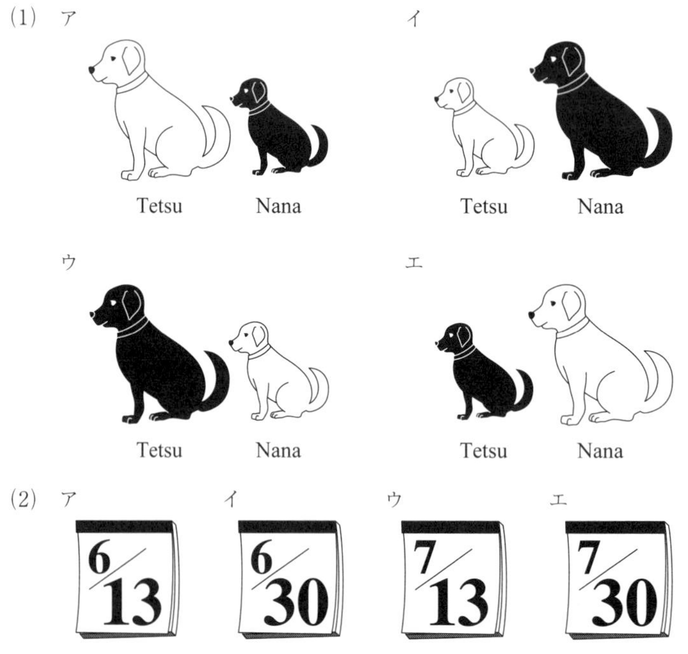

問題B　海外旅行中のKazuakiが，ツアーガイドによるアナウンスを聞いてメモをとっています。メモの (あ) ～ (う) にそれぞれ適当な英語1語を入れなさい。

(あ)(　　　)　(い)(　　　)　(う)(　　　)

[Kazuakiのメモ]

	Places to visit	Things to do
1	a lake	eat (あ)
2	a large (い)	see beautiful mountains
3	a market	buy a lot of (う)

問題C　(1), (2)のそれぞれの会話についての質問の答えとして最も適当なのは，ア～エのうちでは

どれですか。一つ答えなさい。(1)(　　　)　(2)(　　　)

(1)　ア　Under the bed.　　イ　On the sofa.　　ウ　Under the books.　　エ　On the desk.

(2)　ア　She will bring a cake.

　　イ　She will make lunch with Jiro's father.

　　ウ　She will invite Jiro to her house.

　　エ　She will buy a pizza.

問題D　留学中のKumiに，クラスメイトのMikeが学校の図書館を案内しています。Mikeの説明を聞いて，(1)，(2)に答えなさい。

(1)　Mikeが説明した順に，ア～ウを並べ替えなさい。(　　→　　→　　)

　ア　日本語で書かれた本の有無　　イ　休館日　　ウ　貸出日数

(2)　Mikeの最後の発言に対して，どのような質問をしますか。あなたがKumiになったつもりで，［　　］にその質問を英語で書きなさい。ただし，主語と動詞を含む6語以上の1文とすること。

(　　　　　　　　　　　　　　　　　　　　　　　　　　　　　　　　　)

Yes, I have a question. ［　　　　　　］?

2 Toshi と留学生の Ben が，あるウェブサイトを見ながら，サイクリング（cycling）の計画を立てています。次は，そのウェブサイトの画面と会話です。(1)～(5)に答えなさい。

ウェブサイトの画面

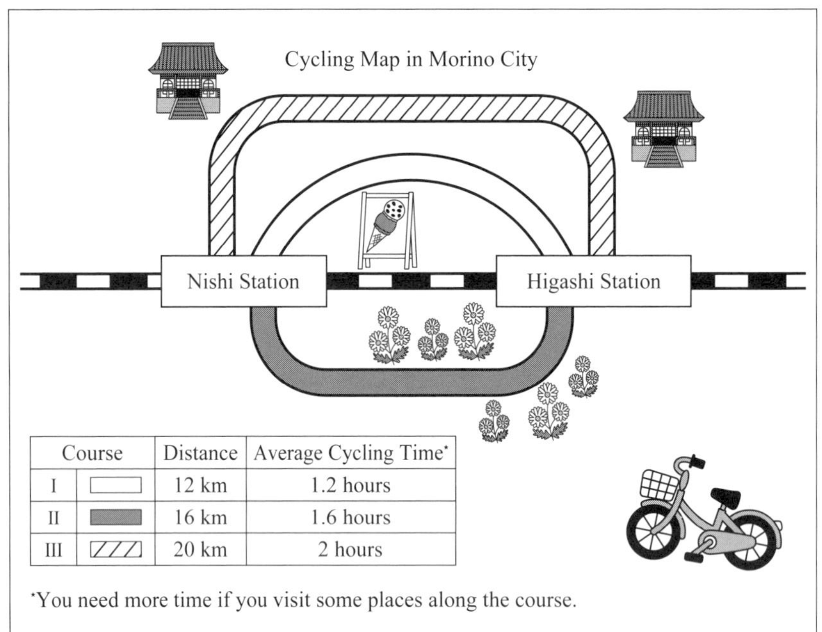

Course		Distance	Average Cycling Time*
I	(white)	12 km	1.2 hours
II	(gray)	16 km	1.6 hours
III	(hatched)	20 km	2 hours

*You need more time if you visit some places along the course.

Toshi：In Japan, spring is a good season for cycling. I'm going to visit Morino City to ride a bike this weekend, on April 15 or 16. Let's go cycling together.

Ben ：Sure. I want to go, but I don't like to ride a bike when it rains. I hear that it'll rain this Sunday. How about this [(あ)], April 15?

Toshi：OK. Look at this website. There are three cycling courses in Morino City. We'll take a train to go to Nishi Station, and rent bikes there.

Ben ：So, we'll start at Nishi Station.

Toshi：Yes. We'll end and return our bikes at Higashi Station. Now, which course do you want to choose? I think we can stay in the city for about two hours.

Ben ：I want to eat ice cream, but this course is the shortest.

Toshi：Then, why don't we choose [(い)]? It's the longest one and we can visit temples.

Ben ：If we choose this course, we can't spend enough time at these temples.

Toshi：Well, how about this one? Morino City is famous for flowers. They are really beautiful. Along this course, we can take pictures of (う) them.

Ben ：That sounds great. Let's choose this course. I'll bring my camera that I (え) buy last month.

〔注〕 course コース　distance 距離　average 平均の　rent ～ ～を有料で借りる　return ～ ～を返す　spend ～ ～を費やす　camera カメラ

(1) [(あ)] に入れるのに最も適当な曜日を英語1語で書きなさい。(　　　　)

(2) [(い)] に入れるのに最も適当なのは，ア～ウのうちではどれですか。一つ答えなさい。

( )

ア Course Ⅰ　イ Course Ⅱ　ウ Course Ⅲ

(3) 下線部(う)が指すのは何ですか。英語1語を会話から抜き出して書きなさい。( )

(4) 下線部(え)の単語を，最も適当な形に変えて書きなさい。( )

(5) ウェブサイトの画面と会話から読み取れる内容として最も適当なのは，ア～エのうちではどれですか。一つ答えなさい。( )

ア Course Ⅰ is longer than Course Ⅱ.

イ Ben likes to go cycling on a rainy day.

ウ Toshi will go to Nishi Station by bus.

エ Ben and Toshi will start to ride bikes at Nishi Station.

3　ホームステイをしている中学生のAyakoが，誕生日カード（birthday card）についてホストファミリーのRoyと会話をしています。次の①～⑤はそのときの二人の会話です。Ayakoが考えている内容に合うように，書き出しに続けて，(1)に3語以上，(2)に5語以上の英語を書き，会話を完成させなさい。なお，会話は①～⑤の順に行われています。

(1)(　　　　　　　　　　　　　　　　　　　　　　　　　　　　　　　　)

(2)(　　　　　　　　　　　　　　　　　　　　　　　　　　　　　　　　)

会話

4　ALT（外国語指導助手）の Lee 先生の英語の授業で，Tomoki，Suzu，Kanako が，姉妹校（sister school）の生徒に向けて制作する動画について，グラフを見ながら話し合いをしています。次の英文は，話し合いと，それを聞いて Suzu が授業で書いたノートの一部です。(1)～(5)に答えなさい。

■話し合い

Ms. Lee：Last class, I asked you to make a short video for the students at our sister school in Australia. Do you have any ideas about the topic?

Tomoki：Yes, of course. Look at (あ) this graph. It shows what they want to know about our town or school. About forty percent of the students are interested in food. Let's make a video about delicious Japanese food restaurants in our town.

Suzu：That's a nice idea. However, I think that it (い) them / is / to / for / difficult) come to Japan. Also, they only see the food in our video, and they can't eat it. If I were them, I would be sad.

Kanako：Then, why don't we choose a different topic? In the same graph, more than thirty percent of the students want to know about fashion. Our school has different uniforms for summer and winter. I really want to show them. They don't have uniforms, right?

Tomoki：Wait. Ms. Lee, is that true? We have never met them, but I hear that schools in Australia usually have uniforms.

Ms. Lee：In April, a teacher at our school showed me pictures that were taken at our sister school. In them, the students at our sister school wore uniforms like you.

Suzu：Oh, no. [　(う)　]

Kanako：I don't think so. Though they wear school uniforms, I want to show them our uniforms.

Suzu：Well, please think about the students who will watch our video. If our topic is not unique to them, it will not be interesting.

Kanako：I see. Then, how about our sports festival?

Tomoki：Good. Twenty-five percent of the students are interested in sports. Also, this is the best chance to make a video about it, because we'll have the event next month. Ms. Lee, do they have a school event like our sports festival?

Ms. Lee：No, they don't. I think that our sports festival is unique, and they will be surprised. A teacher at our sister school says that they have an event called "Sports Day." [　ア　] However, in our school, every student joins the sports festival and dances to music. Last year I saw your great dance performance. That was my first time. [　イ　] It was really exciting. Will you dance at the sports festival this year again? [　ウ　]

Kanako：Yes. We started to practice yesterday.

Tomoki：Ms. Lee, thank you for telling us the big difference. Why don't we show them our unique event?

Suzu　：　OK. Let's make a video about it.

■ Suzuが授業で書いたノートの一部

> Today, we chose a topic for the short video. We will introduce our sports festival to the students at our sister school, because [(え)]. I will practice hard to make our dance performance wonderful.

〔注〕 fashion　ファッション　　chance　機会　　to music　音楽に合わせて

(1)　下線部(あ)の graph として最も適当なのは，ア～エのうちではどれですか。一つ答えなさい。

(　　　)

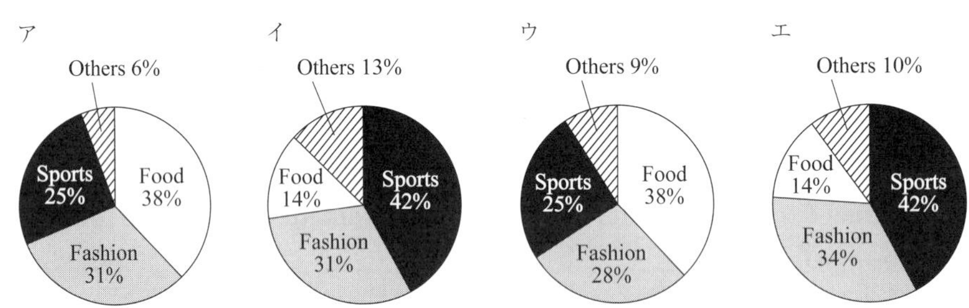

(2)　下線部(い)の語をすべて用いて，意味が通るように並べ替えなさい。

(　　　　　　　　　　　　　　　　　　　　　　　　　　　　　　　　　　)

(3)　[(う)] に入れるのに最も適当なのは，ア～エのうちではどれですか。一つ答えなさい。

(　　　)

ア　Australia has four seasons like Japan.　　イ　We should change the topic.

ウ　Ms. Lee has seen their pictures.　　エ　Our school has uniforms.

(4)　次の英文を入れるのに最も適当なのは，話し合いの中のア～ウのうちではどれですか。一つ答えなさい。(　　　)

On that day, only the students who want to join the event come to school.

(5)　[(え)] に入れるのに最も適当なのは，ア～エのうちではどれですか。一つ答えなさい。

(　　　)

ア　their school does not have "Sports Day"　　イ　they joined the event with us last year

ウ　we want to show them something unique　　エ　our sports festival has just finished

5 次の英文は，Akari が英語の授業で発表したスピーチ原稿です。(1)～(6)に答えなさい。

Today I want to tell you what I learned from my aunt, (あ)Fuyumi Yamaoka. She is a professional pianist. When she was twelve years old, her family started to live in Germany because of her father's job. Now, she goes to many places in the world for concerts and she can speak four languages. She knows a lot of things about many different countries.

When she comes to Japan, she sometimes visits my parents and me. Though I can't play the piano, I like to talk with her. One day, when we were listening to her CD, she talked about the music and its composer. She said, "The composer lived near a large river. When he was worried about something, he always looked at it. His music expresses how the beautiful river runs through the mountains in his country." She showed me some photos of the river on the Internet, and talked more about his country. She said, "To understand things that composers want to express in their music, I learn about the culture and history of their country. In (い)this way, I communicate with composers when I play the piano."

My aunt also communicates with other musicians through music and words when she plays the piano with an orchestra. To share the same image of the music, she listens to the sound of other musicians carefully and talks a lot with them about the music. Now I understand why she can [(う)]. There are many musicians from different countries. She tries to use their languages to communicate with them. By doing so, she can understand them deeply. She also told me the difference between sound and harmony. When musicians in the same orchestra can't [(え)], music is just sound. They have different images of the music. However, when they can communicate well, different sounds become one beautiful harmony.

My aunt needed some time to make her performance great. When she was young, she practiced the piano hard every day. Though she improved her skills, she still thought that something was missing from her performance. [(お)] The teacher wanted her to realize its meaning by herself. She said, "I thought about the meaning of the advice a lot. Now I understand that listening to others means communicating with composers and other musicians. That helps me improve my performance and myself. I can't imagine my life without the piano. It makes my life full of happiness."

I realize why my aunt's performance is beautiful. Her piano shows how she lives. Through music, she is interested in a lot of things and she communicates well with others. She found her way to open a door to meet many wonderful things and people. That way was playing the piano. You may think, "She is special because she is a professional pianist." However, I don't think so. All of us can also [(か)] to a new world in our own ways. I believe that we can find something, just like my aunt.

〔注〕 professional プロの，本職の　pianist ピアニスト　Germany ドイツ（国名）
composer 作曲家　run 流れる　orchestra オーケストラ　image イメージ
deeply 深く　harmony ハーモニー，調和　missing 欠けている

by herself 彼女自身で

(1) 下線部(あ)について，同じ段落で紹介されている内容として，当てはまらないものは，ア～エのうちではどれですか。一つ答えなさい。(　　　)

ア Akariのおばである。

イ 12歳の時にひとりでドイツに留学した。

ウ 演奏会で世界中を訪れている。

エ 様々な国について多くのことを知っている。

(2) 下線部(い)の具体的内容を説明する次の文の[①]，[②]にそれぞれ適当な日本語を入れなさい。①(　　　　　　　　　　　　　　) ②(　　　　　　　　　　)

作曲家が[①]ことを理解するために，作曲家の国の[②]を学ぶということ。

(3) [(う)]，[(え)]に入れる英語の組み合わせとして最も適当なのは，ア～エのうちではどれですか。一つ答えなさい。(　　　)

ア (う) teach children the piano well　(え) have concerts in foreign countries

イ (う) teach children the piano well　(え) understand each other

ウ (う) speak four languages　(え) have concerts in foreign countries

エ (う) speak four languages　(え) understand each other

(4) [(お)]に次の三つの英文を入れるとき，本文の流れが最も適当になるようにア～ウを並べ替えなさい。(　　→　　→　　)

ア At first, she didn't understand the meaning of the advice, so she asked the teacher a question about it.

イ However, the teacher didn't answer the question.

ウ Then, one of her teachers said to her, "You can listen to others more."

(5) [(か)]に入れるのに最も適当な英語3語を，同じ段落から抜き出して書きなさい。

(　　　　　　　　　　)

(6) 本文の内容と合っているのは，ア～オのうちではどれですか。当てはまるものをすべて答えなさい。(　　　)

ア When Akari's aunt comes to Japan, she always meets Akari.

イ Akari saw photos of a large river with her aunt.

ウ When Akari's aunt was young, she felt that her performance needed something more.

エ Akari's aunt does not understand the meaning of her teacher's advice.

オ Akari thinks that playing the piano is the only way to be special.

〈放送原稿〉

2023年度岡山県公立高等学校一般入学者選抜入学試験英語の聞き取り検査を行います。

問題A　次の英文が2回読まれるのを聞いて，問題用紙の指示に従って答えなさい。

(1)　My family has two dogs. Tetsu is white and Nana is black. Nana is bigger than Tetsu.

(繰り返す)

(2)　My father's birthday is July 13.

(繰り返す)

問題B　次の英文が2回読まれるのを聞いて，問題用紙の指示に従って答えなさい。

Tomorrow we will visit three places. First, we will go to a lake. There is a good restaurant to eat breakfast. Next, we will visit a large park. It is a very popular place, because we can see beautiful mountains from there. Then, we will go to a market. You can buy a lot of apples. Please come here at eight in the morning.

(繰り返す)

問題C　次の会話と質問が2回読まれるのを聞いて，問題用紙の指示に従って答えなさい。

(1)　A：　Mom, I'm looking for my watch. Yesterday, I thought that I put it on the desk, but it was not there.

B：　John, did you check under the books or on the sofa?

A：　Yes, I did, but I could not find it.

B：　Look. I found it. It is under the bed.

Question：Where did John's mother find his watch?

((1)を繰り返す)

(2)　A：　Hi, Emily. Tomorrow, my family will make pizza for lunch at my house. Can you join us?

B：　Of course, Jiro. I will visit your house. Do you know how to make it? I have never made it.

A：　Don't worry. My father will teach us how to make it.

B：　Wow. I want to make it with your father. Also, I will bring something to drink.

Question：What will Emily do tomorrow?

((2)を繰り返す)

問題D　次の英文が2回読まれるのを聞いて，問題用紙の指示に従って答えなさい。

This is our school library. From Monday to Friday, it is open from 9:00 a.m. to 4:30 p.m. It is not open on weekends. You can borrow books for two weeks. This library does not have any books written in Japanese. Kumi, if you want to know more about this library, please ask me.

(繰り返す)

これで聞き取り検査を終わります。

社会

時間　45分　　満点　70点

1　太郎さんは,「我が国と諸外国との交流」に着目して近世までの歴史的分野の学習をふり返り，次の表を作成しました。(1)～(6)に答えなさい。

表

時代区分	諸外国との交流
古代	・(a)大仙古墳などの古墳がつくられていたころ，中国大陸や朝鮮半島などから移り住んできた人々によって，さまざまな技術が伝えられた。 ・(b)遣唐使(けんとうし)などにより，唐の文化や制度がもたらされた。
中世	・(c)室町幕府が朝貢する形の勘合貿易では，銅銭や生糸などが輸入され，刀や銅などが輸出された。 ・ポルトガルとスペインの船が来航し，(d)南蛮人との貿易が始まった。
近世	・江戸幕府は初め，ヨーロッパとの貿易を認めていたが，(e)キリスト教が広まっていくと，貿易統制を強化するようになった。日本人商人などの海外への渡航や海外からの帰国は禁止され，(f)諸外国との交流は制限された。

(1)　下線部(a)を何といいますか。(　　　)

(2)　資料１は，下線部(b)のころに定められた我が国における律令(りつりょう)国家の政治のしくみの一部を示しています。X，Y に当てはまることばの組み合わせとして最も適当なのは，ア～エのうちではどれですか。一つ答えなさい。(　　　)

ア　X：都（中央）　　Y：県令
イ　X：東国(とうごく)　　Y：県令
ウ　X：都（中央）　　Y：郡司(ぐんじ)
エ　X：東国　　Y：郡司

資料１

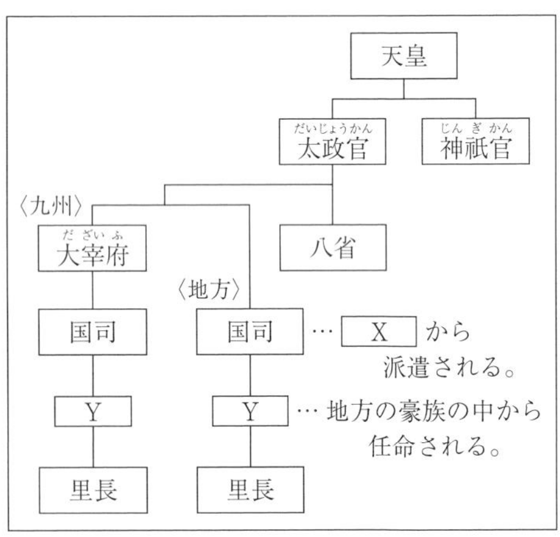

(3)　下線部(c)の相手となった王朝として最も適当なのは，ア～エのうちではどれですか。一つ答えなさい。(　　　)

ア　宋(そう)　　イ　隋(ずい)　　ウ　元(げん)　　エ　明(みん)

(4)　下線部(d)が行われていた安土(あづち)桃山時代の文化について述べた文として最も適当なのは，ア～エのうちではどれですか。一つ答えなさい。(　　　)

ア　千利休(せんのりきゅう)は中国大陸伝来の茶を飲む習慣において，わび茶を完成させた。
イ　杉田玄白(すぎたげんぱく)らが翻訳したヨーロッパの解剖書は,『解体新書』として出版された。
ウ　雪舟(せっしゅう)は中国大陸で水墨画の技法を高め，日本の風景などをえがいた。
エ　中国大陸にわたった栄西(えいさい)と道元(どうげん)は，日本に禅宗を伝えた。

(5)　下線部(e)に関して，太郎さんは，江戸幕府の対応について説明する文を，資料2をもとに作成しました。次の文の□に当てはまる適当な内容を書きなさい。(　　　　　　　　　　　　　　　　　　)

資料2

> 江戸幕府は，人々に資料2を踏ませて□ことにより，禁教を徹底していった。

(6)　下線部(f)に関して，太郎さんは，制限下での江戸幕府の方針に着目して資料を探したところ，資料3を見つけて，後のようにまとめました。[P]に当てはまる適当なことばを書きなさい。また，[Q]に当てはまる適当な内容を書きなさい。

P(　　　　)　Q(　　　　　　　　　　　　　　　　　　　　)

資料3

> 徳川家の御治世(ごじせい)がはじまって以来，外国貿易はオランダだけにし，他の諸国には許可しないという，鎖国の御政道(ごせいどう)なので，とてもイギリスに貿易を許可するなど，思いもよりません。とにかく外国船が日本に近付いては厄介だというので，打払い(うちはらい)の制度をお定めになったのですから，今回も当然打払いになるのでしょう。その場合，イギリス側ではどのような反応を示すでしょうか。

(奥州市立高野長英記念館 Web ページから「夢物語」を抜粋して作成)

> 資料3は，来航した外国船に対して江戸幕府が1825年に定めた，[P]という法令で示した方針を批判した書物の一部だとわかった。江戸幕府は，アヘン戦争で[Q]という隣国に関する情報が伝えられると，[P]を撤廃し，外国船に対して必要な薪(まき)や水などを与えるという方針へ変更した。

2　次の図１は，緯線と経線が直角に交わる世界地図であり，緯線は赤道から，経線は本初子午線からいずれも20度間隔です。図２は，Ａを中心とする，中心からの距離と方位が正しい地図です。(1)～(5)に答えなさい。

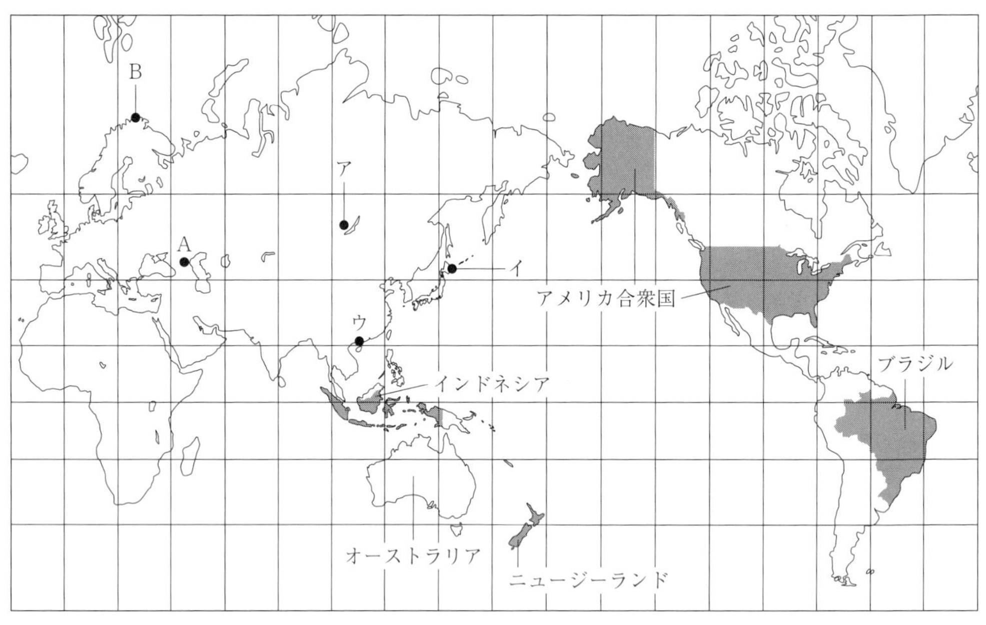

図１

図２

(1)　図１と図２のＡは，それぞれ地球上の同じ地点を示しています。地点Ａから見て，16方位で東にあたる地点は，図１のア～ウのうちではどれですか。一つ答えなさい。(　　　)

(2)　図１の地点Ｂでは，夏になると，太陽が沈まないことや太陽が沈んでも空が暗くならないことがあります。このような現象を何といいますか。(　　　)

(3)　三大洋のうち，図2のXからYへ船で向かった場合，マラッカ海峡を通過した後に通る大洋の名称を何といいますか。(　　　　)

(4)　右の表は，5か国（日本，インドネシア，ニュージーランド，アメリカ合衆国，ブラジル）の，領海と排他的経済水域を合わせた面積，およびその面積と国土面積との面積比を示しています。ニュージーランドが当てはまるのは，表のア～エのうちではどれですか。一つ答えなさい。(　　　　)

表

国名	領海と排他的経済水域を合わせた面積(万 km^2)	面積比(%)
日本	447	1 182
ア	762	77
イ	541	283
ウ	483	1 802
エ	317	37

(注)　面積比とは，国土面積を100としたときの領海と排他的経済水域を合わせた面積との比率を示す。

(「2022 データブック　オブ・ザ・ワールド」，「海洋白書 2009」から作成)

(5)　資料は，東京都中央卸売市場におけるアメリカ合衆国産とオーストラリア産のかんきつ類の取扱数量を示しています。取扱数量の多い時期が二つの国で異なる理由を，解答欄の書き出しに続けて，それぞれの国の位置関係と季節にふれながら書きなさい。

(アメリカ合衆国は，　　　　　　　　　　　　　　　　　　　　　)

資料

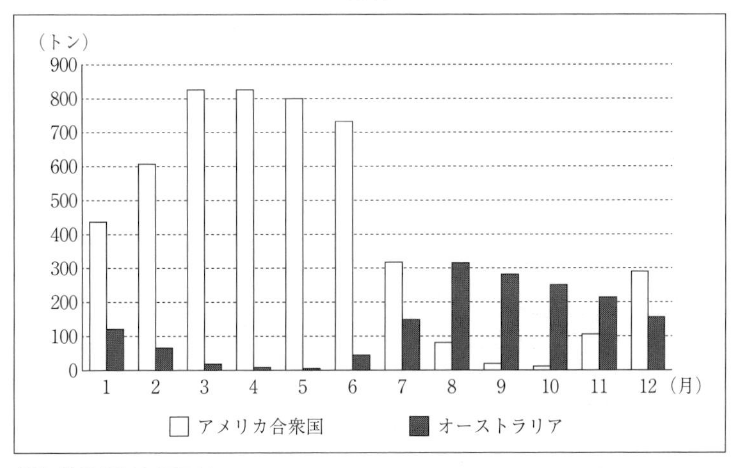

(注) 統計年次は2020年。
かんきつ類は，東京都中央卸売市場の分類に基づく，みかんを除くレモンやグレープフルーツなどを示す。

(「東京都中央卸売市場統計情報」から作成)

3　さやかさんは，鉄道開業150年展へ訪れたことをきっかけに，「我が国の鉄道と経済成長」について調べ，収集した情報から資料1を作成しました。(1)～(5)に答えなさい。

資料1

鉄道に関するおもなできごと	我が国の経済成長の様子
1872年 新橋・横浜間に鉄道開通	富国強兵を実現するため，欧米の進んだ技術などを取り入れ，(a)産業をそだてる殖産興業が進められた。
1906年 (b)南満州鉄道株式会社の設立	1880年代以降，軽工業を中心に産業革命が進み，重工業では官営の八幡(やはた)製鉄所が設立された。
1914年 (c)東京駅の完成	第一次世界大戦により好景気となり，新聞・雑誌が多く発行され，映画鑑賞などが人気を集めた。
1964年 東海道新幹線の開通	(d)第二次世界大戦後，1950年代から高度経済成長となり，東京オリンピック・パラリンピックが開かれた。

(1)　下線部(a)に関して，1872年に操業が開始された群馬県の官営模範工場の名称を何といいますか。
(　　　)

(2)　さやかさんは，下線部(b)が設立されたころの我が国の鉄道や経済の状況について，資料2を収集し説明文を作成しました。①，②に答えなさい。

資料2
我が国の国鉄と民鉄における貨物輸送トン数の推移

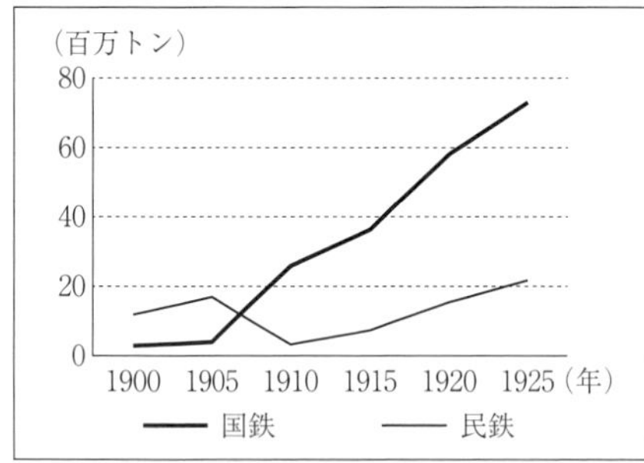

(注) 国鉄は，国が所有し経営する鉄道。
民鉄は，民間企業が経営する鉄道。
輸送トン数は，輸送貨物の総重量を示す。

(「数字でみる日本の100年」から作成)

南満州鉄道株式会社は，日露戦争の講和会議で結ばれた X 条約により得た権利をもとに設立され，鉄道経営とともに炭鉱や製鉄所などを経営した。このころ，運輸や金融，鉱業などの業種に進出した三井・三菱(みつびし)・住友などは Y と呼ばれ，日本の経済を支配した。また，1906年には，軍事上の目的などもあり，政府は主要な Z を行い，資料2でみられる変化がおきた。

①　X ，Y に当てはまることばの組み合わせとして最も適当なのは，ア～エのうちではどれですか。一つ答えなさい。(　　　)

ア　X：下関　　Y：財閥　　イ　X：ポーツマス　　Y：財閥

ウ　X：下関　　Y：藩閥　　エ　X：ポーツマス　　Y：藩閥

②　Z に当てはまる適当な内容を書きなさい。(　　　　　　　　)

(3)　下線部(c)が完成した大正時代のできごととして最も適当なのは，ア～エのうちではどれですか。一つ答えなさい。(　　　)

ア　福沢諭吉(ふくざわゆきち)と中江兆民(なかえちょうみん)は，新聞や雑誌で欧米の思想を紹介した。

イ　東京に放送局が設立され，日本で初めてラジオ放送が行われた。

ウ　れんが造りの建物が東京の銀座に登場したり，牛なべが流行したりした。

エ　公害問題が深刻化し，水俣(みなまた)病やイタイイタイ病などの被害が発生した。

(4)　下線部(d)の後の世界のできごとに関して述べたア～エを，年代の古いものから順に並ぶように記号で答えなさい。(　　→　　→　　→　　)

ア　インドネシアのバンドンで，アジア・アフリカ会議が開催された。

イ　日本と中国との国交が正常化した後，日中平和友好条約が結ばれた。

ウ　資本主義の国々が北大西洋条約機構（NATO）を結成した。

エ　ヨーロッパ連合（EU）が発足し，共通通貨のユーロが導入された。

(5)　さやかさんは，国土交通省が進める鉄道などの貨物輸送に関する取り組みについて，資料3と資料4を収集し，後のようにまとめました。［　　］に当てはまる適当な内容を，資料3と資料4から読み取れる情報にふれながら，「転換」ということばを用いて書きなさい。

(　　)

資料3

我が国の輸送機関別の貨物輸送分担率

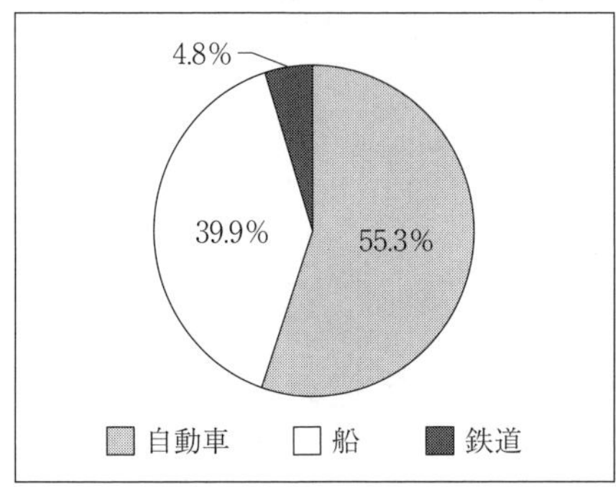

（注）統計年度は2020年。

（総務省統計局「日本の統計2022」から作成）

資料4

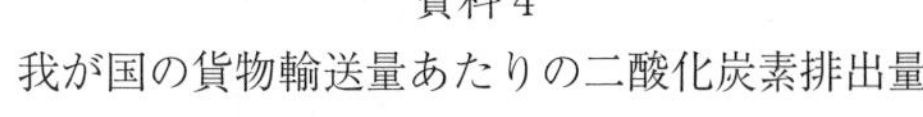

我が国の貨物輸送量あたりの二酸化炭素排出量

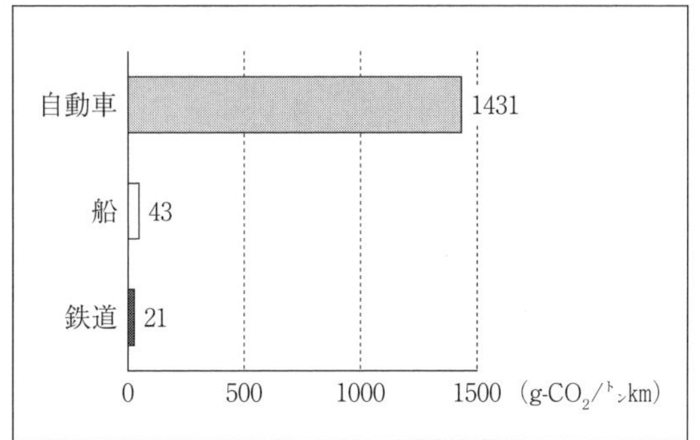

（注）統計年度は2020年。
貨物輸送量あたりの二酸化炭素排出量は，1トンの貨物を1km輸送した際の二酸化炭素排出量を示す。

（国土交通省Webページから作成）

> 現在，国土交通省は，国内の貨物の輸送分担を見直し，環境負荷の低減に向けた取り組みを進めている。資料3と資料4からわかるように，この取り組みは，［　　　　］という効果があるとされている。環境保全意識の高まりによる今後の輸送手段にも注目していきたい。

4　かずおさんは，姉妹校のある福岡県に関心を持ち，九州地方の地域的特色について調べました。図は，かずおさんが作成した略地図です。(1)～(5)に答えなさい。

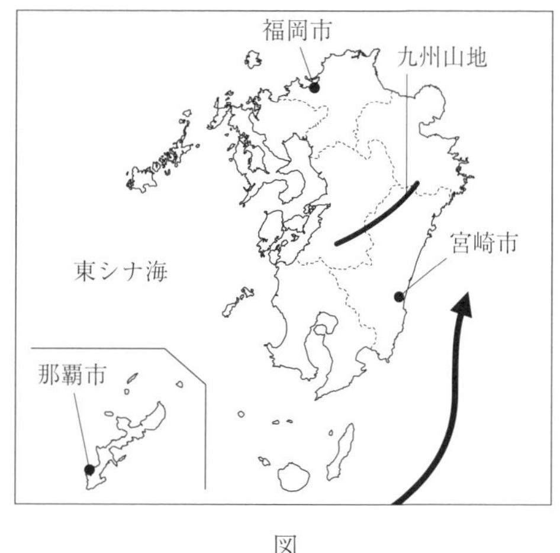

図

(1)　図に矢印で表している海流の名称を何といいますか。(　　　)

(2)　日本列島の海岸線に沿うように広がり，特に東シナ海に広範囲にみられる，ゆるやかに傾斜しながら続く海底として最も適当なのは，ア～エのうちではどれですか。一つ答えなさい。(　　　)

ア　フィヨルド　　イ　海溝　　ウ　トラフ　　エ　大陸棚

(3)　かずおさんは，九州地方に位置する三つの市の雨温図を収集し，気候の違いに関する文章を作成しました。次のA～Cは福岡市，宮崎市，那覇市のいずれかの雨温図を示し，文章中の X ～ Z にはそれぞれ福岡市，宮崎市，那覇市のいずれかが入ります。 Y に当てはまる都市名を書きなさい。また，　　に当てはまる適当なことばを書きなさい。

都市名(　　　市)　(　　　)

A

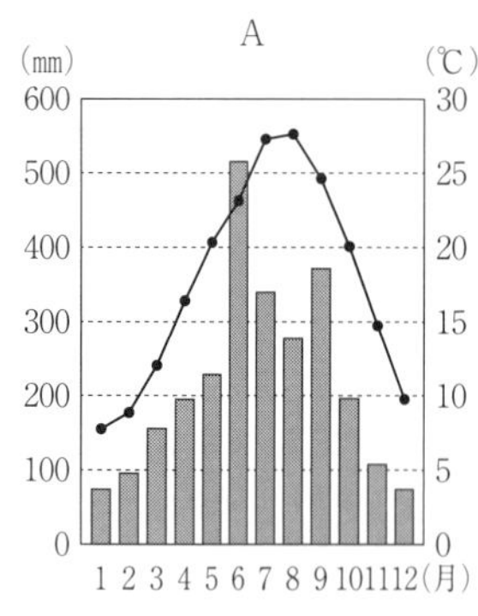

B

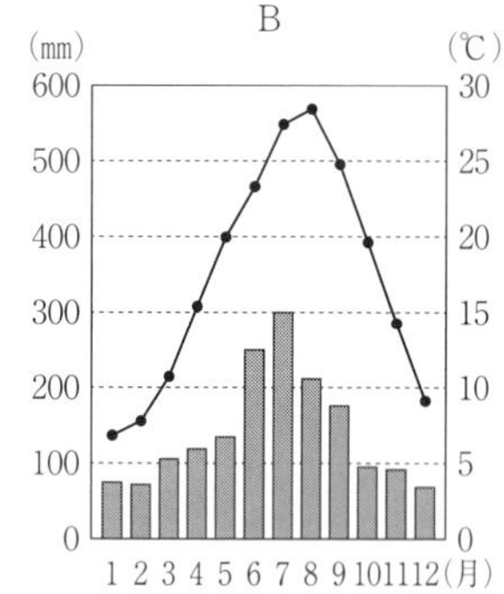

C

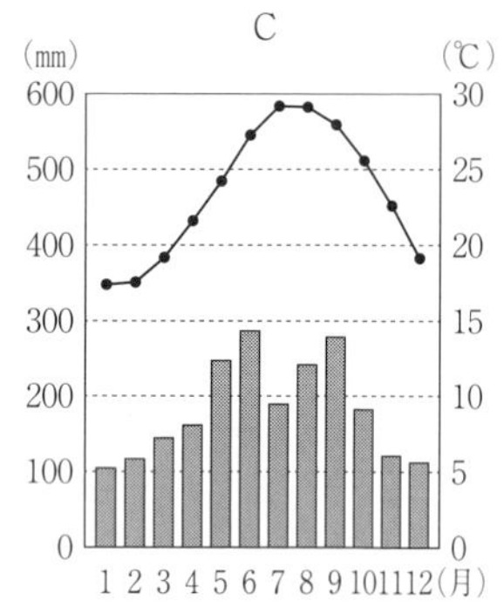

(注) 統計は，1991年から2020年までの月別平均値。

(「理科年表2022」から作成)

 X は，他の都市と比べて最も南に位置しているため，一年を通して気温が高いことがわかる。 Y は，夏に季節風が九州山地に吹きつけることにより降水量が多くなり， X ・ Y ともに， Z と比べ，9月の降水量が多くなっているのは，　　が通過することも要因として考えられる。

(4)　かずおさんは，九州地方の農業について，資料1を作成しました。資料1のア～エは，佐賀県，熊本県，宮崎県，鹿児島県のいずれかです。鹿児島県が当てはまるのは，ア～エのうちではどれですか。一つ答えなさい。(　　　)

資料1

県	農業産出額全国ランキング				耕地における田の割合(%)
	総額	畜産	果物	野菜	
ア	27位	27位	12位	21位	82.4
イ	2位	2位	20位	15位	31.6
ウ	6位	8位	7位	4位	61.5
エ	5位	3位	17位	12位	53.6

(注) 統計年次は2019年。

(国土交通省「九州地方 新広域道路交通ビジョン 令和3年7月」,「2021 データブック オブ・ザ・ワールド」から作成)

(5) かずおさんは,福岡県における交通の状況を調べている際,資料2と資料3を収集し,考察した内容を後のようにまとめました。資料2は,福岡県における,今後の道路整備計画のイメージ図を示しており,資料3は,福岡県の人口上位5市の県内における人口割合と面積割合を示しています。[ ]に当てはまる適当な内容を,資料3から読み取れる情報にふれながら書きなさい。

( )

資料2

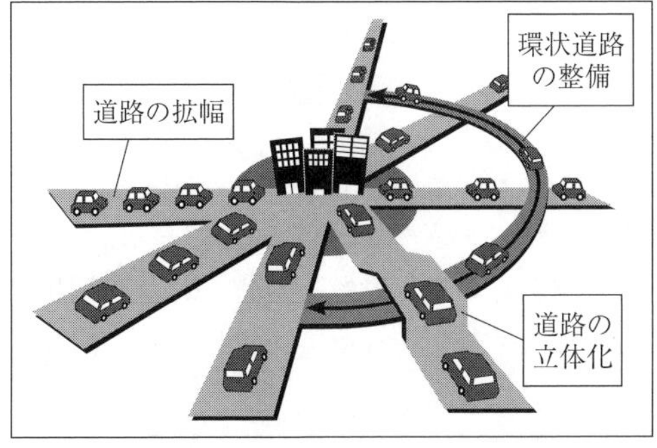

(国土交通省「九州地方 新広域道路交通ビジョン 令和3年7月」から一部改変して作成)

資料3

市名	人口割合(%)	面積割合(%)
福岡市	31.4	6.9
北九州市	18.3	9.9
久留米市	5.9	4.7
飯塚(いいづか)市	2.5	4.3
大牟田(おおむた)市	2.2	1.7

(注) 統計年次は,人口割合,面積割合ともに2020年。

(「令和2年国勢調査」,「令和2年全国都道府県市区町村別面積調」から作成)

資料2は,福岡県の都市部における交通面での問題を解決するための計画を表している。この計画の背景の一つには,資料3の人口割合と面積割合を比較すると,福岡市のような都市部は,[ ]という現状があることがわかった。次は,私の身近な地域ではどのような問題があるか,その問題を解決するためにどのような取り組みが行われているかを調べたい。そして,何が背景として考えられるかを探っていきたい。

5　かなこさんは，2023年に広島で開催される予定のG7サミットについて調べ，「国際社会の中の日本」というテーマで，発表するためのスライドを作成しています。(1)～(7)に答えなさい。

スライド1

G7サミットとは

○　フランス，アメリカ合衆国，イギリス，ドイツ，日本，イタリア，カナダおよびヨーロッパ連合（EU）と，(a)国際連合，招待国などが参加する国際会議

○　G7は，Group of Sevenの略

スライド2

G7サミットとは

○　自由，民主主義，(b)人権など基本的価値を共有するG7各国の首脳らが意見交換を行い，成果文書をまとめる

○　毎年開催され，2022年6月には，ドイツで，G7エルマウ・サミットを開催

スライド3

G7エルマウ・サミット

○　議題は，外交・安全保障，気候・エネルギーなど(c)さまざまな地球規模の課題

○　成果文書に，石炭火力発電の段階的な廃止や，平和と繁栄のための(d)国際的な連携などがまとめられた

スライド4

G7広島サミット

〈2023年5月開催予定〉

○　G7広島サミット後の(e)日本の政治への影響や(f)日本経済の動向に注目したい

○　世界や(g)日本がかかえる課題に関して，私たちにもできること

(1)　下線部(a)は，紛争を平和的に解決するため，紛争の拡大防止や停戦の監視といった平和維持活動を行っています。この活動の略称として最も適当なのは，ア～エのうちではどれですか。一つ答えなさい。(　　　)

ア　UNESCO　　イ　NPO　　ウ　WHO　　エ　PKO

(2)　下線部(b)に関して，次の文の［　　］に共通して当てはまる適当なことばを書きなさい。

(　　　)

日本国憲法で保障されている自由権，平等権，社会権などの基本的人権について，日本国憲法第12条には，「国民は，これを濫用してはならないのであつて，常に［　　］のためにこれを利用する責任を負ふ」とあり，［　　］は，人権相互の矛盾や衝突を調整する原理としている。

(3)　下線部(c)について述べた文として適当でないのは，ア～エのうちではどれですか。一つ答えなさい。(　　　)

ア　世界の国々のうち，先進国の多くが北半球，発展途上国の多くが南半球にあり，南北問題とよばれる経済格差が生じている。

イ　1968年に核拡散防止条約（核兵器不拡散条約）が採択されたが，新たに核兵器を保有する国も存在している。

ウ　京都議定書では，先進国と発展途上国に温室効果ガスの排出量の削減を義務付けたが，アメリカ合衆国の離脱など不十分な点もある。

エ　一人ひとりの人間の生活を守る「人間の安全保障」という考え方が掲げられているが，世界には貧困や飢餓の状態にある人が多くいる。

(4)　下線部(d)に関して，1967年に地域の平和と安定などを目的とし設立され，東南アジアの国々が加盟する，経済や政治などで国家間の協力を進める地域協力機構を何といいますか。(　　　)

(5)　下線部(e)に関して，①，②に答えなさい。

資料1

	衆議院	参議院
定数	465人	248人
任期	4年	6年
選挙権	18歳以上	18歳以上
被選挙権	25歳以上	30歳以上
解散	あり	なし

衆議院は，任期が短く解散もあることから，国民の多様な［X］と考えられているため，優越が認められている。

資料2

弾劾裁判所の設置は，［A］の権限，役割である。弾劾裁判における「被訴追者」とは，不適任であるとして，訴えられた［B］のことをいう。

裁判員
弁護人　被訴追者（訴えられた［B］）　訴追委員
傍聴人

①　資料1の［X］に当てはまる適当な内容を書きなさい。
(　　　　　　　　　　)

②　資料2は，弾劾裁判所に関する説明文と略図です。［A］，［B］に当てはまることばの組み合わせとして最も適当なのは，ア～エのうちではどれですか。一つ答えなさい。(　　　)

ア　A：国会　　B：裁判官
イ　A：内閣　　B：裁判官
ウ　A：国会　　B：検察官
エ　A：内閣　　B：検察官

(6)　下線部(f)に関して述べた次のXとYの文について，内容の正誤を表したものとして最も適当なのは，ア～エのうちではどれですか。一つ答えなさい。(　　　)

X　日本の税金のうち，間接税は国税としてすべて国に納めることになっている。
Y　独占禁止法は，企業の公正で自由な競争を保つために制定されている。

ア　X，Yのどちらも正しい。　イ　Xのみ正しい。　ウ　Yのみ正しい。
エ　X，Yのどちらも誤っている。

(7)　かなこさんは，下線部(g)に関して，資料3をスライドに加え，発表用の原稿メモを作成しました。［　　］に当てはまる適当な内容を，資料3から読み取れる情報にふれながら書きなさい。
(　　　　　　　　　　　　　　　　)

資料3
各国の一次エネルギー自給率

国名	一次エネルギー自給率(%)
日本	12.0
カナダ	175.3
アメリカ合衆国	104.4
イギリス	71.3

(注)　統計年次は2019年。
一次エネルギー自給率とは，国内で供給される一次エネルギー(石油・天然ガス・石炭・太陽光・水力などのエネルギーのもともとの形態）のうち，自国内で産出・確保できる比率を示す。
(「世界国勢図会 2022／23」から作成)

G7エルマウ・サミットで議題となったエネルギーは，日本がかかえる課題の一つです。現在の日本は，［　　　　］ことで国内の電力やガスなどを供給しているため，紛争などの国際情勢の変化が，物価などに影響をおよぼすことがあります。

私たちにできることは，エネルギーの無駄遣いがないように節電をしたり，再生可能エネルギーの利用を促進する取り組みに関心を持ったりすることだと考えました。

理科

時間　45分　　　満点　70点

1　次の(1)～(4)に答えなさい。

(1)　次の文章は，動物の排出のしくみについて説明したものです。①，②に答えなさい。

ヒトなどの動物の細胞でアミノ酸が分解されると，二酸化炭素や水の他に，有害な［(a)］が生じる。［(a)］は血液に取り込まれて［(b)］に運ばれ，そこで害の少ない尿素に変えられる。尿素は，再び血液によって運ばれ，［(c)］で余分な水や塩分などとともに血液中からこし出され，尿として体外へ排出される。

①　［(a)］に当てはまる物質の名称を答えなさい。（　　　）

②　［(b)］と［(c)］に当てはまる語の組み合わせとして最も適当なのは，ア～エのうちではどれですか。一つ答えなさい。（　　　）

ア　(b)　心臓　(c)　腎臓　イ　(b)　腎臓　(c)　肝臓　ウ　(b)　肝臓　(c)　腎臓

エ　(b)　肝臓　(c)　心臓

(2)　凸レンズに関して，①，②に答えなさい。

①　図1のように，凸レンズの焦点距離の2倍の位置に，物体とスクリーンを置くと，スクリーン上には物体と同じ大きさの上下左右逆の実像ができます。物体を図1のAの位置に移動させたときの，実像ができる位置と実像の大きさについて述べたものとして最も適当なのは，ア～ウのうちではどれですか。一つ答えなさい。（　　　）

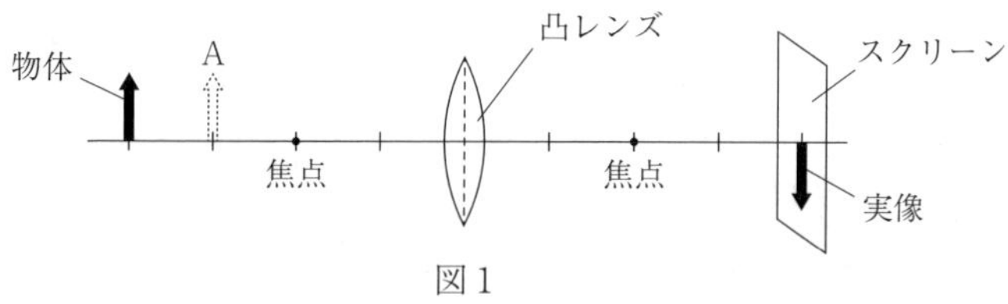

図1

ア　実像ができる位置は凸レンズから遠くなり，実像の大きさは大きくなる。

イ　実像ができる位置も実像の大きさも変わらない。

ウ　実像ができる位置は凸レンズから近くなり，実像の大きさは小さくなる。

②　図2のように，焦点の位置から矢印の2方向に進んだ光が，凸レンズで屈折して進むときの光の道筋を，解答欄の図にかきなさい。ただし道筋は，光が凸レンズの中心線で1回だけ屈折しているようにかくこととします。

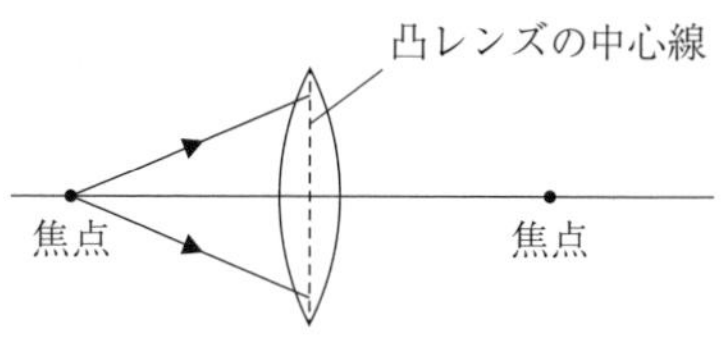

図2

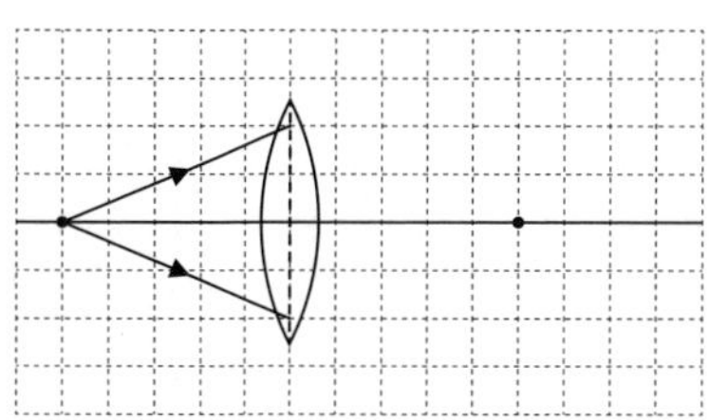

(3)　次の表は，25℃の水を加熱しながら，5分ごとに温度を測定して記録したものです。①，②に答えなさい。

表

水を加熱した時間〔分〕	0	5	10	15	20	25
水の温度〔℃〕	25	50	75	100	100	100

①　表をもとに，水を加熱した時間と水の温度の関係を表したグラフをかきなさい。

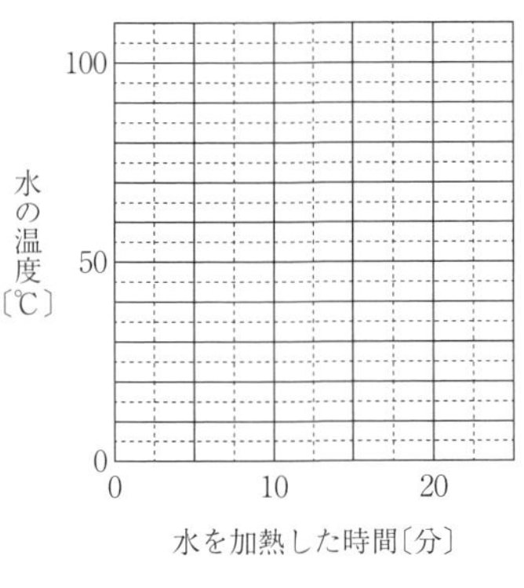

②　表の，水を加熱した時間が20分のときに起きている現象と，関係が深い現象として最も適当なのは，ア～エのうちではどれですか。一つ答えなさい。(　　　)

ア　氷水を入れたコップをしばらく置くと，コップの表面に水滴ができた。

イ　温水が入ったコップに冷水を加えると，温水は上昇し，冷水は下降した。

ウ　紙でできた鍋に水を入れて下から加熱すると，紙の鍋は燃えずに水が沸騰した。

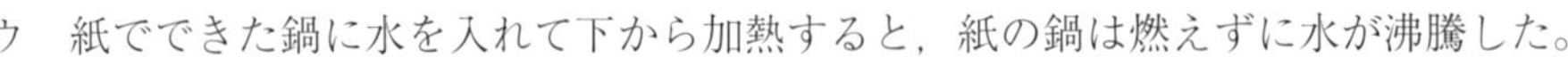

エ　熱い味噌(みそ)汁を入れた汁椀(わん)にふたをして冷ますと，ふたが開かなくなった。

(4)　次の文章は，日本の天気の特徴について説明したものです。①，②に答えなさい。

冬になると(d)ある高気圧が発達して，［(e)］の冬型の気圧配置になり，冷たく乾燥した季節風がふく。乾燥していた大気は，温度の比較的高い海水からの水蒸気を含んで湿る。湿った大気が，日本の中央部の山脈などにぶつかって上昇気流を生じ，［(f)］側に大雪をもたらす。

①　下線部(d)の発達によって形成される気団は，図3のX～Zのうちではどれですか。一つ答えなさい。(　　　)

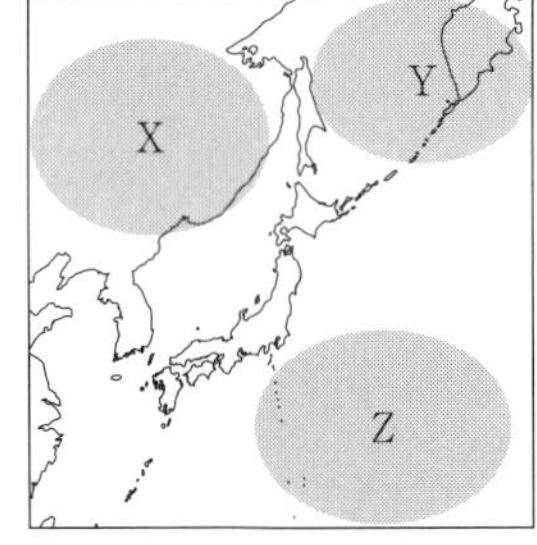

図3

②　［(e)］と［(f)］に当てはまる語の組み合わせとして最も適当なのは，ア～エのうちではどれですか。一つ答えなさい。(　　　)

ア　(e)　南高北低　　(f)　太平洋

イ　(e)　南高北低　　(f)　日本海

ウ　(e)　西高東低　　(f)　太平洋

エ　(e)　西高東低　　(f)　日本海

2　次は，自動車の原動機について興味をもった栄一さんの実験レポートの一部です。(1)～(6)に答えなさい。

近年，電気自動車や燃料電池車といった自動車が開発されている。それらの原動機は，エンジンではなくモーターである。モーターのエネルギーの変換効率を確認するために【実験1】を行った。

【実験1】

図1のように，直流電源装置に取り付けたプーリー（滑車）付きモーターで，重さ0.50Nのおもりを一定の速さで1.0m引き上げる。

(a)このときのモーターに加わる電圧と流れる電流，おもりを引き上げるのにかかった時間を5回測定し，その平均値を〈表〉に示した。

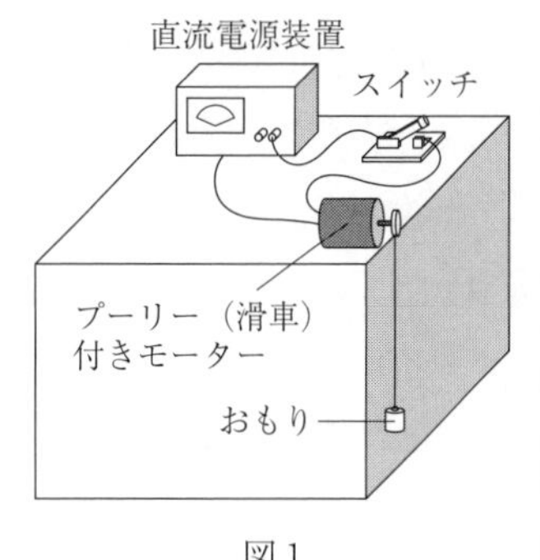

図1

〈表〉

電圧〔V〕	電流〔A〕	時間〔秒〕
1.5	0.10	10

モーターのエネルギーの変換効率〔%〕は，次の［式］で求めることができる。

［式］　$\dfrac{\text{おもりが得た位置エネルギー(モーターがした仕事)}}{\text{モーターが消費した電気エネルギー}} \times 100$

エネルギーの変換時に，モーターが消費した電気エネルギーすべてが，おもりが得た位置エネルギー（モーターがした仕事）に変換されるわけではないことが分かった。

電気エネルギーの一部が熱エネルギーに変換されることにより，モーターが高温になり，故障につながるため，自動車では水などを使ってモーターの温度変化を抑えている。熱を加えたときの，水の温度変化を確認するために【実験2】を行った。

【実験2】

図2のように発泡スチロール製のカップに水100gを入れ，6Vの電圧を加えたときに消費電力が3Wの(b)電熱線で水を加熱する。電熱線に6Vの電圧を加え，水をガラス棒でかき混ぜながら60秒ごとに温度を測定し，〈グラフ〉を作成した。

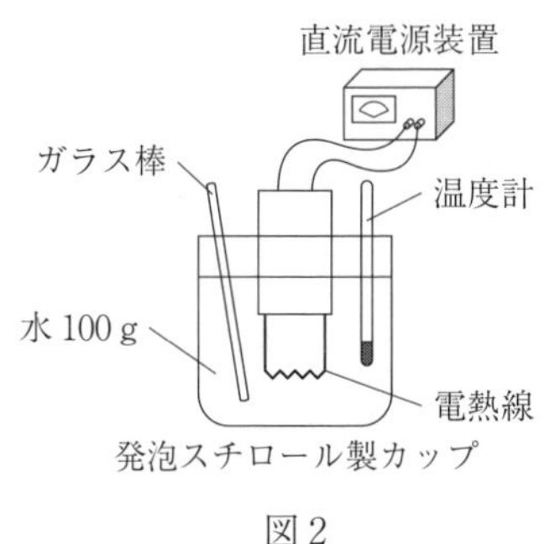

図2

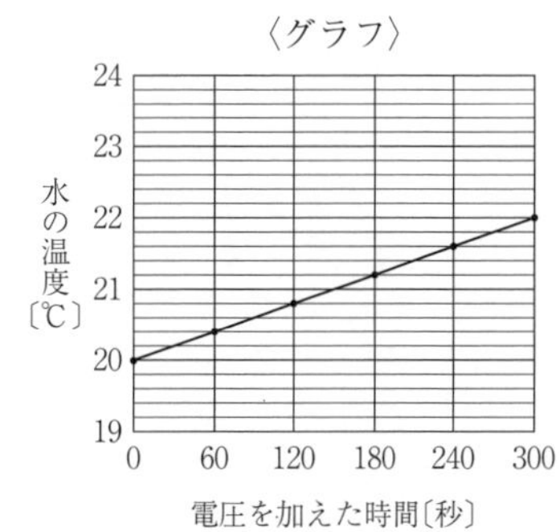

(1)　下線部(a)について，このモーターに加わる電圧と流れる電流を測定するための回路を表しているのは，ア～エのうちではどれですか。一つ答えなさい。ただし，Ⓥは電圧計，Ⓐは電流計，Ⓜはモーターを表しています。(　　　)

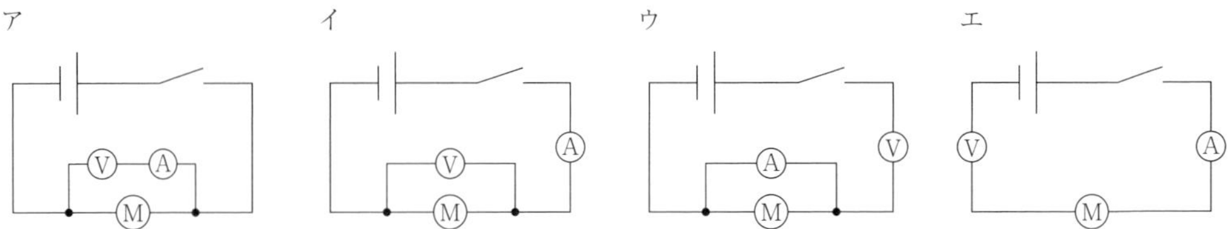

(2)　【実験1】について，〈表〉をもとに計算すると，モーターの電力は何Wですか。(　　　W)

(3)　【実験1】において，［式］を使って求められるモーターのエネルギーの変換効率は何％ですか。小数第1位を四捨五入して，整数で答えなさい。(　　　％)

(4)　図3は，モーターの構造を模式的に表しています。図3のように，コイルが時計まわりに動き出すのは，ア～エのうちではどれですか。当てはまるものをすべて答えなさい。(　　　)

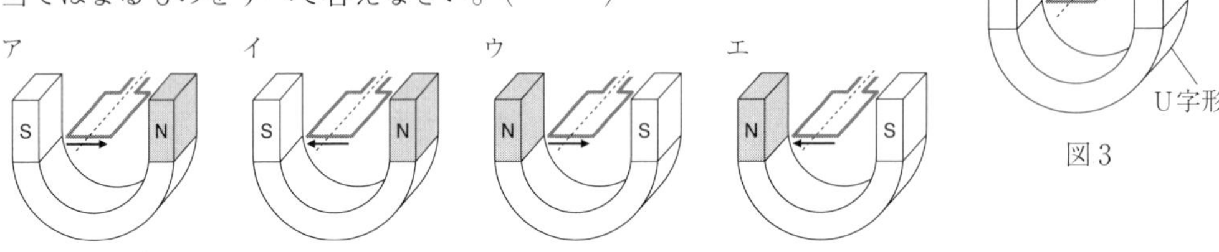

(⇄は流れている電流の向きを表す。)

回転の軸　時計まわり
コイル
U字形磁石

図3

(5)　下線部(b)について，電熱線に加える電圧と電熱線を流れる電流は比例の関係にあります。この法則を何といいますか。(　　　の法則)

(6)　【実験2】について，①，②に答えなさい。

①　〈グラフ〉をもとに計算すると，水1.0gの温度を1.0℃上げるのに必要な熱量は何Jですか。(　　　J)

②　①の値は，実際に水1.0gの温度を1.0℃上げるのに必要な熱量の値よりも大きな値になります。値が異なる理由を答えなさい。ただし，電熱線が消費した電気エネルギーはすべて熱エネルギーに変換されるものとします。

(　　　　　　　　　　　　　　　　　　　　　　　　　　　　)

3 有香さんは自由研究で，地層のでき方について調べてまとめました。次は，そのノートの一部です。(1)～(7)に答えなさい。

○学校の近くでは，図1のような地層の積み重なりが観察できた。
・地表の岩石は，(a)気温の変化や風雨などのはたらきによって，長い年月をかけてもろくなり，これらが(b)流水のはたらきによってけずられて土砂になる。
・土砂は，河川などの(c)水の流れによって下流に流される。この土砂は，平野や海などの流れがゆるやかになったところでたまり，やがて地層をつくる。
○化石発掘体験に参加し，図2のようなビカリアの化石を見つけることができた。
・ビカリアは浅い海などに生息していた巻き貝であるが，化石は山間地の地層で見つかった。フズリナやビカリアは(d)示準化石としても知られている。
・海底でできた地層が，地表で見られることもある。これは，(e)プレートの動きにともなって大地が変動して地表に現れたものである。

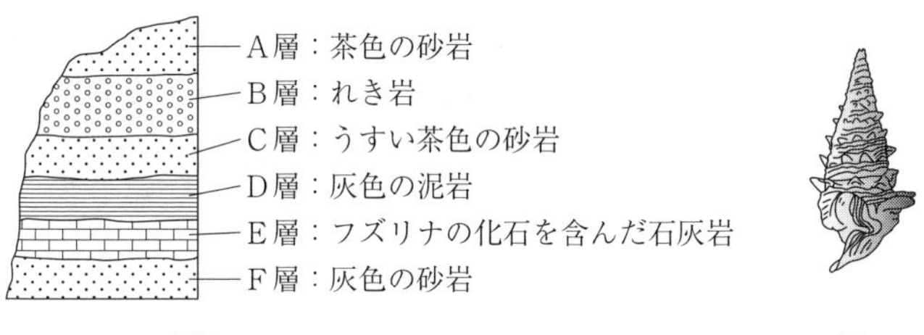

図1　　図2

(1) 下線部(a)～(c)を表した語の組み合わせとして最も適当なのは，ア～カのうちではどれですか。一つ答えなさい。(　　)

ア (a) 侵食 (b) 風化 (c) 運搬　イ (a) 侵食 (b) 運搬 (c) 風化
ウ (a) 風化 (b) 侵食 (c) 運搬　エ (a) 風化 (b) 運搬 (c) 侵食
オ (a) 運搬 (b) 侵食 (c) 風化　カ (a) 運搬 (b) 風化 (c) 侵食

(2) 図1のB層，C層，D層の岩石を観察しました。これらの岩石に共通する特徴として最も適当なのは，ア～エのうちではどれですか。一つ答えなさい。(　　)

ア 角ばっている粒が多い。
イ 丸みを帯びている粒が多い。
ウ 火山灰が含まれているものが多い。
エ 生物の死がいを含むものが多い。

(3) 図1のE層から石灰岩（主成分は$CaCO_3$）を採取して持ち帰り，塩酸をかけると塩化カルシウム（$CaCl_2$）と水とある気体が発生しました。この化学変化について，解答欄の□をそれぞれうめて，化学反応式を完成させなさい。

$CaCO_3$ + □ → $CaCl_2$ + H_2O + □

(4) 図2のビカリアは，イカやアサリなどのなかまです。ビカリアのように背骨や節がなく，外とう膜をもつ動物を何といいますか。(　　)

(5)　下線部(d)に関して，示準化石の条件を表したものとして最も適当なのは，ア～エのうちではどれですか。一つ答えなさい。ただし，▒ は生息していた分布地域や時代（年代）を表しています。
（　　）

ア　イ　ウ　エ

時代（年代）　Ⅰ　Ⅱ　Ⅲ

あ　い　う

分布地域

(6)　次の文章は，図1のB層～D層ができた期間に，この地点で起こった環境の変化について説明したものです。文章中の［X］と［Y］に当てはまることばの組み合わせとして最も適当なのは，ア～エのうちではどれですか。一つ答えなさい。(　　)

水の流れによって海に運ばれた土砂は，粒の大きさが［X］ものほど河口に近いところに堆積して層をつくる。また，地層は下の層ほど古く，上の層ほど新しいので，この地点の環境はB層～D層ができた期間に［Y］と推定される。

ア　X：小さい　　Y：河口から遠く深い海から，近く浅い海に変化した

イ　X：小さい　　Y：河口に近く浅い海から，遠く深い海に変化した

ウ　X：大きい　　Y：河口から遠く深い海から，近く浅い海に変化した

エ　X：大きい　　Y：河口に近く浅い海から，遠く深い海に変化した

(7)　下線部(e)について述べたものとして誤っているのは，ア～エのうちではどれですか。一つ答えなさい。(　　)

ア　日本列島付近の海底でつくられた地層は，プレートの動きによって，長い年月をかけて変形し，隆起して山地をつくる。

イ　日本列島付近のプレート境界では，プレートどうしが押し合い，地下の岩石が破壊されて地震が起こる。

ウ　プレートが沈みこむと，岩石の一部がとけてマグマができ，マグマが地表まで上昇して火山が噴火する。

エ　プレートによる大きな力を受けて，水平に堆積した地層が，波打つように曲げられて断層ができたり，ずれてしゅう曲ができたりする。

4　花子さんは，下水処理場についてレポートを作成し，実験を行いました。次は，そのレポートと実験の一部です。(1)～(4)に答えなさい。

〈レポートの一部〉

○下水処理場では，微生物のはたらきを利用して，生活排水などの下水に含まれるよごれ（有機物など）を浄化している。

・大きなゴミや沈みやすいよごれを取り除いた下水を反応槽に入れ，活性汚泥を混ぜてポンプで空気を送り込む。

・活性汚泥中には，多くの細菌類や菌類，単細胞生物や多細胞生物などの微生物が存在しており，おもに細菌類や菌類が下水中の有機物を分解する。

活性汚泥中と同様の微生物は，河川などの自然環境中にも存在しているので，川底から採取した微生物を含む泥水を使い，【実験1】と【実験2】を行った。

(1)　川底の泥水を顕微鏡で観察すると，図1のような単細胞生物が観察できました。この生物の名称を答えなさい。(　　　)

(2)　顕微鏡で観察を行ったとき，図2の視野の★の位置に観察対象が見えました。観察対象が視野の中央にくるように，ステージ上にあるプレパラートを動かす向きは，図2のア～エのうちではどれですか。一つ答えなさい。(　　　)

図1

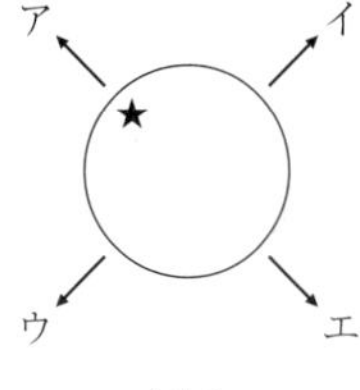

図2

【実験1】

1．下水に含まれる有機物の代わりとしてデンプンを水に溶かし，3つの容器（容器X，Y，Z）に同量ずつ，十分に空気が残るように入れた。

2．図3のように，容器Xには水，容器Yには未処理の泥水，容器Zには100℃で十分に加熱した泥水を加え，密閉して暗所で数日放置した。

3．5日目に各容器の中の気体と液体をそれぞれ取り出し，気体は石灰水に通し，液体には［　P　］を加え，変化を表1に記録した。

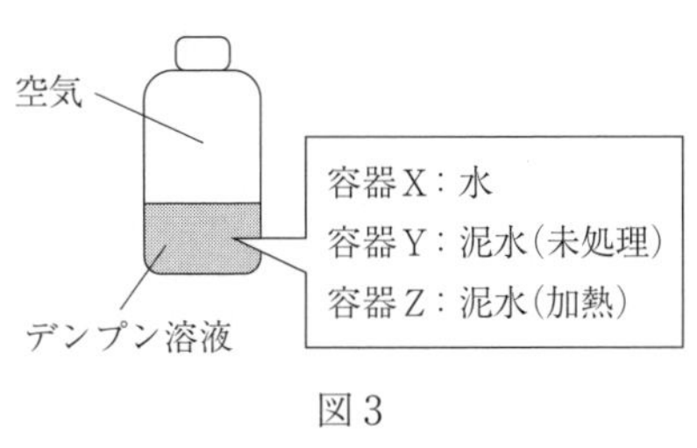

図3

表1

	石灰水	P
容器X	ほとんど変化なし	青紫色に変化した
容器Y	白く濁った	変化なし
容器Z	ほとんど変化なし	青紫色に変化した

【実験2】

1．【実験1】と同様に，デンプン溶液の入った容器A，B，C，Dをつくった。

2．図4のように，容器AとBには水を加え，容器CとDには未処理の泥水を加えて，容器BとDにはエアーポンプで空気を送り込みながら，すべて暗所に置いた。

3．一定時間ごとに容器内の液体を少量取って［P］を加え，色の変化を表2に記録した。

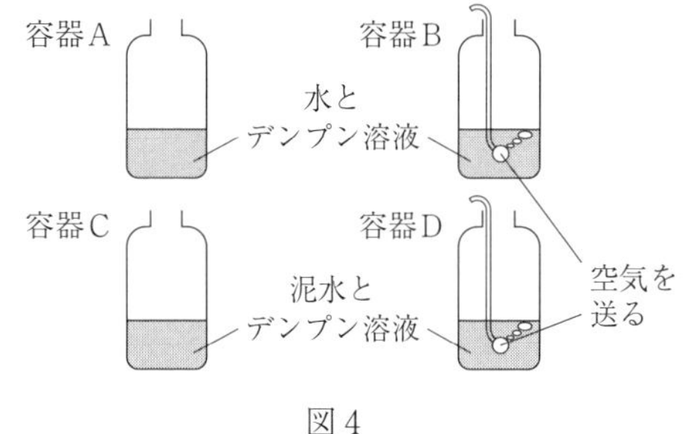

図4

表2

	1日目	2日目	3日目	4日目	5日目
容器A	○	○	○	○	○
容器B	○	○	○	○	○
容器C	○	○	○	○	×
容器D	○	○	×	×	×

○：青紫色に変化した　×：変化なし

(3)　【実験1】と【実験2】の［P］に当てはまる適当な薬品は，ア～エのうちではどれですか。一つ答えなさい。(　　　)

ア　BTB溶液　　イ　酢酸オルセイン溶液　　ウ　ベネジクト液　　エ　ヨウ素液

(4)　次の文章は，考察とまとめの一部です。①，②に答えなさい。

【実験1】から，微生物によりデンプンが分解され，［(a)］が発生したと考えられる。また，【実験2】から，微生物によるデンプンの分解は，空気を送り込むことで促進されていることがわかる。微生物は，［(b)］によりデンプンなどの有機物を分解していると考えられ，空気を送り込むことで微生物に［(c)］を供給し，活発に［(b)］を行わせて，効率よく有機物を分解させることができる。

河川などに存在する微生物も有機物を分解しており，河川にも浄化作用があることがわかった。しかし，生活排水に含まれる有機物の量は多いので，そのまま河川に排出すると，［(d)］ため，水質汚濁などを引き起こす場合があり，下水処理場などで浄化する必要がある。

①　［(a)］～［(c)］に当てはまる最も適当な語は，ア～オのうちではどれですか。それぞれ一つ答えなさい。(a)(　　　)　(b)(　　　)　(c)(　　　)

ア　有機物　　イ　酸素　　ウ　二酸化炭素　　エ　呼吸　　オ　光合成

②　［(d)］に適当な内容を書いて，まとめを完成させなさい。

(　　　　　　　　　　　　　　　　　　　　　　　　　　　　　　　　)

5　次は，サイエンス部に所属する太郎さんと先生の会話と，電池に関する実験です。(1)～(6)に答えなさい。

〈会話〉

先生：太郎さん，前回の実験を覚えていますか。

太郎：はい，3種類の金属について，陽イオンへのなりやすさを確認しました。

【前回の実験】

図1のように，銅，マグネシウム，亜鉛の金属板を水溶液に入れたときの，金属板の表面の様子を表にまとめた。

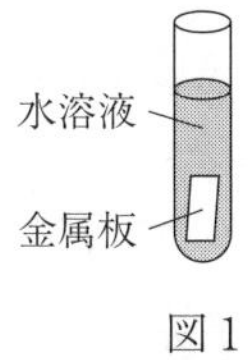

図1

表

	硫酸銅水溶液	硫酸マグネシウム水溶液	硫酸亜鉛水溶液
銅		変化しなかった	変化しなかった
マグネシウム	銅が付着した		亜鉛が付着した
亜鉛	銅が付着した	変化しなかった	

先生：【前回の実験】をもとにして，図2のような電池Aをつくることができますよ。

太郎：すごい。プロペラが回りました。こんなに簡単に電池をつくることができるんですね。

先生：電池のしくみには金属の陽イオンへのなりやすさが関係しているので，2種類の金属と電解質を組み合わせることで電池をつくることができます。

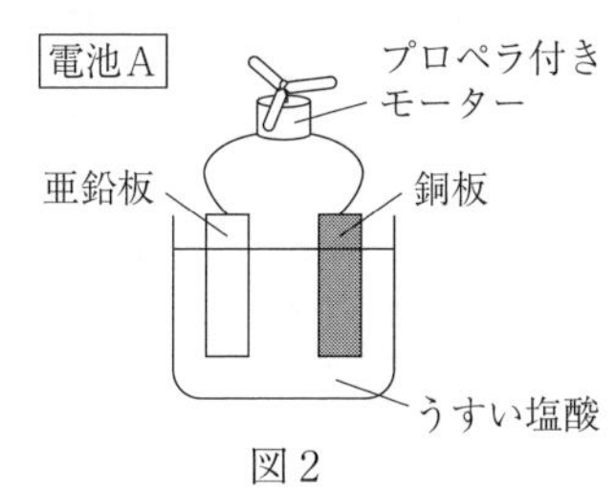

図2

(1) 【前回の実験】について，3種類の金属のうちで，最も陽イオンになりやすい金属の名称を答えなさい。(　　　)

(2) 電池Aにおいて，銅板は＋極と－極のどちらになるかを答えなさい。(　　　極)

(3) 電池Aについて，プロペラ付きモーターが回っているときの，水溶液中に含まれる金属イオンの数の変化として最も適当なのは，ア～ウのうちではどれですか。一つ答えなさい。(　　　)

ア　増加する　　イ　変わらない　　ウ　減少する

〈会話〉

太郎：あれ，プロペラが回らなくなってしまいました。

先生：長い時間，電気エネルギーを取り出すための工夫が必要ですね。

太郎：先生，インターネットで調べると，改良された電池が見つかったので，実験してみます。

【実験1】

図3のような電池Bをつくり，プロペラ付きモーターをつなげて，電池Aとプロペラの回転を比較した。

電池Aと電池Bで，回転の勢いに大きな違いは確認できなかったが，電池Aよりも電池Bの方が，長い時間プロペラが回転した。

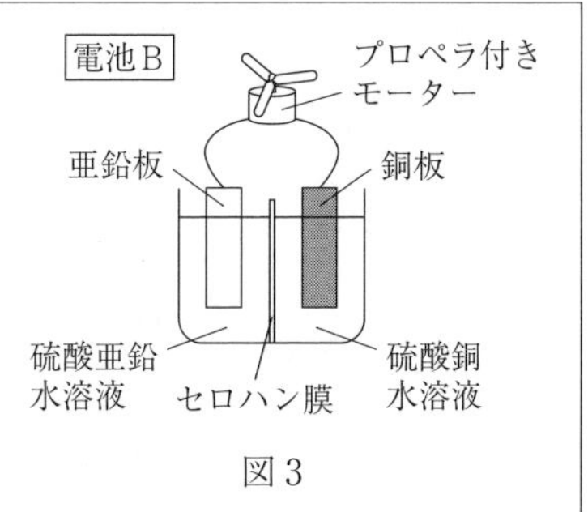

図3

(4) 電池Bの銅板付近の様子を表したモデルとして最も適当なのは，ア～エのうちではどれですか。一つ答えなさい。ただし，⊖は電子を，◎は原子を，$◎^{2+}$と$◎^{2-}$はイオンを表しています。

(　　　)

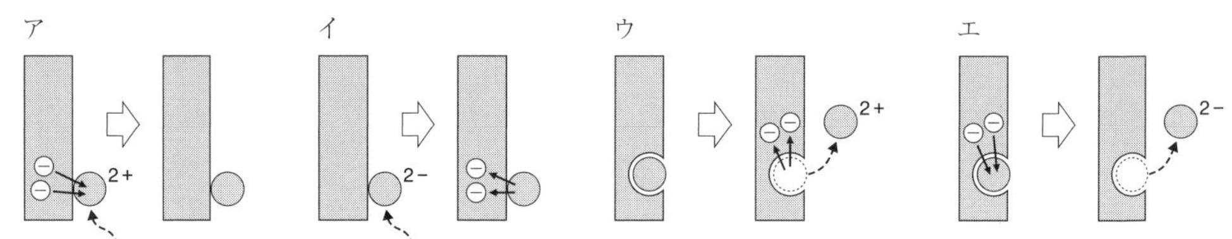

(5)　電池Bについて，さらに長い時間プロペラを回転させる方法として最も適当なのは，ア～エのうちではどれですか。一つ答えなさい。(　　　)

ア　セロハン膜をガラス板に変える。　　イ　亜鉛板を銅板に変える。

ウ　硫酸銅水溶液の濃度を小さくする。　エ　硫酸銅水溶液の濃度を大きくする。

〈会話〉

太郎：プロペラをもっと勢いよく回転させることはできますか。

先生：それなら，電圧を大きくしたいですね。電池では，使用する2種類の金属の陽イオンへのなりやすさの差が大きい方が，電圧が大きくなります。

太郎：電池に用いる金属の組み合わせを変えれば，電圧が変わるということですね。【前回の実験】を生かして実験してみます。

先生：実際に使われている電池でも，＋極と－極に使用する物質や使用する電解質を工夫しています。組み合わせを工夫してみてください。

【実験2】

図4のような電池Cと電池Dをつくり，電池B，電池C，電池Dのそれぞれに電圧計をつなげて電圧を測定した。

電圧は，電池Bが1.1V，電池Cが1.6V，電池Dが1.8Vであった。

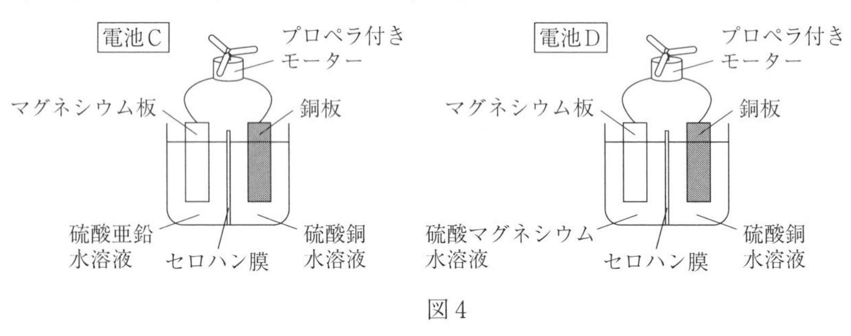

図4

(6)　次の文は，電池Dに比べて，電池Cの電圧が小さかった理由を説明したものです。(a)～(c)に当てはまる最も適当なことばは，ア～クのうちではどれですか。それぞれ一つ答えなさい。(a)(　　　)　(b)(　　　)　(c)(　　　)

電池Cのマグネシウム板の表面で，(a)が放出した電子を(b)が受け取るため，銅板側に電子が(c)なり，電池Cの電圧が電池Dよりも小さくなった。

ア　マグネシウム原子　イ　亜鉛原子　ウ　銅原子　エ　マグネシウムイオン

オ　亜鉛イオン　カ　銅イオン　キ　移動しやすく　ク　移動しにくく

していないこと。

ウ　出典について明確に示しておらず、文章の半分以上が引用になっていること。

エ　出典が何かを書いておらず、引用部分にかぎかっこが付けられていないこと。

(2)　「ⓑ著作物」とありますが、【資料Ⅲ】からわかる著作物として適当でないのは、ア～エのうちではどれですか。一つ答えなさい。(　　)

ア　友達が描いたイラスト

イ　日本の総面積のデータ

ウ　環境問題についてのレポート

エ　授業で作った楽曲

(3)　「ⓒ図書室が……つながっている」とありますが、これについて、あなたの考えを条件に従って八十字以上百字以内で書きなさい。

条件

1　二文で書き、一文目には、「図書室が無償で本を貸し出すこと」について、著作者または利用者にどのようなメリットがあると考えられるかを、解答欄の書き出しに続けて書くこと。

2　二文目には、一文目で書いたことが、【資料Ⅲ】にある著作権法の目的の達成にどのようにつながるか、わかるように書くこと。

図書室が無償で本を貸し出せば、

【資料Ⅲ】　先生が著作権法についてまとめた資料

著作権法について

第1条（目的）
　著作物並びに実演，レコード，放送及び有線放送に関し著作者の権利及びこれに隣接する権利を定め，これらの文化的所産の公正な利用に留意しつつ，著作者等の権利の保護を図り，もつて文化の発展に寄与することを目的とする。

　つまり，著作権法は「文化の発展に貢献する」ことを目的としており，その達成のために著作者の財産的利益や精神的利益に関する権利を保護したり，著作者以外にはルールの範囲内で著作物を利用できる権利を与えたりしているということです。

　ここでいう「文化の発展」とは，「著作物が豊富化・多様化すること」（中山信弘(なかやまのぶひろ)『著作権法　第3版』有斐閣(ゆうひかく)，2020年，26ページ）を指しています。

第2条（定義）
一　思想又は感情を創作的に表現したものであつて，文芸，学術，美術又は音楽の範囲に属するものをいう。

この定義から，著作物とは
①「思想又は感情」に関するもの
②「創作的」なもの
③「表現した」もの
④「文芸，学術，美術又は音楽の範囲」に属するものという4つの要件すべてを満たすものだといえます。

（文化庁「著作権テキスト－令和4年度版－」，中山信弘『著作権法　第3版』から作成）

4　図書委員の花子さんは、「図書室だより」に掲載する記事を先生に見てもらっています。後の【会話】を読んで、(1)～(3)に答えなさい。

【資料Ⅰ】　花子さんが前回作成した記事

図書室だより　1月号

今年はうさぎ年ですね。スポーツ選手の井沢冬子さんは，その著書で「私の人生には，数多くの困難が待ち構えていた。何度もくじけそうになったが，いつも私に力をくれたのは，大きく高く跳躍するうさぎの姿だった。大好きなうさぎの跳ねる姿をイメージして挑戦すれば，どんな困難も乗り越えられた」と書いていました。みなさんも目標を立てて挑戦し，跳躍の１年にしませんか。

【資料Ⅱ】　花子さんが今回作成した記事

図書室だより　1月号

今年はうさぎ年ですね。うさぎはただかわいいだけでなく，跳躍力が優れていて，「大好きなうさぎの跳ねる姿をイメージして挑戦すれば，どんな困難も乗り越えられた」(井沢冬子『私とテニス』桜木出版，2022年，37ページ）というスポーツ選手もいます。

今年，私は本を100冊読むことに挑戦しようと思っています。みなさんも目標を立てて挑戦し，跳躍の１年にしませんか。

【会話】

先生　前回作成した記事（【資料Ⅰ】）と比べて、今回作成した記事（【資料Ⅱ】）はずいぶんよくなりましたね。ⓐ引用の仕方について指摘したこともすべて修正されていますよ。

花子　本当ですか。一生懸命書き直したのでうれしいです。

先生　引用については、著作権法でも規定されていますからね。そのため、ⓑ著作物を使用する際には気をつける必要があります。

花子　著作権法は著作者の権利を守るためにあるんですよね？　それなのに、どうして図書室では無償で本を貸し出すことができるんですか？

先生　いい質問ですね。実は、著作権法の目的は、文化を発展させることにあるんです。

花子　つまり、ⓒ図書室が無償で本を貸し出すことはその目的の達成につながっている、ということですか？

先生　そのとおりです。著作権法についてまとめた資料（【資料Ⅲ】）があるので、これを見ながら一緒に考えてみましょう。

花子　はい。お願いします。

(1)　「ⓐ引用の仕方について指摘したこと」とありますが、先生が花子さんに指摘したこととして最も適当なのは、ア～エのうちではどれですか。一つ答えなさい。（　　　）

ア　文章の半分以上を引用が占めており、引用した内容と主張は関連していないこと。

イ　引用部分にかぎかっこがなく、引用した内容を自分の考えに生か

	撥水能力	X	潜水の代償
ペンギンの羽	高い	空気を含む層が多いので高い	
ウの仲間の羽	低い	空気を含む層が少ないので低い	Y のが難しくなる

(4)「ⓓコミカルに……気がしてくる」とありますが、筆者がこのように感じる理由を説明したものとして最も適当なのは、ア～エのうちではどれですか。一つ答えなさい。（　　）

ア　羽を乾かすことは潜水性の鳥類としての理想的な進化を遂げた代償だとわかり、ウは退化したという誤った認識を改めたから。

イ　水を吸いやすい羽にはデメリットだけでなくメリットもあるとわかり、ウの立ち姿を別の視点から見られるようになったから。

ウ　潜水しやすくなる代償として羽を乾燥させることが必要であるとわかり、何度も見ているうちにウの格好良さに気づいたから。

エ　ウの羽の性能はペンギンのものよりも優れているのだとわかり、ウの立ち姿が自分の羽を誇示しているかのように見えたから。

(5)　この文章で述べられた、筆者の考える「進化」について説明した次の文の［　　］に入れるのに適当なことばを、四十字以内で書きなさい。

進化は、世代を超えて起きた身体構造の変化であり、生物が［　　］ことによって起こるものである。

(6)　この文章の構成と内容の特徴について説明したものとして最も適当なのは、ア～エのうちではどれですか。一つ答えなさい。（　　）

ア　進化について、近年の研究論文の内容を示しながら論を展開しているため、筆者の主観や感想を排除した客観的な説明になっている。

イ　生物の進化と退化について対比的に説明することにより、両者の違いを明確にして、進化によって得られるメリットを強調している。

ウ　生物の進化の仕組みについて段階的に説明することで、高度な進化を遂げた生物にどのような特徴が見られるかを明らかにしている。

エ　論を補強するために複数の具体例を効果的に用いて、進化に対する一般的なイメージとは異なる筆者の主張に説得力をもたせている。

（水が付着しやすい）」というポジティブな書き方になっている。世の真理は多面的で、見ようによっては真逆のとらえ方になるということをつくづく痛感する。ビショビショになってしまうウの羽は、けっしてペンギンの羽に劣っているわけではないのだ。

進化という言葉は、一般的には、「強くなること」「洗練されること」「進歩すること」といったニュアンスで使われることが多い。一方、退化という言葉は、進化の対義語として扱われ、劣化に近いネガティブな意味合いで使われている。

ところが生物学では、進化と退化は反対の概念ではなく、退化も〝進化の一部〟として扱われる。

たとえばウマの仲間は、進化の過程で中指以外の指が退化して小さくなり、いまでは中指が変化してできた1本のひづめだけになってしまった。指の減少は「退化」と呼ばれるが、こうした変化は、走行に適した「進化」でもある。生物学において、進化とは世代を超えて起きた「変化」のことで、変化の方向がプラスかマイナスかは関係ないのだ。

［ⓔ］、生物の身体構造の変化にプラスやマイナスという概念は存在するのだろうか。一本指のウマは、安定して力強く地面を蹴って走ることができる代わりに、物をつかむことはできない。水に濡れるウの羽は、潜りやすい代わりに、潜水後は羽を乾かさなくてはならない。生息する環境や行動が変われば、「適応的な構造」も変化する。優先事項が異なるもの同士を比較して、どちらが良いのかジャッジすることなど不可能だ。

このような「あちらを立てればこちらが立たぬ」という状況は、生物の進化において頻繁に生じている。ある面では生存に有利な良い構造であっても、別の側面ではむしろ悪い効果をもたらす、というケースは意外に多いのだ。（中略）

さまざまな生き物の体の構造を見比べていくと、メリットのみの進化なんてごくごく一部の例外なのではないだろうかと思わされる。さまざまな制約があるなかで、デメリットを受け入れたうえで、「それでもなんとかうまくやっていける」という妥協点を探る過程が、進化の本質なのかもしれない。

（郡司芽久（ぐんじめぐ）「キリンのひづめ、ヒトの指」より）

(注)　コミカル――滑稽なさま。
ネガティブ――否定的。対義語の「ポジティブ」は肯定的という意味。
ニュアンス――語句・表現などの微妙な意味合い。
ジャッジする――判定する。
メリット――利点。対義語の「デメリット」は欠点という意味。

(1)　［ⓐ］、［ⓔ］にそれぞれ入れることばの組み合わせとして最も適当なのは、ア～エのうちではどれですか。一つ答えなさい。（　）

ア　ⓐところが　ⓔそもそも
イ　ⓐそのうえ　ⓔむしろ
ウ　ⓐまた　ⓔ実際に
エ　ⓐしかし　ⓔつまり

(2)　「ⓑ洗濯物を干すかのようだ」とありますが、この部分で使われている表現技法として最も適当なのは、ア～エのうちではどれですか。一つ答えなさい。（　）

ア　対句法　イ　倒置法　ウ　直喩法　エ　隠喩法

(3)　「ⓒなんだか……思ってしまう」とありますが、ペンギンとウの仲間の羽の違いについて整理した次の表の［X］、［Y］に入れるのに適当なことばを、文章中からそれぞれ四字で抜き出して書きなさい。

X［　　　　］　Y［　　　　］

3 次の文章を読んで、(1)～(6)に答えなさい。

私のなかの「非合理的に見える進化を遂げた動物ランキング」で堂々の第1位に輝くのは、「ウ」である。川や海に生息し、黒光りした美しい羽をもつ、比較的身近な水鳥だ。（中略）

ペンギンをはじめとする潜水性の鳥類は、羽に〝撥水加工〟をほどこすことを紹介した。尾羽の近くから分泌される皮脂を全身に塗り、水をはじくようにする、いわゆる「羽づくろい」のことだ。これにより、長時間潜水したあとでも、上陸して体をぶるぶると震わせれば、羽の表面についた水滴をはじきとばし、あっというまに乾かすことができる。雨の日にレインコートを着て外出するのと似たようなものだ。帰宅後にバサバサと振れば、付着した雨粒は飛んでいって、レインコートはすぐに乾く。

このような撥水加工の利点のひとつは、断熱効果が高まることだ。潜った際に羽が濡れてしまうと、周囲の冷たい水が皮膚に直接触れ、どんどん体温を奪われてしまう。羽が濡れないようにすることで、体のまわりに「空気を含む羽の層」を作り、空気の断熱効果によって体温の低下を防止することができるのだ。入浴後のドライヤーが面倒臭くて、つい放置して湯冷めしてしまう私からすると、なんともうらやましい仕組みだ。

[a]、だ。ウの仲間は、潜水性の鳥類でありながら、羽の撥水能力が非常に低く、潜ったあとはびっしょりと濡れてしまう。皮脂を分泌する器官（尾脂腺）は存在しているし、ほかの種と同じように羽づくろいもするのだけれど、羽の構造が水を吸いやすいようになっているのだ。

前述したとおり、羽が濡れていると体が冷えてしまう。水を吸った羽は重くて、空を飛ぶのも難しくなる。そのためウは、潜水後、翼を左右に大きく広げ、乾くまでじっと待ちつづける。日あたりや風の強さによって翼を広げる時間が変化するらしく、ⓑ洗濯物を干すかのようだ。（中略）

ほかの潜水性鳥類があっというまに体を乾かす様子と比べると、ⓒなんだかとっても非合理的で、「これはさすがに劣化なのでは……」なんて思ってしまう。

では、彼らはなぜそんな進化を遂げてしまったのだろうか？

まだわかっていない部分もあるようだが、濡れてしまう羽にはひとつだけ確実なメリットが存在している。水をはじいて空気の層を作ることができないため、圧倒的に潜りやすいのだ。空気の層が増えれば増えるほど浮力は増し、潜水することは難しくなる。撥水加工をした羽で潜るというのは、ライフジャケットを着たまま潜るようなものなのだ。

しかも、近年の研究により、ウの羽は完全に水没してビショビショになるのではなく、ほんのわずかに濡れない部分があることが報告されている。羽は、「瞬時に濡れる外側部分」と「防水性の高い内側部分」の2層構造になっていて、どうやら最低限の空気の層は確保しているようなのだ。

つまりウの仲間の羽は、潜りやすく、かつある程度は体温を維持できるような〝いいとこ取り〟の構造になっているらしい。潜水後、羽を広げて乾かすことは、その代償なのだ。そう思うと、ⓓコミカルに見えていた「乾燥のポーズ」が、堂々と胸を張った立派な立ち姿に見えるような気がしてくる。それでもやっぱり、どこか滑稽でかわいらしくも感じてしまうけれど。

ちなみに、このことを示した研究論文の中では、「ウの羽は撥水性がない」というネガティブな表現ではなく、「ウの羽は水との親和性が高い

(1)　══の部分A～Eのうち、歴史的かなづかいを含むものはどれですか。当てはまるものをすべて答えなさい。(　　　)

(2)　ⓐ に入れることばとして最も適当なのは、ア～エのうちではどれですか。一つ答えなさい。(　　　)

ア　除　イ　隠　ウ　隅　エ　陰

(3)　「ⓑ『枕草子』が……となった」とありますが、筆者の考える『枕草子』と『源氏物語』の違いについて整理した次の表の X 、 Y に入れるのに適当なことばを、文章中からそれぞれ二字で抜き出して書きなさい。X [　　] Y [　　]

『枕草子』	「をかし」の文学。自分の内にとどめず X するような、非 Y 的な感情を基調とする。
『源氏物語』	「あはれ」の文学。自分の中でしみじみと味わうような、 Y 的な情緒を基調とする。

(4)　「ⓒみんなの文学」とありますが、ここで筆者が『枕草子』を「みんなの文学」と表現した理由を説明したものとして最も適当なのは、ア～エのうちではどれですか。一つ答えなさい。(　　　)

ア　清少納言が仲間の助言を受けて書き記した作品であり、述語さえわかれば、現代でも読者は清少納言たちの宮中での生活を理解できるから。

イ　清少納言が仲間と協力して作り上げた作品であり、述語を補足すれば、現代でも読者は清少納言の心情に寄り添って読むことができるから。

ウ　清少納言が仲間に支えられて完成させた作品で、省略された主題を補えば、現代の読者も清少納言やその仲間たちと感情を共有できるから。

エ　清少納言が仲間を読者とみなして執筆した作品で、主題を理解できれば、現代の読者も清少納言たちと同様に余韻に浸ることができるから。

②　次の文章Ⅰは清少納言の随筆『枕草子』の冒頭であり、文章Ⅱは文章Ⅰに触れながら『枕草子』について解説したものです。これを読んで、(1)～(4)に答えなさい。

Ⅰ

春は曙。Aやうやう白くなりゆくB山ぎは、すこしCあかりて、紫だちDたる雲のほそくEたなびきたる。

Ⅱ

『源氏物語』の登場人物がよく「泣く」のに対して、『枕草子』の人物はよく笑う。使用度数は、数をかぞえて見ればすぐわかることで、「泣く」に対して「笑ふ」が十倍を越す優位を占める。（中略）

『枕草子』の好んだ「笑ふ」が、必ず仲間を伴うものであることは、この際注意しておいてよい。ひとり笑いという、傍には気味の悪い笑いも世にはあるが、『枕草子』における笑いは、そのような無気味なものでなく、すべて仲間と顔を見合わせての笑いである。『源氏物語』は「あはれ」の文学、『枕草子』は「をかし」の文学、と評されて来たが、それは言い換えれば、「ひとりの文学」と「みんなの文学」でもあるであろう。「あはれ」は一つのことに感じて、そこから思いが他へひろがり、一段深々と感じる時の、持続的な情緒である。「をかし」の陽に対して［ⓐ］、と言うことと、持続的な情緒、と言うこととは同じことを指すものであろう。だから「あはれ」に対して陽と評される「をかし」は、非持続的な感情だと評してよいはずである。笑うことで解放されるような感情を基調とする文学は、しんみりと、余韻となって漂うものを見つづけようとするような作品ではない。

ⓑ『枕草子』が、『源氏物語』のごとき長編でなくて、短小な章段を集めた随筆の形で作品となったのも、理由のあることであったと諒解される。（中略）

宮仕え女房集団のリーダー格として振舞ったのが清少納言であって、その述作は、散文作者の孤独な文章行為の軌跡と見るべきではなくて、仲間のみんなに支えられた文章行為の軌跡と見るべきものだと思われる。

『枕草子』開巻第一段の、その書き出しの、

春は曙。

という文からして、そもそも仲間の支えを奥に読みとるべき文だと思われる。この文は、

春は曙をかし。

という文の、述語「をかし」を省略した文、と説かれて来た。清少納言がこの文で表そうとした内容を理解するだけでよいのなら、この見解は正当であろう。けれども、このような構造の文が、いきなり生み出された、その事情までを理解しようとする時は、これはむしろ、

をかしきもの　春は曙。

という、主題の省略と見なおす方がよいように思われる。どちらにしても結果としては同じようなものであるけれども、主題省略文の方は、そういう主題を目下の共通の話題にしている、ということを諒解しあった、仲間の間で成り立つ構造の文なのである。（中略）

ⓒみんなの文学への参加の要領をつかんだ時、清少納言から千年隔っている現代のわれわれに、『枕草子』の世界が開放され、千年の時間差が解消するのだと思われる。

（渡辺　実「新日本古典文学大系25　枕草子」より）

(注)　基調――作品の根底に流れる基本的な考え方や傾向。
諒解――「了解」に同じ。
宮仕え女房――宮中や貴族の屋敷に仕えた女性。
述作――本などを書きあらわすこと。また、その本。

ないので、行動に移すのをためらっている。

ウ　間宮さんの読んでいる本がカバーで隠されているので、タイトルを知って自分も読んでみたいと望んでいる。

エ　間宮さんが当番だったのに、彼女は読書に夢中なので、早く図書委員の仕事に戻ってほしいとあせっている。

(3)　「ⓒ思わず呟いてしまう」とありますが、その理由を説明した次の文の［　］に入れるのに適当なことばを、十字以内で書きなさい。

三崎さんが手にしているものは［　］だと気づき、動揺したから。

(4)　［ⓓ］に入れることばとして最も適当なのは、ア～エのうちではどれですか。一つ答えなさい。（　）

ア　眉間に皺を寄せて　　イ　耳を澄まして

ウ　眼に物言わせて　　エ　鼻を明かして

(5)　「ⓗどきどき、していた」とありますが、この場面の「あたし」の心情を説明した次の文の［　］に入れるのに適当なことばを、三十字以内で書きなさい。

勇気を出して話しかけたことに緊張を覚えつつも、三崎さんがほほえんでくれたように見えたため、［　］ことへの期待が膨らんでいる。

(6)　この文章の表現の特徴について説明したものとして最も適当なのは、ア～エのうちではどれですか。一つ答えなさい。（　）

ア　「ブッカーがけの作業を手伝っていた」という表現は、あたしから見た他の図書委員の様子を描くことで、図書委員同士が互いを思いやっていることを浮き彫りにしている。

イ　「こういうときに限って、しおり先生の姿はまだ見えない」という表現は、先生の行動を強調することばを使うことで、あたしが常に抱いている先生への不満を示している。

ウ　「不思議そうな顔をした」、「恥ずかしかったのかもしれない」という表現は、あたしだけではなく三崎さんの視点からも様子や心情を描くことで、物語を重層的にしている。

エ　「えっと、その、あれ」、「えっと、うん」という表現は、指示語や短い応答のことばを連続して使用することで、あたしと三崎さんの会話や関係のぎこちなさを表している。

「あれ、三崎さんだったの」

「あれ？」

彼女は［ⓓ］、少し難しい表情をする。

「えっと、その、あれ」

あたしは、カウンターに置かれているノートを指し示した。すると、気がついたのか彼女は少し驚いたふうに眼を開いて、それから俯（うつむ）いた。

「えっと、うん」

もしかしたら、恥ずかしかったのかもしれない。せっかくⓔ匿名で書いたのに、こうしてバレてしまったら、たぶん気まずくなる。

「あ、ごめん、えっと、これ、勧めたの、あたしで」

「そうなんだ」

彼女は俯いたまま、顔を上げない。会話終了。気まずい沈黙がやってきて、あたしは必死になって続ける言葉を探す。結局、黙ったまま貸し出し手続きをした。本の上に彼女の生徒証を載せて、それを差し出す。

「はい。期限、二週間だから」

三崎さんは黙ったまま頷（うなず）いた。彼女が本を受け取って、あたしの指先からその質量が去っていく瞬間、ⓕ慌てて付け足した。

「よかったら、感想、聞かせて」

振り絞るみたいにこの喉から出てきた声は、ここが教室だったら、たちまち騒々しさでかき消えてしまうほど弱々しいものだった。

けれど、言葉は奇跡的にⓖトドいたみたい。

「うん」

三崎さんは、手にした本を胸に押し当てるようにして頷く。

心なしか、その口元が笑っているように見えた。

あたしは、本を渡すために立ち上がった姿勢のまま、図書室を去って行く彼女の背中を黙って見送っていた。緊張のせいか、それとも別の原因があるのか、心臓の鼓動がうるさく音を立てて、耳の奥にまで響いている。ⓗどきどき、していた。久しぶりの感覚だった。掌（てのひら）に汗が湧き出て、胸が苦しくなり、頬が熱くなる。夢中になって、物語のページを捲（めく）るときのよう。心躍る冒険に、主人公と共に旅立つときみたいな、そういう不思議な感じがした。

気に入ってくれると嬉（うれ）しいな、と思った。

「だって、自分が好きな本を、好きになってくれるかもしれないんだよ」

しおり先生の言葉の意味が、ほんの少しだけ理解できた気がした。

（相沢沙呼「教室に並んだ背表紙」より）

（注）ブッカーがけ――本に透明な保護フィルムを貼る作業。

ラノベ――ライトノベル（小説のジャンルの一つ）の略称。

『おすすめおしえてノート』――「あたし」が通う学校の図書室に置いてあるノート。読みたい本の条件を書いてリクエストすると、それを読んだ先生や生徒が、条件に合った本について書き込んでくれる。

装幀――本の表紙やデザイン。

(1)　――の部分ⓑ、ⓖを漢字に直して楷書で書きなさい。また、――の部分ⓔ、ⓕの漢字の読みを書きなさい。

ⓑ［　］　ⓖ［　］いた　ⓔ（　　）　ⓕ（　　てて）

(2)　「ⓐちらちらと……向けていた」とありますが、このときの「あたし」の心情を説明したものとして最も適当なのは、ア～エのうちではどれですか。一つ答えなさい。（　　）

ア　間宮さんは仲が良い図書委員の友人の一人なので、いつもどおり本について語り合うのを楽しみにしている。

イ　間宮さんに話しかけたいが、彼女の読んでいる本の内容がわから

国語

時間　四五分
満点　七〇点

(注)　字数が指定されている設問では、「、」や「。」も一ます使いなさい。

1　次の文章は、中学校二年生で図書委員の「あたし」が、放課後、学校の図書室のカウンターにいる場面です。一年生の時に同じクラスで、図書室では見かけたことのなかった「三崎さん」が、休み時間のたびに図書室に来るようになったので、意外に思った「あたし」は、最近「三崎さん」の様子をよく観察していました。これを読んで、(1)～(6)に答えなさい。

今日は図書委員の当番ではなかったから、こうして放課後にカウンターに居座る必要もなかったのだけれど、なにか面白い本でもないかなぁって本を借りに来たついでに、先生に留守番を任されてしまった。さっきまでブッカーがけの作業を手伝っていた図書委員の女子が、カウンターの少し離れたところで読書をしている。書店のカバーがかかっていたので、私物だ。あの紙の質感は、ラノベに間違いない。どんなのを読んでいるのか、ちょっと気になる。同じ二年生の間宮さんで、司書室でしおり先生とご飯を食べるときに一緒になったりもするけれど、あんまり話をしたことがない子だった。趣味が合うのなら、仲良くなりたいなって思うけれど、でも違ったら困っちゃうから、話しかけることができない。

ⓐちらちらと、間宮さんに眼(め)を向けていたせいで、気がつくのが遅れてしまった。

「あの」

顔を上げると、すぐ目の前に、ここのところよく観察していた人間が立っている。

三崎さんだった。

ぎょっとして、心臓が跳ね上がる。なんなの、いったいなんの用事？

(中略)

「本を借りたいんだけれど、どうしたらいいの」

「え、あ、えっと」

ⓑコンラン気味に、カウンターを振り返る。こういうときに限って、しおり先生の姿はまだ見えない。間宮さんは読書に夢中で、こっちに気づかないふりでもしているみたいだった。他の一年生も、奥で掲示物を作る作業をして、背中を向けている。

「それじゃ、その、本と生徒証を――」

彼女が持っている本に眼をやって、言葉を途切れさせた。ⓒ思わず呟(つぶや)いてしまう。

「それ」

あたしの言葉に、三崎さんは不思議そうな顔をした。

「借りられない？」

「えと……。そうじゃなくて」

彼女が持っていた本は、あたしがリクエストに応えて、『おすすめおしえてノート』に記した作品の一つだった。地味なタイトル、地味な装幀(そうてい)、地味なあらすじと三拍子揃(そろ)っていて、この本を自分から手に取ろうと思う人間なんて、まずいないだろうと思える本だった。著者の名前だって『さ行』なのかと思ったら『た行』を探さないとダメだったりして、とにかく探し出すのは難しい。それなら、三崎さんがこの本を手にしている理由は、一つしかない。

数　学

1 【解き方】(1) 与式 $= 7 - 1 = 6$
(2) 与式 $= 16 + 4 = 20$
(3) 与式 $= -3a - 5 - 5 + 3a = -10$
(4) 与式 $= 4a^2b \times \dfrac{2}{3b} = \dfrac{8}{3}a^2$
(5) 与式 $= (\sqrt{3})^2 + (2-5) \times \sqrt{3} + 2 \times (-5) = 3 - 3\sqrt{3} - 10 = -7 - 3\sqrt{3}$
(7) y は x に反比例するから，$y = \dfrac{a}{x}$ と表せる。$x = -3$，$y = 1$ を代入して，$1 = \dfrac{a}{-3}$ より，$a = -3$　よって，$y = -\dfrac{3}{x}$
(8) 全体の確率は 1 だから，ことがら A の起こらない確率は，$1 - p$ で表される。
(9) 6 の倍数は，2 の倍数かつ 3 の倍数なので，a が 3 の倍数であるが 2 の倍数ではない数のとき，反例となる。
(10) AB は直径だから，$\angle ACB = 90°$　よって，△ABC は 30°，60° の直角三角形で，$AC = \dfrac{1}{2}AB = 4$ (cm)，$BC = \sqrt{3}AC = 4\sqrt{3}$ (cm)　また，O と C を結ぶと，$\angle COB = 180° - 30° \times 2 = 120°$　色のついた部分の面積は，おうぎ形 OBC の面積から△OBC の面積をひくことで求められる。おうぎ形 OBC の面積は，$\pi \times 4^2 \times \dfrac{120}{360} = \dfrac{16}{3}\pi$ (cm^2)　$\triangle OBC = \dfrac{1}{2}\triangle ABC = \dfrac{1}{2} \times \left(\dfrac{1}{2} \times 4 \times 4\sqrt{3}\right) = 4\sqrt{3}$ (cm^2)　よって，求める面積は，$\dfrac{16}{3}\pi - 4\sqrt{3}$ (cm^2)

【答】(1) 6　(2) 20　(3) -10　(4) $\dfrac{8}{3}a^2$　(5) $-7 - 3\sqrt{3}$
(6) (ある正の整数を x とすると，) ある正の整数から 3 をひいた数は $x - 3$ と表される。これを 2 乗すると 64 であるから，$(x-3)^2 = 64$ が成り立つ。よって，$x - 3 = \pm 8$　$x - 3 = 8$ のとき，$x = 11$　$x - 3 = -8$ のとき，$x = -5$　したがって，$x = 11$，-5　x は正の数だから，$x = -5$ は問題にあわない。$x = 11$ は問題に合っている。
(7) $y = -\dfrac{3}{x}$　(8) $1 - p$　(9) $a = 3$　(10) $\dfrac{16}{3}\pi - 4\sqrt{3}$ (cm^2)

2 【解き方】(1) ① 第 3 四分位数は，箱ひげ図の箱で示された区間の右端の値として表される。よって，正しい。② 箱ひげ図から平均値はわからない。
(2) 箱で示された区間には，約，$\dfrac{3}{4} - \dfrac{1}{4} = \dfrac{1}{2}$ のデータが含まれる。よって，$100 \times \dfrac{1}{2} = 50$ (%)
(3) 2015 年の最大値は 9.0 以上 9.5 未満だから，イだと考えられる。さらに，2020 年のデータは 7.5 以上 8.5 未満に集中しているからアと考えられ，箱で示された区間がそれより広い 2010 年がウと考えられる。

【答】(1) ① ア　② ウ　(2) イ　(3) (2010 年) ウ　(2015 年) イ　(2020 年) ア

3 【解き方】(1) ① プリンの代金は $180x$ 円，シュークリームの代金は $120y$ 円だから，$180x + 120y = 1500$　② 個数についての方程式を加えて，$\begin{cases} 180x + 120y = 1500 \cdots\cdots (\text{i}) \\ x + y = 9 \cdots\cdots (\text{ii}) \end{cases}$　(i)÷ 60 より，$3x + 2y = 25 \cdots\cdots$(iii)　(ii) $\times 3 -$ (iii)より，$y = 2$　これを(ii)に代入して，$x + 2 = 9$ より，$x = 7$

(2) ① 代金の合計について，$120a + 90b = 1500$ が成り立つ。両辺を 30 で割って，$4a + 3b = 50$　これを満たす 0 以上の整数 a，b の組は，$(a,\ b) = (2,\ 14)$，$(5,\ 10)$，$(8,\ 6)$，$(11,\ 2)$ の 4 通り。② a，b どちらも 8 以下になるのは，$(a,\ b) = (8,\ 6)$ の場合だけとなる。

【答】 (1) ① $180x + 120y = 1500$　②（プリン）7（個）（シュークリーム）2（個）

(2) ① 4　②（シュークリーム）8（個）（ドーナツ）6（個）

4 **【解き方】** (1) ① 点 A の座標を $y = ax^2$ に代入して，$4 = a \times 4^2$ より，$16a = 4$　よって，$a = \dfrac{1}{4}$　② $x = 0$ で最小値 $y = 0$ をとり，$x = 4$ で最大値 $y = 4$ をとる。よって，$0 \leqq y \leqq 4$

(2) $y = \dfrac{1}{4} \times (-2)^2 = 1$ より，B $(-2,\ 1)$ だから，$\angle \mathrm{QBF} = 90°$　したがって，$\mathrm{QB} + \mathrm{BF} = (8 - 1) + \{0 - (-2)\} = 9$ となるから，求める数を t とすると，$8 - t = 9$ より，$t = -1$

(3) 右図のように，直線 m と y 軸との交点を C，直線 ℓ，直線 PA と x 軸との交点をそれぞれ D，E とし，$(0,\ 4)$ を点 G とする。$\mathrm{PA} = 8 - 4 = 4$ だから，$\mathrm{PA} + \mathrm{AF} = \mathrm{QB} + \mathrm{BF} = 9$ より，$\mathrm{AF} = 5$　また，仮定より，$\angle \mathrm{PAC} = \angle \mathrm{FAC}$　PA ∥ CF より，$\angle \mathrm{PAC} = \angle \mathrm{FCA}$　よって，$\angle \mathrm{FAC} = \angle \mathrm{FCA}$ だから，△FAC は $\mathrm{CF} = \mathrm{AF} = 5$ の二等辺三角形。したがって，点 C の y 座標は，$1 + 5 = 6$ で，$\mathrm{CG} = 6 - 4 = 2$　ここで，△ACG と△ADE において，$\mathrm{AG} = \mathrm{AE} = 4$，$\angle \mathrm{CGA} = \angle \mathrm{DEA} = 90°$，$\angle \mathrm{GAC} = \angle \mathrm{DAC} - \angle \mathrm{DAG} = 90° - \angle \mathrm{DAG} = \angle \mathrm{EAG} - \angle \mathrm{DAG} = \angle \mathrm{EAD}$ より，△ACG ≡ △ADE　よって，$\mathrm{DE} = \mathrm{CG} = 2$ だから，直線 ℓ の傾きは，$\dfrac{4}{2} = 2$　直線 ℓ の式を $y = 2x + b$ とおくと，点 A の座標より，$4 = 2 \times 4 + b$ だから，$b = -4$　したがって，$y = 2x - 4$

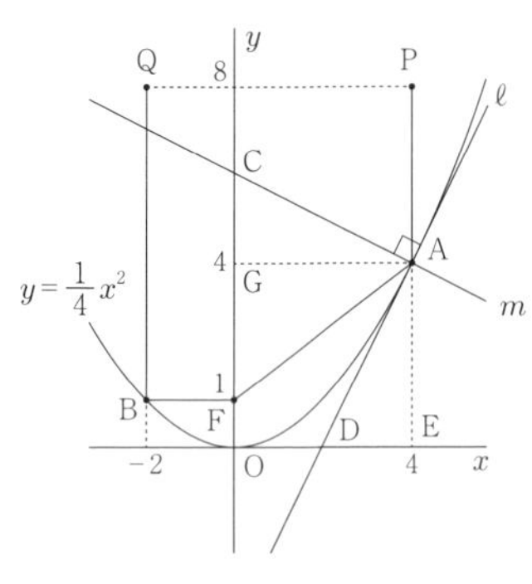

【答】 (1) ① $\dfrac{1}{4}$　② $0 \leqq y \leqq 4$　(2) -1　(3) $y = 2x - 4$

5 **【解き方】** (1) BF ∥ CP より，△BCF ＝△BPF　よって，四角形 ABCF ＝△ABF ＋△BCF ＝△ABF ＋△BPF ＝△ABP

(2) 右図のように AP の中点を Q とすると，BQ は△ABP の面積を 2 等分し，△ABQ と△BPQ の面積は等しい。このとき，△BPQ ＝△BFQ ＋△BPF ＝△BFQ ＋△BCF ＝四角形 BCFQ だから，△ABQ と四角形 BCFQ の面積も等しい。よって，BQ は四角形 ABCF の面積も二等分する。

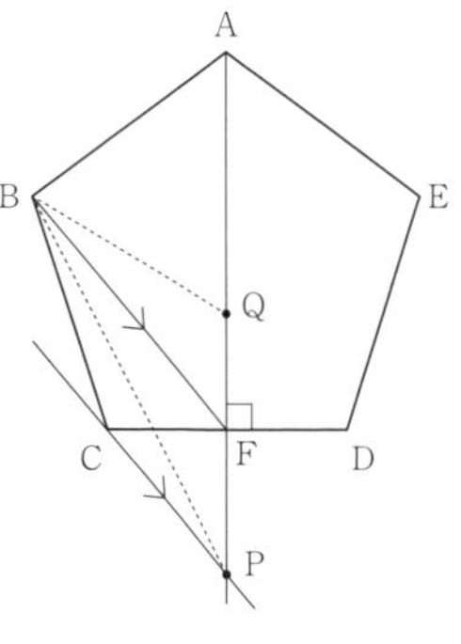

【答】 (1) (あ) イ　(い) オ　(2) ウ

(3) ① △BCF と△GFC において，円 M の半径は BF の長さと等しいから，BF ＝ GC……(i)　円 N の半径は BC の長さと等しいから，BC ＝ GF……(ii)　共通だから，CF ＝ FC……(iii)　(i)，(ii)，(iii)より，3 組の辺がそれぞれ等しいので，△BCF ≡△GFC　② ウ

英　語

1 【解き方】問題A. (1)「テツは白くてナナは黒い」,「ナナはテツよりも大きい」という説明と合うものを選ぶ。(2)「7月13日」と言っている。

問題B. (あ) 湖には「朝食」を食べるのによいレストランがある。(い) 大きな「公園」から美しい山々を見る。(う) 市場でたくさんの「りんご」を買う。

問題C. (1) 母が最後に「見つけたわ。ベッドの下にあるわよ」と言っている。(2) エミリーは昼食にジロウの家でピザを作るという誘いに応じている。また,ジロウが「僕のお父さんが作り方を教えてくれる」と言っている。

問題D. (1)「週末は開いていません」,「本を2週間借りることができます」,「日本語で書かれた本はありません」の順で説明している。(2) 図書館についてマイクが説明していないことを質問する。解答例は「この図書館では勉強をしてもいいですか？」という意味。

【答】問題A. (1) イ　(2) ウ　問題B. (あ) breakfast　(い) park　(う) apples　問題C. (1) ア　(2) イ
問題D. (1) イ→ウ→ア　(2) (例) Can I study in this library

◀全訳▶　問題A.

(1) 私の家族は2匹の犬を飼っています。テツは白くてナナは黒いです。ナナはテツよりも大きいです。

(2) 私の父の誕生日は7月13日です。

問題B. 明日,私たちは3つの場所を訪れる予定です。まず,私たちは湖に行きます。そこには朝食を食べるのによいレストランがあります。次に,私たちは大きな公園を訪れます。そこから私たちは美しい山々を見ることができるので,そこはとても人気のある場所です。そして,私たちは市場に行きます。たくさんのりんごを買うことができます。午前8時にここに来てください。

問題C.

(1)

A：お母さん,僕は腕時計を探しているんだ。昨日,それを机の上に置いたと思うんだけど,そこにはなかったんだ。

B：ジョン,本の下やソファの上は確認した？

A：うん,確認したけど見つけられなかったんだ。

B：見て。見つけたわ。ベッドの下にあるわよ。

質問：ジョンの母は彼の腕時計をどこで見つけましたか？

(2)

A：やあ,エミリー。明日,僕の家族は昼食に家でピザを作る予定なんだ。君も参加できる？

B：もちろんよ,ジロウ。あなたの家を訪ねるね。あなたはピザの作り方を知っているの？　私は一度もそれを作ったことがないわ。

A：心配しないで。僕のお父さんが僕たちに作り方を教えてくれるよ。

B：わぁ。私はあなたのお父さんと一緒に作りたいわ。何か飲み物も持っていくわね。

質問：エミリーは明日何をする予定ですか？

問題D. ここが私たちの学校の図書館です。月曜日から金曜日まで,図書館は午前9時から午後4時30分まで開いています。週末は開いていません。本を2週間借りることができます。この図書館には日本語で書かれた本はありません。クミ,この図書館についてもっと知りたければ私に聞いてください。

2 【解き方】(1) 空欄の直後にある4月15日が何曜日か考える。トシが週末にサイクリングをすることを提案していたところ,ベンが日曜日は雨が降ると言い,15日を提案した。つまり,4月15日は土曜日である。「土曜日」= Saturday。

(2) 空欄の直後で「それは一番長いコース」と言っている。ウェブサイトを見るとコースⅢの距離が最も長い。

(3) 直前の2つの文に注目。トシは，モリノ市は花で有名で「花」の写真を撮ることができると言っている。

(4) 下線部を含む文は「先月買ったカメラを持っていく」となるので過去形にする。

(5) ア．ウェブサイトの表を見る。コースⅠの距離は12km，コースⅡは16kmなので，コースⅡの方が長い。イ．ベンの最初のせりふを見る。「雨が降ったら自転車に乗りたくない」と言っている。ウ．トシの2番目のせりふを見る。「電車に乗って西駅に行く」と言っている。エ．「ベンとトシは西駅で自転車に乗り始める」。ベンの2番目のせりふを見る。正しい。

【答】(1) Saturday　(2) ウ　(3) flowers　(4) bought　(5) エ

◀全訳▶

トシ：日本では，春はサイクリングをするのによい季節だよ。僕は今週末の4月15日か16日に自転車に乗りにモリノ市を訪れる予定なんだ。一緒にサイクリングに行こうよ。

ベン：もちろん。行きたいけど，僕は雨が降ったら自転車に乗りたくないな。この日曜日は雨が降るそうだよ。今週の土曜日，4月15日はどう？

トシ：わかった。このウェブサイトを見て。モリノ市には3つのサイクリングコースがあるね。僕たちは電車に乗って西駅に行って，そこで自転車を借りるよ。

ベン：つまり，僕たちは西駅から出発するんだね。

トシ：そうだね。東駅で終えて，自転車を返すんだ。さあ，君はどっちのコースを選びたい？　僕たちは街に2時間くらいいられると思うよ。

ベン：僕はアイスクリームが食べたいけど，このコースは一番短いね。

トシ：じゃあ，コースⅢを選ぶのはどう？　それは一番長いコースで，僕たちは寺を訪れることができるよ。

ベン：もしこのコースを選んだら，僕たちはこれらの寺で十分な時間を過ごせないな。

トシ：それなら，このコースはどうかな？　モリノ市は花で有名なんだ。それらは本当に綺麗なんだ。このコース沿いで，僕たちはそれらの写真を撮ることができるよ。

ベン：それはいいね。このコースを選ぼう。僕は先月買ったカメラを持っていくよ。

3 【解き方】(1)「～を…に送る」= send ～ to …。(2)「～して喜ぶ」= be glad to ～。

【答】(例) (1) send this to　(2) be glad to read this

4 【解き方】(1) トモキの1つ目のせりふとカナコの1つ目のせりふを見る。トモキは「約40％の生徒が食べ物に興味を示している」，カナコは「30％以上の生徒がファッションについて知りたがっている」と言っている。

(2) 下線部を含む文は「彼らは日本へ来ることが難しいと思う」という意味になる。it is ～ for A to …＝「Aにとって…することは～だ」。

(3) カナコは自分たちの学校の制服を姉妹校の生徒に見せることを提案したが，直前のリー先生のせりふから姉妹校にも制服があるということがわかり，スズが「テーマを変えるべき」と言っている。

(4) 挿入する文はスポーツの日について説明しており，「その日にはその行事に参加したい生徒たちだけが学校に来る」という意味。直後に，「しかし私たちの学校では生徒全員が体育祭に参加する」が続くアに入ると文意が通る。

(5) スズが3つ目のせりふで「私たちのテーマが彼らにとって独特なものでなかったらおもしろくない」と言っていることに注目。独特なものを紹介したかったので，動画のテーマは体育祭になった。

【答】(1) ア　(2) is difficult for them to　(3) イ　(4) ア　(5) ウ

◀全訳▶　■話し合い

リー先生：前回の授業で，私はあなたたちにオーストラリアの姉妹校の生徒たちへ短い動画を作るように頼みました。そのテーマについて何か意見はありますか？

トモキ　：はい，もちろんです。このグラフを見てください。これは彼らが私たちの町や学校について何を知りたいかを示しています。約40％の生徒が食べ物に興味を示しています。私たちの町にあるおいしい日本食のレストランについての動画を作りましょう。

スズ　：それはいい考えですね。しかし，彼らは日本へ来ることが難しいと思います。また，彼らは食べ物を私たちの動画の中で見るだけで，食べることができません。もし私が彼らだったら悲しいでしょう。

カナコ　：では，違うテーマにするのはどうですか？　同じグラフで，30％以上の生徒がファッションについて知りたがっています。私たちの学校は，夏と冬とで異なる制服があります。私はそれらを本当に見せたいです。彼らには制服がないんですよね？

トモキ　：待ってください。リー先生，それは本当ですか？　僕たちは彼らに一度も会ったことがありませんが，僕はオーストラリアの学校には普通は制服があると聞いています。

リー先生：4月に，私たちの学校のある先生が姉妹校で撮った写真を私に見せてくれました。それらの中では，姉妹校の生徒たちはあなたたちのように制服を着ていました。

スズ　：ああ，そんな。私たちはテーマを変えるべきですね。

カナコ　：私はそうは思いません。彼らは制服を着ますが，私は彼らに私たちの制服を見せたいです。

スズ　：では，私たちの動画を見る生徒たちのことを考えてみてください。私たちのテーマが彼らにとって独特なものでなかったら，それはおもしろくないでしょう。

カナコ　：わかりました。それでは，私たちの体育祭はどうですか？

トモキ　：いいですね。25％の生徒がスポーツに興味を持っています。また，私たちは来月体育祭があるので，それについての動画を作るにはこれが絶好の機会です。リー先生，彼らには私たちの体育祭のような学校の行事がありますか？

リー先生：いいえ，ありません。私たちの体育祭は独特なもので，彼らは驚くと思います。姉妹校のある先生が，彼らには「スポーツの日」と呼ばれる行事があると言っています。その日には，その行事に参加したい生徒たちだけが学校に来ます。しかし，私たちの学校では生徒全員が体育祭に参加し，音楽に合わせて踊ります。昨年，私はあなたたちのすばらしいダンスパフォーマンスを見ました。それは私には初めてのことでした。それは本当に興奮しました。あなたたちは今年の体育祭でまた踊るのですか？

カナコ　：はい。私たちは昨日練習を始めました。

トモキ　：リー先生，私たちに大きな違いを教えてくれてありがとうございます。彼らに私たちの独特な行事を見せるのはどうですか？

スズ　：いいと思います。それについての動画を作りましょう。

■スズが授業で書いたノートの一部

> 今日，私たちは短い動画のテーマを選びました。姉妹校の生徒たちに何か独特なものを見せたいと思ったので，私たちの体育祭を紹介します。私たちのダンスパフォーマンスをすばらしいものにするために，私は一生懸命に練習します。

5 【解き方】(1) 第1段落の3文目に「12歳のときに家族でドイツに住み始めた」とある。

(2) アカリのおばが作曲家とコミュニケーションをとる方法。直前の文を見る。things that composers want to express in their music =「作曲家が彼らの音楽で表現したいこと」。that は目的格の関係代名詞。that 以下が後ろから things を修飾する。the culture and history of their country =「彼らの国の文化と歴史」。

(3) (う) 直後を見る。アカリのおばはいろいろな国の演奏家とコミュニケーションをとるためにその国の言語を使おうとしている。「今ではなぜ彼女が4か国語を話せるのか理解できます」となる。(え) オーケストラの音楽がただの音になってしまうのはどのようなときか。直後の文で「彼らはその音楽について異なるイメージを持っている」とある。「同じオーケストラの演奏家がお互いのことを理解することができないとき」となる。

(4) 空欄のあとに「先生はおばに，その意味について彼女自身で気づいてほしかったのです」とあることに注目。「そのとき，先生の一人が彼女に『あなたはもっと他人の音を聞くことができます』と言った（ウ）」→「彼女ははじめはそのアドバイスの意味を理解できなかったので，それについて先生に尋ねた（ア）」→「しかし，先生はその質問に答えなかった（イ）」となる。

(5) 第5段落の4文目に，アカリのおばが「たくさんのすばらしいものや人々に出会うための扉を開く方法を見つけた」とある。空欄を含む文は，おばが音楽を通じて世界を広げたことを踏まえ，「私たちもそれぞれの方法で新しい世界への『扉を開く』ことができる」となる。

(6)ア．第2段落の1文目を見る。アカリのおばがアカリに会うのはいつもではなく，ときどきである。イ．「アカリはおばと大きな川の写真を見た」。第2段落の最後から3文目を見る。正しい。ウ．「アカリのおばは若いときに，自分の演奏にはもっと何かが必要だと感じた」。第4段落2・3文目を見る。正しい。エ．第4段落の後半を見る。アカリのおばは，先生のアドバイスの意味をよく考え，理解したと言っている。オ．ピアノを弾くことが特別になる唯一の方法だとは述べられていない。

【答】(1) イ　(2) ① 音楽で表現したい　② 文化と歴史（それぞれ同意可）　(3) エ　(4) ウ→ア→イ
(5) open a door　(6) イ・ウ

◀全訳▶　今日私は，私のおばであるヤマオカフユミから学んだことを話したいと思います。彼女はプロのピアニストです。彼女が12歳のとき，父親の仕事が理由で彼女の家族はドイツに住み始めました。今では彼女は演奏会で世界中のたくさんの場所に行っていて，4か国語を話すことができます。彼女は様々な国について多くのことを知っています。

彼女は日本に来るとき，ときどき私の両親と私を訪ねてきます。私はピアノを弾くことができませんが，彼女と話すことが好きです。ある日，私たちが彼女のCDを聞いているときに，彼女がその音楽と作曲家について話してくれました。彼女は「その作曲家は大きな川の近くに住んでいたの。彼は何か心配なことがあるときにいつもそれを見ていたわ。彼の音楽は，美しい川がどのように彼の国の山々を流れているのかを表現しているのよ」と言いました。彼女は私にインターネットでその川の写真を見せて，彼の国についてさらに話しました。彼女は「作曲家が彼らの音楽で表現したいことを理解するために，私は彼らの国の文化と歴史について学びます。このようにして，私はピアノを弾くときに作曲家とコミュニケーションをとっています」と言いました。

私のおばはまた，オーケストラでピアノを弾くとき，音楽や言葉を通じて他の演奏家とコミュニケーションをとっています。音楽について同じイメージを共有するために，他の演奏家の音を注意深く聞き，その音楽について彼らとたくさん話します。私は，今ではなぜ彼女が4か国語を話せるのか理解できます。いろいろな国の出身の演奏家がたくさんいます。彼女は彼らとコミュニケーションをとるために彼らの言語を使おうとします。そうすることで，彼らのことを深く理解することができるのです。彼女はまた，音とハーモニーの違いも教えてくれました。同じオーケストラの演奏家がお互いのことを理解することができないとき，音楽はただの音です。彼らはその音楽について異なるイメージを持っています。しかし，うまくコミュニケーションをとることができれば，異なる音が一つの美しいハーモニーになります。

私のおばには自分の演奏をすばらしいものにするための時間が必要でした。彼女は若いとき，毎日一生懸命ピアノを練習しました。彼女は自分の技術を向上させましたが，まだ自分の演奏から何かが欠けていると思っていました。そのとき，先生の一人が彼女に「あなたはもっと他人の音を聞くことができます」と言いました。彼女ははじめはそのアドバイスの意味を理解できなかったので，それについて先生に尋ねました。しかし，先生はその質問に答えませんでした。先生はおばに，その意味について彼女自身で気づいてほしかったのです。彼女は「アドバイスの意味についてよく考えました。今では，他人の声を聞くことは作曲家や他の演奏家とコミュニケーションをとることだと理解できます。それは自分の演奏や自分自身を向上させることを助けてくれます。私はピアノがない自分の人生を想像できません。それは私の人生を幸せでいっぱいにしてくれます」と言いました。

私は，なぜおばの演奏が美しいのかに気づきました。彼女のピアノは彼女がどのように生きているかを表しています。音楽を通して，彼女はいろいろなことに興味を持ち，他人とうまくコミュニケーションをとっています。彼女はたくさんのすばらしいものや人々に出会うための扉を開く方法を見つけました。その方法がピアノを弾くことだったのです。あなたたちは「彼女はプロのピアニストだから特別だ」と思うかもしれません。しかし，私はそうとは思いません。私たちも皆，それぞれの方法で新しい世界への扉を開くことができます。おばのように，私たちも何かを見つけることができると私は信じています。

社　会

1 【解き方】(1) 漢字や儒教，仏教，機(はた)織り，土木技術などを伝えた。

(2) 国司の任期は初め6年で，のちに4年となった。郡司には任期がなかった。

(3) 勘合貿易の別名を日明貿易という。

(4) イは江戸時代の化政文化，ウは室町文化，エは鎌倉文化について述べた文。

(5) 資料2は踏絵の写真。

(6) アヘン戦争は，1840年に清とイギリスとの間で起こった戦争。清が敗れ，賠償金の支払いや開港を行った。

【答】(1) 渡来人　(2) ウ　(3) エ　(4) ア　(5) キリスト教徒ではないと証明させる（同意可）

(6) P. 異国船打払令　Q. 清がイギリスに敗北した（同意可）

2 【解き方】(1) 方位を正しく表している地図は，図2の正距方位図法なので，A地点から見た東は，中国南部の方向となる。

(2) 北緯・南緯それぞれ66.6度地点よりも高緯度でみられる現象。

(3) オーストラリア大陸，ユーラシア大陸南部，アフリカ大陸の間に位置する大洋。「マラッカ海峡」は，マレー半島とインドネシアのスマトラ島を隔てる海峡。

(4) 島国は，領土を海に囲まれているため，国土面積がせまくても，領海と排他的経済水域を合わせた面積は広くなることに注目。

(5) かんきつ類の旬が冬から春の季節であるため，両国の位置関係による季節の違いを利用して一年中食べられるようにしていることがわかる。

【答】(1) ウ　(2) 白夜　(3) インド洋　(4) ウ

(5) (アメリカ合衆国は,) 北半球に位置しており，オーストラリアは，南半球に位置しているため，季節が逆になるから。(同意可)

3 【解き方】(1) フランス人技師の指導によって設立された生糸の生産工場。世界文化遺産にも登録されている。

(2) ①「下関条約」は日清戦争の講和条約。「藩閥」政治とは，明治維新で活躍した特定の藩の出身者（特に薩摩藩と長州藩）が実権を握った明治新政府の政治体制のこと。

(3) アとウは明治時代，エは昭和時代のできごと。

(4) アは1955年，イは1978年，ウは1949年，エは1993年のできごと。

(5) トラックなどの自動車で行われている貨物輸送を，環境負荷の小さい鉄道や船舶の利用へと転換することを「モーダルシフト」という。

【答】(1) 富岡製糸場　(2) ① イ　② 民鉄の国有化（同意可）　(3) イ　(4) ウ→ア→イ→エ

(5) 貨物輸送分担の半数以上を占める自動車から，鉄道と船へ輸送手段を転換することで，二酸化炭素の排出を削減できる（同意可）

4 【解き方】(1) 日本列島の太平洋側を流れる暖流。日本海流ともいう。

(2) アは氷河の浸食により形成された複雑な入り江で，ノルウェーなどでみられる。イは海底にある深い溝。ウはイよりも浅い海底のくぼみ。

(3) Xは「最も南に位置している」ことから那覇市。また，夏の季節風は，南東から吹くことにも注目。

(4) 鹿児島県では，火山灰などが堆積してできたシラス台地における畜産業がさかん。アは佐賀県，ウは熊本県，エは宮崎県。

(5) 資料2から，道路を広げたり，立体化したり，新たな道路整備を行おうとしていることがわかる。このことから，人口密度の高い福岡市などでは渋滞がはげしくなっていることが予測できる。

【答】(1) 黒潮　(2) エ　(3) (都市名) 宮崎(市)　台風　(4) イ

(5) 面積割合に対する人口割合の比が大きく，人口密度が高い（同意可）

5 【解き方】⑴ アは国連教育科学文化機関，イは非営利団体，ウは世界保健機関の略称。

⑵ 社会全体の共通の利益を意味する語。

⑶ 京都議定書は，温室効果ガス排出量の削減を先進国のみに義務付けた。途上国を含むすべての国が削減に取り組むこととなったのは，2015年に採択されたパリ協定において。

⑷ 略称はASEAN。現在は10か国で構成されている。

⑸ ②「弾劾裁判所」は，職務を果たさなかったり，裁判官としてふさわしくない行為をした裁判官を罷免(ひめん)するかどうかを判断するために国会に設置される。

⑹ X．例えば消費税は，国に納める消費税と地方公共団体に納める地方消費税に分かれている。

⑺ 省エネルギーの推進とともに，関係各国との密接な結びつきを維持していくことも重要な課題となっている。

【答】⑴ エ ⑵ 公共の福祉 ⑶ ウ ⑷ 東南アジア諸国連合 ⑸ ① 意見を反映しやすい（同意可） ② ア
⑹ ウ ⑺ 他国に比べて，一次エネルギー自給率が低く，資源を輸入に頼る（同意可）

理　科

1 【解き方】(2) ② 焦点を通った光は，凸レンズで屈折した後，光軸に平行に進む。

(3) ① X はシベリア気団，Y はオホーツク海気団，Z は小笠原気団。

【答】(1) ① アンモニア　② ウ　(2) ① ア　② (次図ア)　(3) ① (次図イ)　② ウ　(4) ① X　② エ

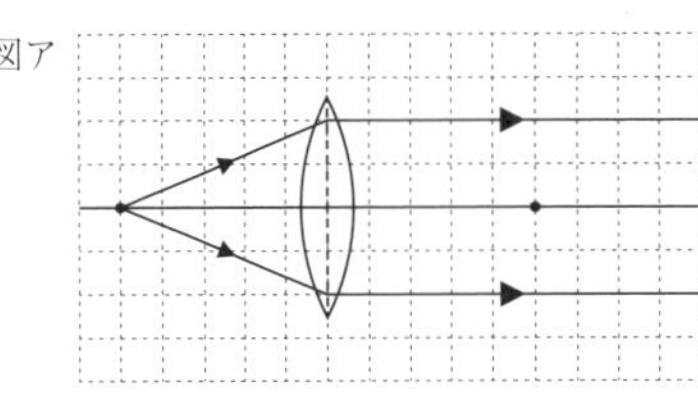

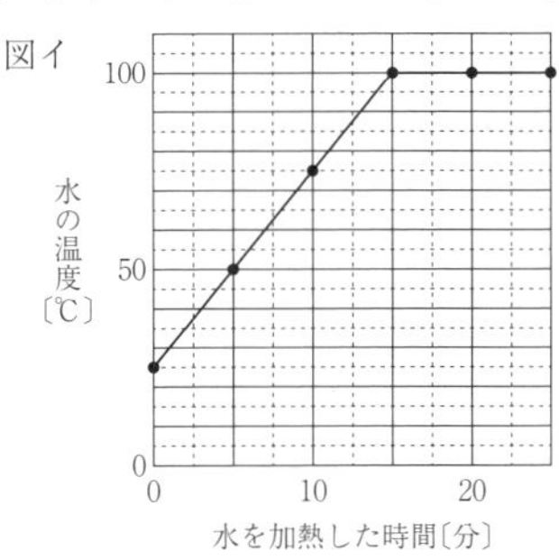

2 【解き方】(1) 電圧計は測定したい部分に並列に，電流計は回路に直列につなぐ。

(2) 1.5 (V) × 0.10 (A) = 0.15 (W)

(3) モーターが消費した電気エネルギーは，0.15 (W) × 10 (秒) = 1.5 (J)　おもりが得た位置エネルギーは，0.50 (N) × 1.0 (m) = 0.5 (J)　よって，モーターのエネルギーの変換効率は，$\frac{0.5\,(\text{J})}{1.5\,(\text{J})} \times 100 \fallingdotseq 33\,(\%)$

(4) フレミングの左手の法則を用いて，電流，磁界の向きからコイルにはたらく力の向きを調べる。アのコイルでは，U 字型磁石の N 極に近い部分の導線にはたらく力の向きは上向きなので，コイルは反時計まわりに動く。同様に，イでは下向きの力がはたらくので，コイルは時計まわりに動く。ウでは S 極に近い部分の導線に下向きの力がはたらき，エでは上向きの力がはたらく。

(6) ① グラフより，300 秒で水の温度が，22 (℃) − 20 (℃) = 2.0 (℃) 上がっているので，水 100g の温度を 1.0 ℃上げるのにかかる時間は，$300\,(\text{秒}) \times \frac{1.0\,(℃)}{2.0\,(℃)} = 150\,(\text{秒})$　この間に電熱線から発生した熱量は，3 (W) × 150 (秒) = 450 (J)　よって，水 1.0g の温度を 1.0 ℃上げるのに必要な熱量は，$\frac{450\,(\text{J})}{100\,(\text{g})} = 4.5\,(\text{J})$

【答】(1) イ　(2) 0.15 (W)　(3) 33 (%)　(4) イ・ウ　(5) オーム(の法則)

(6) ① 4.5 (J)　② 発生した熱の一部が，空気中に放出したため。(同意可)

3 【解き方】(2) れき岩，砂岩，泥岩は，流水のはたらきによって，運搬される間に角がけずられて丸みを帯びる。

(3) 石灰岩に塩酸をかけると二酸化炭素が発生する。

(5) 特定の年代に生存し，地球上の広い範囲で栄えたあとに絶滅した生物の化石が，示準化石として利用される。

(7) 波打つように曲げられた地層がしゅう曲。地層が割れてずれたものが断層。

【答】(1) ウ　(2) イ　(3) ($CaCO_3$ +) 2HCl (→ $CaCl_2$ + H_2O +) CO_2　(4) 軟体動物　(5) ア　(6) ウ　(7) エ

4 【解き方】(2) 顕微鏡の視野は上下左右が逆に見えているので，右下方向にくるようにするためには左上方向にプレパラートを動かす。

(3) デンプンの有無を調べる薬品はヨウ素液。

(4) ① (a) 容器 Y で石灰水が白く濁ったことから，二酸化炭素が発生したことがわかる。

【答】(1) ゾウリムシ　(2) ア　(3) エ

(4) ① (a) ウ　(b) エ　(c) イ　② 微生物の分解能力が追いつかず，有機物が分解されずに多く残る (同意可)

5 【解き方】(1) 表より，金属が水溶液中の金属イオンよりイオンになりやすいときは，金属がイオンとなって溶け出し，そのとき放出された電子を受けとった水溶液中の金属イオンが金属に変化して付着する。

(2) 亜鉛板がイオンになるときに放出された電子は，導線を通って銅板まで移動する。電子の流れと電流の流れは逆向きなので，電流は銅板から亜鉛板に向かって流れる。よって，銅板は＋極。

(3) 電流が流れると，亜鉛イオンが水溶液中に溶け出し，塩酸の電離で生じた水素イオンが電子を受けとって気体となって発生する。

(4) 銅板に移動してきた電子を受けとるのは硫酸銅水溶液中の銅イオン（Cu^{2+}）なので，銅板の表面に銅が付着する。

(5) 水溶液中の銅イオンの数を多くする。

(6) 表より，亜鉛はマグネシウムよりイオンになりにくいので，マグネシウム板上で亜鉛イオンが電子をうばってしまう。

【答】 (1) マグネシウム　(2) ＋(極)　(3) ア　(4) ア　(5) エ　(6) (a) ア　(b) オ　(c) ク

国　語

1 【解き方】(2)「あんまり話をしたことがない子」である図書委員の間宮さんが読書をしているのを見た「あたし」は，間宮さんが読んでいる本について，「どんなのを読んでいるのか，ちょっと気にな」っていることをおさえる。「趣味が合うのなら，仲良くなりたいなって思うけれど…話しかけることができない」とあわせて判断する。

(3) 三崎さんが持っている本に目を向けた「あたし」は，彼女の持っている本が「あたしがリクエストに応えて，『おすすめおしえてノート』に記した作品の一つ」であることに気づいている。その本は「探し出すのは難し」いため，「三崎さんがこの本を手にしている理由は，一つしかない」と思っていることに着目する。

(4)「あれ，三崎さんだったの」と言った「あたし」に対し，三崎さんが「あれ？」と聞き返して，「少し難しい表情」をしている点に注目。アは，困惑または不機嫌な表情。イは，注意して聞こうとすること。ウは，目つきで相手に気持ちを伝えること。エは，相手を出し抜いてあっと言わせること。

(5)「よかったら，感想，聞かせて」と伝えると，三崎さんが「うん」と頷き，「口元が笑っているように見えた」ので，「あたし」は，本を「気に入ってくれると嬉しいな」と思った上に，「自分が好きな本を，好きになってくれるかもしれないんだよ」という「しおり先生」の言葉を思い出し，その意味を「少しだけ理解できた」と感じていることに着目する。

(6) 三崎さんが『おすすめおしえてノート』に匿名でリクエストをしたことと，「あたし」がそのリクエストに応えたことが会話の中で発覚し，お互いにあまりうまく言葉を発せずに「気まずい沈黙」がおりている二人の様子をおさえる。

【答】(1) ⓑ 混乱　ⓖ 届(いた)　ⓔ とくめい　ⓕ あわ(てて)　(2) イ　(3) 自分がおすすめした本（同意可）
(4) ア　(5) 三崎さんが自分の好きな本を気に入り，本の感想を聞かせてくれる（30字）（同意可）　(6) エ

2 【解き方】(1)「au」は「ô」と発音するので，Aの「やうやう」は，現代かなづかいでは「ようよう」となる。また，語頭以外の「は・ひ・ふ・へ・ほ」は「わ・い・う・え・お」にするので，Bの「山ぎは」は，現代かなづかいでは「山ぎわ」となる。

(2) 前文の「『あはれ』は一つのことに感じて…持続的な情緒である」に続けて，「あはれ」について説明していることと，「陽」である「をかし」と対比していることから考える。

(3) X.「あはれ」の文学である『源氏物語』は，「一つのことに感じて…持続的な情緒である」とある一方で，「をかし」の文学である『枕草子』は「笑うことで解放されるような感情を基調とする文学」と述べている。Y.「あはれ」は「一つのことに感じて，そこから思いが他へひろがり…持続的な情緒」であり，「をかし」は「非持続的な感情」と評されることをおさえる。

(4)『枕草子』について，「仲間のみんなに支えられた文章行為の軌跡と見るべきもの」と述べている。また，『枕草子』における「春は曙」という書き出しは「主題の省略」であり，「仲間の間で成り立つ構造の文」だと説明している。この要領をつかむことで，「現代のわれわれに，『枕草子』の世界が開放され，千年の時間差が解消する」と筆者は考えている。

【答】(1) A・B　(2) エ　(3) X. 解放　Y. 持続　(4) ウ

3 【解き方】(1) ⓐでは，「ペンギンをはじめとする潜水性の鳥類」は「撥水加工」をほどこしているため，「羽が濡れない」し，「断熱効果が高まる」という利点を持つが，「ウの仲間は…羽の撥水能力が非常に低く，潜ったあとはびっしょりと濡れてしまう」という正反対の特徴を述べている。ⓔでは，「生物学において，進化とは世代を超えて起きた『変化』のことで，変化の方向がプラスかマイナスかは関係ない」と述べているのに対し，だいたい「生物の身体構造の変化にプラスやマイナスという概念は存在するのだろうか」と考え方の原点に立ち返っている。

(2) 比喩を表す「ようだ」を用いて，一つの事物を他の事物に直接例えている。

(3) X.「ペンギンをはじめとする潜水性の鳥類」は，羽が「撥水加工」されており，「羽が濡れないようにすることで…体温の低下を防止する」と述べている。Y.「ウの仲間」は「潜水性の鳥類」であるのに「羽の撥水能力が非常に低く」かつ「羽の構造が水を吸いやすい」ために，「潜ったあとはびっしょりと濡れてしまう」「水を吸った羽は重くて，空を飛ぶのも難しくなる」という点に着目する。

(4)「ウの仲間は，潜水性の鳥類でありながら，羽の撥水能力が非常に低」いというデメリットが先に述べられていたが，近年の研究によると，羽は「瞬時に濡れる外側部分」と「防水性の高い内側部分」の2層構造によって「いいとこ取り」をしているという「メリット」があると述べていることをおさえる。また，「世の真理は多面的で，見ようによっては真逆のとらえ方になる」と述べていることもふまえて考える。

(5) 生物の「生息する環境や行動が変われば，『適応的な構造』も変化する」とあることや，「さまざまな制約がある」なかで，「デメリットを受け入れ」つつ，「それでもなんとかうまくやっていける」という妥協点を見つける過程が「進化の本質」だと述べていることをおさえる。

(6)「潜水性の鳥類でありながら，羽の撥水能力が非常に低く，潜ったあとはびっしょりと濡れてしまう」という「ウの仲間」の例や;「進化の過程で中指以外の指が退化して小さく」なって「1本のひづめ」だけになってしまった「ウマの仲間」の例は，一見「退化」だと思われるが，これらは「生息する環境や行動」が変わったことによって起きた「進化」で，「退化」は「進化の一部」であると筆者が主張していることをふまえて考える。

【答】 (1) ア　(2) ウ　(3) X. 断熱効果　Y. 空を飛ぶ　(4) イ

(5) 自分の生きる環境や行動に合わせて，生存に有利になるようデメリットとの妥協点を探る（40字）（同意可）

(6) エ

4 **【解き方】** (1)【資料Ⅰ】では「井沢冬子さん」の「著書」に関する情報を明記していないが，【資料Ⅱ】では書名，出版社名，出版年，該当ページを明らかにしている。また，【資料Ⅰ】では引用部分が「図書室だより」の大部分を占めているが，【資料Ⅱ】では引用部分を削り，自分なりに考えた言葉を足していることに着目する。

(2)【資料Ⅲ】にある，①から④の要件を満たしていないものを考える。

【答】 (1) ウ　(2) イ

(3) (例) (図書室が無償で本を貸し出せば，) 利用者には，様々な立場から書かれた多くの著作物に触れられるというメリットがあります。そして，その利用者が執筆する際は，自身が触れた著作物から得た知見をもとに，新たな著作物を生み出すことが期待できます。(100字)

~MEMO~

岡山県公立高等学校
（一般入学者選抜）

2022年度
入学試験問題

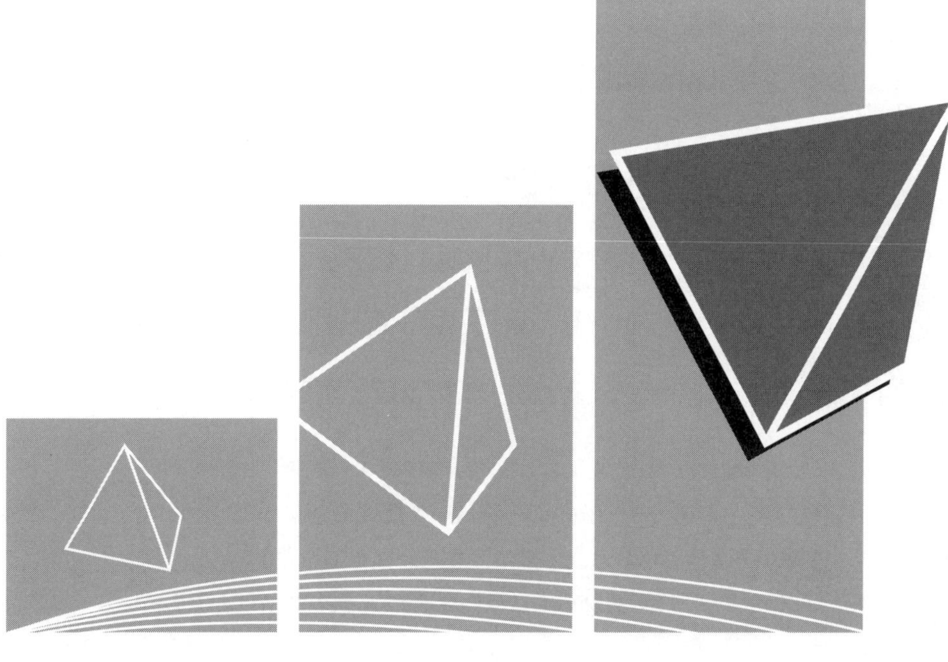

数学

時間　45分　　　満点　70点

(注)　1　答えに $\sqrt{\ }$ が含まれるときは，$\sqrt{\ }$ をつけたままで答えなさい。また，$\sqrt{\ }$ の中の数は，できるだけ小さい自然数にしなさい。

2　円周率は π を用いなさい。

1　次の①～⑤の計算をしなさい。⑥～⑩は指示に従って答えなさい。

① $2-(-4)$　(　　　)

② $(-56)\div 7-3$　(　　　)

③ $2(3a-b)-(a-5b)$　(　　　)

④ $14ab\times\dfrac{b}{2}$　(　　　)

⑤ $(1+\sqrt{3})^2$　(　　　)

⑥ ax^2-16a を因数分解しなさい。(　　　)

⑦ 図のような，半径4cm，中心角150°のおうぎ形があります。このおうぎ形の面積を求めなさい。(　　　cm^2)

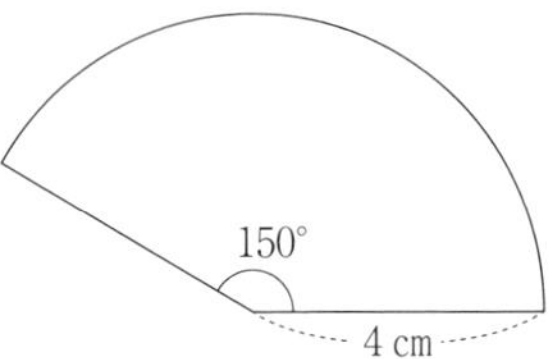

⑧ 次の方程式について，そのグラフが点(1，－2)を通るものは，ア～エのうちではどれですか。当てはまるものをすべて答えなさい。(　　　)

ア　$3x-y-1=0$　　イ　$3x+2y+1=0$　　ウ　$3y+6=0$　　エ　$x+1=0$

⑨ ある中学校のA組40人とB組40人の生徒が，20点満点のクイズに挑戦しました。次の箱ひげ図は，そのときの2クラス40人ずつの得点の分布を表したものです。この箱ひげ図から読み取れることを正しく説明しているのは，ア～エのうちではどれですか。当てはまるものをすべて答えなさい。(　　　)

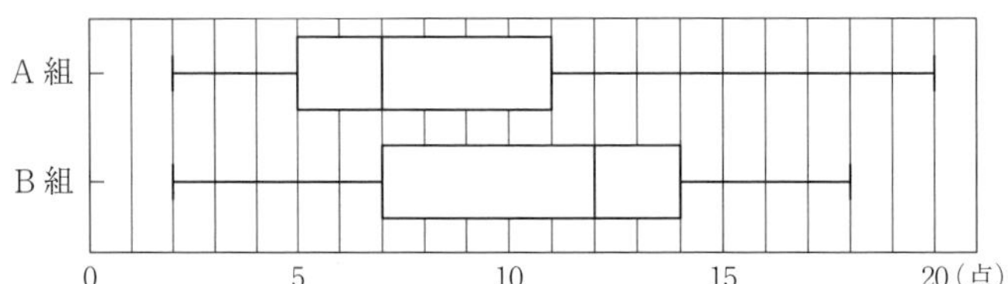

ア　四分位範囲は，A組よりもB組の方が大きい。

イ　2クラス全体の中で，得点が一番高い生徒はB組にいる。

ウ　A組の第3四分位数は，B組の第2四分位数より大きい。

エ　得点が12点以上の生徒の人数は，B組がA組の2倍以上である。

⑩　図のような△ABCがあります。次の【条件】をすべて満たす点Pを，定規とコンパスを使って作図しなさい。作図に使った線は残しておきなさい。

【条件】

・点Pは，辺AB上にある。
・点Pと直線AC，直線BCとの距離は等しい。

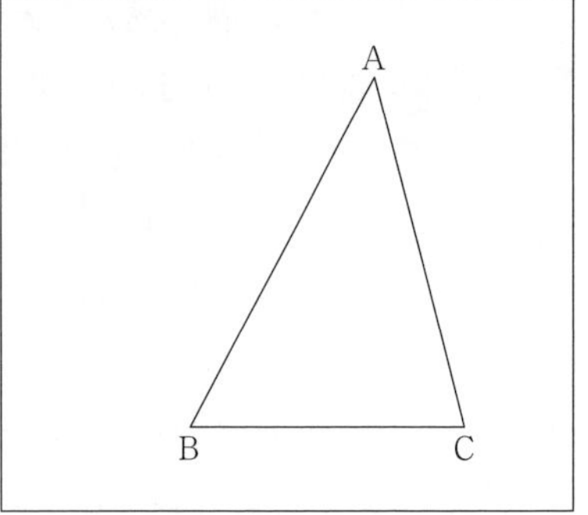

2　太郎さんたちは，生徒会で資源ごみを回収し，近所のリサイクル業者に持ち込む取り組みをしています。そこでは，チラシに示すような比率でポイントが与えられます。①，②に答えなさい。

チラシ

ペットボトル	1kgあたり	20ポイント
新聞紙	1kgあたり	7ポイント
アルミ缶	1kgあたり	45ポイント
スチール缶	1kgあたり	10ポイント

・缶はこちらで分別します！
・ポイントは後日お知らせします！

①　チラシに示された内容に従って，次の数量の関係を不等式で表しなさい。(　　　)
ペットボトル$a$kgと新聞紙$b$kgのポイントの合計は，500ポイント以上である。

②　太郎さんたちは，アルミ缶とスチール缶を合わせて39kg持ち込んだところ，1160ポイントが与えられました。(1)，(2)に答えなさい。

(1)　持ち込んだアルミ缶を$x$kg，スチール缶を$y$kgとして連立方程式をつくりなさい。

(　　　　　)

(2)　持ち込んだアルミ缶とスチール缶は，それぞれ何kgであるかを求めなさい。

アルミ缶(　　　kg)　スチール缶(　　　kg)

③ 図1のように，関数 $y = ax^2$ のグラフ上に点Aが，関数 $y = -x^2$ のグラフ上に点Bがあります。2点A，Bの x 座標は等しく，ともに正であるとします。①，②に答えなさい。ただし，$a > 0$，点Oは原点とします。

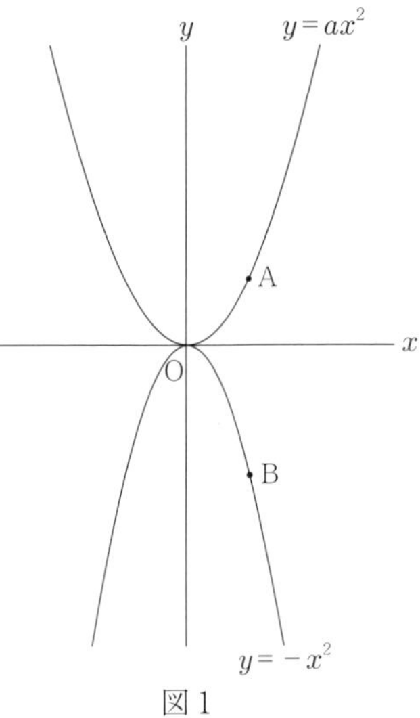

図1

① 点Aの座標が(2，2)のとき，(1)～(3)に答えなさい。

(1) a の値を求めなさい。(　　　)

(2) 点Bの y 座標を求めなさい。(　　　)

(3) 関数 $y = -x^2$ のグラフ上に点Pがあり，△OABと△PABの面積の比が2：3となるとき，点Pの x 座標をすべて求めなさい。(　　　)

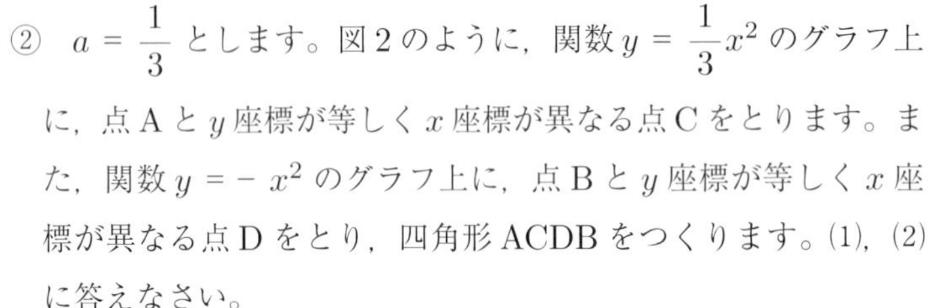

② $a = \frac{1}{3}$ とします。図2のように，関数 $y = \frac{1}{3}x^2$ のグラフ上に，点Aと y 座標が等しく x 座標が異なる点Cをとります。また，関数 $y = -x^2$ のグラフ上に，点Bと y 座標が等しく x 座標が異なる点Dをとり，四角形ACDBをつくります。(1)，(2)に答えなさい。

(1) 点Aの x 座標を t とするとき，線分ACの長さを t を使って表しなさい。(　　　)

(2) 四角形ACDBの周の長さが12となるとき，点Aの座標を求めなさい。(　　　)

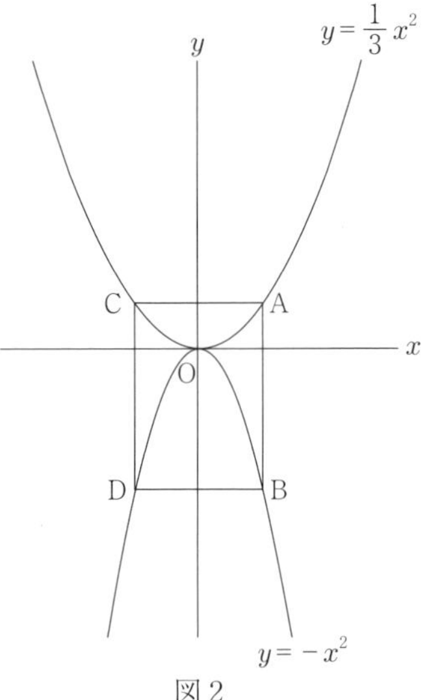

図2

4　花子さんと次郎さんのクラスでは，文化祭でさいころを使ったゲームを企画しています。〈企画ノートの一部〉と〈会話〉を読んで，①～④に答えなさい。ただし，さいころの1から6までの目の出方は，同様に確からしいものとします。

〈企画ノートの一部〉

※ゲーム1回に対して，次の【ルール】に従って行う。

【ルール】

大小2つのさいころを同時に1回投げてもらい，次のA～Cを1つ満たすごとにあめ玉を1個渡す。

A：出た目の数の和が8以上となる。

B：出た目の数の差が2となる。

C：出た目の数の積が奇数となる。

【用意するもの】

〈会話〉

花子：ゲームを1回行うとき，渡すあめ玉は0個のときもあれば3個のときもあるね。例えば，ゲームを1回行うとき，大きいさいころで6の目，小さいさいころで4の目が出たら，渡すあめ玉は［(1)］個だね。

次郎：A～Cのうちでは，どれが起こりやすいのかな。

花子：(あ)それぞれの起こる確率を比較すれば，起こりやすさを判断することができるよ。

次郎：なるほど，そうだね。

花子：それから，文化祭ではあめ玉を用意しないといけないけれど，どのくらいあればいいかな。

次郎：文化祭の時間内でできるゲームの回数を最大1800回として計算してみよう。例えば，Bの起こる確率は［(2)］だから，1800回のうちBの起こる回数の割合が［(2)］であると考えられるので，(い)Bがおよそ何回起こるかを推定することができるよ。

花子：そうすると，渡すあめ玉の数がどのくらいになるかわかるね。

次郎：(う)AとCについてもBと同じように考えれば，文化祭で渡すあめ玉の総数がどのくらいになるか計算することができるよ。

花子：およその数がわかると，文化祭の準備はスムーズにできるね。

①　［(1)］，［(2)］に適当な数を書きなさい。(1)(　　　)　(2)(　　　)

②　下線部(あ)について，AとCでは，どちらの方が起こりやすいといえますか。それぞれの確率を使って説明しなさい。(　　　　　　　　　　)

③　下線部(い)について，ゲームを1800回行うとき，Bがおよそ何回起こるかを求めなさい。ただし，解答欄には式も書きなさい。(式)(　　　　)　(答)(およそ　　　回)

④　下線部(う)について，花子さんと次郎さんは，文化祭でゲームを1800回行うとき，渡すあめ玉の総数がどのくらいになるか計算してみました。計算した結果，渡すあめ玉の総数として最も適当なのは，ア～エのうちではどれですか。一つ答えなさい。(　　　)

ア　およそ800個　　イ　およそ1200個　　ウ　およそ1600個　　エ　およそ2000個

5　図1は，底面が正方形で，側面が二等辺三角形の正四角錐OABCDです。①～④に答えなさい。

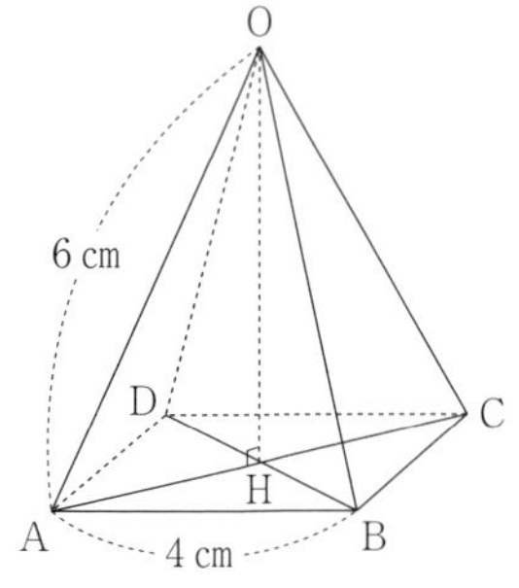

図1

【正四角錐OABCDの説明】

・OA ＝ 6 cm
・AB ＝ 4 cm
・点Hは正方形ABCDの対角線の交点

①　図1について正しく述べているのは，ア～エのうちではどれですか。一つ答えなさい。(　　　)

ア　直線OAと直線BCは平行である。　イ　直線OBと直線ODはねじれの位置にある。
ウ　直線ADと平面OBCは平行である。　エ　平面OABと平面ABCDは垂直である。

②　線分AHの長さを求めなさい。(　　　cm)

③　正四角錐OABCDの体積を求めなさい。(　　　cm^3)

④　図2のように，正四角錐OABCDの点Aから，辺OBと辺OCを通って点Dまで，ひもの長さが最も短くなるようにひもをかけます。また，図3は，正四角錐OABCDの展開図であり，点Eは，線分ADと線分OBとの交点です。(1)，(2)に答えなさい。

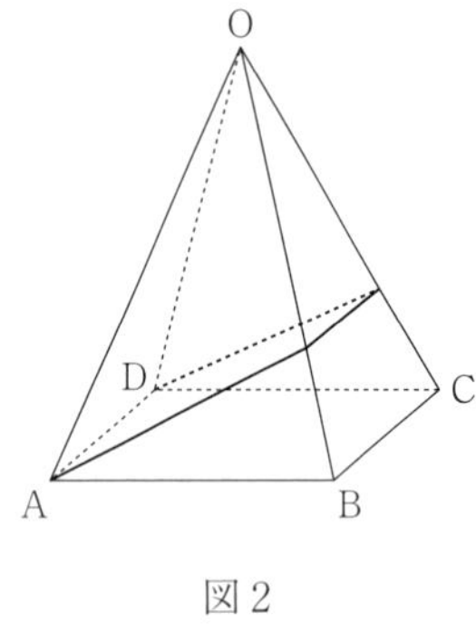

図2

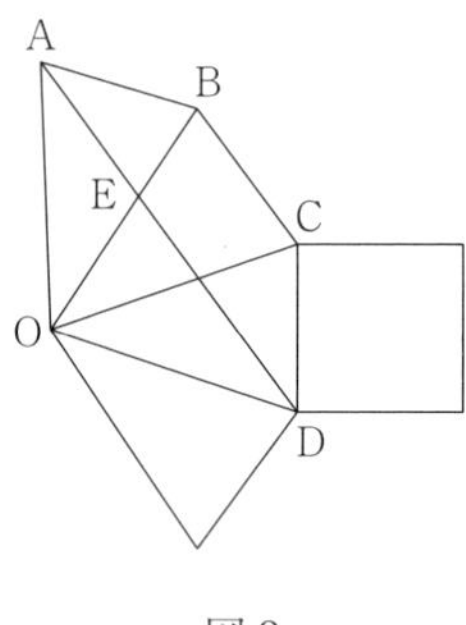

図3

(1)　図3において，△OAB ∽ △AEBであることは次のように証明することができます。(あ)～(う)に当てはまるものとして最も適当なのは，ア～カのうちではどれですか。それぞれ一つ答えなさい。また，(え)には証明の続きを書き，証明を完成させなさい。

(あ)(　　　)　(い)(　　　)　(う)(　　　)

(え)(　　　　　　　　)

証明

△OABと△AEBにおいて，∠AOB ＝ ∠xとすると，
△OABはOA ＝ OBの二等辺三角形だから，∠OAB ＝ (あ) である。
また，△OADは∠AOD ＝ (い)，OA ＝ ODの二等辺三角形だから，

$\angle$OAD = [(う)] である。

[(え)]

△OAB ∽ △AEB である。

ア　$2\angle x$　　イ　$3\angle x$　　ウ　$90^\circ - \angle x$　　エ　$90^\circ - \frac{1}{3}\angle x$　　オ　$90^\circ - \frac{1}{2}\angle x$

カ　$90^\circ - \frac{3}{2}\angle x$

(2)　点 A から点 D までかけたひもの長さを求めなさい。(　　　cm)

英語

時間　45分　　　　満点　70点

（編集部注）放送問題の放送原稿は英語の末尾に掲載しています。
音声の再生についてはもくじをご覧ください。

（注）1　英語で書くところは，活字体，筆記体のどちらで書いてもかまいません。
2　語数が指定されている設問では，「,」や「.」などの符号は語数に含めません。また，「don't」などの短縮形は，1語とします。

1　この問題は聞き取り検査です。問題A～問題Dに答えなさい。すべての問題で英語は2回ずつ読まれます。途中でメモをとってもかまいません。

問題A　(1)，(2)のそれぞれの英文で説明されている内容として最も適当なのは，ア～エのうちではどれですか。一つ答えなさい。(1)(　　　)　(2)(　　　)

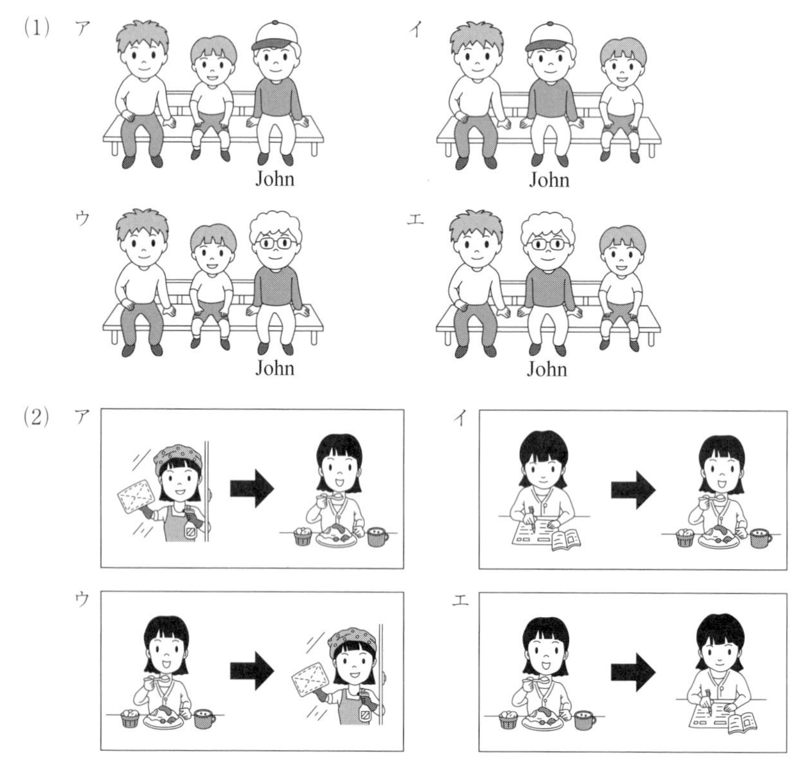

問題B　留学中のHajimeは，外出しているホストファミリーのMaryからの電話を家で受けています。その電話を聞いてHajimeが必要な内容をまとめたメモの (あ) ～ (う) にそれぞれ適当な英語1語を入れなさい。(あ)(　　　)　(い)(　　　)　(う)(　　　)

[Hajimeのメモ]

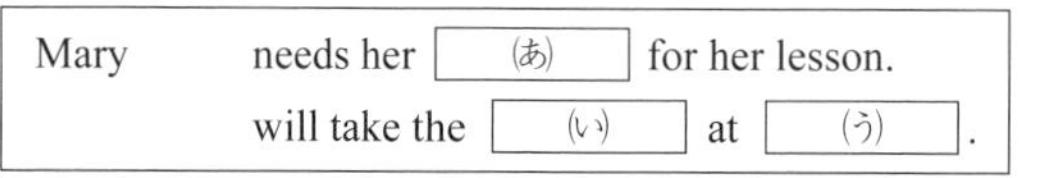

Mary	needs her (あ) for her lesson.
	will take the (い) at (う) .

問題C (1), (2)のそれぞれの会話についての質問の答えとして最も適当なのは，ア～エのうちではどれですか。一つ答えなさい。(1)(　　　) (2)(　　　)

(1) ア To choose a photo.　イ To decide the date.　ウ To send a letter.
エ To take a photo.

(2) ア He went to his uncle's house yesterday.
イ He didn't have a birthday party for Lina.
ウ He can't go shopping with Lina today.
エ He will visit his uncle with Lina tomorrow.

問題D 留学生のYukaにRobが学校を紹介しています。Robの説明を聞いて，(1), (2)に答えなさい。

(1) Robの説明を聞いたYukaがまとめたメモとして，最も適当なのは，ア～エのうちではどれですか。一つ答えなさい。(　　　)

ア
授業：8:30 a.m. ～ 3:30 p.m.
昼食：持参
服装：私服
図書館：放課後　利用可

イ
授業：9:00 a.m. ～ 3:30 p.m.
昼食：持参
服装：私服
図書館：放課後　利用不可

ウ
授業：8:30 a.m. ～ 3:30 p.m.
昼食：持参
服装：制服
図書館：放課後　利用不可

エ
授業：9:00 a.m. ～ 3:30 p.m.
昼食：持参
服装：制服
図書館：放課後　利用可

(2) Robから尋ねられた内容に対して，どのように答えますか。あなたがYukaになったつもりで，書き出しに続けて，[　　]に8語以上の英語を書き，英文を完成させなさい。ただし，2文以上になってもかまいません。

(　　　　　　　　　　　　　　　　　　　　)

Well, I [　　].

2 留学生のAnnと高校生のHaruが，ある商店街（shopping street）にあるシェアスペース（‘share space’）についてのウェブサイトを見ながら会話をしています。次の英文は，そのシェアスペースで行われる催し物の8月のスケジュール（schedule）と2人の会話です。①～⑤に答えなさい。

8月のスケジュール

Events in August at our ‘share space’

Event	Things to do	＊	Date	Time
1	Make a shopping bag out of used kimonos.	10	8/7	2:00 p.m. ～ 3:30 p.m.
2	Bake bread for the next morning.	15	8/13	1:30 p.m. ～ 3:00 p.m.
		15	8/14	1:30 p.m. ～ 3:00 p.m.
3	See Kita High School Band's performance.	—	8/20	11:00 a.m. ～ 11:30 a.m.
4	Make *dango*. You can also buy *dango*.	20	8/28	10:00 a.m. ～ 11:30 a.m.

＊：The number of people who can join each event

About booking

Event 1, 2, 4：Booking is necessary.

Event 3：You do not need a ticket for their [(あ)]. You can come and leave when you like to do so.

For more information, please click on Event 1～4.

Ann：Haru, what are you looking at? ‘Share space’? What is that?

Haru：It's a place. People can use it for several days. At this ‘share space’ along the shopping street in our city, one event is held every weekend. Here's the schedule for August. Let's join one before you go back to America. Which event looks interesting, Ann?

Ann：I like cooking, so this event looks nice.

Haru：Wait, Ann. You can't join this. You're going to leave Japan on Thursday, August 25, but it is held on [(い)], August 28. Instead, how about this? We can make the next day's breakfast.

Ann：Nice. We can also choose which day will be good for us. Look, Haru. I like music, so this also looks interesting.

Haru：Yes. Ann, here's another one. In this event, you can make something Japanese. It won't go bad, and it will be a nice gift for your family.

Ann：Great. My family will be happy to receive it. Haru, let's go to this event together. Do you have any [(う)] time in the afternoon on this day?

Haru：Yes. I'm [(う)] on that day. I'll go with you. I can't wait.

〔注〕make ～ out of … ～を…から作る　kimono 着物　bake bread パンを焼く
dango だんご　booking 予約　information 情報　click on ～ ～をクリックする
along ～ ～に沿って　held *hold*～（～を催す）の過去分詞形　go bad 腐る

① 8月のスケジュールとして，[(あ)]に入れるのに最も適当なのは，ア～エのうちではどれです

か。一つ答えなさい。(　　　)

ア bus　イ concert　ウ garden　エ zoo

② (い) に入れるのに最も適当な曜日を英語1語で書きなさい。(　　　)

③ (う) に共通して入れるのに適当な英語1語を書きなさい。(　　　)

④ Ann と Haru が一緒に行くことにしたものとして最も適当なのは，ア～エのうちではどれですか。一つ答えなさい。(　　　)

ア Event 1　イ Event 2　ウ Event 3　エ Event 4

⑤ 8月のスケジュールと会話から読み取れる内容として最も適当なのは，ア～エのうちではどれですか。一つ答えなさい。(　　　)

ア Event 2 accepts 30 people each day.

イ Event 4 has the shortest opening hours of the four events.

ウ There are two events in the morning in August at this ‘share space.’

エ Ann and Haru will leave Japan on August 25.

3　中学生の Emi は，あるレストランの前で見かけた看板に書かれていた内容を留学生の Jim に紹介するための英文をノートに書いています。Emi が考えている内容を参考にしながら，書き出しに続けて，［①］に 2 語の，［②］に 4 語以上の英語を書き，Emi のノートを完成させなさい。

①(　　　　　　　　　　　　　　　　　　　　　　　　)

②(　　　　　　　　　　　　　　　　　　　　　　　　)

看板

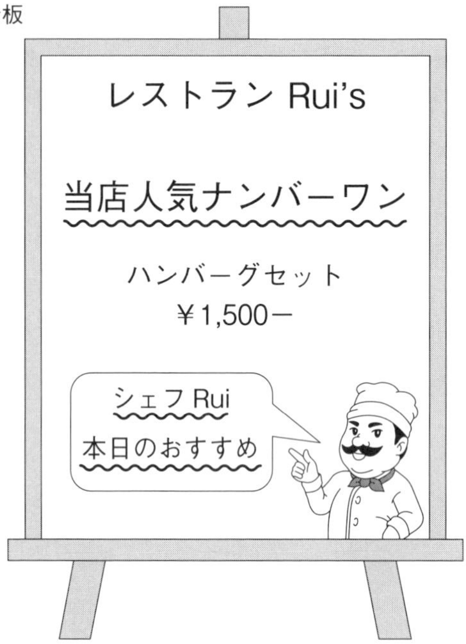

「人気ナンバーワン」の部分を number one で書いてみたけれど，この表現では「人気である」ということが伝わらないかもしれないな。別の表現で書いてみよう。

「おすすめ」の部分は，シェフが私たちにどうしてほしいのかを考えると，知っている単語で表現できそう。

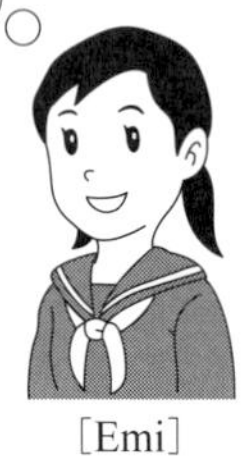

[Emi]

Emi のノート

「当店人気ナンバーワン」

This is the number one food at this restaurant.

→ This is the ［①］ food at this restaurant.

「シェフ Rui 本日のおすすめ」

It is the food that Chef Rui ［②］ today.

4 Glen先生の英語の授業で，中学生のTaku，Nick，Misakiが，自身の中学校における読書の状況についてのグラフ（graph）を見ながら，話し合いをしています。次の英文は，話し合いと，それを聞いてNahoが授業で書いたワークシートです。①～⑥に答えなさい。

■ 話し合い

Mr. Glen：Look at Graph 1. This shows the results of the school survey that you answered. I (あ)find this last week. What can we learn from this graph?

Graph 1

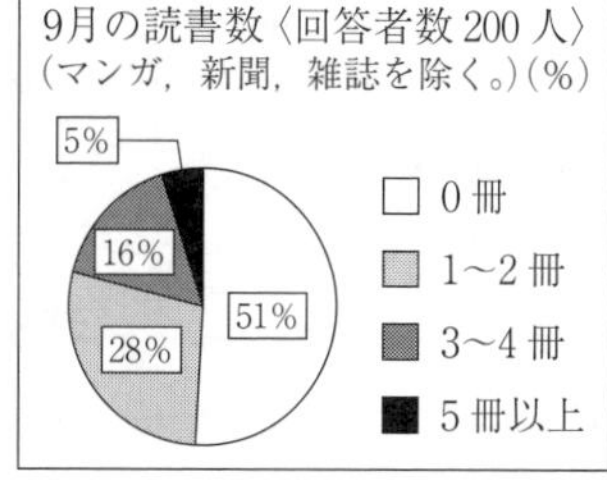

Taku：About [(い)] students read no books in September.

Mr. Glen：Does it mean you don't have a reading habit?

Taku：Yes. We can see that by looking at that graph. Some students don't read books.

Nick：Really? I don't think that is true. That graph shows the number of books that we read in September. We also need to see [(う)].

Mr. Glen：With those data, we can see the changes between months. It is difficult to see everything only with Graph 1. To learn your reading habit, you need more data. Do you have any other ideas?

Misaki：We also need to consider when we answered the survey. We had our school festival in September, and we were busy then. I read books almost every month, but I didn't read any books in September.

Nick：That graph doesn't show that it was difficult for us to have time to read books then. We need to use the data carefully.

Taku：Now I understand. Mr. Glen, do you know why some students didn't read any books then? I think there are some causes of this. If we find them, we can think about ways to improve the situation.

Mr. Glen：OK, let's think about that. The survey asked the students why they didn't read any books in September. I made Graph 2 from the survey results. Now let's guess Reasons (X), (Y) and (Z) in Graph 2.

Graph 2

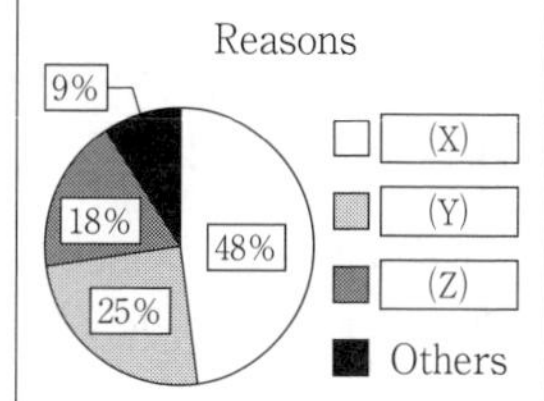

Taku：Maybe they're not interested in reading.

Misaki：Really? Students often say that they are too busy. They say that reading takes a lot of time.

Nick：They don't know which book to read.

Mr. Glen：Now let's check. Nick's idea is Reason (X), Misaki's is Reason (Y), and Taku's is Reason (Z).

Taku：With Graph 2, we can see why they read no books in September.

Mr. Glen：It is difficult to find the [(え)] causes of this situation only by guessing. To find ways to solve a problem, we can use different data and ask "Why?" or "Is that really [(え)] ?" many times. However, there are a lot of things to consider when we use data. What do we need to think about? Please write your idea.

■ Naho が授業で書いたワークシート

> I understand that it is important to have different data. When we use data, I think that it is also important to [(お)] . Some of the data may be wrong. If it is wrong, we can't find ways to improve the situation. We should not easily believe the data that we can get.

〔注〕 survey アンケート調査 reading habit 読書習慣 data データ
consider ～ ～を考慮する cause 原因 situation 状況 wrong 誤っている

① 下線部(あ)の単語を，最も適当な形に変えて書きなさい。(　　　)

② [(い)] に入れるのに最も適当なのは，ア～エのうちではどれですか。一つ答えなさい。(　　　)

ア 10　イ 30　ウ 60　エ 100

③ [(う)] に入れるのに最も適当なのは，ア～エのうちではどれですか。一つ答えなさい。(　　　)

ア where the students often read books in September
イ how many books the students read in other months
ウ what the students thought about the survey
エ how many times the students have answered this survey

④ Graph 2 の [(Y)] , [(Z)] に入れる英語の組み合わせとして最も適当なのは，ア～エのうちではどれですか。一つ答えなさい。(　　　)

ア (Y) I don't like reading.　(Z) I'm very busy.
イ (Y) I'm very busy.　(Z) I don't like reading.
ウ (Y) Books are expensive.　(Z) Reading takes time.
エ (Y) Reading takes time.　(Z) Books are expensive.

⑤ [(え)] に共通して入れるのに最も適当な英語1語を，話し合いの中の生徒の発言から抜き出して書きなさい。(　　　)

⑥ [(お)] に入れるのに最も適当なのは，ア～エのうちではどれですか。一つ答えなさい。(　　　)

ア choose data which must be changed
イ collect data without thinking carefully
ウ check that each data is right
エ use the same data in a different situation

5 次の英文は，中学生のMakiが英語の授業で書いた作文です。①～⑥に答えなさい。

If your toy is broken, what do you do? Do you throw it away and buy a new one? Instead, you can take it to a toy hospital. Toy doctors repair broken toys at toy hospitals. If toys are repaired, you can play with (あ)them again.

I read a newspaper article about toy hospitals two years ago. To know more about them, I worked at Sato Toy Hospital as a volunteer for a month last summer. Mr. Sato is a toy doctor there. He gave me this chance. (い)(ask / job / my / to / was) toy owners what problem their toys had and to help Mr. Sato. During the work, he often said to me, "Though it is sometimes difficult to repair toys, toy doctors do not give up easily."

Mr. Sato taught me how to make new parts for broken toys. Several days later, a boy came to the hospital with his toy, and I gave it my first treatment. I made some parts for the toy, and finished repairing it with some help from Mr. Sato. The treatment went well. The boy said to me, "I'm happy. Thank you." When I heard this, I felt ［(う)］. However, things sometimes did not go well.

One day, a girl visited us with (え)her broken toy. It was a music box. Its condition was not good. I thought that it was impossible for us to repair it, but I did not say this to the girl. Instead, I asked her about the toy's condition, and Mr. Sato listened to her carefully. He said, "Oh, this is from your grandmother. Then it's very important to you. We will take care of this." He looked at the toy carefully, explained how to repair it, and started making some new parts for it. While he was repairing the music box, he showed her that it was getting better. He kept encouraging her, and the girl kept watching him. Finally she said, "It's singing! I'm so happy!" The girl smiled, and Mr. Sato smiled back at her. It was nice to see them, but I did not know what to say to the girl. I only stood by Mr. Sato. I could not help her. I felt bad about that.

After the work, Mr. Sato said to me, "Are you OK? Don't feel so ［(お)］, Maki. How did you feel after your first treatment? You felt happy, right? Don't give up too easily. If toy doctors give up, owners have to say goodbye to their toys." He encouraged me, and I understood why he always listened to toy owners.

The experience at Sato Toy Hospital has taught me (か)another meaning of repairing something broken. When something is repaired, it can be used again. This is one meaning of repairing something broken. It also means thinking about the time that owners have shared with it. To do so, it is important to listen to them. I know that Mr. Sato always does so.

〔注〕 broken 壊れた　throw ～ away ～を捨てる　repair ～ ～を修理する　owner 持ち主
give up あきらめる　parts 部品　treatment 治療，処置　go well うまくいく
music box オルゴール　condition 状態　impossible 不可能な　meaning 意味

① 下線部(あ)が指すのは何ですか。英語1語を同じ段落中から抜き出して書きなさい。（　　　）

② 下線部(い)の語をすべて用いて，意味が通るように並べ替えなさい。ただし，文頭にくる語もす

べて小文字にしてあります。

(　　)

③ [(う)], [(お)] に入れる英語の組み合わせとして最も適当なのは，ア～エのうちではどれですか。一つ答えなさい。(　　　)

ア　(う) glad　　(お) proud

イ　(う) glad　　(お) disappointed

ウ　(う) nervous　　(お) proud

エ　(う) nervous　　(お) disappointed

④ 下線部(え)に関して，Mr. Sato が行ったこととして，当てはまらないものは，ア～エのうちではどれですか。一つ答えなさい。(　　　)

ア　オルゴールの状態を入念にみる　　　　イ　オルゴールの状態を記録する

ウ　オルゴールの修理の仕方を説明する　　エ　オルゴールの修理の様子を見せる

⑤ 下線部(か)の具体的内容を説明する次の文の [(1)], [(2)] にそれぞれ適当な日本語を入れなさい。(1)(　　　　　　　　　　) (2)(　　　　　　　　　　)

壊れたものを修理するということは，持ち主がそれと共有している [(1)] ことを意味している。これには，[(2)] ことが重要である。

⑥ 本文の内容と合っているのは，ア～オのうちではどれですか。当てはまるものをすべて答えなさい。(　　　)

ア　Maki did volunteer activities at Sato Toy Hospital for two years.

イ　Maki brought her broken toy to Sato Toy Hospital and repaired it with Mr. Sato.

ウ　Maki got some help from Mr. Sato when she repaired a toy for the first time.

エ　Maki thought that she and Mr. Sato could not repair the girl's music box.

オ　Maki made some parts for the music box, and the girl finally listened to it again.

〈放送原稿〉

2022 年度岡山県公立高等学校一般入学者選抜入学試験英語の聞き取り検査を行います。

問題A　次の英文が 2 回読まれるのを聞いて，問題用紙の指示に従って答えなさい。

(1) John is a boy wearing a cap. He is sitting between two boys.

(繰り返す)

(2) I cleaned my room after lunch yesterday.

(繰り返す)

問題B　次の英文が 2 回読まれるのを聞いて，問題用紙の指示に従って答えなさい。

Hajime, I need your help. Do you see my dictionary on the desk in my room? I need it for my Japanese lesson. Can you bring it to me? I'm in front of the station. I have to take the train which leaves at eleven, so I don't have time to go back home.

(繰り返す)

問題C　次の会話と質問が 2 回読まれるのを聞いて，問題用紙の指示に従って答えなさい。

(1) A： Eric, which photo should I send to join the contest?

B： All the photos are nice, Meg. You can choose the best one.

A： Really? But I want your advice.

B： It is difficult to decide, but I will try.

Question：What is Meg asking Eric to do now?

((1)を繰り返す)

(2) A： Ken, I want to buy a birthday gift for Jack. Can you come with me now?

B： I wish I could go shopping with you, Lina.

A： Oh, are you busy today?

B： My uncle is going to visit me today. How about tomorrow?

Question：What does Ken mean?

((2)を繰り返す)

問題D　次の英文が 2 回読まれるのを聞いて，問題用紙の指示に従って答えなさい。

Nice to meet you, Yuka. I'm Rob. I will tell you about our school. We have classes from 9:00 a.m. to 3:30 p.m. You have to bring lunch. At school, we wear a school uniform like students in Japan. After school, some students study in the school library. Oh, the library closes at 5 p.m. Other students enjoy playing sports. Actually, I often play sports with my classmates. Yuka, do you like sports? Please tell me more.

(繰り返す)

これで聞き取り検査を終わります。

社会

時間　45分　　　満点　70点

1　光司さんと悠里さんは，「各時代の代表的な建築物」に着目して近世までの歴史的分野の学習をふり返り，次の表を作成しました。①～⑤に答えなさい。

表

建築物	説明
法隆寺	聖徳太子(しょうとくたいし)の建立(こんりゅう)とされる。6世紀に仏教が伝えられたことで，それまでつくられていた［X］に代えて寺院を建立する豪族もあった。
平等院鳳凰堂(ほうおう)	摂政(せっしょう)の後，関白となった藤原頼通(ふじわらのよりみち)が建立した阿弥陀(あみだ)堂。このころ，［Y］の広まりにより，各地に阿弥陀堂がつくられた。
金閣	足利義満(あしかがよしみつ)が建立した。3層構造で，層によって建築の様式が異なっており，貴族と武士の文化が混じり合う特色がみられる。
安土(あづち)城	(a)織田信長(おだのぶなが)が築き，拠点とした。雄大な天守（天守閣）をそなえており，内部は［Z］らによる障壁画（ふすま絵など）でかざられた。
姫路城	3重の堀があるなど，簡単に攻められないように複雑な構造をもっている。(b)江戸時代の間には，何度か城主の交代があった。

①　［X］に当てはまる，土を盛り上げてつくった有力者の墓の総称を何といいますか。(　　　)

②　［Y］，［Z］に当てはまることばの組み合わせとして最も適当なのは，ア～エのうちではどれですか。一つ答えなさい。(　　　)

ア　Y：浄土信仰　　Z：葛飾北斎(かつしかほくさい)

イ　Y：浄土信仰　　Z：狩野永徳(かのうえいとく)

ウ　Y：朱子学　　Z：葛飾北斎

エ　Y：朱子学　　Z：狩野永徳

③　下線部(a)の人物について述べた文として最も適当なのは，ア～エのうちではどれですか。一つ答えなさい。(　　　)

ア　物価の急激な上昇をおさえるため，株仲間を解散させた。

イ　国ごとに守護を，荘園(しょうえん)や公領ごとに地頭を置くことを朝廷に認めさせた。

ウ　ものさしやますなどを統一し，同じ基準による検地を全国で実施した。

エ　自由な交通を可能にするため，征服地の関所の廃止をすすめた。

④　下線部(b)について，光司さんは，江戸時代の建築物について調べる中で，次のような法令の資料を見つけました。資料の［　　］には，城に関わる内容が書かれています。この法令が出された目的にもとづいて，［　　］に当てはまる適当な内容を書きなさい。

(　　　　　　　　　　　　　　　　　　　　　　　　　　　　　)

資料

一　学問と武道にひたすらはげむようにせよ。
一　[　　　　]。
一　幕府の許可がなく，かってに結婚してはいけない。
一　大名が自分の領地と江戸とを交代で住むように定める。
一　500石(こく)以上積める船をつくることを禁止する。

(注)　1615年，1635年に出された法令の抜粋，要約。

⑤　次は，光司さん，悠里さんと先生との会話です。(1)，(2)に答えなさい。

会話

先生：表をまとめてみて，印象に残ったことや気づいたことがありましたか。
光司：金閣が印象に残りました。足利義満は，[　　　]を実現して約60年にわたる内乱（動乱）を終わらせ，朝廷の様々な権限を幕府に吸収したと学習しました。そうした中で建立された金閣は，武家社会がそれまで以上に大きな力をもつようになったことをあらわしているように感じます。
悠里：私は，法隆寺のように，その時代の他国との関係や，他国からもたらされた文化の影響が建築物にもあらわれることに興味をもちました。その視点からもう少し調べてみようと思います。

(1)　[　　　]に当てはまる適当な内容を書きなさい。(　　　　)

(2)　会話の後，悠里さんが調べた次のア～ウの内容が，年代の古いものから順に並ぶように記号で答えなさい。(　　→　　→　　)

ア　東大寺南大門は，源平(げんぺい)の争乱（内乱）の後，宋(そう)の様式を取り入れて再建された。
イ　首里城は，明(みん)や朝鮮などとの中継貿易で栄えた琉球(りゅうきゅう)王国の王宮とされた。
ウ　大宰府(だざいふ)は，唐(とう)や新羅(しらぎ)との外交や防衛にあたるために九州北部に設置された。

2　次の図1は緯線と経線が直角に交わる地図であり，緯線は赤道から，経線は本初子午線からいずれも40度間隔です。また，図2は面積が正しい地図です。①～④に答えなさい。

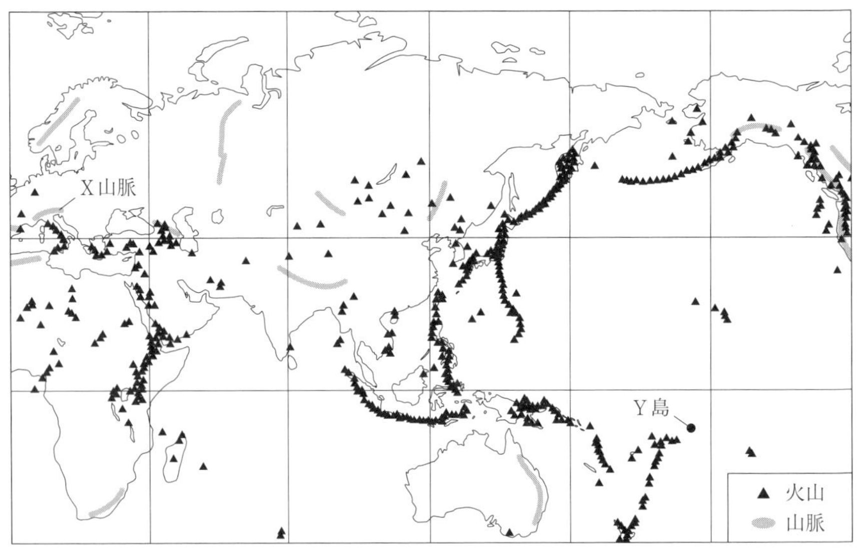

(内閣府 Webページなどから作成)

図1

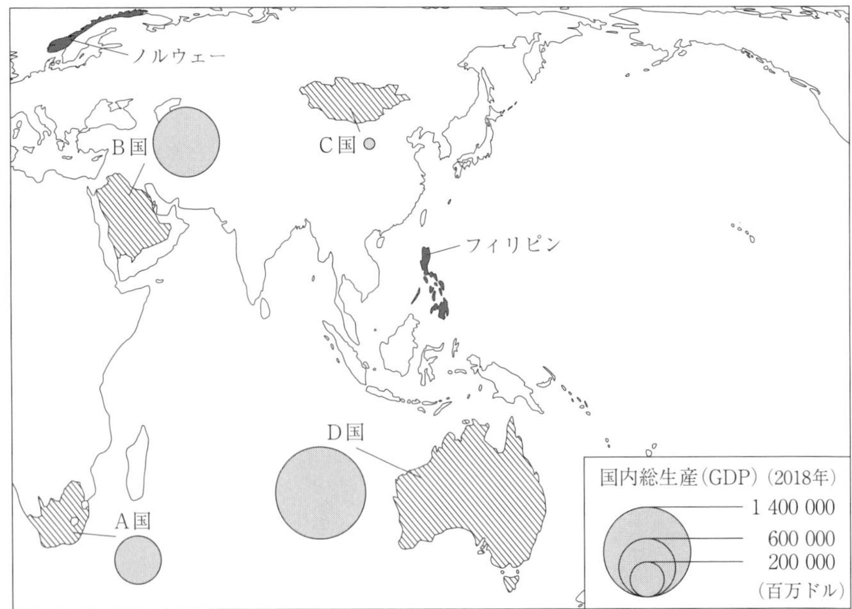

(「世界国勢図会 2020/21」から作成)

図2

① 図1は，おもな火山と山脈の位置を表しています。Xの山脈名を書きなさい。(　　　山脈)

資料

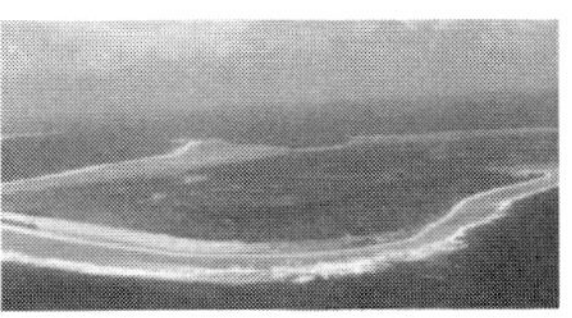

② 右の資料は，図1のY島の写真です。Y島の伝統的な料理の説明として最も適当なのは，ア～エのうちではどれですか。一つ答えなさい。(　　　)

ア　乾かしたじゃがいもを水でもどして煮込み，スープにする。

イ　タロいもや肉をバナナの葉で包み，蒸し焼きにする。

ウ　野菜やチーズを小麦粉の薄い生地で包み，オーブンで焼く。

エ　とうもろこし粉のパンに肉や野菜をのせ，とうがらしのソースをかける。

③　図2は，A～Dの4か国の国内総生産（GDP）を表しており，右の表1は，図2と同じA～Dの4か国の人口数を示しています。この4か国について述べた文として適当なのは，ア～エのうちではどれですか。当てはまるものをすべて答えなさい。(　　　)

ア　A国は，4か国のうちで人口密度が最も高い。

イ　B国は，4か国のうちで一人当たりのGDPが最も高い。

ウ　C国は，東経60度よりも東に位置している。

エ　D国は，大西洋とインド洋に面している。

表1

	人口(千人)
A国	57 398
B国	33 554
C国	3 122
D国	24 772

(注)　統計年次は2018年。

(「世界国勢図会 2018／19」から作成)

④　図2のフィリピン，ノルウェーについて，(1)，(2)に答えなさい。

(1)　フィリピンでは，キリスト教を信仰する人が国民の大半を占(し)めています。16世紀にフィリピンを植民地としてキリスト教を布教し，アジアでの貿易の拠点をおいた国は，ア～エのうちのどれですか。一つ答えなさい。(　　　)

ア　インド　　イ　エジプト　　ウ　スペイン　　エ　アメリカ合衆国

(2)　次の表2は，フィリピン，ノルウェー，日本の発電方法別の発電量を示しています。フィリピンが当てはまるのは，表2のアとイのどちらですか。一つ答えなさい。また，そのように判断できる理由を，図1と表2の内容をもとにして，解答欄の書き出しに続けて書きなさい。

選択(　　　)　理由(フィリピンは，　　　　　　　　　　　　　　　　　　　　)

表2　発電方法別の1年間の発電量(億kWh)

	火力	水力	風力	太陽光	地熱	原子力
ア	770	94	12	12	104	—
イ	32	1 395	39	0	—	—
日本	8 236	874	65	185	21	621

(注)　—は皆無なことを示している。統計年次は2018年。

(「世界国勢図会 2021／22」から作成)

3　夏樹さんは，2025年に大阪で万博が開催予定であることを知って興味を持ち，万博について調べて発表することにしました。次は，夏樹さんが準備した発表用メモと資料です。①～⑥に答えなさい。

発表用メモ

万博と我が国の歴史

○万博（国際博覧会）とは

・広くいろいろな国や人に新しい文化や技術を紹介し，将来の展望を示すことを目的として複数の国が展示を行う博覧会である。

・世界最初の万博は(a)イギリスのロンドンで開催された。その後しばらくは，いち早く近代化を成し遂げた欧米諸国の都市での開催が続いた。

○我が国と万博

・1867年，フランスのパリでの万博に(b)幕府や薩摩(さつま)藩などが出品した。続いてオーストリアのウィーンでの万博に政府が公式参加し，その後も様々な万博に参加した。

・(c)不平等条約の改正や近代化を進めた我が国は，万博の主催を目指したが，国内外の事情により，(d)計画は中止，延期となった。

・初めての主催は，(e)冷戦期の国際関係の中，戦後復興，独立を果たし，高度経済成長期にあった1970年のことである。

資料

年	万博に関するできごと	国内外のできごと（年）
1867 1873	パリ万博に幕府，薩摩藩，佐賀藩が出品 ウィーン万博に明治政府が参加	X（1867）
		日露戦争（1904～05）
1912	万博主催の計画（中止となる）↕ Y	
		第一次世界大戦（1914～18） 日中戦争（1937～45）
1940	万博主催の計画（延期となる）	
		太平洋戦争（1941～45） サンフランシスコ平和条約（1951）
1970	大阪で「日本万国博覧会」を主催	

①　下線部(a)の国について述べた文として適当なのは，ア～エのうちではどれですか。当てはまるものをすべて答えなさい。（　　　）

ア　奴隷(どれい)の制度などをめぐって南北戦争がおこり，北部が勝利した。

イ　国王を追放し，新たな王を迎える名誉革命が成功した。

ウ　革命の中でナポレオンが権力を握り，皇帝となった。

エ　世界で最初に産業革命が始まった。

②　下線部(b)に関して，資料の X に当てはまる，将軍であった徳川慶喜(とくがわよしのぶ)が朝廷に政権を返上したできごとを何といいますか。（　　　）

③　下線部(c)について述べた次の文章の ＿＿ に当てはまることばを書きなさい。（　　　）

ロシアを警戒するイギリスが交渉に応じ，日本は1894年に ＿＿ の撤廃に成功しました。その後，他の欧米諸国とも同様の条約改正が実現し，日本で罪を犯した外国人は日本の法にもとづいて裁かれるようになりました。

④ 下線部(d)に関して，資料のYの期間のできごととして適当でないのは，ア～エのうちではどれですか。一つ答えなさい。(　　　)

ア 二・二六事件　　イ 護憲運動　　ウ ワシントン会議　　エ 財閥解体

⑤ 下線部(e)に関して述べたア～エを，年代の古いものから順に並ぶように記号で答えなさい。

(　　→　　→　　→　　)

ア 日ソ共同宣言に調印した後，日本は国際連合に加盟した。

イ 朝鮮戦争の影響で，日本の経済は好景気となった。

ウ 東西ドイツの統一を受け，ドイツにある日本大使館も統合された。

エ 日中共同声明に調印し，日本と中国との国交は正常化した。

⑥ 夏樹さんは，図を用いて下のようにまとめを作成しました。図は，日本の製造業の生産量と生産にともなうエネルギーの消費量の推移を，1973年を100とする指数で表しています。□に当てはまる適当な内容を，図から読み取れる変化に着目し，1973年に発生したできごとにふれながら書きなさい。

(　　　　　　　　　　　　　　　　　　　　　　　　　　　　)

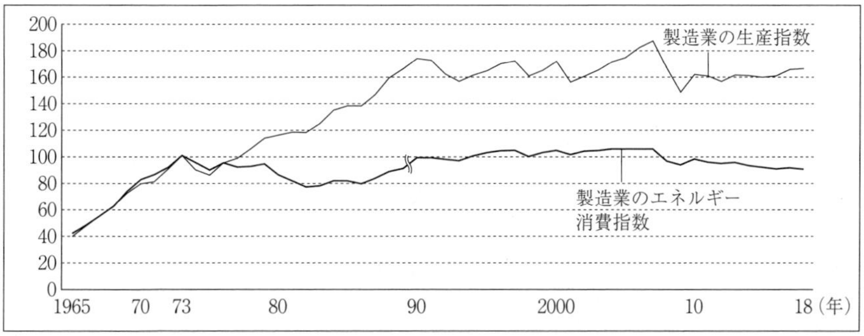

(注) ≀≀は，前後で統計をとる方法が異なるため連続しない。製造業は，金属工業，化学工業，機械工業など，製品の製造を行う事業。エネルギーは，石油，石炭，電力など。

(経済産業省 資源エネルギー庁「令和元年度エネルギーに関する年次報告」から作成)

図

> 我が国は，念願であった万博の主催により，経済発展の様子を世界に発信したのだと感じました。その後，図からわかるように，世界の経済が大きな打撃を受けた，1973年の□ことなどによって乗りきり，経済大国へと成長しました。次の大阪・関西万博では，どのようなことが発信されるのか楽しみです。

4　優希さんは，ケーキを作るための材料を買いにスーパーマーケットへ行きましたが，イチゴが手に入りませんでした。優希さんは，なぜ売り場にイチゴがないのかと疑問を感じ，イチゴについて調べ，資料を作成しました。①～④に答えなさい。

資料1　全国のイチゴの産出額とその上位5県

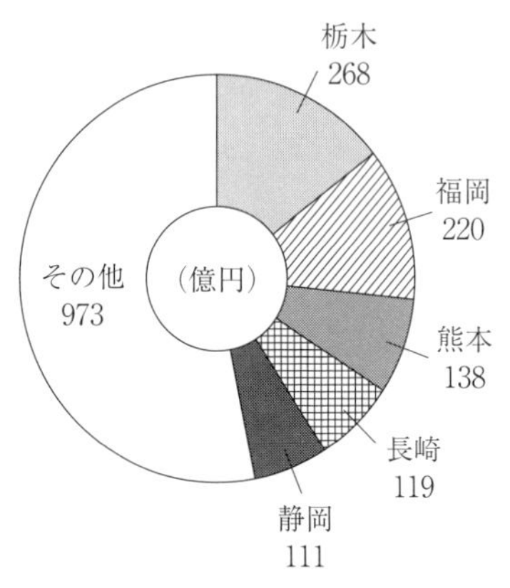

資料2　県別のイチゴの作付面積と収穫量

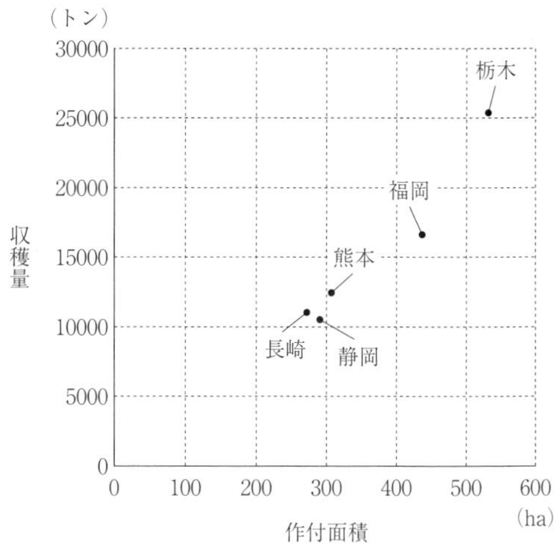

(注)　統計年次は資料1，資料2ともに2019年。

(資料1，資料2ともに農林水産省統計から作成)

① 資料1，資料2から読み取れる内容として適当なのは，ア～エのうちではどれですか。一つ答えなさい。(　　　)

ア　イチゴの産出額は，上位5県で全国の半分以上を占めている。

イ　イチゴの産出額の上位5県の順番は，作付面積の大きい順と同じである。

ウ　イチゴの産出額の上位5県の順番は，収穫量の多い順と同じである。

エ　作付面積1ha当たりのイチゴの収穫量は，資料の5県のうちで福岡県が最も多い。

② 優希さんは，資料1の上位5県の産業について調べ，表にまとめました。次の資料3はその一部です。静岡県が当てはまるのは，ア～エのうちのどれですか。一つ答えなさい。(　　　)

資料3

県	農業産出額(億円)				製造品出荷額等(億円)	貨物輸送量			
		米	野菜	畜産		鉄道(万トン)	自動車(万トン)	海上(万トン)	航空(トン)
ア	1 979	198	607	461	172 749	73	12 828	844	372
イ	3 364	368	1 220	1 148	28 706	24	5 907	745	9 821
福岡	2 027	376	702	389	99 760	122	19 409	5 288	107 150
ウ	1 513	116	453	558	17 385	3	3 338	312	9 341
エ	2 859	671	784	1 156	90 110	52	8 963	—	—

(注)　—は皆無なことを示している。統計年次は2019年。

(「データでみる県勢2022」から作成)

③ 優希さんは，栃木県でのイチゴの栽培について，資料4を用いて次のようにまとめました。(1)，(2)に答えなさい。

資料4の矢印は［X］の風向きを表しています。栃木県は，この風と県北西部の山地の影響で［Y］に晴れる日が多く，日照時間が長くなります。また，日本最大の流域面積を持つ［Z］の支流である渡良瀬(わたらせ)川や鬼怒(きぬ)川など，県内に複数の大きな河川があり，水資源が豊富です。このような自然環境を生かしたイチゴの栽培が行われています。

資料4

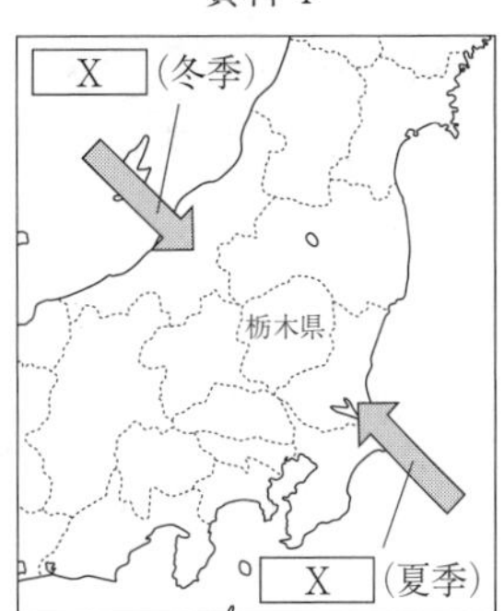

(1) ［X］に当てはまる風の名称を書きなさい。(　　　)

(2) ［Y］，［Z］に当てはまることばの組み合わせとして最も適当なのは，ア～エのうちではどれですか。一つ答えなさい。(　　　)

ア　Y：夏　Z：利根(とね)川　イ　Y：夏　Z：信濃(しなの)川　ウ　Y：冬　Z：利根川

エ　Y：冬　Z：信濃川

④ 優希さんは，資料5，資料6を見つけ，下のようにまとめました。資料5はイチゴの品種の説明であり，資料6は全国の卸売市場でのイチゴの月別取扱量とその1kg当たりの平均価格を示したグラフです。［　　］に当てはまる適当な内容を書きなさい。

(　　　　　　　　　　　　　　　　　　　　　　　　　　　　)

資料5

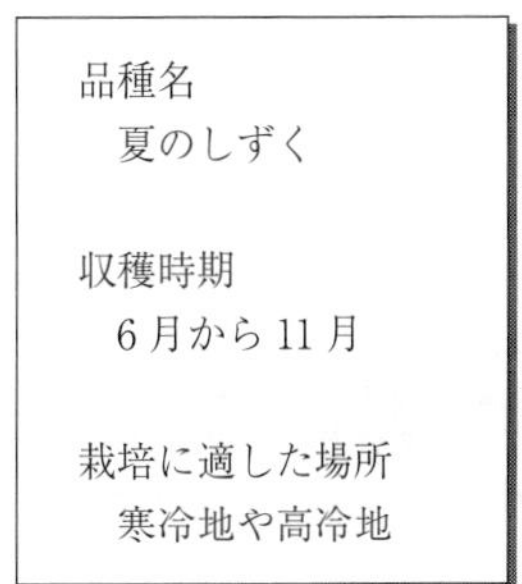
品種名
夏のしずく

収穫時期
6月から11月

栽培に適した場所
寒冷地や高冷地

(農業・食品産業技術総合研究機構 Web ページから作成)

資料6　全国主要都市卸売市場のイチゴの月別取扱量と平均価格

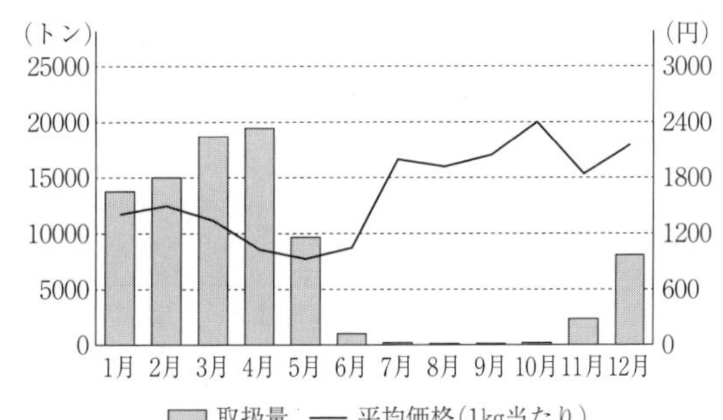

(注) 統計年次は2019年。

(農林水産省「青果物卸売市場調査報告」から作成)

資料5の「夏のしずく」は，2021年に新たに育成されたイチゴの品種です。資料6から，この「夏のしずく」は，［　　　　］ことをねらいとして開発されたと考えられます。このような品種の栽培が盛んになれば，イチゴ農家の収益が上がるとともに，売り場からイチゴがなくなることは減るかもしれません。

5 真紀さんのクラスでは，「公正な社会に向けて」というテーマで調べ，発表する学習を行いました。次の図は，学習のはじめにテーマからイメージしたことをまとめたものであり，各班はこの図の中から調べる内容を決めました。①～⑤に答えなさい。

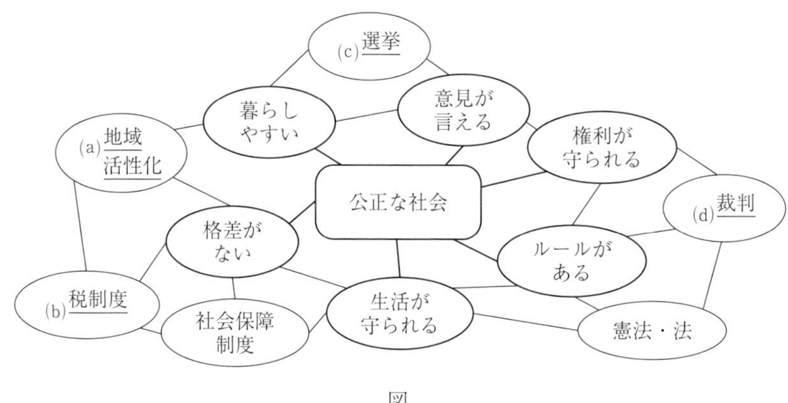

図

① 下線部(a)について，1班が発表を行いました。(1)，(2)に答えなさい。

(1) 次の資料1は，1班が作成した，自分たちが暮らすA県と近隣のB県の歳入を示したグラフです。資料1について説明した下のXとYの文について，内容の正誤を表したものとして最も適当なのは，ア～エのうちではどれですか。一つ答えなさい。ただし，資料1の「その他」は依存財源に含めないものとします。(　　　)

資料1

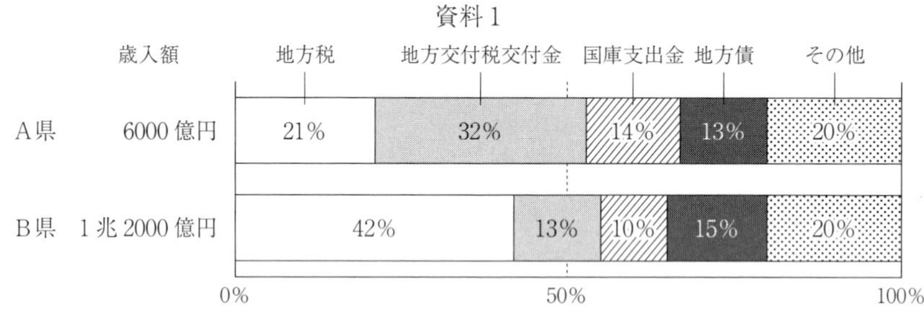

X 歳入に占める依存財源の割合は，A県の方がB県よりも高い。

Y 地方公共団体間の財政の格差を減らすために国から配分された資金の額は，A県の方がB県よりも多い。

ア X，Yのどちらも正しい。　イ Xのみ正しい。　ウ Yのみ正しい。

エ X，Yのどちらも誤っている。

(2) 1班は，発表の中で，日本における地方自治について説明しました。内容が誤っているのは，ア～エのうちではどれですか。一つ答えなさい。(　　　)

ア 住民の直接選挙で地方議会の議員が選ばれ，地方議会で首長が選出される。

イ 住民には，直接民主制の考え方が取り入れられた直接請求権が認められている。

ウ 住民は，必要数の有権者の署名を集めることで首長の解職を請求できる。

エ 住民は，必要数の有権者の署名を集めることで条例の制定を請求できる。

② 下線部(b)について調べた2班は，日本の所得税における課税対象の所得と税率の区分を示した

表を用いて，下のように発表しました。表の X に当てはまるのは，アとイのどちらですか。一つ答えなさい。また，文章の Y に当てはまる適当な内容を，課税の仕組みの名称を含めて書きなさい。

X(　　　)　Y(　　　　　　　　　　　　　　　　　　　　　　　)

表

課税対象の所得	税率	ア	イ
4,000万円超	X	5%	45%
1,800万円超～4,000万円以下		10%	40%
900万円超～1,800万円以下		20%	33%
695万円超～900万円以下		23%	23%
330万円超～695万円以下		33%	20%
195万円超～330万円以下		40%	10%
195万円以下		45%	5%

消費税は，すべての人が同じ税率で税を負担することから，逆進性があるとの指摘があります。一方で，所得税は，表のように Y しています。こうした性格の異なる税を組み合わせ，公正な税の負担を目指しているのだと考えました。

③ 下線部(c)について調べた3班は，選挙の原則について，資料を用いて次のように説明しました。□に当てはまることばを書きなさい。

(　　　)

公正な選挙のため，日本国憲法で定められた選挙の原則の一つに，□選挙があります。この原則により，現在の国会議員の選挙などでは，資料2のような，投票者の氏名を書く欄のない投票用紙を用います。

資料2

第〇回 衆議院
小選挙区選出議員選挙投票
〇注 意
一 候補者の氏名は、欄内に一人書くこと。
二 候補者でない者の氏名は、書かないこと。
候補者氏名
選挙管理委員会の印

④ 下線部(d)について，4班が発表を行いました。(1)，(2)に答えなさい。

(1) 発表では，日本の司法の制度について説明しました。内容が誤っているのは，ア～エのうちではどれですか。一つ答えなさい。(　　　)

ア 間違った判決を防ぎ，人権を守るための仕組みとして，一つの内容について3回まで裁判を受けられる制度がある。

イ 一部の裁判員の判断が判決に大きな影響を与えることもあるため，殺人などの重大事件は裁判員裁判の対象から除かれる。

ウ 公正な裁判の実施のために，裁判所は国会や内閣からの干渉を受けないという原則がある。

エ 裁判を国民にとってより身近で利用しやすくするため，司法制度改革が進められてきている。

(2)　日本の裁判所がもつ権限について説明した次の文章の[　　]に当てはまる適当な内容を書きなさい。(　　　　　　　　　　　　　　　　　　　　)

裁判所には，内閣が定める命令，規則，処分や，国会が制定する法律が[　　　　]する権限があります。特に，最高裁判所は，最終的な決定権をもつことから「憲法の番人」とも呼ばれます。

⑤　次は，学習の終わりに真紀さんが書いたふり返りの一部です。(1)，(2)に答えなさい。

> 今回の学習を終え，私は「持続可能な開発目標（SDGs）」についての授業を思い出しています。目標の達成に向け，(e)国際連合（国連）や各国の政府だけでなく，(f)非政府組織や企業，そしてわたしたち市民が協力して取り組むことが重要だと学習しました。公正な社会の実現に向けても，一人一人が自分に何ができるのかを考え，実際に行動していくことが大切なのだと思います。

(1)　下線部(e)について述べた文として最も適当なのは，ア～エのうちではどれですか。一つ答えなさい。(　　　)

ア　各国の保護貿易の強化をおもな目的として設立された国際機構である。
イ　総会で加盟国が投票できる票数は，国連予算の分担の割合によって異なる。
ウ　日本は常任理事国として安全保障理事会に参加し，重要な役割を担っている。
エ　国際法上の問題に関する紛争についての裁判を行う機関が設置されている。

(2)　下線部(f)をアルファベットの略称で書きなさい。(　　　)

理科

時間 45分　　満点 70点

1 次の①～⑦に答えなさい。

① 電池について説明した，次の文の (あ) と (い) に当てはまる適当な語を書きなさい。

(あ)(　　　) (い)(　　　)

アルカリ乾電池などの電池は，化学変化を利用して，物質がもつ (あ) エネルギーを (い) エネルギーに変換する装置である。

② 燃料電池において，水素と酸素が反応して水ができるときの化学変化を化学反応式で表しなさい。(　　　　　　)

③ ヒトにおいて，刺激に対して無意識に起こる反射の例として最も適当なのは，ア～エのうちではどれですか。一つ答えなさい。(　　)

ア 後ろから名前を呼ばれて返事をする。

イ 暗いところから明るいところへ行くとひとみが小さくなる。

ウ 飛んできたボールを手で受け止める。

エ スマートフォンの着信音を聞いてメールを確認する。

④ クジラのひれ，ヒトのうで，コウモリの翼の骨格を比べてみると，基本的なつくりに共通点が見られます。このように，現在のはたらきや形は異なっていても，基本的なつくりが同じで，起源が同じであったと考えられる器官を何といいますか。(　　)

⑤ 図のように，コイルと検流計をつなぎ，固定したコイルに棒磁石のＮ極を近づけると，検流計の針が右に振れました。コイルと検流計のつなぎ方は変えずに，棒磁石やコイルを動かしたとき，検流計の針が右に振れるのは，ア～エのうちではどれですか。一つ答えなさい。(　　)

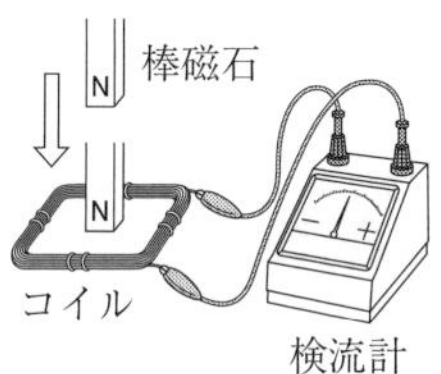

図

ア
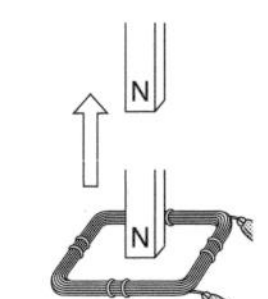

固定したコイルから，棒磁石のＮ極を遠ざける。

イ
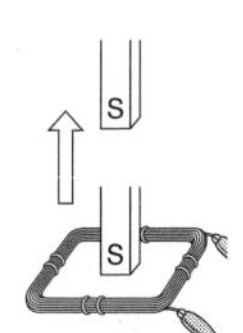

固定したコイルから，棒磁石のＳ極を遠ざける。

ウ
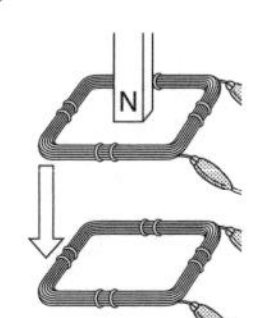

固定した棒磁石のＮ極から，コイルを遠ざける。

エ
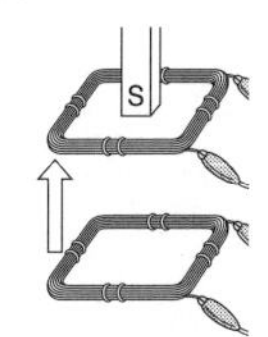

固定した棒磁石のＳ極に，コイルを近づける。

⑥ 消費電力が500W の電子レンジで加熱調理を60秒間行うときに消費する電力量は，消費電力が1500W の電子レンジで加熱調理を何秒間行うときに消費する電力量と等しいですか。時間〔秒〕を答えなさい。(　　秒)

⑦ 表は，南に海が広がる海岸沿いのある地点における気象の観測データです。(1)，(2)に答えなさい。

表

時刻	3時	6時	9時	12時	15時	18時	21時	24時
気温〔℃〕	15.3	14.7	22.2	24.9	26.3	24.3	19.2	17.7
天気	晴れ	晴れ	晴れ	晴れ	晴れ	晴れ	晴れ	晴れ
風向	北北東	北北西	東北東	南	南西	南南東	北東	北
風力	1	1	2	2	2	1	1	1

(1)　表の15時の天気，風向，風力を表した記号として適当なのは，ア～エのうちではどれですか。一つ答えなさい。(　　　)

(2)　表の観測データから，この地点では日中と夜間で海風と陸風が入れかわる現象が確認できました。日中に海側から陸地側へ海風がふく理由を説明した，次の文章の (a) ～ (c) に入ることばの組み合わせとして最も適当なのは，ア～エのうちではどれですか。一つ答えなさい。(　　　)

海の水は，陸地の岩石に比べて， (a) 性質がある。日中に太陽光が当たると海上よりも陸上の気温の方が (b) なり，陸地付近の大気が (c) するため，海側から陸地側へ風がふく。

	(a)	(b)	(c)
ア	あたたまりやすく冷えやすい	低く	上昇
イ	あたたまりやすく冷えやすい	低く	下降
ウ	あたたまりにくく冷えにくい	高く	上昇
エ	あたたまりにくく冷えにくい	高く	下降

2 台車にはたらく力と速さの関係を調べる実験と考察を行いました。①～⑥に答えなさい。ただし，摩擦や空気の抵抗，記録テープの重さは考えないものとします。

【実験】

〈1〉 水平な机に台車を置き，記録タイマー（1秒間に60回打点するもの）に通した記録テープを台車にとりつける。

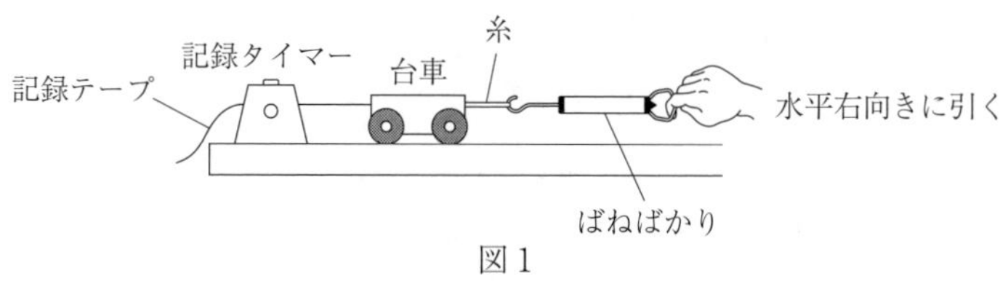

図1

〈2〉 図1のように台車を引くために糸の先に(a)ばねばかりをとりつけ，台車を引く力を常に1.2Nで一定になるようにして水平右向きに引く。

〈3〉 約1.0秒後に台車を引くのをやめる。

【結果】

一定の力を加えて台車を引いている間に記録された記録テープを0.1秒ごとに区切って各区間の長さを計測し，平均の速さを計算したところ，表のようになった。

表

区間	I	II	III	IV	V
時間〔秒〕	0～0.1	0.1～0.2	0.2～0.3	0.3～0.4	0.4～0.5
テープの長さ〔cm〕	0.6	1.8	3.0	4.2	5.4
平均の速さ〔cm/秒〕	6.0	18	30	42	54

台車を引くのをやめた後の記録テープの打点の間隔は均等であった。

【考察】

台車に常に一定の力を加えて引いている間は，台車の速さが一定の割合で増加していることがわかる。

また，(b)台車を引くのをやめた後は，台車の速さは変化していないことがわかる。

① 下線部(a)について，ばねを引く力の大きさとばねの伸びは比例の関係にあります。この法則を何といいますか。(　　　の法則)

② 図2は，実験に使用したばねばかりの，ばねを引く力の大きさとばねの伸びの関係を表しています。このばねの伸びが1.0cmのとき，ばねを引く力の大きさは何Nですか。(　　　N)

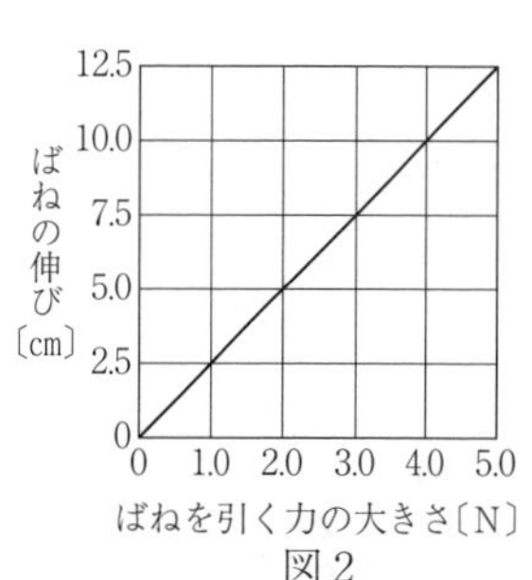

図2

③　図３は，記録テープと打点のようすを模式的に表しています。0.1秒ごとにテープを区切る位置として最も適当なのは，図３のA～Gのうちではどれですか。一つ答えなさい。(　　　)

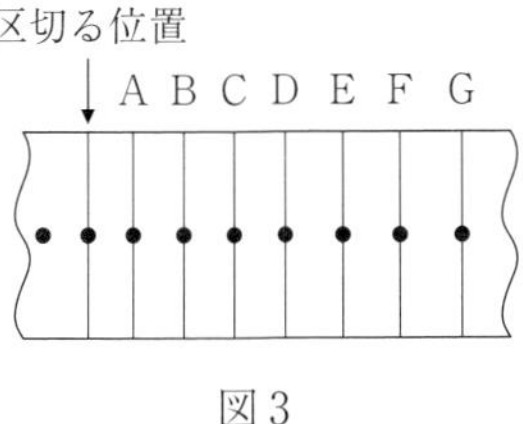

図３

④　表をもとに，力を加えて台車を引いているときの，時間と台車の平均の速さとの関係を表したグラフをかきなさい。

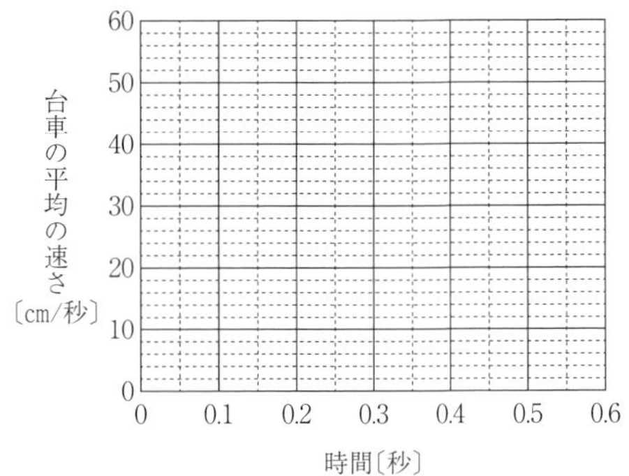

⑤　表のⅠ～Ⅴの区間（0～0.5秒の間）において，台車を引く力が台車にした仕事は何Jですか。(　　　J)

⑥　下線部(b)について，台車を引くのをやめた後の台車にはたらいている力をすべて表したものとして最も適当なのは，ア～エのうちではどれですか。一つ答えなさい。ただし，このときの台車は図４のように模式的に表しています。また，台車にはたらく力は矢印で示しており，一直線上にある力については，見やすさを考えて力の矢印をずらしています。(　　　)

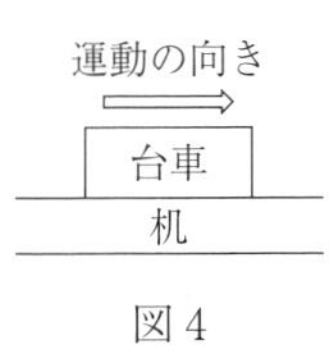

図４

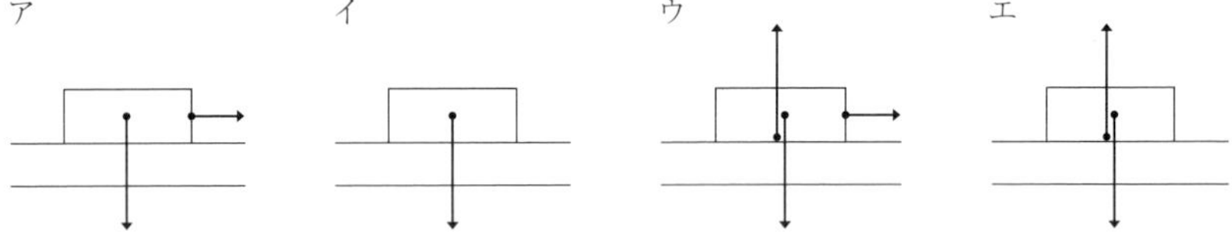

3 香奈さんは，授業の中で，性質をもとに物質の種類を調べる実験を行いました。次は，そのときの先生との会話と実験です。①～⑥に答えなさい。

〈会話〉

先生：4種類の白い粉末状の物質A～Dを用意しました。物質A～Dはデンプン，食塩（塩化ナトリウム），砂糖（ショ糖），重曹（炭酸水素ナトリウム）のいずれかです。そのうち，物質A，B，Cの3種類を実験で調べてみましょう。

香奈：物質Dは調べなくても良いのですか。

先生：物質Dは，実験の結果から判断できるか考えてみましょう。

【実験1】 物質A，B，Cを少量ずつ燃焼さじに取り，(あ)ガスバーナーで加熱し，加熱した後のようすを観察する。

【実験2】 物質A，B，Cを4.0gずつはかりとり，水50gに加えて溶かす。

【実験3】 物質A，B，Cを少量ずつペトリ皿に取り，ヨウ素液を加えて色の変化を見る。

【結果】

実験	物質A	物質B	物質C
1	炭になった	炭になった	白い物質が残った
2	ほとんど溶けなかった	すべて溶けた	すべて溶けた
3	青紫色に変化した	変化しなかった	変化しなかった

先生：実験の結果から，それぞれの物質は何かわかりますか。

香奈：(い)実験から物質AとBは判断できますね。でも，物質Cが何かはわかりません。

先生：では，どんな性質に注目すると，物質CとDが何か判断できるでしょうか。

香奈：物質CとDは，両方とも水に溶かしたときに電流が流れる □ とよばれる物質であると考えられるので，水溶液に電流を流す実験では判断できないと思います。水溶液のpHに注目すれば，判断できるのではないでしょうか。

先生：そうですね。水溶液のpHを調べる以外に，何か方法はありませんか。

香奈：その物質を加熱してできる物質に注目して調べればいいと思います。

先生：では，(う)物質CとDそれぞれの水溶液のpHを調べる実験と，物質CとDそれぞれを加熱してできる物質を調べる実験を行ってみましょう。

① 下線部(あ)について，図は，ガスバーナーを模式的に表したものです。ガスバーナーに火をつけた後，炎を調節するための操作として適当なのは，ア～エのうちではどれですか。一つ答えなさい。(　　　)

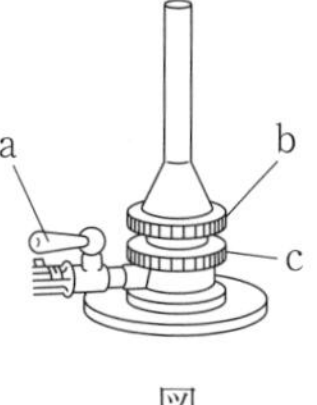

図

ア aでガスの量を調節し，bで空気の量を調節する。

イ aでガスの量を調節し，cで空気の量を調節する。

ウ bでガスの量を調節し，cで空気の量を調節する。

エ cでガスの量を調節し，bで空気の量を調節する。

② 下線部(い)について，物質Aとして適当なのは，ア～エのうちのどれですか。一つ答えなさい。

(　　　)

ア　デンプン　　イ　食塩　　ウ　砂糖　　エ　重曹

③　【実験2】において，物質Bを溶かしてできた水溶液の質量パーセント濃度は何%ですか。小数第2位を四捨五入し，小数第1位まで書きなさい。(　　　%)

④　食塩を完全に溶かしたときの，食塩水のようすを表したモデルとして最も適当なのは，ア～エのうちではどれですか。一つ答えなさい。ただし，「⊕」はナトリウムイオンを，「⊖」は塩化物イオンを表すものとします。(　　　)

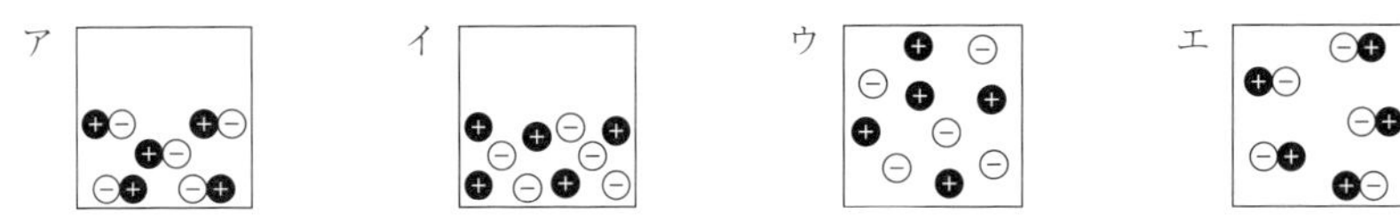

⑤　〈会話〉の[　　　]に当てはまる適当な語を書きなさい。(　　　)

⑥　下線部(う)の実験とその結果として適当でないのは，ア～オのうちではどれですか。すべて答えなさい。(　　　)

ア　水溶液にフェノールフタレイン溶液を加えて，うすい赤色に変化すれば重曹である。

イ　水溶液を青色リトマス紙につけて，赤色に変化すれば重曹である。

ウ　加熱してできた液体を青色の塩化コバルト紙につけて，うすい赤色に変化すれば重曹である。

エ　加熱して発生した気体を石灰水に通して，白くにごれば重曹である。

オ　加熱して残った白い物質の水溶液にフェノールフタレイン溶液を加えて，色が変化せず，無色のままであれば重曹である。

4 田中さんと松本さんは天体の動きを観察するために，スマートフォンを使って動画を撮影することにしました。記録1と記録2は，田中さんが岡山県の自宅において，スマートフォンを真南に向けて固定し，南の空を撮影したときのものです。①～⑤に答えなさい。

【記録1】
2月17日に太陽を撮影し，太陽の動きを観察した。太陽は高度を変えながら，東から西に移動していた。図1は太陽が南中したときのスマートフォンの画面を模式的に示したものである。このとき，太陽は城の真上で観察された。

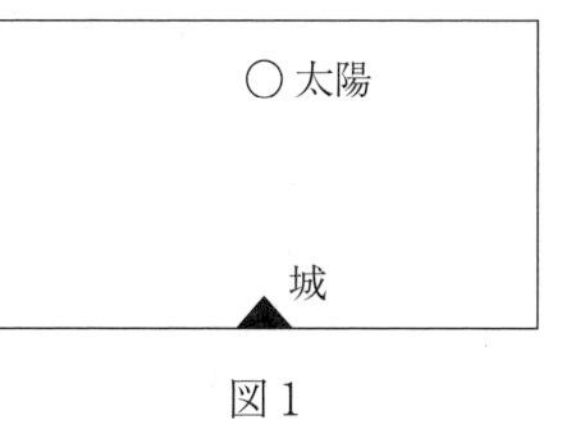

図1

【記録2】
【記録1】と同じ日に夜空を撮影し，星の動きを観察した。21時に撮影を開始したとき，スマートフォンの画面中央にはおおいぬ座が観察でき，城の真上にはシリウスがあった。図2はそのときのスマートフォンの画面を模式的に示したものである。

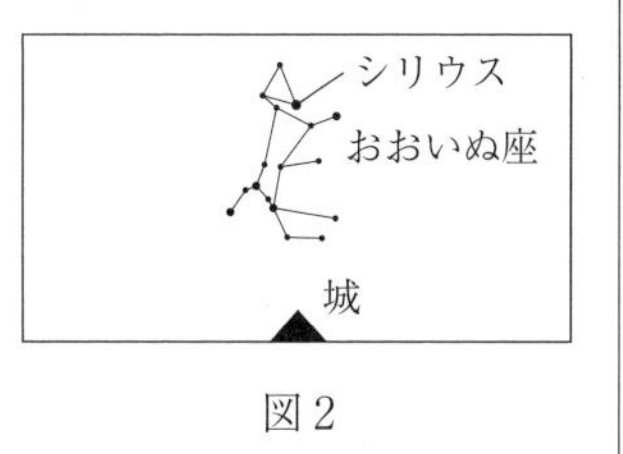

図2

① 太陽のように自ら光を放っている天体を何といいますか。( )

② 下線部について，太陽の南中高度を説明した，次の文章の P と Q に当てはまることばを書きなさい。P ( ) Q ( )

岡山県よりも緯度が低い高知県では，同じ日の南中高度は岡山県より P なる。また，地球は公転面に垂直な方向に対して， Q 公転しているため，同じ場所で継続的に観察を行うと，南中高度は季節によって変化する。

③ 【記録2】を撮影した日から1か月後，田中さんは【記録2】と同じように固定したスマートフォンで21時に動画の撮影を開始しましたが，おおいぬ座は画面中央にはありませんでした。この日に，図2とほぼ同じように画面中央の城の上でおおいぬ座が観察できる時刻として最も適当なのは，ア～エのうちではどれですか。一つ答えなさい。( )

ア 19時　イ 20時　ウ 22時　エ 23時

④ 松本さんは，田中さんの家から西に約1km離れた位置にある自宅の窓から，【記録2】と同じ2月17日の21時にスマートフォンを真南に向けて固定して動画の撮影を開始しました。松本さんが撮影を開始したときのスマートフォンの画面で観察できるおおいぬ座と城の位置を表しているものとして最も適当なのは，ア～エのうちではどれですか。一つ答えなさい。( )

ア
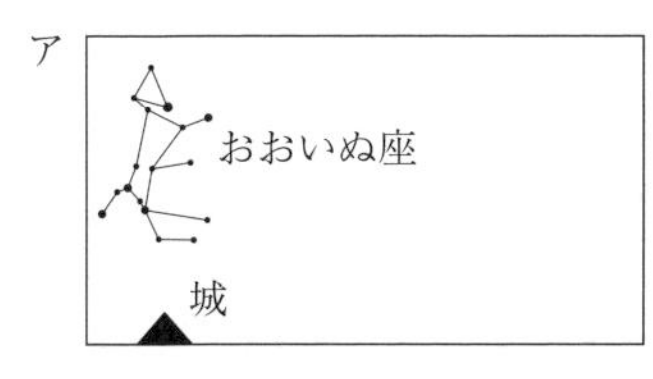

イ
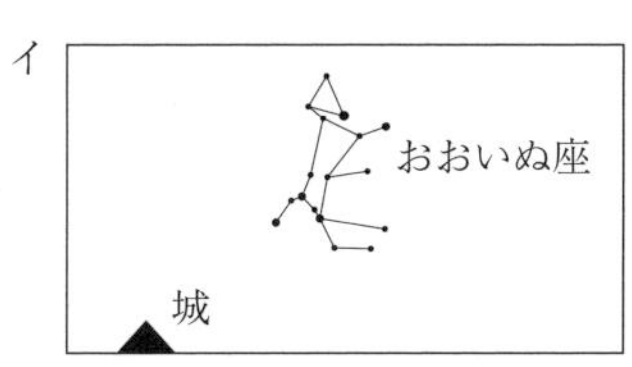

ウ

おおいぬ座
城

エ

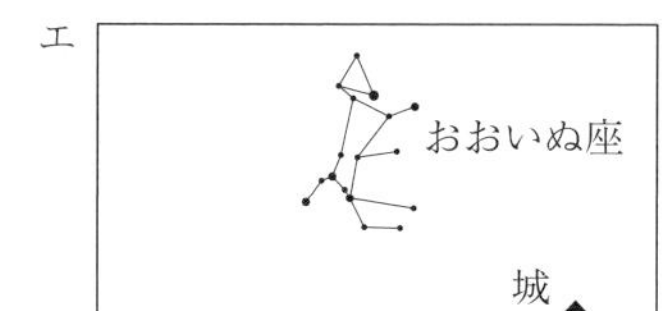

⑤　次の表は，太陽系の惑星である火星，木星，金星，土星，地球の特徴の一部を示しています。(1)，(2)に答えなさい。

表

惑星	地球	ア	イ	ウ	エ
密度〔g/cm^3〕	5.51	0.69	1.33	3.93	5.24
赤道半径	1.00	9.45	11.21	0.53	0.95
太陽からの距離	1.00	9.55	5.20	1.52	0.72

(注)　赤道半径と太陽からの距離は地球を 1.00 とした値

(1)　木星は，表のア～エのうちのどれですか。一つ答えなさい。(　　　)

(2)　日本において，明け方前後と夕方前後に観察できる場合はあっても，真夜中に観察できない惑星は，表のア～エのうちではどれですか。一つ答えなさい。また，その惑星が真夜中に観察できない理由を，「公転」という語を用いて説明しなさい。

惑星(　　　)　理由(　　　　　　　　　　　　　　　　)

5 植物の光合成について調べるために，観察と実験を行いました。①～⑥に答えなさい。

【観察】

(a)緑色ピーマンと赤色パプリカそれぞれの葉と果実を薄く切って，プレパラートを作成し，(b)顕微鏡で観察を行った。緑色ピーマンの葉と赤色パプリカの葉の細胞内では葉緑体が観察された。また，緑色ピーマンの果実でも細胞内に葉緑体が観察され，赤色パプリカの果実では細胞内に赤色やだいだい色の粒が観察された。

【実験1】

緑色ピーマンと赤色パプリカそれぞれの葉と果実を使って実験を行った。

青色のBTB溶液にストローで息を吹き込んで緑色にしたものを，試験管A～Eに入れた。図1のように，試験管B～Eに同程度の面積に切った葉と果実をBTB溶液に直接つかないように注意して入れ，試験管をゴム栓でふさいだ。

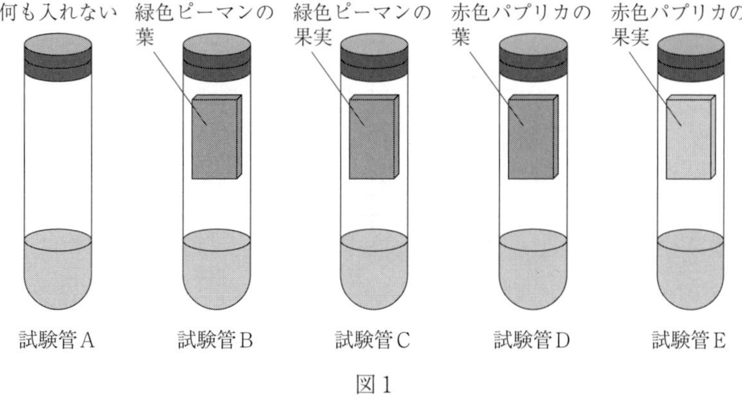

図1

試験管A～Eに光を1時間当てた後，BTB溶液が葉や果実につかないように軽く振って，BTB溶液の色の変化を観察し，その結果を表1にまとめた。

表1

試験管	A	B	C	D	E
BTB溶液の色の変化	緑→緑	緑→青	緑→緑	緑→青	緑→黄

【考察】

【実験1】の表1のBTB溶液の色の変化は［X］の増減によるものである。試験管Bと試験管DのBTB溶液が青色に変化したことから，緑色ピーマンの葉と赤色パプリカの葉が行った［Y］により，試験管内の［X］が減少したと考えられる。

また，試験管EのBTB溶液が黄色に変化したことから，赤色パプリカの果実が行った［Z］により，試験管内の［X］が増加したと考えられる。

試験管Cにおいて，BTB溶液の色の変化が見られなかった理由については，【実験1】の結果のみでは説明をすることが難しいため，【実験2】を行うことにした。

① 下線部(a)について，成長して果実になるのは，花のつくりのどの部分ですか。(　　　)

② 下線部(b)について，観察を行うときに，顕微鏡の接眼レンズは変えずに，レボルバーを回して高倍率の対物レンズに変えました。このときの観察できる範囲（視野の広さ）の変化として最も適当なのは，ア～ウのうちのどれですか。一つ答えなさい。(　　　)

ア　広くなる　　イ　変化しない　　ウ　狭くなる

③ ピーマンやパプリカなどの光合成を行う生物は，生態系において生産者とよばれています。生産者とよばれるものとして適当なのは，ア～オのうちではどれですか。当てはまるものをすべて答えなさい。(　　　)

ア　ゼニゴケ　　イ　シイタケ　　ウ　アブラナ　　エ　ウサギ　　オ　ミミズ

④ 【実験1】で試験管B～Eとの比較のために試験管Aを用意したように，調べたいことがら以外の条件を同じにして行う実験のことを，何といいますか。(　　　)

⑤ 【考察】の X ～ Z に当てはまる語の組み合わせとして最も適当なのは，ア～エのうちではどれですか。一つ答えなさい。(　　　)

	X	Y	Z
ア	酸素	呼吸	光合成
イ	酸素	光合成	呼吸
ウ	二酸化炭素	呼吸	光合成
エ	二酸化炭素	光合成	呼吸

【実験2】

【実験1】と同様の手順で図2のように試験管F～Jを用意して，光が全く当たらないようにアルミニウム箔(はく)を巻いた。

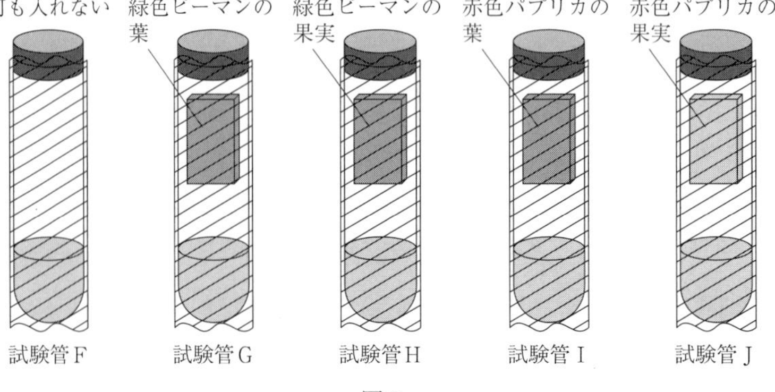

図2

試験管F～Jを1時間置いた後，BTB溶液が葉や果実につかないように軽く振って，BTB溶液の色の変化を観察し，その結果を表2にまとめた。

表2

試験管	F	G	H	I	J
BTB 溶液の色の変化	緑→緑	緑→黄	緑→黄	緑→黄	緑→黄

⑥ 【実験1】の試験管Cにおいて，BTB溶液の色の変化が見られなかった理由を説明する根拠として最も適当なのは，【実験2】の試験管F～Jのうちではどれですか。一つ答えなさい。また，試験管CでBTB溶液の色の変化が見られなかった理由を書きなさい。

試験管(　　　)

理由(　　　)

い。(　　)

ア　10代、20代では三つの年代の区分の中で重要度が最も低い
イ　10代、20代では三つの年代の区分の中で信頼度が最も高い
ウ　10代、20代では他の二つのメディアよりも重要度が高い
エ　10代、20代では他の二つのメディアよりも信頼度が低い

② 【話し合い】の特徴を説明したものとして最も適当なのは、ア～エのうちではどれですか。一つ答えなさい。(　　)

ア　桃子さんは自分の気づきや考えについては何も言わず、話し合いを進行させることに専念している。
イ　健太さんは資料から読み取れることを元に発言しており、三人の合意を形成する役割を果たしている。
ウ　絵理さんは相手の発言を受けて自分の意見を述べており、話し合いの内容を深める役割をしている。
エ　三人ともお互いの意見に対して否定的なことを言わず、資料の数値を具体的に根拠として示している。

③ 【資料Ⅲ】の［　］に入れるのに適当な内容を、条件に従って八十字以上百字以内で書きなさい。

条件
1　一文目に、情報を得る手段として新聞がもつ強みを書くこと。
2　二文目に、一文目で述べた強みの根拠を、活字メディアとしての新聞の特徴を踏まえて書くこと。

【資料Ⅲ】　桃子さんのメモ

《インターネットと比べたときの強み》
より信頼できる情報を得ることができる。なぜなら、個人で自由に情報を発信できるインターネットとは違い、新聞の記事は専門性をもった記者が取材をもとに書いており、編集者も目を通しているので、より正確な情報が書かれているからだ。
《テレビと比べたときの強み》
［　　］

【資料Ⅱ】　各メディアの行為者率・行為者平均時間（平日）

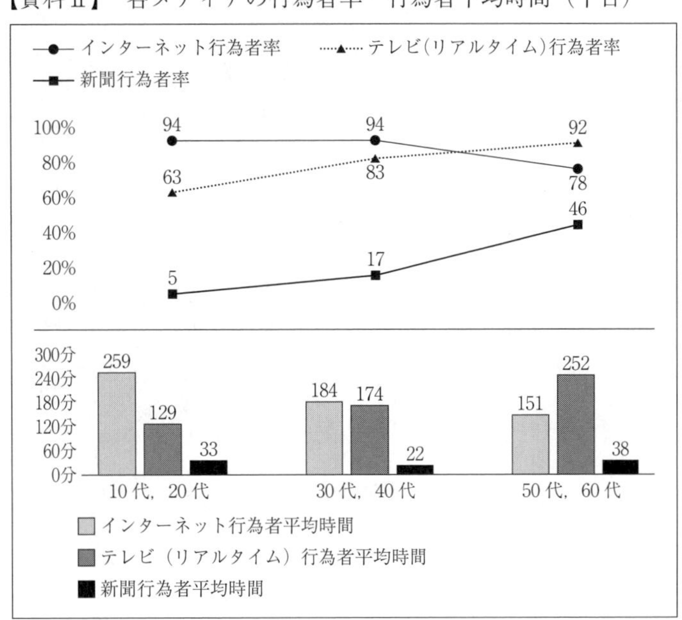

「行為者率」はそのメディアを利用する人の割合，「行為者平均時間」は行為者の１日あたりの平均利用時間を示している。

（【資料Ⅰ】【資料Ⅱ】は総務省「令和２年度　情報通信メディアの利用時間と情報行動に関する調査」から作成）

【話し合い】

桃子　まずは【資料Ⅰ】を手掛かりにして、それぞれのメディアの特徴を考えてみようか。

健太　僕は普段よく使っているから、インターネットの結果が気になるな。［　　］という結果には、手軽に情報を得られる一方で信頼できない情報が多いというインターネットの特徴が関係している気がするよ。

絵理　その考え方は正しいかもしれないね。でも、弱みはあるけれど、利便性が高いからこそ、どの年代でもインターネットを重要な情報源だと考える人が多いのだと思うよ。

桃子　テレビはどう？　重要度も信頼度も高い傾向にあるね。

健太　信頼度が高いから、信頼できる情報を得られることがテレビの強みと言えそうだね。重要度が高いのは、音声と映像で情報を伝えてくれるので、受け身でいられて楽だからかな。

絵理　確かにね。だけど、録画しない限り視聴する時間や順番を自分で決められない点は弱みかもしれないよ。

健太　新聞はどうかな。10代、20代では重要度も低いし、【資料Ⅱ】からわかる平日の行為者率も５％と低いよ。

桃子　でも、行為者率が低いわりに、重要度や信頼度はとても高いと言えるんじゃない？

絵理　必要なときだけ読むという人や、まったく読まないけれど信頼できると思っている人が多いのかもね。

健太　新聞の強みを理解するには、【資料Ⅰ】【資料Ⅱ】からわかること以外にも目を向ける必要がありそうだね。

絵理　新聞が本や雑誌と同じ活字メディアだということに注目したらどうかな。映像メディアのテレビや、複合メディアのインターネットにはない強みが見つかりそうだよ。

桃子　他のメディアとの違いを考えることで、新しい気づきを得られるかもしれないね。私は新聞の強みについてもっと深く考えてみようかな。

①　健太さんの発言の内容が論理的なものとなるために、［　　］に入れるのに最も適当なのは、ア～エのうちではどれですか。一つ答えなさ

という方法で間接的に春を感じさせる。

⑥　この文章で述べられた「日本の文化とデザインの関係」について説明したものとして最も適当なのは、ア～エのうちではどれですか。一つ答えなさい。（　　）

ア　日本の文化には「空っぽ」を活用しようとする感性が見られ、欠けたところのある作品でも、見る人に不足を補ってもらおうとする作り手の姿勢にも影響を与えている。

イ　日本の文化には「空っぽ」をうまく生かそうとする感性が見られ、新たなものを創り出し、それを見る人の感性を働かせようとする作り手の意図にも影響を与えている。

ウ　日本の文化には「空っぽ」を好ましく思う感性が見られ、何もない空間が偶然できてしまっても、見る人にはそれがよいと思わせる作り手の技術にも影響を与えている。

エ　日本の文化には「空っぽ」を大切にしようとする感性が見られ、自然を題材にした芸術作品によって、見る人を満足させようとする作り手の狙いにも影響を与えている。

4　中学生の桃子さんは、健太さん、絵理さんと一緒に【資料Ⅰ】【資料Ⅱ】を見ながら、情報を得る手段として各メディアがもつ強みと弱みについて話し合った後、新聞の強みについて【資料Ⅲ】のようなメモを書きました。後の【話し合い】を読んで、①～③に答えなさい。

【資料Ⅰ】　各メディアの情報源としての重要度，信頼度

	テレビ		新聞		インターネット	
	重要度	信頼度	重要度	信頼度	重要度	信頼度
10代，20代	80%	59%	30%	58%	87%	34%
30代，40代	87%	60%	47%	66%	83%	29%
50代，60代	91%	65%	73%	71%	65%	28%

「重要度」は「情報を得るための手段（情報源）としてどの程度重要か」という質問に肯定的な回答をした人の割合，「信頼度」は「信頼できる情報がどの程度あると思うか」という質問に肯定的な回答をした人の割合を示している。

を張った水盤（花や盆栽などを生ける底の浅い平らな陶器）に桜の花びらを数枚散らすだけで、あたかも満開の桜の下にたたずんでいるように見立てる。最小限のしつらいで最大のイメージを共有するのだ。

　簡素だからこそ想像力が大きくはばたく。ごくわずかなしつらいに大いなる豊かさを呼び込む。これが「わび」の精神だ。西洋生まれのモダニズムが良しとした合理的な「シンプル」の価値観と似ているようで、全く違う。

　そこにはやはり、先ほどから述べてきたような、神を呼び込むための「空っぽ」を運用する感性が息づいているのだ。「シンプル」（簡素な）というより「エンプティ」（空っぽな）。何もないところに想像力を呼び込んで満たす。意味でびっしり埋めるのではなく、意味のない余白を上手に活用する。

　日本のデザインには、そうした感性が脈々と根付いていると僕は思う。

（「創造するということ」より）

(注) 風来坊――どこからともなくやって来て、またどこへともなく去る人。
しつらい――飾り付け。用意。
軒――屋根の下端で、建物の壁面より外に突出している部分。
オペラハウス――演劇と音楽によって構成されるオペラの上演を目的とする劇場。
モダニズム――現代的で新しい感覚・流行を好む傾向。

① ――の部分ⓒ、ⓓを漢字に直して楷書で書きなさい。

ⓒ[　]　ⓓ[　]んだ

② 「ⓐも」と品詞が同じものは、ア～カのうちではどれですか。当てはまるものをすべて答えなさい。（　　）

ア友達がイ困っていたウので、エ優しく声オをかけカた。

③ 「ⓑ古来、日本人は神様のことをどう考えてきたか」とありますが、これに対する筆者の考えを説明した次の文の X 、 Y に入れるのに適当なことばを、それぞれ文章中から二字で抜き出して書きなさい。X[　]　Y[　]

古来、日本人は神様のことを、どこにでも存在し、自分たちに生きるための X をもたらす Y の力そのものだと考えてきた。

④ 「ⓔ神社というのは昔からそういう風にできている」とありますが、これがどういうことかを説明したものとして最も適当なのは、ア～エのうちではどれですか。一つ答えなさい。（　　）

ア　いつでも自分たちを助けてくれる神様に対して畏敬の念を表すために、神社は神様が好む空っぽの空間として作られているということ。
イ　居場所の不確かな神様が存在する可能性が高いと人々に思わせるために、神社は鳥居や社を配置して装飾的に作られているということ。
ウ　ありとあらゆるところにいる神様と誰でも交流できる場所にするために、神社は確実に神様がいる場所として作られているということ。
エ　その場所に行けば神様に会えるかもしれないと人々に感じさせるために、神社は計画的に空っぽの空間として作られているということ。

⑤ 「ⓕ春を表すのに桜のイメージを取り入れたい」とありますが、ここで述べられているヨーロッパと日本の違いについて具体的に説明した次の文の[　]に入れるのに適当なことばを、三十字以内で書きなさい。

[　　　　　　　　　　　　　　　]

桜のイメージを用いて春を表現するとき、ヨーロッパのオペラハウスでは、演出家が客に疑似的に再現した桜の木を見せるという方法で直接的に春を感じさせるのに対し、日本の茶室では、主人が客に[　]

3　次の文章は、原研哉の「日本のデザイン、その成り立ちと未来」の一部で、日本の文化とデザインの関係について述べた文章です。これを読んで、①～⑥に答えなさい。

僕はデザインの仕事をしている。デザインにはいろいろなジャンルがあって、皆さんが今座っている椅子ⓐも、テーブルも、手に持っているシャープペンシルも、ノートも、この部屋の空間も、学校の建築も、すべてデザインされたものだ。ある目的をもって、計画的にものを創造していく人間の営みすべてをデザインと呼んでもいい。(中略)

日本の文化の背景には「空っぽ」がある。これについては、まず日本人と神様の関係から話を始めなければならない。

ⓑ古来、日本人は神様のことをどう考えてきたか。神様は風来坊のように世界をフラフラと飛び回っている。そんなふうに考えてきた。時には山の上をさまよっていたり、時には田んぼの脇にしゃがんでいたり、時には民家の納屋の近くにたたずんでいたり、時には海の中のタコ壺にひそんでいたり……。

つまり神様とは自然の力そのものだったのだ。自然がそこにあるようにありとあらゆるところに神様がいる。その恵みに生かされて自分たちは生きている。つまり昔から日本人は自然というものと重ね合わせて神の存在を感じていた。(中略)

神様はあっちへフラフラ、こっちへフラフラしていて所在が不確かなので、ⓒヤクソクをとって会いに行くことは難しい。でも神様の力にお願いしたい。

そこで昔の人は、こんなものをつくれば神様のほうからやってきてくれるかもしれない、と頭を働かせた。四本の柱に縄を結んで地面を囲い、空っぽの空間をつくったのだ。これを「代」という。

神様はそこらへんをフラフラと飛び回っているので、柱と縄で囲っただけの何もない空間をつくると、それを目ざとく見つけて降りてくるかもしれない。「入ってくるかもしれない」そのような可能性に対して、神様を深く敬う気持ちが湧き起こる。「神様＝自然」の力がそこに宿っていることを感じて、昔の日本人はこの空っぽの空間に手を合わせてⓓオガんだ。

「代」は神様を呼び込むための空っぽの空間で、これに屋根の付いたものが「屋代」＝「社」ということになる。神社の真ん中にある、神様を祀る場所だ。空っぽの中に、もしかしたら宿っているかもしれない神様。その可能性のシンボルとして、昔の日本人は「神社」というものをつくった。

神社に行くと正面に鳥居がある。これも間が空っぽになっている。つまり「ここから出入りするのですよ」という記号だ。この鳥居をいくつもくぐりながら、まん中の「社」にたどりつく。そしてそこで「空っぽ」を介して神様と交流する。

社の前には賽銭箱が置いてある。外からは中が空っぽに見える。思わずお金を入れてしまう。「空っぽ」はいろんなものを引き寄せる。空っぽの神社の中に自分の心や気持ち、つまり祈りを入れて、神様と交流した充実感を得て帰ってくる。

ⓔ神社というのは昔からそういう風にできている。(中略)

茶の湯では、茶室というシンプルな空間で主人と客が向かい合って茶を飲む。茶室には花や掛け軸など最小限のしつらいしかない。窓や軒に切り取られた庭の控えめな景色。障子を通した柔らかな間接光。

ⓕ春を表すのに桜のイメージを取り入れたいとしよう。ヨーロッパのオペラハウスなら、疑似的に桜の木を造形するなどして、リアルで臨場感のある見せ方をするだろう。ところが日本の茶室では、たとえば、水

諸田　ええ。五行思想で四季を表せば「青春」「朱夏」「白秋」「玄冬」ですから、秋の色彩は白。モノトーンに近い「山行」の前半は、たいへん秋らしい風景だといえるかもしれません。

串田　それが後半でガラッと変わるんですね。「霜葉は二月の花よりも紅なり」とは、紅葉の鮮烈な色彩が目に焼き付くような、実に印象的な表現です。

諸田　そうですね。私はこの「山行」を読むと、いつも藤原定家の「見渡せば花ももみぢもなかりけり　浦の苫屋の秋の夕暮れ」を連想するんですよ。

串田　「花ももみぢもなかりけり……」ねえ……。

諸田　「花ももみじもない」といいながら、実はその言葉を出すことで、読者の脳裏には即座に「花」や「紅葉」がイメージされるんです。

串田　そうか、杜牧の「山行」も、［B］。

諸田　ええ。それを言葉として提示することで、実景以上に鮮やかな「詩的イメージ」を作り出すことに成功していると思います。

（串田久治・諸田龍美「ゆっくり楽に生きる　漢詩の知恵」より）

(注)　杜牧――中国、唐代の詩人。
宋玉――中国、戦国時代の詩人。
詩経――中国最古の詩集。
モノトーン――単一色の濃淡や明暗だけで表現すること。
五行思想――中国の古代思想。五つの元素が万物を構成し、支配するという考え方。この考えに基づくと四季には色があり、春は青、夏は赤、秋は白、冬は黒となる。

① 「山行」の漢詩の形式は何といいますか。漢字四字で書きなさい。［　　　　］

② ［A］に入る、現存する日本最古の歌集の名前を書きなさい。（　　　）

③ ［B］に入ることばとして最も適当なのは、ア～エのうちではどれですか。一つ答えなさい。（　）

ア　「二月の花」は実際には見えていないんですからね
イ　「霜葉」はまだ紅葉なんてしていないんですからね
ウ　「二月の花」と「霜葉」の両方が寒い季節の花ですからね
エ　「二月の花」と「霜葉」は同じくらい赤いんですからね

④ 「山行」を授業で学習した孝一さんは、【対話】を読んで次のような感想文を書きました。［X］、［Y］に入れるのに適当なことばを、それぞれ十字以内で書きなさい。

X［　　　　　　　　　　］　Y［　　　　　　　　　　］

私は「山行」から秋の美しさを感じていましたが、【対話】を読んで、それが二つの特徴によるものだということに気付きました。一つ目は、［X］ことです。後半で、前半のモノトーンの世界に対して紅葉を詠むことにより、それぞれの美しさを際立たせています。二つ目は、ことばによって想像力をかき立て、鮮やかな詩的イメージを作り出していることです。【対話】で触れられた定家の和歌にも似た特徴が見られますが、この和歌は宋玉の詩によって定着した秋の［Y］に影響されているように思うので、純粋に秋の景色の美しさを詠んでいる「山行」の方が、より鮮やかに秋のイメージを描き出していると思います。この二つの特徴が、「山行」を魅力的な作品にしているのだと感じました。

本心をさらけ出した脊尾の照れくささを強調している。
エ　「最初からこんな目してたっけな?　こいつ……。」という表現は、脊尾に対する朝月の見方が変化したことを暗示している。

2　次の文章は、杜牧の漢詩「山行」とその通釈、及びそれについての串田久治と諸田龍美の対話です。これを読んで、①～④に答えなさい。

山行　　杜牧

遠上寒山石径斜　　遠く寒山に上れば石径斜めなり
白雲生処有人家　　白雲生ずる処　人家有り
停車坐愛楓林晩　　車を停めて坐ろに愛す　楓林の晩
霜葉紅於二月花　　霜葉は二月の花よりも紅なり

【通釈】
ひっそりと静かな晩秋の山をどこまでも登ってゆくと、石の多い小径が斜めに続いている。白雲が湧き出てくる所に、思いがけずも人家があった。車を停めて、私はいつしかうっとりと、紅葉した木々が夕陽に照り映える、その美しい風景に見とれていた。晩秋の霜にあって色づいた木々の葉は、あの春二月に競い咲く美しい花々よりもさらに紅く美しい。

【対話】
串田　確か宋玉でしたね、「秋は悲しい」と最初に詠ったのは?
諸田　ええ、彼が「悲しいかな、秋の気たるや」と宣言してから、秋は悲しい季節、というイメージが定着したといわれます。
串田　たとえば『詩経』には、悲しい秋というイメージはまず出てこない。秋は収穫の季節ですから、本来、よろこばしい季節だったはずで……。
諸田　そうなんですね、だから、日本でも『[A]』では「悲しい秋」というイメージはあまりなくて、それが定着してくるのは、平安朝の初期ですね。(中略)
串田　「山行」は「寒山」「石径」「白雲」と、モノトーンの世界ですね。

いつ……。

(天沢夏月「ヨンケイ!!」より)

(注) 機先を制する――相手より先に行動して、その計画・気勢をくじく。
空斗さん――関東大会まで出場した陸上部の先輩。朝月が憧れている。
はす向かい――斜め前。
引っ張れ――ここでは「しっかり助走してからバトンを受け取れ」という意味。

① ――の部分ⓑ、ⓓの漢字の読みを書きなさい。
ⓑ(　　んじまった) ⓓ(　　)

② 「ⓐ試合でやらないことを、おまえが練習してたんだよ」とありますが、ここで「脊尾」が非難していることとして最も適当なのは、ア～エのうちではどれですか。一つ答えなさい。(　　)
ア 朝月が準決勝戦で練習の成果を発揮できなかったこと。
イ 朝月が練習で確実にバトンを受け取ろうとしていたこと。
ウ 朝月が加速してバトンを受け取る練習をしていたこと。
エ 朝月が準決勝戦で自分が指示を出す前に走り出したこと。

③ 「ⓒ脊尾の顔なんか見られない」とありますが、その理由について説明した次の文の□に入れるのに適当なことばを、二十字以内で書きなさい。

自分が抱いている□から生まれた格好の悪い理屈を口にしたことで、脊尾に対して気まずさを覚えたから。

④ 「ⓔ顔をつかまれて、上を向かされた、ような気がした」とありますが、「朝月」がこのように感じた理由を説明したものとして最も適当なのは、ア～エのうちではどれですか。一つ答えなさい。(　　)
ア 三年生なら誰もが抱えているはずの気持ちを、脊尾にあっさりと否定されたから。
イ 陸上をやっていれば理解できる自分の考えに対し、脊尾が冷たい反応をしたから。
ウ 今日の結果から勝敗を予想しただけなのに、脊尾に考えの甘さを指摘されたから。
エ 脊尾の意見に対して素直に賛同したところ、脊尾が思いがけず抗議してきたから。

⑤ 「ⓕ向いてるか……訊いてんだよ」とありますが、このときの「脊尾」の心情について説明した次の文の X 、 Y に入れるのに適当なことばを、 X は三十字以内で書き、 Y は文章中から四字で抜き出して書きなさい。
X
Y

X ことが原因で明日の決勝戦は負けてしまうかもしれないという弱音ではなく、準決勝戦で攻め気に走り出した朝月の姿から脊尾が感じた、 Y という本音を朝月の口から聞かせてほしいと思っている。

⑥ この文章の表現の特徴について説明したものとして最も適当なのは、ア～エのうちではどれですか。一つ答えなさい。(　　)
ア 「目を白黒させた」という表現は、脊尾から的を射た発言をされたために動揺を隠しきれない朝月の様子を印象づけている。
イ 「そうだろう?」ということばを繰り返し使った表現は、脊尾を根気強く説得しようとしている朝月の熱意を表している。
ウ 「がしがしと頭をかきながら」という表現は、朝月に対して初めて盛大なミスをして終わるより、それなりで終わりたいだろう？　終わりよければすべてよし、なんて言葉、終わった瞬間にはくそくらえって思うさ。けど終わるまでは、それに縋ったっていいだろう？　俺たちは、三年間を費やしてきた。決して短くない時間を捧げてきた。その終わりがおⓓ粗末なバトンミスだなんて、一生悪夢に見る。冗談じゃない。

「なに言ってんの、おまえ」

ⓔ顔をつかまれて、上を向かされた、ような気がした。脊尾は依然はす向かいに座っている。少し身を乗り出して、俺をじっと睨んでいる。

「ふざけんな。どっちだって後悔するに決まってんだろ、そんな二択。なんでそもそもこの二択なんだ」

なんで、おまえが、怒ってんだよ。

「バトンも成功して、タイムも最高を出す。そうだろ？　それをやるべきだろ？　なんで最初からそれを目指さない？」

バトンパスの理想は、前走者が十のスピードのまま、十のスピードで走る次走者にバトンを渡すことだ。そんなの、わかってるさ。

「できねえんだよ！」

俺は喚いた。

「できるわけ、ねえだろそんなの。俺とおまえの間に、そんな信頼関係なんかねえよ」

そうだ。遅過ぎたんだ。俺とおまえは、わかり合うのがあまりに遅過ぎた。もっと早くに、お互いを知ることができていれば……バトンパスだって、きっと、もっと――。

「おまえさァ……弱音吐くタイミングじゃねえだろ。泣いても喚いても、決勝は明日なんだぜ。明日走らなきゃなんないんだ。今の全力で、今できることをやるしかないんだ。できねえ、ってなんだよ？　違うだろ、やりたくないんだろ！　失敗が怖いから！」

俺は言い返そうと口を開く。でも言い返す言葉は見つからなかった。だって、脊尾の言っていることは正しい。失敗が怖いと、俺は今さっき、言い返そうとしているまさにこの口で、脊尾に言っちまった。(中略)

「なにごちゃごちゃ考えてるのか知らないけどさ、そんな難しいこと訊いてないだろ」

脊尾ががしがしと頭をかきながら言った。

「ⓕ向いてるかどうかとか、できるかどうかとか、訊いてねえよ。おまえがどうしたいか訊いてんだよ」

俺がどうしたいか？

「どうしたいんだよ、朝月は」

脊尾にきちんと名前を呼ばれたのは、初めてだったかもしれない。

朝月渡がどうしたいのか。そんなことは、訊かれるまでもなく、ずっと同じだ。

「……勝ちたい」

本音。きちんと本音。できるかどうかじゃない。向いてるかどうかじゃない。シンプルに、俺が成し遂げたいこと。

「勝ちたい！」

このチームで、明日の決勝、勝ちたい。優勝は無理でも、負けたくない。関東、行きたい。

脊尾がゆっくりうなずいた。

「だったら、もっとオレを信頼しろ。できなくてもしろ。そんでもっと引っ張れ。ちゃんと渡すから」

見知ったはずの三走は、力強い目で俺を見ていた。ギラギラとした目。夏の太陽みたいな眼差しだ。最初からこんな目してたっけな？　こ

国語

時間　四五分
満点　七〇点

（注）　字数が指定されている設問では、「、」や「。」も一ます使いなさい。

1　次の文章は、四百メートルリレー走の都大会に出場している高校三年生の「朝月渡（あさつきわたり）」が、チームメイトの「脊尾（せお）」と翌日の決勝戦に向けて会話している場面です。第四走者の「脊尾」は、準決勝戦で第三走者の「朝月」が練習していないバトンの渡し方をしたことについて注意しましたが、「脊尾」がそれに反論しました。これを読んで、①～⑥に答えなさい。

「練習でやってないことをやるなって言ったけど、オレはそれ、逆だと思う。ⓐ試合でやらないことを、おまえが練習してたんだよ」

俺は数秒ぼんやりしてから、目を白黒させた。

「は？」

なに言ってんだ、こいつ。

「バトン、全力で〝もらう〟つもりだったって言うんだろ？　加速できなくてもいいから、とにかくもらうことに全力を尽くすつもりだった、って」

脊尾は、言い返そうとした俺の機先を制する。

「けど、おまえの背中はちゃんと走ろうとしてた。オレがいけって言う前に、攻め気に走り出してた。その後ブレーキ踏みそうだったからⓑ叫んじまったけど」

俺がぐっと言葉に詰まったのは、それが事実だと自覚しているからだ。空斗（たかと）さんなら……と考えた瞬間、足が勝手に動き出していた。

「逆に訊（き）くけど、なんでブレーキ踏もうとしたんだよ」

俺は脊尾を睨（にら）みつける。

わかるだろ？　おまえも三年なら。

「だって嫌だろ！　これが最後の年なんだぞ！　最後のチャンスなんだ。バトンミス一つで終わるなんて……」

口にすると、それは思っていた以上に格好の悪い理屈だった。だけど本音だ。きっと、日本中の高校三年生が、陸上に限らず、感じている恐怖だ。今年で最後。一走、一跳、一泳、一球、一投、一打、一奏、一描、一書、その他すべての部活動におけるありとあらゆる動作に、きっとたくさんの三年生が魂を込めている。高校一年、高校二年のときには感じなかった。だけど高校三年は……最後だと思った瞬間、急に怖くなって必死に練習しだしたりして……俺はそれを否定しない。だって俺もそうだから。

「だったら詰まってでも、確実にもらう方が絶対いい」

俺は自分のつま先に向かって、吐き捨てるようにつぶやく。ⓒ脊尾の顔なんか見られない。

「そんなふうに守って、明日の決勝勝てると思うか？」

脊尾が静かに訊いた。

「勝てないかもな」

それは今日思った。

「でもタイムが届かなくて負けるより、バトンを落として負ける方が、俺は後悔する」

そうだろう？

そうだろう？

誰だって、そうだろう？

2022年度／解答

数　学

1 【解き方】① 与式 $= 2 + 4 = 6$

② 与式 $= -8 - 3 = -11$

③ 与式 $= 6a - 2b - a + 5b = 5a + 3b$

④ 与式 $= \dfrac{14ab \times b}{2} = 7ab^2$

⑤ 与式 $= 1^2 + 2 \times 1 \times \sqrt{3} + (\sqrt{3})^2 = 1 + 2\sqrt{3} + 3 = 4 + 2\sqrt{3}$

⑥ 与式 $= a(x^2 - 16) = a(x + 4)(x - 4)$

⑦ $\pi \times 4^2 \times \dfrac{150}{360} = \dfrac{20}{3}\pi$ (cm^2)

⑧ 各方程式の左辺に，$x = 1$，$y = -2$ を代入して，結果が 0 になるか調べればよい。ア．$3 \times 1 - (-2) - 1 = 4$　イ．$3 \times 1 + 2 \times (-2) + 1 = 0$　ウ．$3 \times (-2) + 6 = 0$　エ．$1 + 1 = 2$　したがって，イとウが当てはまる。

⑨ ア．四分位範囲は，A 組が，$11 - 5 = 6$ (点)，B 組が，$14 - 7 = 7$ (点)　イ．得点の最大値は，A 組が 20 点，B 組が 18 点。ウ．A 組の第 3 四分位数は 11 点，B 組の第 2 四分位数は 12 点。エ．A 組の第 3 四分位数が 11 点，B 組の第 2 四分位数が 12 点であることから，得点が 12 点以上の生徒は，A 組が 10 人以下，B 組が 20 人以上とわかる。よって，アとエが正しい。

⑩ ∠ACB の二等分線と AB との交点が P となる。

【答】① 6　② −11　③ $5a + 3b$　④ $7ab^2$　⑤ $4 + 2\sqrt{3}$　⑥ $a(x + 4)(x - 4)$

⑦ $\dfrac{20}{3}\pi$ (cm^2)　⑧ イ，ウ　⑨ ア，エ　⑩ (右図)

(例)

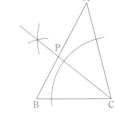

2 【解き方】① ポイントの合計は，$(20a + 7b)$ ポイントと表せる。

② (1) 重さの合計より，$x + y = 39$……(i)　ポイントの合計より，$45x + 10y = 1160$……(ii) が成り立つ。(2) (i) × 10 − (ii) より，$-35x = -770$　よって，$x = 22$　これを (i) に代入して，$22 + y = 39$ より，$y = 17$

【答】① $20a + 7b \geqq 500$　② (1) $\begin{cases} x + y = 39 \\ 45x + 10y = 1160 \end{cases}$　(2) (アルミ缶) 22 (kg)　(スチール缶) 17 (kg)

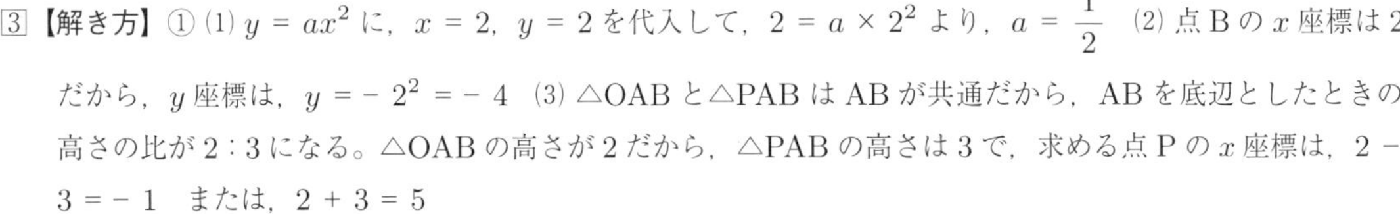

3 【解き方】① (1) $y = ax^2$ に，$x = 2$，$y = 2$ を代入して，$2 = a \times 2^2$ より，$a = \dfrac{1}{2}$　(2) 点 B の x 座標は 2 だから，y 座標は，$y = -2^2 = -4$　(3) △OAB と△PAB は AB が共通だから，AB を底辺としたときの高さの比が 2 : 3 になる。△OAB の高さが 2 だから，△PAB の高さは 3 で，求める点 P の x 座標は，$2 - 3 = -1$　または，$2 + 3 = 5$

② (1) $A\left(t,\ \dfrac{1}{3}t^2\right)$ で，点 C は y 軸について点 A と対称だから，$C\left(-t,\ \dfrac{1}{3}t^2\right)$ となる。よって，$AC = t - (-t) = 2t$　(2) 四角形 ACDB は長方形で，$B(t,\ -t^2)$ だから，$AB = \dfrac{1}{3}t^2 - (-t^2) = \dfrac{4}{3}t^2$　$AB + AC = 12 \times \dfrac{1}{2} = 6$ だから，$\dfrac{4}{3}t^2 + 2t = 6$　整理して，$2t^2 + 3t - 9 = 0$　解の公式より，$t = \dfrac{-3 \pm \sqrt{3^2 - 4 \times 2 \times (-9)}}{2 \times 2} = \dfrac{-3 \pm \sqrt{81}}{4} = \dfrac{-3 \pm 9}{4}$　よって，$t = \dfrac{3}{2}$，-3　$t > 0$ より，$t = \dfrac{3}{2}$

また，$\frac{1}{3}t^2 = \frac{1}{3} \times \left(\frac{3}{2}\right)^2 = \frac{3}{4}$ より，$A\left(\frac{3}{2},\ \frac{3}{4}\right)$

【答】①(1) $\frac{1}{2}$　(2) -4　(3) $-1,\ 5$　②(1) $2t$　(2) $\left(\frac{3}{2},\ \frac{3}{4}\right)$

4【解き方】①(1) $6 + 4 = 10,\ 6 - 4 = 2,\ 6 \times 4 = 24$ より，A と B を満たすから，2 個。(2) 大きいさいころの目の数を m，小さいさいころの目の数を n とする。B を満たすのは，$(m,\ n) = (1,\ 3),\ (2,\ 4),\ (3,\ 1),\ (3,\ 5),\ (4,\ 2),\ (4,\ 6),\ (5,\ 3),\ (6,\ 4)$ の 8 通り。$m,\ n$ の組み合わせは全部で，$6 \times 6 = 36$（通り）だから，B の起こる確率は，$\frac{8}{36} = \frac{2}{9}$

② A を満たすのは，$(m,\ n) = (2,\ 6),\ (3,\ 5),\ (3,\ 6),\ (4,\ 4),\ (4,\ 5),\ (4,\ 6),\ (5,\ 3),\ (5,\ 4),\ (5,\ 5),\ (5,\ 6),\ (6,\ 2),\ (6,\ 3),\ (6,\ 4),\ (6,\ 5),\ (6,\ 6)$ の 15 通り。C を満たすのは，$(m,\ n) = (1,\ 1),\ (1,\ 3),\ (1,\ 5),\ (3,\ 1),\ (3,\ 3),\ (3,\ 5),\ (5,\ 1),\ (5,\ 3),\ (5,\ 5)$ の 9 通りとなる。

③ B が起こる回数は全体の $\frac{2}{9}$ と推定できる。

④ A が起こる回数は，$1800 \times \frac{5}{12} = 750$（回），C が起こる回数は，$1800 \times \frac{1}{4} = 450$（回）と推定できる。よって，渡すあめ玉の総数は，およそ，$400 + 750 + 450 = 1600$（個）

【答】①(1) 2　(2) $\frac{2}{9}$　② A の起こる確率は，$\frac{15}{36} = \frac{5}{12}$，C の起こる確率は，$\frac{9}{36} = \frac{1}{4}$ で，A の起こる確率の方が大きいから，A の方が起こりやすいといえる。③（式）$1800 \times \frac{2}{9} = 400$　（答）（およそ）400（回）　④ ウ

5【解き方】① 直線 OA と直線 BC はねじれの位置にある。また，直線 OB と直線 OD は交わる。直線 AD と平面 OBC は，AD ∥ BC より，平行である。

② △ABC は直角二等辺三角形だから，$AC = 4\sqrt{2}$ cm　H は AC の中点だから，$AH = 2\sqrt{2}$ cm

③ OH ⊥ AC だから，△OAH について，三平方の定理より，$OH = \sqrt{6^2 - (2\sqrt{2})^2} = \sqrt{28} = 2\sqrt{7}$ (cm)

よって，求める体積は，$\frac{1}{3} \times 4^2 \times 2\sqrt{7} = \frac{32\sqrt{7}}{3}$ (cm^3)

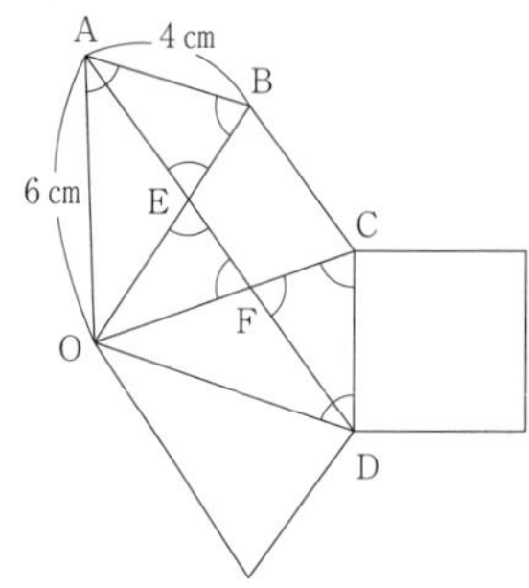

④(1) △OAB は頂角が $\angle x$ の二等辺三角形だから，$\angle OAB = (180° - \angle x) \div 2 = 90° - \frac{1}{2}\angle x$　また，△OAD は頂角が $3\angle x$ の二等辺三角形になるから，$\angle OAD = (180° - 3\angle x) \div 2 = 90° - \frac{3}{2}\angle x$　(2) 展開図での線分 AD の長さが，求めるひもの長さとなる。右図において，△OAB と△AEB は相似で，これらは等辺と底辺の比が，$6 : 4 = 3 : 2$ の二等辺三角形となる。よって，$BE = \frac{2}{3}AB = \frac{8}{3}$ (cm) より，$OE = 6 - \frac{8}{3} = \frac{10}{3}$ (cm)　また，AD と OC との交点を F とすると，△OEF ∽ △AEB もいえるから，$EF = \frac{2}{3}OE = \frac{20}{9}$ (cm)　対称性より，$AE = DF = AB = 4$ cm だから，$AD = 4 + \frac{20}{9} + 4 = \frac{92}{9}$ (cm)

【答】① ウ　② $2\sqrt{2}$ (cm)　③ $\frac{32\sqrt{7}}{3}$ (cm^3)　④(1)(あ) オ　(い) イ　(う) カ　(え) $\angle EAB = \angle OAB - \angle OAD = \left(90° - \frac{1}{2}\angle x\right) - \left(90° - \frac{3}{2}\angle x\right) = \angle x$　よって，∠AOB = ∠EAB……(i)　共通だから，∠OBA = ∠ABE……(ii)　(i)，(ii)より，2 組の角がそれぞれ等しいから，(2) $\frac{92}{9}$ (cm)

英　語

1 【解き方】問題A. (1)「帽子をかぶっている」,「2人の少年たちの間に座っている」という条件からジョンを選ぶ。(2)「昼食後に部屋を掃除した」と言っている。

問題B. (あ) メアリーは「辞書」を必要としている。(い), (う) メアリーは「11時」に「電車」に乗る予定だ。

問題C. (1) メグはどの写真を選べばいいか, エリックにアドバイスを求めている。(2) ケンが「一緒に買い物に行けたらいいんだけれど」,「明日はどう？」と言っている。

問題D. (1)「午前9時から午後3時30分まで授業がある」,「学校では日本の生徒のように学校の制服を着る」,「放課後に学校の図書館で勉強する生徒もいる」という条件から選ぶ。(2)「あなたはスポーツが好きですか？」という質問に対する返答。解答例は「私はサッカーが好きです。私は兄と一緒にそれを練習します」という意味。

【答】問題A. (1) イ　(2) ウ　問題B. (あ) dictionary　(い) train　(う) eleven

問題C. (1) ア　(2) ウ　問題D. (1) エ　(2)(例) like soccer. I practice it with my brother

◀全訳▶　問題A.

(1) ジョンは帽子をかぶっている少年です。彼は2人の少年たちの間に座っています。

(2) 私は昨日の昼食後に部屋を掃除しました。

問題B. ハジメ, 私はあなたの手助けが必要です。私の部屋の机の上に私の辞書が見えますか？　日本語の授業にそれが必要なのです。それを私のところまで持ってきてくれませんか？　私は駅の前にいます。私は11時に出発する電車に乗らなければならないので, 家まで戻る時間がありません。

問題C.

(1)

A：エリック, コンテストに参加するために私はどの写真を送るべきかしら？

B：どの写真もすてきだよ, メグ。一番いいものを選べばいいよ。

A：本当？　でもあなたのアドバイスが欲しいのよ。

B：決めるのは難しいけれど, 選んでみるよ。

質問：今, メグはエリックに何をするよう頼んでいるのですか？

(2)

A：ケン, ジャックのための誕生日プレゼントが買いたいの。今から私と一緒に来てくれる？

B：一緒に買い物に行けたらいいんだけれどね, リナ。

A：あら, 今日は忙しいの？

B：今日はおじさんが僕を訪ねてくる予定なんだ。明日はどう？

質問：ケンはどういうことを言っているのですか？

問題D. 始めまして, ユカ。私はロブです。あなたに私たちの学校についてお話しします。私たちは午前9時から午後3時30分まで授業があります。昼食を持参しなければなりません。学校では日本の生徒のように学校の制服を着ます。放課後に学校の図書館で勉強する生徒もいます。ああ, 図書館は午後5時に閉まります。スポーツをして楽しむ生徒もいます。実際, 私はクラスメートと一緒によくスポーツをします。ユカ, あなたはスポーツが好きですか？　私にもっと詳しく話してください。

2 【解き方】① イベント3は「バンドの演奏」なので,「コンサート」という語が入る。

② 8月25日が木曜日なので, 8月28日は日曜日になる。「日曜日」= Sunday。

③ 直前でアンはハルに「一緒にこのイベントへ行きましょう」と言っているので, アンはハルの予定を聞いていると考えられる。「暇な」= free。

④ ハルの3番目のせりふと, 直後のアンのせりふを見る。ハルの「このイベントでは, 何か日本的なものを作

ることができる。腐ったりしないし，君の家族へのすてきな贈り物になる」というせりふに対して，アンが「一緒にこのイベントに行きましょう」と答えている。「日本的」で「腐ったりしない」ものは着物である。

⑤ ア．イベント2に参加できる人数は各日とも15人。イ．4つの中で最も開催時間が短いのはイベント3。ウ．「この『シェアスペース』で，8月は午前中に2つのイベントが行われる」。イベント3，4が午前中に行われる。正しい。エ．8月25日に日本を出発するのはアンだけ。

【答】① イ ② Sunday ③ free ④ ア ⑤ ウ

◀全訳▶

8月のスケジュール

「シェアスペース」の8月のイベント				
イベント	実施内容	＊	日付	時間
1	中古の着物からショッピングバッグを作る。	10	8月7日	午後2時から午後3時30分
2	次の日の朝用のパンを焼く。	15	8月13日	午後1時30分から午後3時
		15	8月14日	午後1時30分から午後3時
3	北高校のバンド演奏を見る。	—	8月20日	午前11時から午前11時30分
4	団子を作る。団子を買うこともできます。	20	8月28日	午前10時から午前11時30分

＊：イベントに参加できる人数

予約について

イベント1，2，4：予約が必要。

イベント3：彼らのコンサートのチケットは必要ありません。希望するときに来たり帰ったりすることができます。

より詳しい情報は，イベント1～4をクリックしてください。

アン：ハル，何を見ているの？ 「シェアスペース」？ それは何？

ハル：それはある場所のことだよ。人々は数日間そこを使うことができるんだ。僕たちの町のショッピング街沿いにあるこの「シェアスペース」では，毎週末に1つのイベントが開催されているんだ。ここに8月のスケジュールがあるよ。君がアメリカに帰る前に参加しようよ。アン，どのイベントが面白そう？

アン：私は料理が好きだから，このイベントが楽しそう。

ハル：待って，アン。君はこれに参加できないよ。君は8月25日の木曜日に日本を出発する予定だけれど，それは8月28日の日曜日に開催される。そのかわりに，これはどう？ 次の日の朝食を作ることができるよ。

アン：いいわね。私たちにとってどちらの日がいいか選ぶこともできる。見て，ハル。私は音楽が好きだから，これも面白そう。

ハル：そうだね。アン，ここにもう1つあるよ。このイベントでは，何か日本的なものを作ることができる。腐ったりしないし，君の家族へのすてきな贈り物になるよ。

アン：すごいわ。私の家族はそれを受け取って喜ぶわ。ハル，一緒にこのイベントに行きましょう。あなたはこの日の午後に暇な時間がある？

ハル：うん。僕はその日は暇だよ。君と一緒に行くよ。待ちきれないね。

3 【解き方】①「人気ナンバーワン」→「最も人気がある」と考える。popularの最上級はthe most popular。

②「シェフRuiのおすすめ」→「シェフRuiが私たちに食べてほしい食べ物」と考える。thatは目的格の関係代名詞。「Aに～してほしい」= want A to ～。

【答】① most popular ② wants us to eat

4 【解き方】① 文末の「先週」という語句から過去形の文であることがわかる。findの過去形はfound。

② Graph 1を見る。9月に1冊も本を読まなかったのは，回答した200人のうちの51パーセント。

③ 直後にあるグレン先生の「それらのデータから，私たちは月々の間の変化を見ることができます」というせ

りふから考える。ニックは「生徒たちが他の月に何冊の本を読んだのか」も見る必要があると思った。

④ タクは「読書に興味がない」，ミサキは「忙しすぎる」，ニックは「どの本を読むべきかわからない」という理由を挙げている。グレン先生の5番目のせりふより，ミサキの考えが(Y)，タクの考えが(Z)に入ることがわかる。

⑤「推測だけでこの状況の本当の原因を見つけることは困難です」，「それは本当に真実なのだろうか？」という意味。「本当の，真実の」= true。

⑥ 直後の「データの中には間違っているものもあるかもしれません」という文から考える。「『それぞれのデータが正しいのか確認する』ことも大切であると思います」という文になる。

【答】① found　② エ　③ イ　④ イ　⑤ true　⑥ ウ

◀全訳▶

グレン先生：グラフ1を見てください。これはあなたたちが答えた学校のアンケート調査の結果を示しています。私は先週これを見つけました。このグラフから私たちは何を知ることができますか？

タク　　　：約100人の生徒たちは9月に本を1冊も読みませんでした。

グレン先生：それはあなたたちに読書習慣がないということですか？

タク　　　：そうです。そのグラフを見ることでそれがわかります。本を読まない生徒もいるのです。

ニック　　：本当に？　私はそれは真実ではないと思います。そのグラフは私たちが9月に読んだ本の冊数を示しています。私たちは生徒たちが他の月に何冊の本を読んだのかということも見る必要があります。

グレン先生：それらのデータから，私たちは月々の間の変化を見ることができます。グラフ1だけであらゆることを知るのは困難です。あなたたちの読書習慣を知るためには，もっとデータが必要です。あなたたちは何か他の考えがありますか？

ミサキ　　：私たちがいつその調査に答えたのかということも考慮する必要があります。9月には学園祭があったので，そのとき私たちは忙しかったのです。私はほぼ毎月本を読みますが，9月には1冊も読みませんでした。

ニック　　：そのグラフは私たちにとってそのとき本を読む時間を持つのが難しかったということを示しているわけではありません。私たちはデータを注意深く使う必要があります。

タク　　　：僕は今わかりました。グレン先生，なぜそのとき1冊も本を読まない生徒がいたのかわかりますか？　これにはいくつかの原因があると思います。それらを見つけることができれば，状況を改善する方法について考えることができます。

グレン先生：わかりました，そのことについて考えましょう。その調査では，9月になぜ1冊も本を読まなかったのかを生徒たちに聞きました。私はその調査結果からグラフ2を作りました。ではグラフ2の理由(X)，(Y)，そして(Z)を推測してみましょう。

タク　　　：多分，彼らは読書に興味がないのでしょう。

ミサキ　　：本当に？　生徒たちはよく忙しすぎると言います。彼らは読書にはたくさんの時間が必要だと言います。

ニック　　：彼らはどの本を読むべきかわからないのです。

グレン先生：では確認してみましょう。ニックの考えは理由(X)，ミサキの考えは理由(Y)，タクの考えは理由(Z)です。

タク　　　：グラフ2で，私たちはなぜ彼らが9月に1冊も本を読まなかったのかがわかります。

グレン先生：推測だけでこの状況の本当の原因を見つけることは困難です。問題を解決する方法を見つけるために，私たちは様々なデータを用いて「なぜ？」あるいは「それは本当に真実なのだろうか？」と何度もたずねることができます。しかし，私たちがデータを利用するときに考慮するべきことがたくさんあります。私たちは何について考える必要がありますか？　あなたたちの考えを書いてください。

■ナホが授業で書いたワークシート

> 私は様々なデータを持つことが大切であることを理解しています。私たちがデータを利用するとき，それぞれのデータが正しいのか確認することも大切であると思います。データの中には間違っているものがあるかもしれません。もしそれが間違っていれば，私たちは状況を改善する方法を見つけることができません。私たちは手に入れることができるデータを簡単に信用するべきではありません。

5 **【解き方】** ① 下線部を含む文は「もしおもちゃが修理されたら，あなたはもう一度それらで遊ぶことができます」という意味である。「もう一度遊ぶことができるもの」とは同じ文の前半にある「おもちゃ」のことである。

② 下線部は「私の仕事は～にたずねることでした」という意味になる。「私の仕事は～でした」= my job was ～。「～すること」= to ～。名詞的用法の不定詞を使う。

③ (う) マキが男の子のおもちゃを修理し，男の子に「うれしい。ありがとう」と言われたときのマキの気持ち。(お) 女の子のおもちゃを修理してあげることができなかったマキに佐藤さんがかけた言葉。直前の段落の最終文にある「私はそのことを残念に思いました」という表現から考える。Don't feel so disappointed.=「あまりがっかりしないで」。

④ 第4段落の後半に，佐藤さんが「注意深くそのおもちゃを見て」，「その修理方法を説明し」，「修理の様子を女の子に見せている」ことが書かれている。

⑤ 最終段落の4・5文目を見る。thinking about the time that owners have shared with it =「持ち主がそれと共有してきた時間について考えること」。that は目的格の関係代名詞で the time を修飾する。it is important to listen to them =「彼ら（持ち主）の話を聞くことが大切だ」。

⑥ ア．第2段落の2文目を見る。マキが佐藤おもちゃ病院でボランティア活動をした期間は1か月間。イ．マキが自分の壊れたおもちゃを佐藤おもちゃ病院に持ち込んだとは述べられていない。ウ．「マキが初めておもちゃの修理をしたとき，彼女は佐藤さんに手助けをしてもらった」。第3段落の2・3文目を見る。正しい。エ．「マキと佐藤さんは女の子のオルゴールを修理することができないとマキは思った」。第4段落の4文目を見る。正しい。オ．第4段落の7文目を見る。女の子のオルゴールのための部品を作ったのはマキではなく佐藤さん。

【答】 ① toys ② My job was to ask ③ イ ④ イ

⑤ (1) 時間について考える (2) 持ち主の話を聞く（それぞれ同意可） ⑥ ウ・エ

◀全訳▶ もしあなたのおもちゃが壊れたら，あなたはどうしますか？ あなたはそれを捨てて，新しいものを買いますか？ そうするかわりに，あなたはそれをおもちゃの病院に持っていくことができます。おもちゃの病院では，おもちゃの医者が壊れたおもちゃを修理してくれます。もしおもちゃが修理されたら，あなたはもう一度それらで遊ぶことができます。

2年前，私はおもちゃの病院に関する新聞記事を読みました。それらについてもっと詳しく知るため，私は昨年の夏に1か月間ボランティアとして佐藤おもちゃ病院で働きました。佐藤さんはそこでおもちゃの医者をしています。彼が私にこの機会を与えてくれました。私の仕事はおもちゃの持ち主におもちゃにどんな問題があるのかたずねることと，佐藤さんの手伝いをすることでした。仕事中，彼はしばしば私に「おもちゃを修理するのは難しいこともあるけれど，おもちゃの医者は簡単にあきらめたりしません」と言いました。

佐藤さんは壊れたおもちゃのための新しい部品を作る方法を私に教えてくれました。数日後，1人の男の子が彼のおもちゃを持って病院にやって来たので，私はそれに初めての治療をしました。私はそのおもちゃのためにいくつかの部品を作り，佐藤さんからいくらか手助けを得ながらそれを修理し終えました。その治療はうまく行きました。男の子は私に「うれしい。ありがとう」と言いました。これを聞いたとき，私はうれしく感じました。しかし，物事はうまく行かないこともありました。

ある日，1人の女の子が壊れたおもちゃを持って私たちのところを訪れてきました。それはオルゴールでした。その状態はよくありませんでした。それを修理するのは私たちにとって不可能だと私は思ったのですが，私は女の子にこのことを言いませんでした。そのかわりに，私はそのおもちゃの状態を彼女にたずね，佐藤さんは彼女の話を注意深く聞きました。彼は「ああ，これはあなたのおばあちゃんからもらったんだね。じゃあ，あなたにとってとても大切なんだ。私たちはこれを大切に扱うよ」と言いました。彼は注意深くそのおもちゃを見て，その修理方法を説明し，それのための新しい部品をいくつか作り始めました。そのオルゴールを修理している間，彼はそれがだんだんよくなっていることを彼女に示しました。彼は彼女を励まし続け，女の子は彼を見つめ続けました。とうとう彼女が「音が鳴っている！　とてもうれしい！」と言いました。その女の子はほほ笑み，佐藤さんも彼女にほほ笑み返しました。彼らを見るのはすてきなことだったのですが，私はその女の子に何と言えばいいのかわかりませんでした。私はただ佐藤さんのそばに立っているだけでした。私は彼女を助けることができませんでした。私はそのことを残念に思いました。

その仕事のあとで，佐藤さんが「大丈夫？　そんなにがっかりしないで，マキ。最初の治療のあとはどんな感じでしたか？　うれしいと感じたのでしょう？　あまり簡単にあきらめてはいけません。もしおもちゃの医者があきらめてしまうと，持ち主はおもちゃにお別れを言わなければなりません」と私に言いました。彼は私を励ましてくれました，そして私はなぜ彼がいつもおもちゃの持ち主の話を聞くのか理解しました。

佐藤おもちゃ病院での経験は，壊れたものを修理するもう1つの意味を私に教えてくれました。何かが修理されると，それはもう一度使うことができます。これは壊れたものを修理する1つの意味です。それはまた，持ち主が壊れたものと共有してきた時間について考えることも意味しています。そうするために，彼らの話を聞くことが大切なのです。私は佐藤さんがいつもそうしていることを知っています。

社 会

1 【解き方】② Y.「朱子学」は，身分による秩序を重んじた儒学の一派で，江戸幕府が公認の学問としていた。Z.「葛飾北斎」は，江戸時代後半の化政文化期に，風景画を得意とした浮世絵師。

③ アは水野忠邦，イは源頼朝，ウは豊臣秀吉の説明。

④ 武家諸法度は，大名を統制するために1615年に制定された法令。大名が新しく城を築くことや，勝手に結婚することなどを禁じ，違反した場合には，領地の削減や没収といった厳しい処分が下された。「城を修理する場合，幕府に届け出なければならない」などの解答も可。

⑤ (1) 1392年に南北朝が統一された。(2) アは鎌倉時代，イは室町時代，ウは飛鳥時代のできごと。

【答】① 古墳 ② イ ③ エ ④ (例) 新しく城を築くことを禁止する

⑤ (1) 南北朝の統一 (同意可) (2) ウ→ア→イ

2 【解き方】② タロイモは，おもに熱帯で栽培されている農産物で，オセアニアの島々やアフリカの熱帯地域で主食となっている。

③ Aは南アフリカ，Bはサウジアラビア，Cはモンゴル，Dはオーストラリア。イ．D国の方が人口が少なく，GDPが大きいので，一人当たりのGDPが最も高い。エ.「大西洋」ではなく，太平洋が正しい。

④ (1) マゼランがフィリピンに到達した後，スペインは16世紀後半にはフィリピンを植民地化し，マニラを拠点に貿易を行った。なお，フィリピンは，19世紀末からはアメリカの植民地となった。(2) フィリピンは，環太平洋造山帯に属するため活火山が多く，火山活動を利用した地熱発電の発電量が多い。一方で，ノルウェーは水力発電の割合が高い。

【答】① アルプス(山脈) ② イ ③ ア・ウ

④ (1) ウ (2) (選択) ア (理由) (フィリピンは，)火山が多数あり，地熱エネルギーを利用した地熱発電が行われていると考えられるから。(同意可)

3 【解き方】① アはアメリカ，ウはフランスの説明。

③ 領事裁判権とは，外国人が犯罪を犯したとき，その人物の出身国の領事がその国の法で裁判を行う権利のこと。外務大臣の陸奥宗光が交渉し，日英通商航海条約を結んで撤廃に成功した。治外法権ともいう。

④ 財閥解体は，1945年の第二次世界大戦の終戦後に行われた。

⑤ アは1956年，イの朝鮮戦争は1950年から1953年，ウの東西ドイツ統一は1990年，エは1972年のできごと。

⑥ 第一次石油危機とは，第四次中東戦争をきっかけに原油価格が急激に上昇し，世界経済が混乱したこと。石油危機の後，製造業の生産指数が伸びているのに対し，エネルギー消費指数が横ばいとなっていることから，より少ないエネルギー消費で製品を生産できるようになったことが読み取れる。

【答】① イ・エ ② 大政奉還 ③ 領事裁判権 ④ エ ⑤ イ→ア→エ→ウ

⑥ 石油危機により生じた不況を，省エネルギー技術を開発する (同意可)

4 【解き方】① ア．上位5県の産出額の合計は856億円で，その他の県の合計の973億円より小さい。イ．長崎県と静岡県を比較すると，産出額は長崎県の方が大きく，作付面積は静岡県の方が広い。エ．作付面積1ha当たりの収穫量が最も多いのは「栃木県」。資料2で，グラフの原点と各県の点を結んだとき，傾きが大きいほど作付面積当たりの収穫量が多い。

② 静岡県の沿岸部には東海工業地域が広がっており，「製造品出荷額等」が大きい。イは熊本県，ウは長崎県，エは栃木県。

③ (1) モンスーンともいう。(2) Y．関東地方で冬に吹く北西の季節風は，山を越えてくるために乾燥しており，「からっ風」と呼ばれる。Z．利根川は，群馬県と新潟県の境を水源とし，関東平野を流れ，千葉県の銚子で太平洋に注ぐ河川。

④ 希少性を高めることで，高い価格で販売することが可能となる。

【答】① ウ　② ア　③ (1) 季節風　(2) ウ

④ 市場での取扱量が少なく，平均価格の高い時期に収穫，出荷する（同意可）

5 【解き方】① (1) X．依存財源にあてはまるのは，「地方交付税交付金」「国庫支出金」「地方債」。Y．地方交付税交付金は使途を指定せずに交付される。資料1において，A県は1920億円，B県は1560億円を交付されていることがわかる。(2)「首長」も住民の直接選挙で選ばれる。

② 所得が多い人ほど高い税率が適用されるため，累進課税には，所得を再分配し所得格差を縮める効果がある。

③ だれに投票したかを知られない選挙方法のことで，選挙の不正を防ぐことを目的としている。

④ (1) 裁判員裁判は，殺人などの重大な事件に関する刑事裁判の第一審のみが対象となる。(2) 違憲審査権の説明で，すべての裁判所がこの権限を持っている。

⑤ (1) ア．国際連合は，保護貿易を推進していない。なお，国際的な機関としては世界貿易機関（WTO）が設立されており，加盟国の自由貿易を推進している。イ．国連総会では，各国が平等に一票を与えられる。ウ．安全保障理事会の常任理事国は，アメリカ・イギリス・フランス・ロシア・中国の5か国。なお，エは国際司法裁判所のこと。

【答】① (1) ア　(2) ア

② X．イ　Y．課税対象の所得金額が高くなるにつれて税率が高くなる累進課税を採用（同意可）　③ 秘密

④ (1) イ　(2) 憲法に違反していないかを審査（同意可）　⑤ (1) エ　(2) NGO

理　科

1 【解き方】③ ア・ウ・エは意識して起こす反応。

⑤ ア・ウ・エは，図とは逆に検流計の針は左に振れる。

⑥ 消費電力が 500W の電子レンジが 60 秒間に消費する電力量は，500 (W) × 60 (s) = 30000 (J)　よって，消費電力 1500W の電子レンジが 30000J の電力量を消費するのにかかる時間は，$\frac{30000\ (\mathrm{J})}{1500\ (\mathrm{W})}$ = 20 (s)

【答】① (あ) 化学　(い) 電気　② $2H_2 + O_2 \rightarrow 2H_2O$　③ イ　④ 相同器官　⑤ イ　⑥ 20 (秒)　⑦ (1) エ　(2) ウ

2 【解き方】② 図 2 より，ばねを引く力の大きさが 2.0N のとき，ばねの伸びは 5.0cm なので，ばねの伸びが 1.0cm のとき，ばねを引く力の大きさは，2.0 (N) × $\frac{1.0\ (\mathrm{cm})}{5.0\ (\mathrm{cm})}$ = 0.4 (N)

③ 記録タイマーは 1 秒間に 60 回打点するので，0.1 秒間には，60 (回) × $\frac{0.1\ (秒間)}{1\ (秒間)}$ = 6 (回)打点する。

⑤ 表より，0〜0.5 秒の間に台車が動いた距離は，0.6 (cm) + 1.8 (cm) + 3.0 (cm) + 4.2 (cm) + 5.4 (cm) = 15.0 (cm) より，0.15m。台車を引く力は 1.2N なので，台車を引く力が台車にした仕事は，1.2 (N) × 0.15 (m) = 0.18 (J)

⑥ 台車を引くのをやめた後なので，台車にはたらいている力は，台車の重力と，机が台車を支える垂直抗力だけになる。

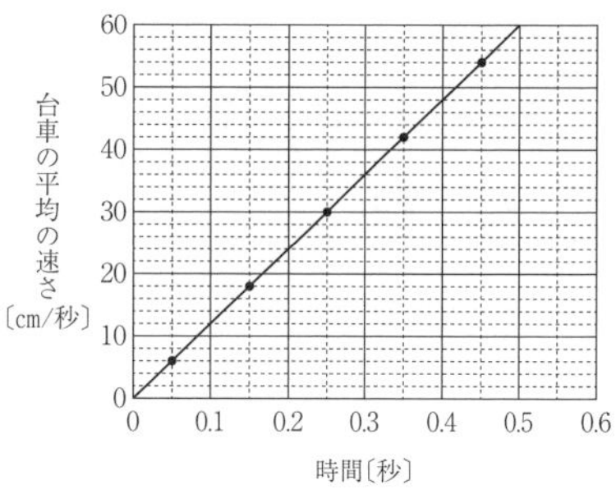

【答】① フック (の法則)　② 0.4 (N)　③ F　④ (右図)　⑤ 0.18 (J)　⑥ エ

3 【解き方】② 実験 3 の結果より，ヨウ素液を加えると青紫色に変化したので，物質 A はデンプン。

③ 物質 B 4.0g を水 50g に溶かしてできた水溶液の質量は，4.0 (g) + 50 (g) = 54 (g)　よって，その水溶液の質量パーセント濃度は，$\frac{4.0\ (\mathrm{g})}{54\ (\mathrm{g})}$ × 100 ≒ 7.4 (%)

④ 食塩は電解質なので，水に溶かすとナトリウムイオンと塩化物イオンに電離し，水溶液中に均一に分散する。

⑥ 重曹の水溶液はアルカリ性，塩化ナトリウムの水溶液は中性。また，重曹を加熱すると二酸化炭素と水が発生し，水溶液が強いアルカリ性を示す炭酸ナトリウムが残るが，塩化ナトリウムは加熱しても変化しない。

【答】① エ　② ア　③ 7.4 (%)　④ ウ　⑤ 電解質　⑥ イ・オ

4 【解き方】③【記録 2】を撮影した日から 1 か月後の 21 時には，おおいぬ座は約 30° 西に移動する。星座は，1 時間で約 15° ずつ西に動くので，この日に図 2 とほぼ同じ位置でおおいぬ座が観察できる時間は，21 時より，1 (時間) × $\frac{30°}{15°}$ = 2 (時間前)

④ 松本さんの家は，田中さんの家から西に約 1 km 離れているので，スマートフォンを真南に向けたとき，城は真南よりも東側に見える。おおいぬ座は城に比べて非常に遠くにあるので，観察地点が約 1 km 離れても観察される方向は変わらず，真南に見える。

⑤ (1) 表の太陽からの距離で考える。最も遠いアが土星，次に遠いイが木星。

【答】① 恒星　② P. 高く　Q. 地軸が傾いた状態で　③ ア　④ イ

⑤ (1) イ　(2) (惑星) エ　(理由) 地球よりも，太陽に近い位置を公転しているため。(同意可)

5 【解き方】③ 光合成を行う生物には葉緑体がある。イ・エ・オは葉緑体を持たない。

⑤ 二酸化炭素は水に溶けて炭酸になり，酸性を示す。よって，植物の呼吸で二酸化炭素が増加すると BTB 溶液は黄色になり，光合成で二酸化炭素が消費されて減少すると BTB 溶液は青色になる。

【答】 ① 子房　② ウ　③ ア・ウ　④ 対照実験　⑤ エ

⑥ (試験管) H　(理由) 呼吸で放出した二酸化炭素の量と，光合成で吸収した二酸化炭素の量がほぼ等しく，BTB 溶液の色が変化するほどの二酸化炭素の増減がなかったため。(同意可)

国　語

1 【解き方】② 脊尾が先に「バトン，全力で〝もらう〟つもりだった…全力を尽くすつもりだった，って」と「俺」の言い分を代わりに言っていることや，実際は「俺」が本番で「攻め気に走り出してた」と言っていることに着目する。

③「だったら詰まってでも，確実にもらう方が絶対いい」とあり，この「だったら」は前の「だって嫌だろ…バトンミス一つで終わるなんて」を受けている。「俺」はこれを「口にすると…格好の悪い理屈」だと感じながらも，「きっと，日本中の高校三年生が…感じている恐怖」だと考えている。

④「最後の年」に「タイムが届かなくて負けるより，バトンを落として負ける方が」嫌だという「俺」の主張に，「なに言ってんの，おまえ」と全く共感されなかったことから考える。

⑤ X.「弱音ではなく」と続くので，脊尾の「弱音吐くタイミングじゃねえだろ」という発言に着目する。この「弱音」とは，「バトンも成功して，タイムも最高を出す」ことに対する，「できるわけ，ねえだろ…信頼関係なんかねえよ」という「俺」の発言を指す。Y.「どうしたいんだよ，朝月は」と尋ねられた「俺」が，「勝ちたい」と「本音」を言ったことをおさえる。

⑥「俺とおまえの間に，そんな信頼関係なんかねえよ」と言い放ったが，「だったら，もっとオレを信頼しろ」と言う脊尾の姿に，「見知ったはずの三走は，力強い目で俺を見ていた」と「俺」が感じていることから考える。

【答】① ⓑ さけ(んじまった)　ⓓ そまつ　② イ

③ 最後の年の試合がミスで終わることへの恐れ（20字）（同意可）　④ ア

⑤ X. 朝月と脊尾には理想のバトンパスができるほどの信頼関係がない（29字）（同意可）　Y. 勝ちたい　⑥ エ

2 【解き方】① 四句で構成され，それぞれの句が七字で書かれている詩。

③「そうか」とあるので，諸田の「『花ももみじもない』といいながら…『花』や『紅葉』がイメージされるんです」という発言に着目して考える。

④ X.「後半で…紅葉を詠むことにより」と続くことに注目。諸田が「モノトーンに近い『山行』の前半」を「たいへん秋らしい風景」と言ったことに，串田が「それが後半でガラッと変わる」「紅葉の鮮烈な色彩が…実に印象的な表現です」と続けている。Y. 直前の「宋玉の詩によって定着した」に注目。串田が「『秋は悲しい』と最初に詠った」人物は「確か宋玉でしたね」と述べ，それに対して諸田が「彼が『悲しいかな，秋の気たるや』と宣言してから…定着したといわれます」と答えていることをおさえる。

【答】① 七言絶句　② 万葉集　③ ア

④ X. 色彩を対比させている　Y. 悲しいというイメージ（それぞれ同意可）

3 【解き方】② 活用がない付属語の助詞。アは，活用のない自立語で，主語にすることができる名詞。イは，活用のある自立語で，言い切りの形が「ウ段」の音で終わる動詞。エは，活用のある自立語で，言い切りの形が「～い」となる形容詞。カは活用がある付属語の助動詞。

③「神様は風来坊のように世界をフラフラと飛び回っている。そんなふうに考えてきた」と具体的に述べた後，「つまり神様とは自然の力そのもの…生かされて自分たちは生きている」と説明している。

④「そういう風にできている」とあるので，神社が「空っぽに見える」ように作られており，その「空っぽの神社の中に…祈りを入れて，神様と交流した充実感を得て帰ってくる」と前で述べていることに着目する。

⑤ ヨーロッパのオペラハウスは「疑似的に…リアルで臨場感のある見せ方をする」と述べているのに対して，日本の場合は「水を張った水盤…に桜の花びらを数枚散らす」という「簡素な」方法で，「あたかも満開の桜の下にたたずんでいるように」見る者の「想像力」をかきたてると述べている。

⑥「神社」や「桜」を例に，「日本のデザインには，そうした感性が脈々と根付いていると僕は思う」と筆者が結論を述べていることに着目する。「そうした感性」とは，「神を呼び込むための『空っぽ』を運用する感性」であり，それは，「何もないところに想像力を呼び込んで満たす」というような「意味のない余白を上手に活

用する」感性のこと。

【答】①ⓒ 約束　ⓓ 拝(んだ)　② ウ・オ　③ X. 恵み　Y. 自然　④ エ

⑤ 水盤に浮かべた桜の花びらを手がかりにして満開の桜を想像させる（30 字）（同意可）　⑥ イ

4 【解き方】① 桃子さんの「まずは【資料Ⅰ】を手掛かりにして，それぞれのメディアの特徴を考えてみようか」という発言に，健太さんが「インターネットの結果が気になるな」と言っている点をおさえる。その上で，直後で「手軽に情報を得られる一方で信頼できない情報が多い」と述べている点に着目して考える。

② 絵里さんは「その考え方は正しいかもしれないね」「確かにね」などの相づちを打って相手の発言を受け止めながら，「新聞が…同じ活字メディアだということに注目したらどうかな」と自分の意見を述べている。

【答】① エ　② ウ

③（例）情報を得る時間帯を自分で調整できる。なぜなら，録画しない限り視聴できる時間帯が決められているテレビとは違い，新聞は印刷されているので，自分の手元に存在する限り好きなときに読むことができるからだ。(97 字)

岡山県公立高等学校
（一般入学者選抜）

2021年度
入学試験問題

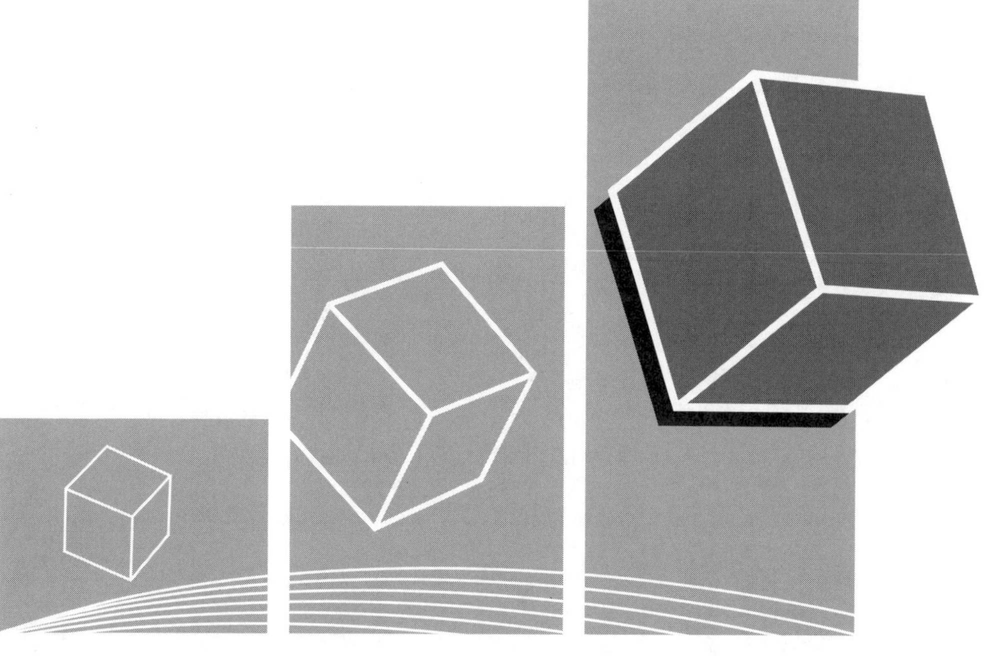

数学

時間　45分　　　　満点　70点

(注)　1　答えに$\sqrt{\ }$が含まれるときは，$\sqrt{\ }$をつけたままで答えなさい。また，$\sqrt{\ }$の中の数は，できるだけ小さい自然数にしなさい。

2　円周率はπを用いなさい。

1　次の①～⑤の計算をしなさい。⑥～⑩は指示に従って答えなさい。

①　$-3-(-7)$　(　　　)

②　$(-5)\times 4$　(　　　)

③　$3(a-2b)-2(a+b)$　(　　　)

④　$10ab^2 \div (-2b)$　(　　　)

⑤　$(\sqrt{7}+\sqrt{5})(\sqrt{7}-\sqrt{5})$　(　　　)

⑥　方程式$x^2-5x+1=0$を解きなさい。(　　　)

⑦　右の図の(1)～(3)は，関数$y=-2x^2$，$y=x^2$，および$y=\frac{1}{2}x^2$のグラフを，同じ座標軸を使ってかいたものです。図の(1)～(3)を表した関数の組み合わせとして最も適当なのは，ア～カのうちのどれですか。一つ答えなさい。ただし，点Oは原点とします。

(　　　)

y　(1) (2)　x　O　(3)

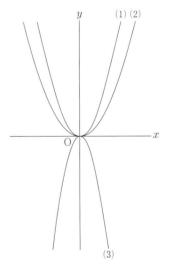

	(1)	(2)	(3)
ア	$y=-2x^2$	$y=x^2$	$y=\frac{1}{2}x^2$
イ	$y=-2x^2$	$y=\frac{1}{2}x^2$	$y=x^2$
ウ	$y=x^2$	$y=-2x^2$	$y=\frac{1}{2}x^2$
エ	$y=x^2$	$y=\frac{1}{2}x^2$	$y=-2x^2$
オ	$y=\frac{1}{2}x^2$	$y=-2x^2$	$y=x^2$
カ	$y=\frac{1}{2}x^2$	$y=x^2$	$y=-2x^2$

⑧　大小2つのさいころを同時に投げるとき，出る目の数の和が5以下となる確率を求めなさい。ただし，さいころの1から6までの目の出方は，同様に確からしいものとします。(　　　)

⑨ 右の図のような，底面が点Oを中心とする円で，点Aを頂点とする円錐(すい)があります。底面の円の円周上に点Bがあり，AB = 7cm，OB = 3cm のとき，この円錐の体積を求めなさい。ただし，答えを求めるまでの過程も書きなさい。

( )

( )

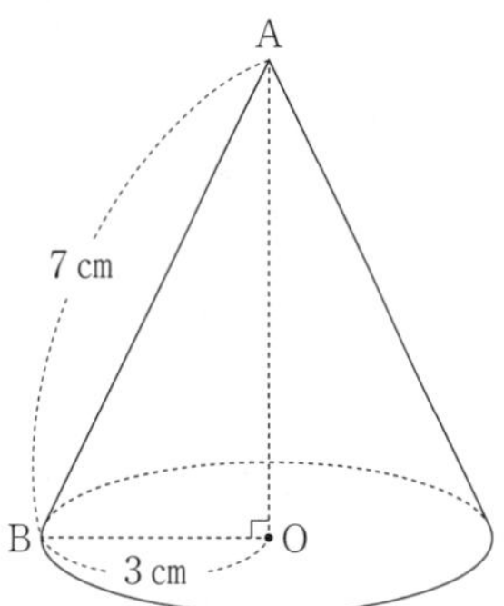

⑩ 右の図のような△ABCについて，【条件】を満たす点Dを，定規とコンパスを使って作図しなさい。作図に使った線は残しておきなさい。

【条件】

点Dは線分BC上にあり，直線ADは△ABCの面積を二等分する。

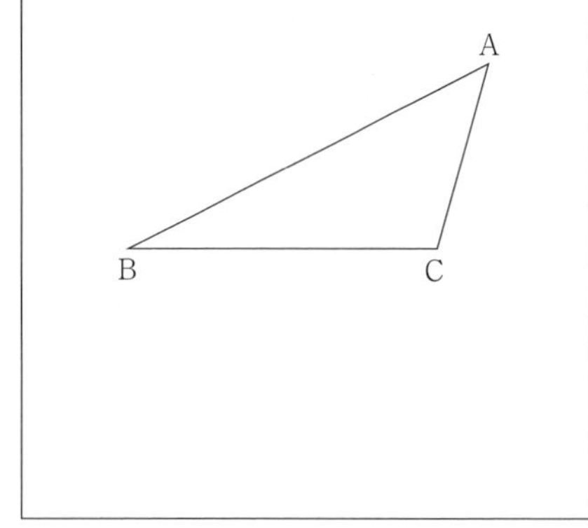

2　数学の授業で，太郎さんと花子さんは次の【問題】について考えています。①～③に答えなさい。

【問題】

ある果物店で，果物を入れる箱を50箱用意しました。この箱を使って，桃を1箱に3個入れて750円で，メロンを1箱に2個入れて1600円で販売したところ，用意した50箱がすべて売れ，その売り上げの合計は56200円でした。

このとき，売れた桃とメロンの個数をそれぞれ求めなさい。ただし，消費税と箱の値段は考えないものとします。

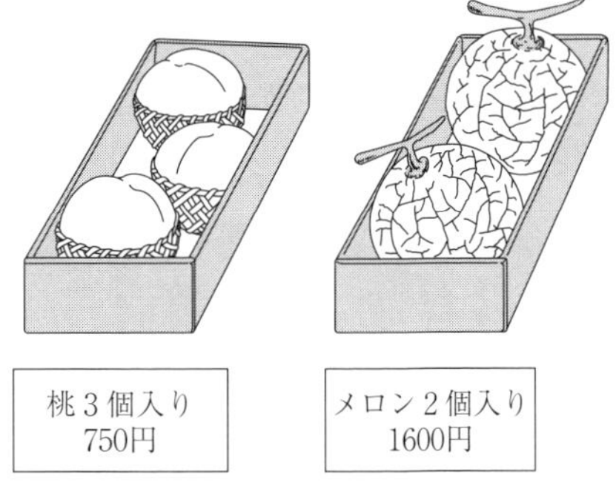

① 太郎さんは，【問題】について，次のように解き方を考えました。〈太郎さんの考え〉の［(1)］，［(2)］に適当な式を書きなさい。(1)(　　　)　(2)(　　　)

〈太郎さんの考え〉

果物を入れる箱の数に着目して考えます。桃を入れた箱の数をa箱とすると，メロンを入れた箱の数は，aを使って［(1)］箱と表すことができます。売り上げの合計で方程式をつくると，［(2)］＝56200となります。これを解くと，桃を入れた箱の数を求めることができます。

桃を1箱に3個，メロンを1箱に2個入れることから，売れた桃とメロンの個数をそれぞれ求めることができます。

② 花子さんは，【問題】について，太郎さんとは別の解き方を考えました。〈花子さんの考え〉の［(3)］，［(4)］に適当な式を書きなさい。(3)(　　　)　(4)(　　　)

〈花子さんの考え〉

売れた桃とメロンの個数に着目して考えます。桃がx個，メロンがy個売れたとすると，桃は1個あたり250円，メロンは1個あたり800円だから，次の連立方程式をつくることができます。

$$\begin{cases} \boxed{(3)} = 56200 \\ \boxed{(4)} = 50 \end{cases}$$

これを解くと，売れた桃とメロンの個数をそれぞれ求めることができます。

③ 売れた桃とメロンの個数をそれぞれ求めなさい。桃(　　　個)　メロン(　　　個)

3 右の図は，反比例の関係 $y=\frac{a}{x}$ のグラフです。ただし，a は正の定数とし，点Oは原点とします。①～③に答えなさい。

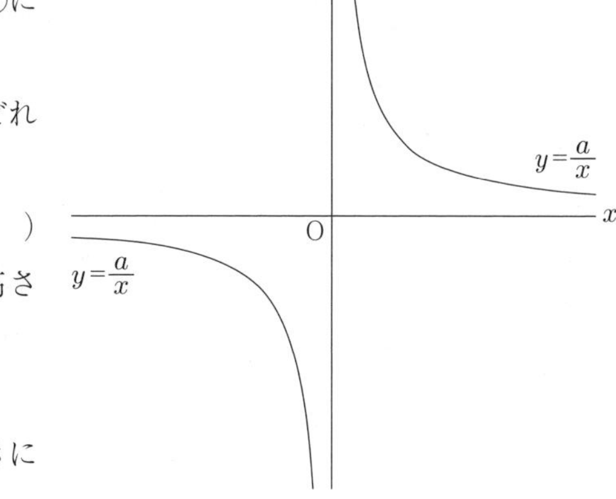

① y が x に反比例するものは，ア～エのうちではどれですか。当てはまるものをすべて答えなさい。

( )

ア 面積が 20cm^2 の平行四辺形の底辺 x cm と高さ y cm

イ 1辺が x cm の正六角形の周の長さ y cm

ウ 1000m の道のりを毎分 x m の速さで進むときにかかる時間 y 分

エ 半径 x cm，中心角 $120°$ のおうぎ形の面積 $y\,\text{cm}^2$

② グラフが点(4, 3)を通るとき，(1)，(2)に答えなさい。

(1) a の値を求めなさい。( )

(2) x の変域が $3 \leqq x \leqq 8$ のとき，y の変域を求めなさい。( )

③ a は6以下の正の整数とします。グラフ上の点のうち，x 座標と y 座標がともに整数である点が4個となるような a の値を，すべて求めなさい。( )

4　太郎さんと花子さんは，今年のスギ花粉の飛散量を予想しているニュースを見て，自分たちの住んでいるK市のスギ花粉の飛散量に興味をもちました。次の資料は，K市の30年間における，スギ花粉の飛散量と前年の7，8月の日照時間のデータの一部です。また，図1は，資料をもとに作成した，K市の30年間における，スギ花粉の飛散量のヒストグラムです。なお，K市の30年間における，スギ花粉の飛散量の平均値は2567個でした。①，②に答えなさい。

資料

	スギ花粉の飛散量(個)	前年の7，8月の日照時間(時間)
1991年	1455	322
1992年	4143	445
1993年	794	279
～	～	～
2018年	920	288
2019年	4419	471
2020年	1415	330

※例えば，1991年では，スギ花粉の飛散量が1455個であり，その前年，すなわち1990年の7，8月の日照時間が322時間であったことを表す。
※スギ花粉の飛散量は，観測地点における1㎠あたりのスギ花粉の個数である。なお，その年の年間総飛散量を表す。

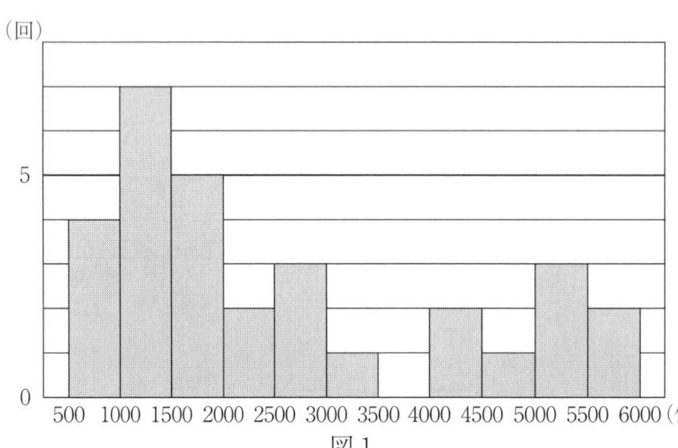

図1

※例えば，5500～6000の区間は，5500個以上6000個未満の階級を表す。また，その階級における度数2回は，スギ花粉の飛散量が5500個以上6000個未満の年が，30年間のうちに2回あったことを表す。

①　太郎さんと花子さんは，図1について話しています。〈会話Ⅰ〉の (1) ～ (3) に適当な数や階級を書きなさい。(1)(　　　)　(2)(　　個以上　　個未満)　(3)(　　　)

〈会話Ⅰ〉

太郎：平均値が入っている階級の度数は (1) 回だね。

花子：ヒストグラムからわかる最頻値が入っている階級は (2) だから，最頻値は (3) 個だね。

太郎：2021年のスギ花粉の飛散量は最頻値のあたりになるのかなあ。

②　太郎さんと花子さんは，資料をもとに，スギ花粉の飛散量と前年の7，8月の日照時間との関係を調べました。〈会話Ⅱ〉を読んで，(1)～(3)に答えなさい。

〈会話Ⅱ〉

花子：前年の7，8月の日照時間をx時間，スギ花粉の飛散量をy個として点をとると，図2のようになったよ。点がほぼ一直線上に並んでいるので，yはxの一次関数であるとみなして考えることができそうだね。

太郎：点のなるべく近くを通る直線をℓとすると，(あ)<u>直線ℓは，2点(300，1000)，(500，5000)を通る</u>よ。

花子：2021年のスギ花粉の飛散量を，直線ℓの式から予想してみよう。K市における2020年の7，8月の日照時間を調べると，372時間だったから，2021年のスギ花粉の飛散量は，［(い)］個と予想できそうだね。

太郎：［(い)］個は，平均値2567個より小さい値だから，この30年間の中では少ない方といえるね。

花子：でも，(う)<u>図1の中央値が入っている階級を考えると，予想した2021年のスギ花粉の飛散量［(い)］個は，この30年間の中では多い方といえる</u>と思うよ。

太郎：代表値によって，いろいろな見方ができるんだね。

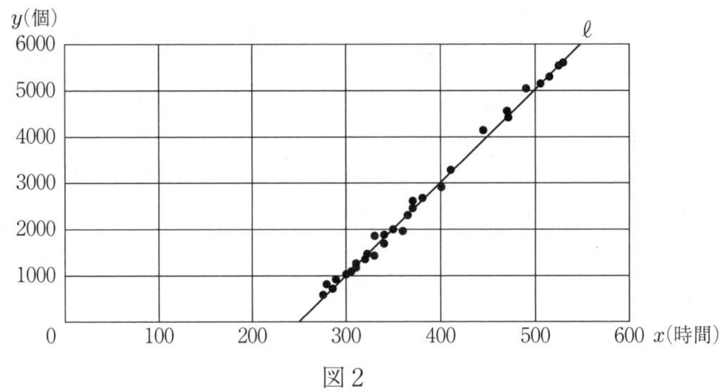

図2

(1) 下線部(あ)について，直線ℓの式を求めなさい。(　　　)

(2) ［(い)］に適当な数を書きなさい。(　　　個)

(3) 花子さんが，下線部(う)のように考えた理由について，中央値が入っている階級を示して説明しなさい。

(　　　　　　　　　　　　　　　　　　　　　　　　　　　　　　　　)

5 右の図のように，円周上の点A，B，Cを頂点とする△ABCがあり，∠ABCの二等分線と線分ACとの交点をD，円との交点のうち点Bと異なる点をEとします。また，線分AB上に点Fを，EF∥CBとなるようにとり，線分EFと線分ACとの交点をGとします。さらに，点Aと点E，点Cと点Eをそれぞれ結びます。①，②に答えなさい。

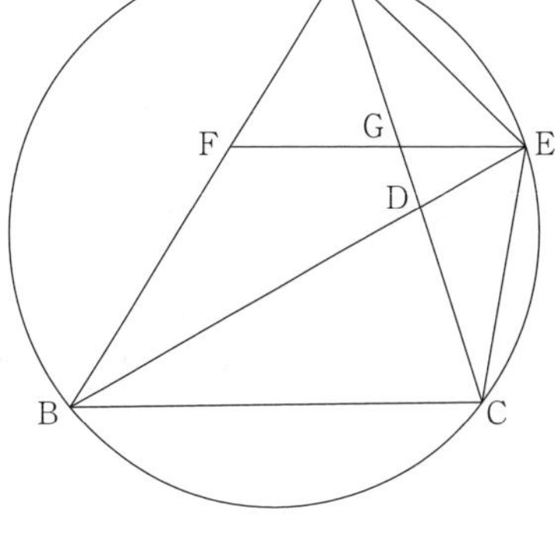

① △ABD∽△ECDを証明しなさい。

[　　　　　　　　　　　　　　　　　　　　]

② AB = 6 cm，BC = 5 cm，AE = 3 cm であるとき，(1)〜(3)に答えなさい。

(1) 線分CEの長さを求めなさい。(　　　cm)

(2) ED：DGを最も簡単な整数比で答えなさい。(　　　)

(3) 線分AFの長さを求めなさい。(　　　cm)

英語

時間　45分　　　　満点　70点

（編集部注）放送問題の放送原稿は英語の末尾に掲載しています。
音声の再生についてはもくじをご覧ください。

（注）1　英語で書くところは，活字体，筆記体のどちらで書いてもかまいません。
2　語数が指定されている設問では，「,」や「.」などの符号は語数に含めません。また，「don't」などの短縮形は，1語とします。

1　この問題は聞き取り検査です。問題A～問題Dに答えなさい。すべての問題で英語は2回ずつ読まれます。途中でメモをとってもかまいません。

問題A　(1)，(2)のそれぞれについて，ア～ウの三つの英文が読まれます。絵や表について説明している文として最も適当なのは，それぞれア～ウのうちではどれですか。一つ答えなさい。

(1)(　　　)　(2)(　　　)

(1)

(2)

一番好きな色	選んだ生徒(人)
red	18
blue	12
green	7
white	3

問題B　高校生のRyutaは，来日した留学生のAmyへ行ったインタビューをもとにして，学校新聞に載せる紹介文を作りました。インタビューを聞いて，次の紹介文の (あ) ～ (う) にそれぞれ適当な英語1語を入れなさい。(あ)(　　　)　(い)(　　　)　(う)(　　　)

［Ryutaが書いたAmyの紹介文］

Amy has arrived at our school !

Amy is from Australia and she will be with us for (あ) months.

The things she wants to do :
1) To play basketball with us and enjoy the hard (い) .
2) To have many (う) .

Enjoy playing basketball and talking with Amy !

［Amy］

問題C　(1)，(2)のそれぞれの会話についての質問の答えとして最も適当なのは，ア～エのうちではどれですか。一つ答えなさい。(1)(　　　)　(2)(　　　)

(1)　ア　At a bookstore.　　イ　At a post office.　　ウ　At a convenience store.
　　エ　At a hospital.

(2)　ア　They will tell Tony to talk with their classmates.
　　イ　They will show Tony's idea to their classmates.
　　ウ　They will listen to their classmates.
　　エ　They will agree with Tony.

問題D　留学生のYokoが，滞在先のホストファミリーから家の決まり（house rule）や週末の過ごし方について，英語で説明を受けています。その説明を聞いて，(1)，(2)に答えなさい。

(1)　Yokoが受けた説明の内容から，ホストファミリーがしてほしくないこととして，最も適当なのは，ア～エのうちではどれですか。一つ答えなさい。(　　　)
　ア　自分の部屋を週2回掃除すること　　イ　夜10時に風呂に入ること
　ウ　夕方6時に帰宅すること　　エ　自分の部屋で楽器を演奏すること

(2)　説明の最後にホストファミリーから尋ねられた質問に対して，どのように答えますか。あなたがYokoになったつもりで，書き出しに続けて，［　　］に10語以上の英語を書き，英文を完成させなさい。ただし，2文以上になってもかまいません。
(　　　　　　　　　　　　　　　　　　　　　　　　　　　　　)
I like ［　　］.

2 青木さんの家にホームステイしている John が，夕食時に青木さんと，耐熱性のポリ袋（plastic bag）を使って料理を作るパッククッキング（Pack Cooking）の講習会（seminar）のちらしを見ながら会話をしています。次の英文は，講習会のちらしと会話の一部です。①～⑤に答えなさい。

講習会のちらし

Be a Pack Cooking [(あ)]!

Are you interested in an easy way of cooking ? If so, how about trying "Pack Cooking" ? It's very easy ! Cut ingredients, put them into a plastic bag, put the bags in

Day : Every Saturday
Time : 1:00 p.m.～ 4:00 p.m.
(Time to start eating : 2:30 p.m.)
Place : Room 105, Kozue Hall
Fee : 500 yen for one person
(300 yen for food, 200 yen for the room)
Students do not have to pay for the room.

To join us, you must come with an adult if you are an elementary school student.

For more information, call at 123-4567.

John : Today's dinner tastes so good! How did you make this?

Ms. Aoki : Oh, thank you. Look at this. It is (い) call "Pack Cooking." We need only water, ingredients, seasoning, and plastic bags. We don't need many cooking tools.

John : That sounds interesting! I have never heard that.

Ms. Aoki : When we cook in this way, we can make several dishes in one pot at the same time by putting the bags in the hot water and boiling them together.

John : That means we can [(う)] water, right?

Ms. Aoki : That's right. We also need only a little seasoning before we seal the bags.

John : Why? Is that enough? I'm afraid that the taste will be [(え)].

Ms. Aoki : No! The food tastes good. The flavor of the seasoning soon spreads through the food because the bags in the hot water are sealed. After enjoying the dish, we have to wash only the pot and a few other things. Easy, right?

John : That's cool. I'm interested in Pack Cooking. [(お)] to this seminar?

Ms. Aoki : Sure. Then, let's go there next Saturday. You will pay only for food because you are a junior high school student.

John : That's perfect! Thank you, Ms. Aoki.

〔注〕 ingredient 食材　boil ～ ～をゆでる　fee 参加費　pay for ～ ～の支払いをする
adult 大人，成人　seasoning 調味料　tool 用具，器具　pot なべ
seal ～ ～を密封する　flavor 味，風味

① 講習会のちらしとして，[(あ)] に入れるのに最も適当なのは，ア～エのうちではどれですか。一つ答えなさい。(　　　)

ア Cartoonist　イ Newscaster　ウ Chef　エ Lawyer

② 下線部(い)の単語を，最も適当な形に変えて書きなさい。(　　　)

③ [(う)]，[(え)] に入れる英語の組み合わせとして最も適当なのは，ア～エのうちではどれですか。一つ答えなさい。(　　　)

ア (う) save　(え) better　イ (う) save　(え) worse　ウ (う) give　(え) worse
エ (う) give　(え) better

④ あなたがJohnになったつもりで，[(お)] に4語以上の英語を書きなさい。
(　　　　　　　　　　　　　　　　　　　　　　　　　　　　　)

⑤ 講習会のちらしと会話から読み取れる内容として最も適当なのは，ア～エのうちではどれですか。一つ答えなさい。(　　　)

ア Cooking the dishes takes four hours in this seminar.
イ John has to call if he wants to know more about this seminar.
ウ A junior high school student needs to join this seminar with an adult.
エ John will pay 500 yen to join this seminar next Saturday.

3　留学生の Joe は，通っている高校で配布された体育祭の案内について，クラスの友人の Mai と会話をしています。次の(1)～(9)はそのときの二人の会話です。会話の内容に合うように，書き出しに続けて，［①］に 4 語以上の，［②］に 2 語以上の英語を書き，会話の英文を完成させなさい。なお，会話は(1)～(9)の順に行われています。

①(　　　　　　　　　　　　　　　　)

②(　　　　　　　　　　　　　　　　)

体育祭の案内の一部

みどり高等学校体育祭について

日時：　10 月 22 日（金）午前 9 時～午後 3 時

場所：　みどり高等学校グラウンド

＊昼食持参

＊雨天の場合は，授業があります

会話

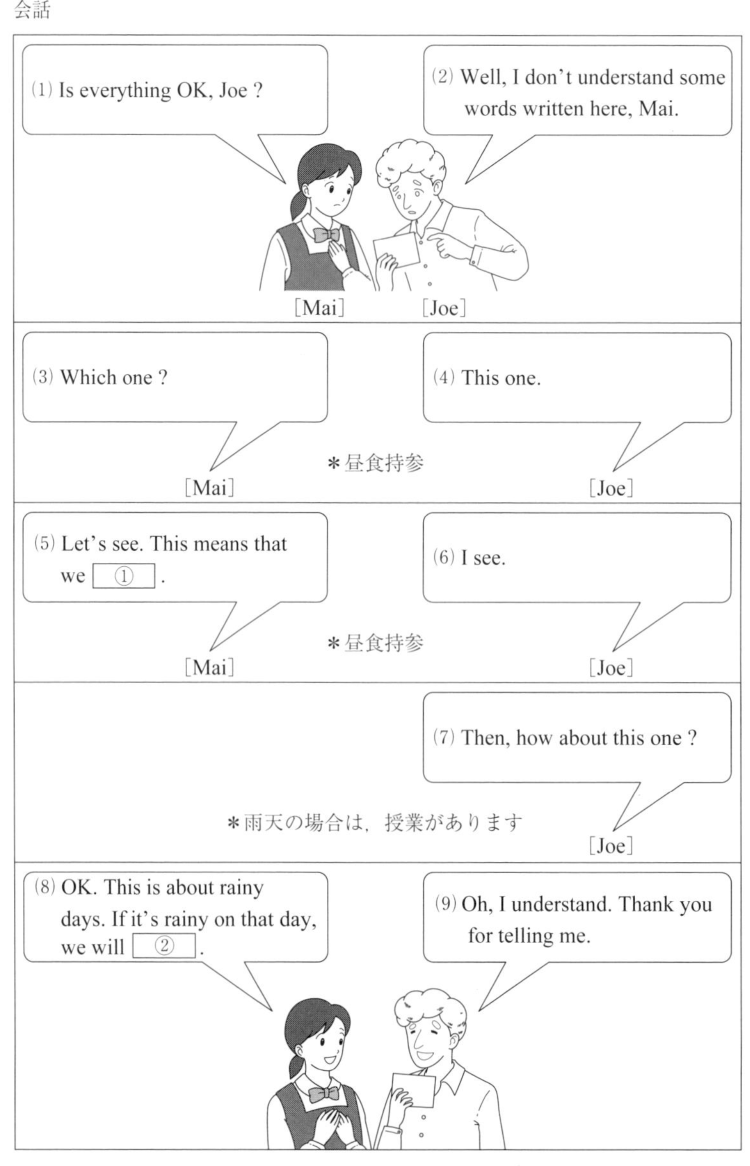

(1) Is everything OK, Joe ?
(2) Well, I don't understand some words written here, Mai.
[Mai]
[Joe]
(3) Which one ?
(4) This one.
＊昼食持参
[Mai]
[Joe]
(5) Let's see. This means that we ［①］.
(6) I see.
＊昼食持参
[Mai]
[Joe]
(7) Then, how about this one ?
＊雨天の場合は，授業があります
[Joe]
(8) OK. This is about rainy days. If it's rainy on that day, we will ［②］.
(9) Oh, I understand. Thank you for telling me.

4 Hill先生の英語の授業で，高校生のBob，Jenny，Shihoが，人々の行動（action）を変えることで社会問題（social problem）を解決する工夫について調べ，その事例を発表（presentation）しました。次の英文は，発表の一部と，それを聞いてMinamiが書いたノートの一部です。①～⑤に答えなさい。

■ 発表

Mr. Hill：You have learned that people may solve some social problems in a nice way. I want you to share some examples you have found. Let's start, Bob.

Bob　：OK. I have found (あ)<u>an example about a cafeteria in a company</u>. Some workers in that company got sick because they ate too much. Food waste was also a problem for the cafeteria. To solve these problems, the company prepared two sizes of plates for workers who eat at the cafeteria. On the smaller plate, the amount of food was smaller. A sign was also put by the plates. It said, "Most of the workers choose the smaller plate." Then, more workers did so and they also ate all the food on the plate. In this way, the company solved both of the problems.

Mr. Hill：Thank you, Bob. The cafeteria did not make any rules. They just gave people two choices. Jenny, please tell us about your example.

Jenny　：Yes. I'm going to talk about special stairs at a station in a city. Every day, many people used escalators at the station. The city thought that going up and down the stairs would be better for their bodies. So, the stairs were changed into "The Piano Stairs" which looked like piano keys. When people walk on them, they hear piano sounds. After these stairs were made, more people used them and enjoyed listening to the sounds.

Mr. Hill：I see. This is an interesting way to influence people's actions. How about you, Shiho?

Shiho　：Well, you often see many bikes left on the road and they are sometimes dangerous for people walking there. At first, a city put a no parking sign in no parking zones. [　　(い)　　] These pictures were put in the same places. They showed that the children would be happy without any bikes left on the road. People didn't want to make the children sad and they started to park their bikes in the right places.

Mr. Hill：I see. People felt bad about children and began to choose the right thing. Well, thank you for your presentations, everyone. To solve social problems, it may be easy to tell people to do something. However, that is not the only way. In these examples, people often get chances to "think" about [(う)] they make when they need to decide something. People's actions come from those smarter [(う)]. Small things may make our lives better.

■ Minami のノートの一部

発表者	解決したい社会問題	工夫	工夫後の人々の行動変化
Bob	・(え) problems ・food waste	・plates and a sign	・eat smaller amounts of food ・have smaller food waste
Jenny	・(え) problems	・piano stairs	・use stairs more often because it's (お)
Shiho	・bikes left on the road	・children's pictures	・(か) parking their bikes in no parking zones
感想 I'm surprised to know that people may change other people's actions without strong rules. I have found another example. Our school library has the same kind of sign, "(き)"			

〔注〕 solve ～ ～を解決する　cafeteria 社員食堂　waste 廃棄物
prepare ～ ～の準備をする　plate 料理を入れる皿　amount 量　sign 標示，掲示
rule 規則，ルール　stairs 階段　escalator エスカレーター
change ～ into … ～を…に変える　key 鍵盤
left *leave* ～ (～を放置する) の過去分詞形　park ～ ～を駐輪する　zone 区域

① 下線部(あ)について，紹介されている行動変化の内容を説明する次の文の (1) ， (2) にそれぞれ適当な日本語を入れなさい。

(1)(　　　　　　)　(2)(　　　　　　)

より多くの働く人が (1) を選び，しかも皿に盛られた (2) ようになった。

② (い) に次の三つの英文を入れるとき，本文の流れが最も適当になるようにア～ウを並べ替えなさい。(　→　→　)

ア So, the city tried another way.

イ However, just a sign didn't change the situation.

ウ Children in the city drew some pictures with a message.

③ (う) に共通して入れるのに最も適当な英語1語を，本文中から抜き出して書きなさい。

(　　　)

④ (え) ～ (か) に入れる英語の組み合わせとして最も適当なのは，ア～エのうちではどれですか。一つ答えなさい。(　　)

ア (え) energy　(お) fun　(か) start　イ (え) energy　(お) boring　(か) stop

ウ (え) health　(お) fun　(か) stop　エ (え) health　(お) boring　(か) start

⑤ (き) に入れるのに最も適当なのは，ア～エのうちではどれですか。一つ答えなさい。

(　　　)

ア Thank you for being quiet in this room.

イ You must not write or draw in the library books.

ウ Don't run when you are in this room.

エ No food or drink when you are in this room.

5　次の英文を読んで，①～⑤に答えなさい。

In many schools, students learn how to tell their ideas to others and they may have chances to make a speech. It is very useful because speaking well is important in your life. To make (あ) a good speech, you should try to speak in a big voice. If you do so, it will be easier for listeners to hear you. Choose the words you use carefully and listeners will understand you better. Using your hands is also nice. Listeners will see how you move your hands and understand what is important in your speech. If you try these things, you can improve your speech. However, there is another way to make a good speech.

Have you tried to use a "pause" while you make a speech? It is a great way to make your speech better. [　　(い)　　] It is interesting, right? Then, why is it effective?

First, (う) you can get attention from listeners. For example, try to put a pause before you start your self-introduction. Your listeners will pay more attention to you. Even during a speech, you should take a pause before the things you really want to say. When you take a pause, your listeners will wonder why you stopped talking. They will try to listen to you more carefully to know what is spoken next.

Second, a pause can give listeners time to think and they will understand what the speaker is saying better. If your speech continues without a pause, it is difficult for the listeners to understand your message well. However, if you stop and wait for a little time after you say an important thing, the listeners can follow you more easily.

Third, putting a pause is good for speakers, too. When you speak without pauses, sometimes it's hard to remember what you are going to say. If you keep worrying about the thing you are going to say next, can you guess what will happen? A good speech will (え) to / too / make / be / difficult). However, when you speak with some pauses, you don't have to feel so nervous and you may not forget your message. Then, you can speak with confidence.

Some people think that it's not good to stop talking while others are listening to you. That may be true in a conversation. When you talk with other people, time is shared with each person there. So, it's difficult to take a pause. However, when you make a speech, you usually speak to a group of people and the speaking time is given only to you. That means that you can decide how to take a pause in your own way. So, using a pause in an effective way is one of the important parts of making your speech.

To be a wonderful speaker, it is necessary to use a lot of different skills for better communication with people. How about trying to put a pause when you make a speech next time?

〔注〕 listener　聞き手　　pause　(話の) 間(ま)　　effective　効果的な　　self-introduction　自己紹介
pay attention to ～　～に注意を払う　　speaker　話し手　　follow ～　～の話についていく
keep ～ ing　～し続ける　　confidence　自信　　conversation　会話　　skill　技術，技能

①　下線部(あ)について，同じ段落で紹介されている内容として，当てはまらないものは，ア～エのうちではどれですか。一つ答えなさい。(　　　)

ア　聞き取りやすい声量で話すこと　　イ　言葉を注意深く選択すること

ウ　手振りを交えること　　エ　視線を合わせること

②　[(い)] に入れる内容として，最も適当なのはア～エのうちではどれですか。一つ答えなさい。

(　　　)

ア　You can speak faster and listeners will never follow you.

イ　When you want listeners to understand you, you have to talk a lot.

ウ　You don't say any words but listeners can still understand you.

エ　If you are quiet, listeners cannot understand what you think.

③　下線部(う)の具体的内容を説明する次の文の [(1)]，[(2)] にそれぞれ適当な日本語を入れなさい。

(1)(　　　　　　　　　　　　)　(2)(　　　　　　　　　　　　)

話し手がスピーチ中に間を取ることで，聞き手は話し手が [(1)] のかと思い，次に [(2)] のかを知るために，より注意深く聞こうとする。

④　下線部(え)の語をすべて用いて，意味が通るように並べ替えなさい。

(　　　　　　　　　　　　　　　　　　　　　　　　)

⑤　本文の内容と合っているのは，ア～オのうちではどれですか。当てはまるものをすべて答えなさい。(　　　)

ア　It's difficult for students to learn how to make a good speech at school.

イ　People should put a pause only before they start their self-introduction.

ウ　Taking a pause during a speech is good for both speakers and listeners.

エ　People often put a pause because they don't share time during conversation.

オ　Many kinds of skills are needed if people want to be great speakers.

〈放送原稿〉

2021 年度岡山県公立高等学校一般入学者選抜入学試験英語の聞き取り検査を行います。

問題A　次の英文が２回読まれるのを聞いて，問題用紙の指示に従って答えなさい。

(1)　ア　The boy is sleeping in a room.　　イ　The boy is reading a book.

ウ　The boy is having dinner.

(繰り返す)

(2)　ア　More than twenty students like red the best.

イ　Blue is more popular than green among the students.

ウ　There are no students who have chosen white.

(繰り返す)

問題B　次の会話が２回読まれるのを聞いて，問題用紙の指示に従って答えなさい。

Ryuta：　Amy, how long will you stay here?

Amy　：　For half a year.

Ryuta：　That's wonderful. What do you want to do during your stay?

Amy　：　I am happy if I can join the basketball team in your school. I hear the practice is very hard, but I will enjoy it. I also want a lot of students to become friends with me.

(繰り返す)

問題C　次の会話と質問が２回読まれるのを聞いて，問題用紙の指示に従って答えなさい。

(1)　A：　I don't feel well.

B：　When did it start, Ms. Lee?

A：　Two days ago.

B：　I see. I will give you some medicine. Please come back here next week.

Question：Where is Ms. Lee now?

((1)を繰り返す)

(2)　A：　Ken, what do you think about Tony's idea?

B：　I don't agree. He should listen to our classmates. How about you, Mari?

A：　I feel the same. Shall we see Tony tomorrow to tell him to listen to them?

B：　OK.

Question：What will Ken and Mari do tomorrow?

((2)を繰り返す)

問題D　次の英文が２回読まれるのを聞いて，問題用紙の指示に従って答えなさい。

I'll tell you about our house rules. You should clean your room twice a week. Please take a bath between 5 p.m. and 9 p.m. I want you to come back home before 7 p.m. It's OK for you to play your instrument in your room. If you have any questions, please ask me.

By the way, if you are free this weekend, let's do something together. Which do you like better, going to the park or spending time at home?　(繰り返す)

これで聞き取り検査を終わります。

社会

時間　45分　　　満点　70点

1　花子さんは，「我が国における土地と人との関係」に着目して近代までの歴史的分野の学習をふり返り，次の表を作成しました。①～⑥に答えなさい。

時代区分	その時代の様子
原始	(a)稲作が伝えられると，人々はムラ（集落）をつくり，やがてクニ（国）としてまとまっていきました。
古代	全国の土地は国家のものとされ，土地を与えられた人々は租などを負担しました。その後，土地の私有が認められるようになり，(b)摂関政治を行った藤原氏などの貴族は広大な土地を所有しました。
中世	実力を付けた(c)武士によって土地の管理が行われるようになりました。一方で，民衆が自治を行った地域もありました。やがて，戦国大名が各地の土地支配をめぐって争いました。
近世	全国を統一した豊臣秀吉(とよとみひでよし)は太閤(たいこう)検地を行い，検地帳を作らせました。これにより，土地の収穫高が石(こく)という単位で表され，石高にもとづいて年貢(ねんぐ)が集められるようになりました。その後，(d)江戸幕府のもとで，幕府と藩(はん)が全国の土地と人々を支配する体制が築かれました。
近代	(e)植民地を広げる諸外国の影響を受け，近代化に向けた諸改革が進みました。その改革の中で，財政の安定を目的に地租改正が実施され，地租が集められるようになりました。

①　下線部(a)に関して，花子さんは資料1を収集し，次のようにまとめました。□に当てはまることばを一つ書きなさい。(　　　)

稲作が広まったことで，人々の生活や集落間の関係に変化がありました。そうした変化を受け，資料1に見られるような□を設けた集落が各地につくられました。

資料1

②　下線部(b)が行われたころに我が国で栄えた文化について述べた文として最も適当なのは，ア～エのうちではどれですか。一つ答えなさい。(　　　)

ア　天守（天守閣）をもつ城が築かれるなどした，豪華で壮大な文化。

イ　寝殿造が完成するなどした，唐風の文化をもとに独自の工夫がなされた文化。

ウ　法隆寺釈迦三尊像(しゃかさんぞんぞう)がつくられるなどした，我が国で最初の本格的な仏教文化。

エ　臨済宗(りんざいしゅう)の寺院が建てられるなどした，禅宗の影響を受けた文化。

③　下線部(c)について，武士と土地の関わりについて述べたア～エを，年代の古いものから順に並ぶように記号で答えなさい。(　　→　　→　　→　　)

ア　南北朝の内乱のころ，守護が権限を拡大し，国を支配する守護大名に成長した。

イ　領地を手放した御家人を救うため，鎌倉幕府は徳政令を出した。

ウ　平泉を拠点とした奥州(おうしゅう)藤原氏が，東北地方で勢力を強めた。

エ　朝倉氏などが，独自の法である分国法を定め，領国の支配を強化した。

④　下線部(d)に関して，花子さんは徳川吉宗(とくがわよしむね)が行った改革の影響について調べ，江戸幕府の領地の石高の推移を示した資料2のグラフを作成しました。徳川吉宗の改革のうち，資料2から読み取れる変化をもたらした政策の内容を書きなさい。

（　　　　　　　　　　　　　　　　　　　　）

資料2

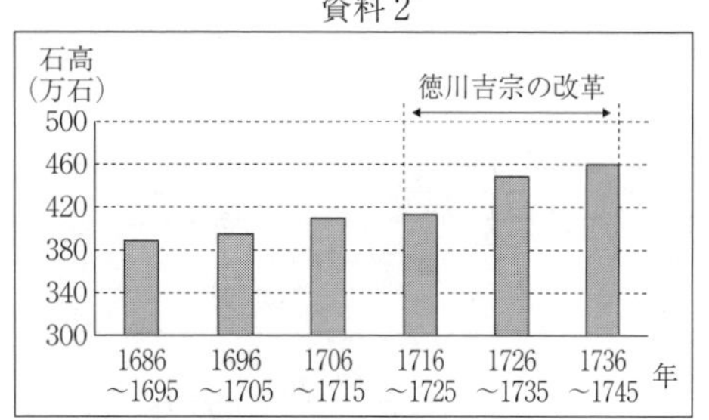

（注）石高は，各期間における平均の石高。
（「角川　日本史辞典」から作成）

⑤　下線部(e)について述べた次のXとYの文について，内容の正誤を表したものとして最も適当なのは，ア～エのうちではどれですか。一つ答えなさい。

（　　　）

X　ドイツは，アヘンを厳しく取り締まった清(しん)に対し，アヘン戦争をおこした。

Y　フランスは，積極的な南下政策をとり，日本に使節を派遣し和親条約を結んだ。

ア　X，Yのどちらも正しい。　　イ　Xのみ正しい。　　ウ　Yのみ正しい。

エ　X，Yのどちらも誤っている。

⑥　花子さんは，太閤検地の際に作成された検地帳と，地租改正の際に作成された地券について調べ，内容を比較しました。次は，それぞれに記された項目と花子さんのメモです。［　　　］に当てはまる適当な内容を，資料3，資料4の違いに着目して書きなさい。

（　　　　　　　　　　　　　　　　　　　　　　　　　　　　）

資料3　検地帳に記された項目

・所在地
・面積
・石高
・耕作者の名前
など

資料4　地券に記された項目

・所在地
・面積
・地価
・地租の額
・所有者の名前
など

地租改正によって，土地にかかる税は，［　　　　］ようになった。こうした税制度の変化は，資料3と資料4の項目の違いからもわかる。

2　次の図1は，緯線と経線が直角に交わる地図であり，図2は，Xを中心とする，中心からの距離と方位が正しい地図です。①～④に答えなさい。なお，図1中の緯線は赤道から，経線は本初子午線から，いずれも20度間隔です。

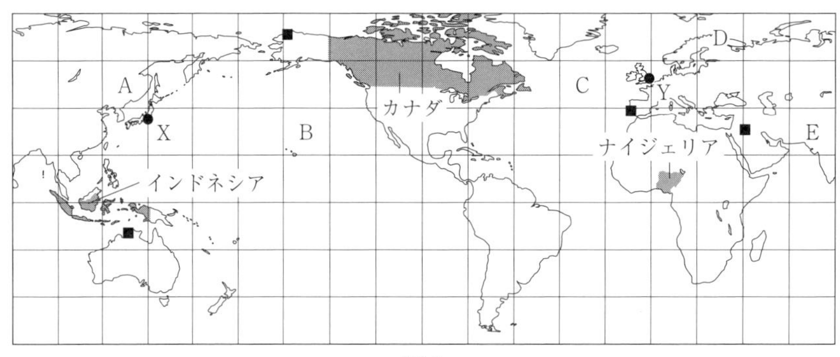

図1

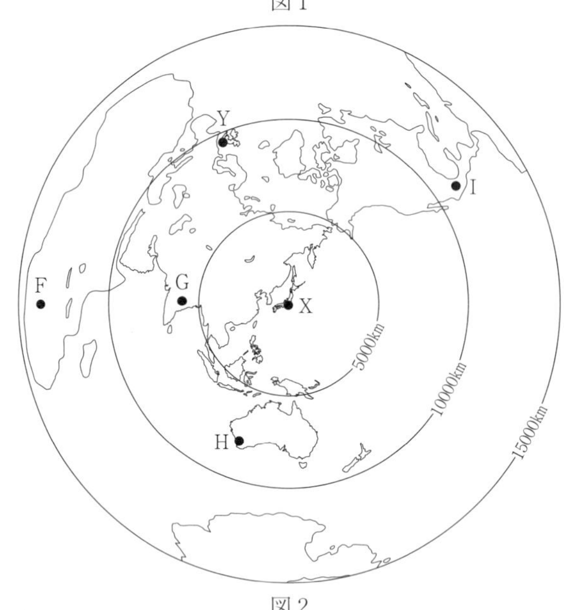

図2

① 図1と図2のXとYは，それぞれ地球上の同じ地点を示しています。地点Xと地点Yを地球上において最短距離で結んだ場合，通過するのは図1のA～Eで示した範囲のうちではどれですか。当てはまるものをすべて答えなさい。(　　　)

② 図2において，南緯20度，東経20度の地点を示しているのは，F～Iのうちではどれですか。一つ答えなさい。(　　　)

③ 右の資料は，図1に■で示した四つの都市のいずれかでみられる伝統的な衣服についての説明です。資料の衣服がみられる都市の雨温図は，次のア～エのうちではどれですか。一つ答えなさい。(　　　)

資料

写真の衣服は，この地域の気候に応じた伝統的な衣服であり，強い日差しや砂ぼこりから身を守る役割があります。

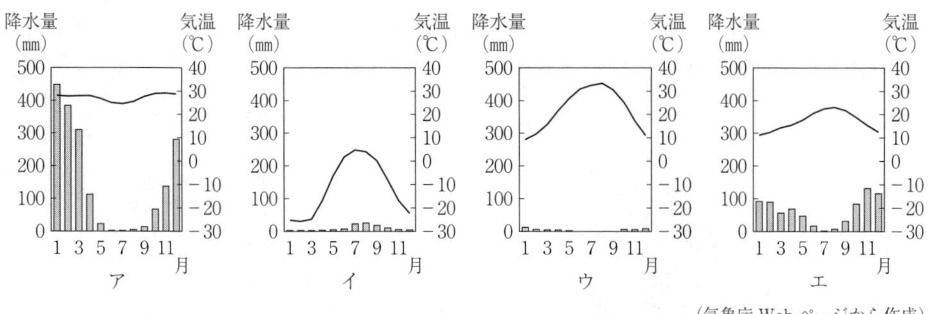

(気象庁 Web ページから作成)

④ 図1のカナダ，ナイジェリア，インドネシアについて，(1)，(2)に答えなさい。

(1) 右の図3は，カナダの輸入額に占める輸入相手国の割合を示したグラフです。［　　　］に当てはまる，カナダと自由貿易協定を結んでいる国の名称を書きなさい。

(　　　)

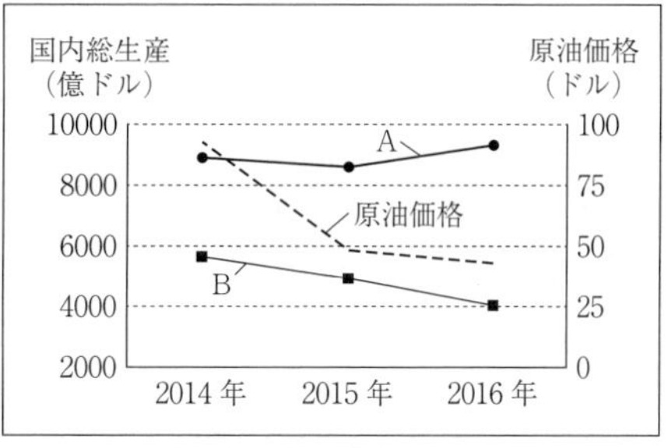

(注) 統計年次は 2016 年。

(「世界国勢図会 2018/19」から作成)

図3

(2) 次の表は，ナイジェリアとインドネシアの輸出額でみた上位6品目とそれらが輸出総額に占める割合を示しています。また，図4は，国際的な原油価格と，ナイジェリアとインドネシアの国内総生産の推移を表しています。ナイジェリアの国内総生産を示すのは，図4のAとBのどちらですか。一つ答えなさい。また，そのように判断した理由を，表と図4から読み取れる内容をもとにして書きなさい。

記号(　　　)　理由(　　　　　　　　　　　　　　　　　　　　　　)

表　輸出品目及び輸出総額に占める割合(%)

順位	ナイジェリア		インドネシア	
1	原油	82.0	石炭	10.0
2	液化天然ガス	11.7	パーム油	9.9
3	石油ガス	1.3	機械類	9.5
4	液化石油ガス	0.8	衣類	5.2
5	カカオ豆	0.7	自動車	4.0
6	製造たばこ	0.4	原油	3.6

(注) 統計年次は 2016 年。

(「世界国勢図会 2018/19」から作成)

国内総生産(億ドル)　原油価格(ドル)

10000 / 8000 / 6000 / 4000 / 2000　　100 / 75 / 50 / 25 / 0

A　B　原油価格

2014 年　2015 年　2016 年

(注) 原油価格は1バレル(約 159 ℓ)あたり。

(「世界国勢図会 2019/20」から作成)

図4

3　順子さんは,「近現代史にみるさまざまな情報発信の形」というテーマで調べ学習を行い，次の資料1～5を作成しました。①～⑥に答えなさい。

資料1

演説

自由民権運動の演説会の様子です。各地で演説会を開き，運動の支持者を増やしました。

資料2

風刺画

国を擬人化してえがいた風刺画です。人物の配置などから，日露戦争直前の国際関係がわかります。

資料3

雑誌

吉野作造(よしのさくぞう)の評論などが掲載されたこの雑誌は，教育の普及や政治への関心の高まりにより，発行部数を伸ばしました。

資料4

新聞

日本が国際連盟の脱退を通告する直前の新聞です。見出しが記事の内容を短く表しています。

資料5

ラジオ・テレビ

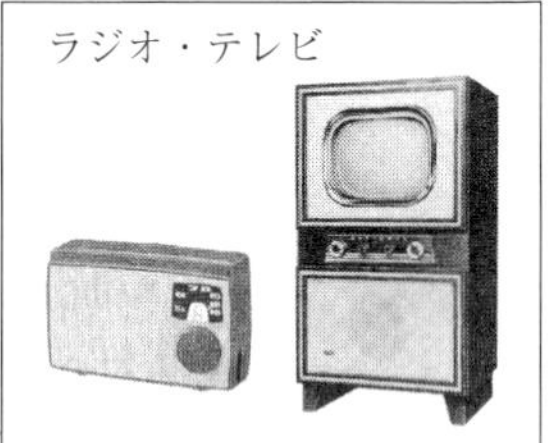

家庭に電気が普及し，ラジオやテレビが登場しました。テレビは，高度経済成長期に普及が進みました。

①　資料1に関して，自由民権運動の始まりについて述べた文として最も適当なのは，ア～エのうちではどれですか。一つ選びなさい。(　　　)

ア　足尾銅山鉱毒被害についての質問書を，田中正造が国会で提出した。

イ　不平等条約の改正などを目的に，岩倉具視(いわくらともみ)らが欧米諸国を訪問した。

ウ　ききんの影響で苦しむ人々の救済を目的に，大塩平八郎が乱を起こした。

エ　国会の開設を求める建白書(けんぱくしょ)を，板垣退助らが政府に提出した。

②　資料2の風刺画において，Xの人物で表された国の名称を書きなさい。(　　　)

③　資料3に関して，吉野作造は，天皇主権のもとでも，民衆の考えにもとづいた政治を行うことを主張しました。この主張を何といいますか。漢字四字で書きなさい。□□□□

④　資料4に関して，(1)，(2)に答えなさい。

(1)　資料の新聞記事について説明した次の文章の□に当てはまる適当な内容を，右の図1を参考にして，「承認」ということばを用いて書きなさい。

(　　　　　　　　　　　　　　　　　　　)

資料4の新聞記事は，1933年2月の国際連盟の総会で，□の引きあげを求める勧告が採択された時のものです。これに反発した日本政府は，翌月に国際

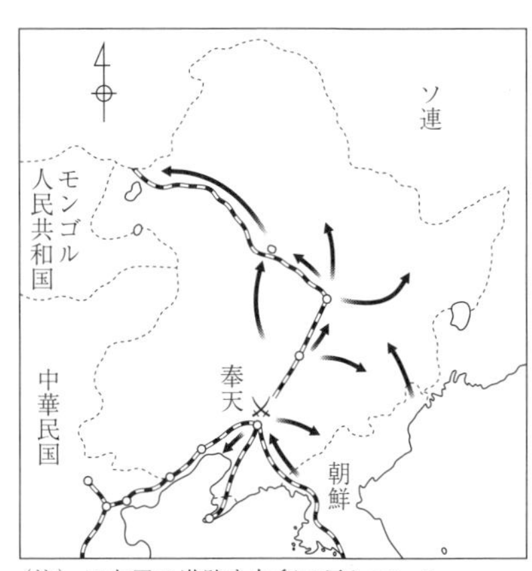

(注) 日本軍の進路を矢印で示している。

図1　1931～1932年の日本軍の進路

連盟からの脱退を通告しました。

(2) 次のア～エは，資料4の他に収集した新聞記事の見出しを，順子さんが読みやすくしたものです。ア～エの見出しで表されたできごとが年代の古いものから順に並ぶように記号で答えなさい。(　→　→　→　)

ア 「日独伊三国同盟成立　ベルリンで調印」

イ 「沖縄が日本復帰　『平和の島』を誓う」

ウ 「戦争終結の公式文書発表　ポツダム宣言を受諾(じゅだく)」

エ 「サンフランシスコ平和条約調印　49か国が署名」

⑤ 資料5に関して，図2は主な耐久消費財の家庭への普及率を表したグラフです。ア～エは，それぞれカラーテレビ，コンピュータ，電気冷蔵庫，乗用車のいずれかです。カラーテレビの普及率を示すのは，ア～エのうちのどれですか。一つ答えなさい。(　)

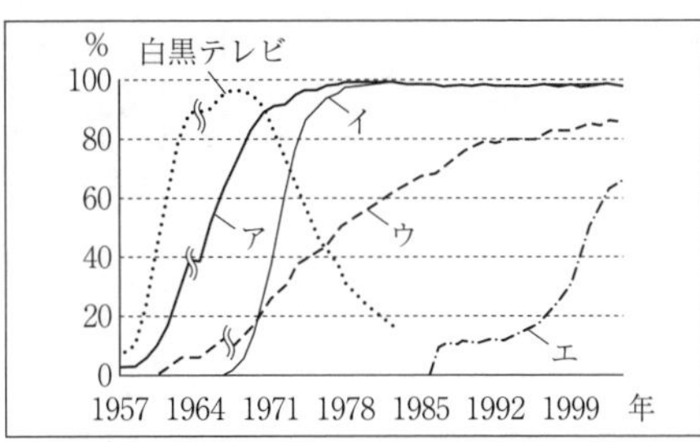

(注)≬は，前後で統計をとる方法が異なるため連続しない。

(「内閣府消費動向調査」から作成)

図2

⑥ 次は，順子さんが作成した調べ学習のまとめの文章の一部です。□ に当てはまることばを書きなさい。(　)

> 現代は，インターネット端末などの普及が進み，自分からも広く情報発信ができるようになりました。情報機器は便利ですが，使うときには注意も必要です。
>
> 例えば，新たな人権の一つとして認められてきている，個人の私生活に関する情報は公開されないという □ が守られるよう配慮することが大切です。

4　太郎さんは，授業で中部地方を学習したことをきっかけに，北陸に関心をもち，その特色について調べました。図1は，太郎さんが作成した略地図です。①～④に答えなさい。

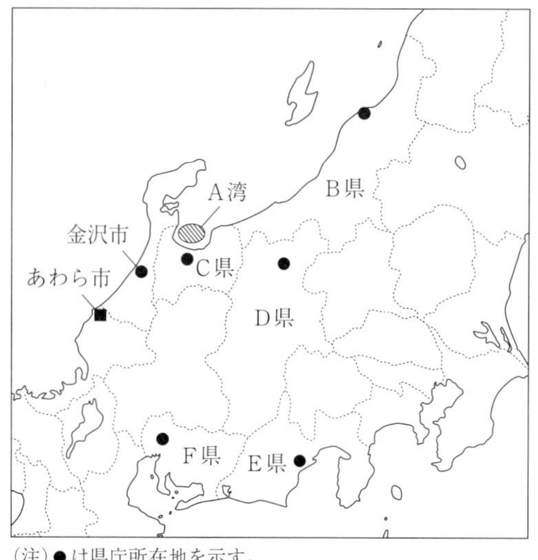

(注)●は県庁所在地を示す。

図1

① 図1のA湾について太郎さんが説明した次の文章の［　　］に当てはまることばを書きなさい。
(　　)

この湾は，多種多様な魚がとれる水産資源の宝庫です。その理由の一つに，湾の中に暖流の［　　］海流が流れ込んでいることがあります。

② 太郎さんは，図1のB～Fの各県にある観光レクリエーション施設数と，各県庁所在地から東京まで移動する際の所要時間を調べ，次の表を作成しました。B県に当てはまるのは，ア～オのうちのどれですか。一つ答えなさい。(　　)

表

	キャンプ場	スキー場	海水浴場	県庁所在地から東京までの所要時間
ア	89	30	61	約 100 分
イ	159	73	—	約　90 分
ウ	60	—	56	約　60 分
エ	24	1	22	約 100 分
オ	33	7	10	約 130 分

(注)　—は皆無なことを示している。所要時間は，県庁所在地の新幹線停車駅から東京駅までの新幹線のおおよその時間。施設数は2018年3月末時点。所要時間は2018年12月末時点。

(「データでみる県勢 2020」，「JR 時刻表」から作成)

③ 太郎さんは，東京から金沢市に移転した「国立工芸館」を訪れたいと考え，次の図2の金沢市中心部の2万5千分の1地形図を収集しました。また，図3は，図2の黒枠の範囲を拡大して作成したものです。(1)～(3)に答えなさい。

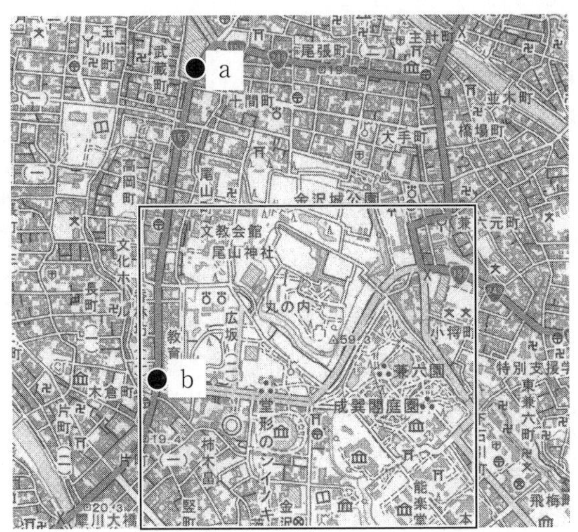

(国土地理院平成 27 年発行 2 万 5 千分の 1 地形図「金沢」から作成。一部改変)

図 2

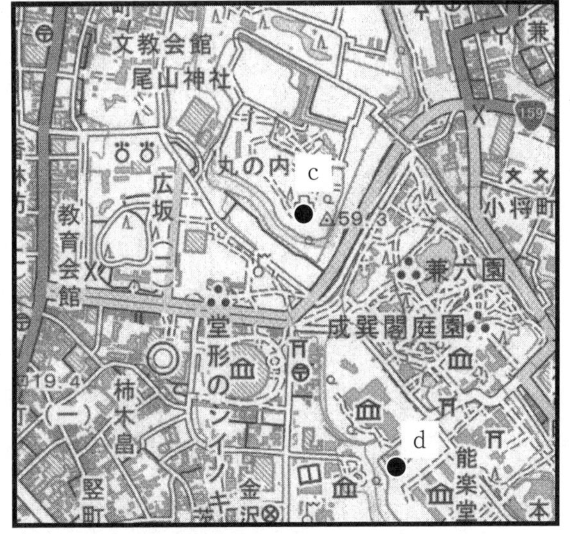

(注) 図 2 とは縮尺が異なる。

図 3

(1) 金沢市は何県の県庁所在地ですか。県名を書きなさい。(　　　県)

(2) 図 2 の地点 a と地点 b の間は，地図上で 4 cm です。地点 a と地点 b との間の実際の直線距離として最も適当なのは，ア〜エのうちではどれですか。一つ答えなさい。(　　　)

ア 約 100m　　イ 約 500m　　ウ 約 1000m　　エ 約 2000m

(3) 図 3 をもとに太郎さんが作成した次のメモの X ，Y に当てはまる数字とことばの組み合わせとして最も適当なのは，あとのア〜エのうちではどれですか。一つ答えなさい。

(　　　)

・地点 c の金沢城跡の付近には，標高 X メートルの計曲線がある。
・国立工芸館が移転したのは，Y から見て東南東の方角の地点 d である。

ア　X：50　　Y：警察署　　イ　X：50　　Y：市役所　　ウ　X：100　　Y：警察署
エ　X：100　　Y：市役所

④　太郎さんは，あわら市沖合の洋上風力発電所の建設に際し環境アセスメントが実施されるニュースに関心をもちました。環境アセスメントについて説明した次の文の［　　］に当てはまる適当な内容を書きなさい。(　　　　　　　　　　　　　　　　　　　　　)

環境アセスメントとは，大規模開発が行われる場合に，その開発が［　　　　］することである。

5 洋平さんのクラスでは，過去の衆議院議員総選挙を題材に学習を行いました。洋平さんの班は各政党の公約の主な部分を項目別に整理し，表にまとめました。①～⑤に答えなさい。

洋平さんの班が作成した表（一部）

項目	A党	B党
景気対策	規制緩和を進め，企業の自由な経済活動を促す。	景気回復のため，公共事業を積極的に実施する。
雇用・(a)<u>労働</u>	柔軟な働き方が選べるよう，雇用形態の多様化を一層進める。	正規雇用の増加のため，正社員就職の支援を充実させる。
国際関係	自由貿易の推進のため，他国との経済的な関係強化を図る。	近隣諸国との関係を重視し，さまざまな(b)<u>協力・支援</u>を行う。
社会保障	(c)<u>社会保障制度</u>を見直し，社会保障費の削減を目指す。	各種手当やサービスを一層充実させ，国民生活の安定を図る。

洋平さんの班での会話

洋平：この時は，2年ぶりの衆議院議員総選挙でした。つまり，選挙の前に衆議院の［ X ］があったということですね。みなさんはどのようなことに気付きましたか。

明子：こうして表にしてみると，各政党の政策の方針がわかりやすいですね。B党と比べて，A党は［ Y ］を目指しているようです。

香奈：私は景気対策について気になっています。表の内容を比べると，どの政党が与党になるかによって，とられる対策は大きく違いそうです。

洋平：そうですね。だからこそ，私たち国民は，(d)<u>自分の意見を政治に反映させる</u>ためにも，政党や候補者の情報をよく調べ，政策を比較・検討した上で投票することが大切なのだと思います。

① 洋平さんの班での会話の［ X ］，［ Y ］に当てはまることばの組み合わせとして最も適当なのは，ア～エのうちではどれですか。一つ答えなさい。(　　　)

ア X：解散　Y：小さな政府　　イ X：解散　Y：大きな政府

ウ X：総辞職　Y：小さな政府　　エ X：総辞職　Y：大きな政府

② 下線部(a)に関して，労働者によって自主的に組織される団体として労働組合があります。労働組合が組織される目的を説明しなさい。(　　　)

③ 下線部(b)に関して，国際的な協力・支援の一つとして「政府開発援助」があります。(1)，(2)に答えなさい。

(1) 「政府開発援助」をアルファベットの略称で書きなさい。(　　　)

(2) 次の資料1は，いくつかの国の「政府開発援助」の援助実績額と前年の実績からの増減率を示しています。また，資料2は，資料1の国が行った「政府開発援助」の地域別割合を示したグラフです。資料1，資料2から読み取れる内容として誤っているのは，ア～エのうちではどれですか。一つ答えなさい。(　　　)

資料1

国名	援助実績額(億ドル)	増減率(%)
アメリカ	307	－0.2
ドイツ	224	－1.0
日本	133	－11.9
イギリス	125	9.3
フランス	95	10.4

(注) 援助実績額は，二国間政府開発援助の実績額。支出総額ベース。増減率は，前年からの増減額を前年の実績額で割ったもの。統計年次は2018年。

資料2

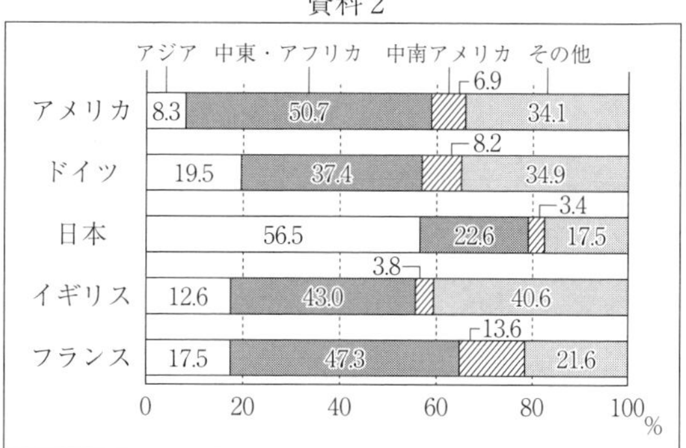

(注) 二国間政府開発援助の実績額の地域別割合。統計年次は2018年。

(資料1及び資料2は外務省「2019年版開発協力参考資料集」などから作成)

ア　資料の国のうち，前年より援助実績額が増加している国の政府開発援助の地域別割合は，中東・アフリカ地域に対する割合が最も大きい。

イ　日本のアジア地域に対する援助実績額は，資料の国の中で最も多い。

ウ　フランスの中南アメリカ地域に対する援助実績額は，アメリカの中南アメリカ地域に対する援助実績額より少ない。

エ　ドイツは，前年に比べ，援助実績額が3億ドル以上減少した。

④　下線部(c)に関して，次のA，Bの文は，日本における社会保障の四つの制度のうちのいずれかについて説明したものです。それぞれの文で説明された制度の組み合わせとして最も適当なのは，ア～エのうちではどれですか。一つ答えなさい。(　　　)

A　社会生活を営むうえで不利だったり立場が弱かったりして自立することが困難な人たちを支援するための施設の整備やサービスの提供などを行う。

B　人々が健康で安全な生活を送ることができるように，生活環境の改善や感染症の予防などを行う。

ア　A：社会保険　　B：公衆衛生　　イ　A：社会保険　　B：公的扶助

ウ　A：社会福祉　　B：公衆衛生　　エ　A：社会福祉　　B：公的扶助

⑤　洋平さんは，下線部(d)に関して，あとの資料3，資料4をもとに次のようにまとめました。資料3は，現代の日本における国民と国会・内閣・裁判所の関係を表した図であり，資料4は，内閣府が行った調査の結果をもとに作成したものです。資料3の□と洋平さんのまとめの□に共通して当てはまることばを漢字二字で書きなさい。□□

資料3のように内閣に影響を与える□ですが，その基本となるのは私たち国民一人一人の意見です。行政機関やマスメディアなどは，資料4のような□調査を実施し，その動向を把握しようとしています。こうした調査の結果などの情報を公正に判断できるように，他の人との意見交換などを通して，幅広い見方をすることを心掛けたいです。

資料3

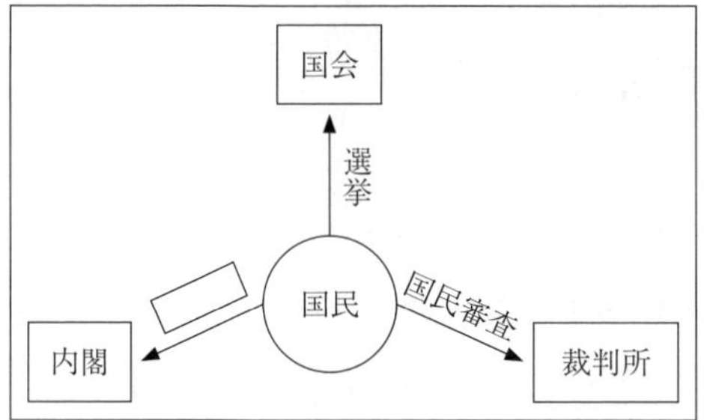

（衆議院 Web ページから作成）

資料4

国の政策に国民の考えや意見がどの程度反映されていると思いますか

かなり反映されている	1.2%
ある程度反映されている	27.9%
あまり反映されていない	52.1%
ほとんど反映されていない	15.0%
わからない	3.8%

（注）調査年次は 2020 年。
18 歳以上の日本国籍を有する者 1 万人を対象にした調査項目。5392 人が回答。

（内閣府 Web ページから作成）

理科

時間　45分　　　満点　70点

1　次の①～⑦に答えなさい。

①　ヒトの体は多くの細胞からできており，血液が体内を循環しています。(1)，(2)に答えなさい。

(1)　肺で酸素をとりこんだ血液が，心臓にもどるときに流れる血管を何といいますか。(　　　)

(2)　細胞のまわりを満たしている組織液は，血しょうの一部が毛細血管からしみ出したものです。組織液に含まれないものは，ア～エのうちではどれですか。一つ答えなさい。(　　　)

ア　養分（栄養分）　　イ　酸素　　ウ　二酸化炭素　　エ　ヘモグロビン

②　次の図1は，ある動物について，生殖細胞の形成から，受精卵が2細胞に分裂した胚（はい）になるまでの染色体の伝わり方を表した模式図です。雌の細胞，雄の細胞および2細胞に分裂した胚の細胞の染色体を図1のように表したとき，図1の X ， Y に当てはまる，それぞれの細胞に含まれる適当な染色体を解答欄にかきなさい。表し方については，図1にならって記入しなさい。

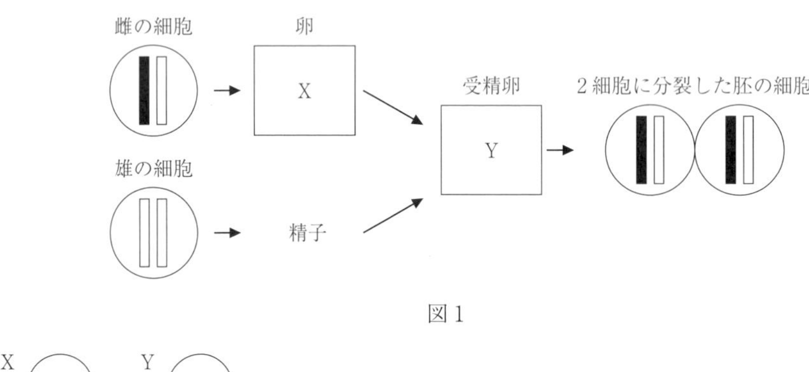

図1

③　次の図2は，電圧が9Vの直流電源に抵抗器をつないだ回路Ⅰ～回路Ⅲの回路図です。抵抗器Aは抵抗の大きさが3Ω，抵抗器Bは抵抗の大きさが6Ωです。(1)，(2)に答えなさい。

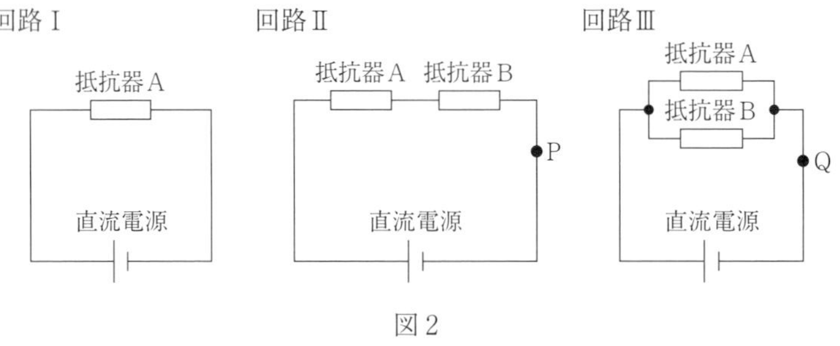

図2

(1)　回路Ⅰに流れる電流は何Aですか。(　　　A)

(2)　回路ⅢのQ点に流れる電流は，回路ⅡのP点に流れる電流の何倍ですか。(　　　倍)

④　水溶液について，(1)，(2)に答えなさい。

(1)　水に砂糖を入れて完全に溶かした砂糖水を，長い時間，静かに置きました。透明のままで，見た目には変化がなかったこの砂糖水について，溶けた砂糖の様子を粒子のモデルで表したものとして最も適当なのは，ア～エのうちではどれですか。一つ答えなさい。ただし，「●」は砂糖の粒子を表すものとします。(　　　)

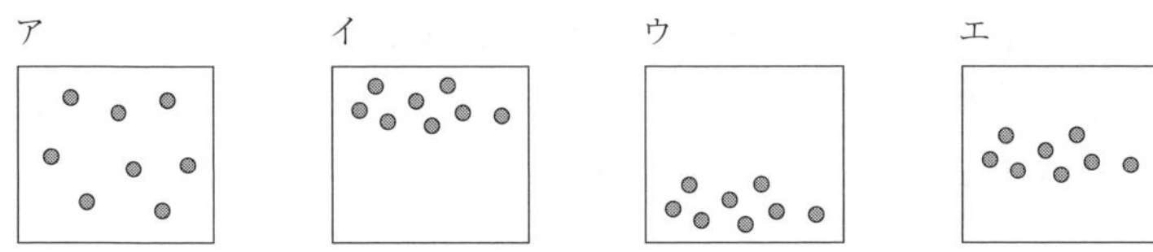

(2) 硫酸と水酸化バリウム水溶液が反応して硫酸バリウムができるときの化学変化を化学反応式で表しなさい。(　　　　　　　　　)

⑤ 右の図3は，Aの位置で静かに手を離した振り子のおもりが，B，Cを通り，Aと同じ高さのDまで上がった運動を模式的に表したものです。Dの位置にあるおもりがもつ力学的エネルギーと同じ大きさの力学的エネルギーをもつおもりの位置をすべて選んだものは，ア～エのうちではどれですか。一つ答えなさい。ただし，空気抵抗や糸の摩擦は考えないものとします。(　　　)

ア A　イ AB　ウ AC　エ ABC

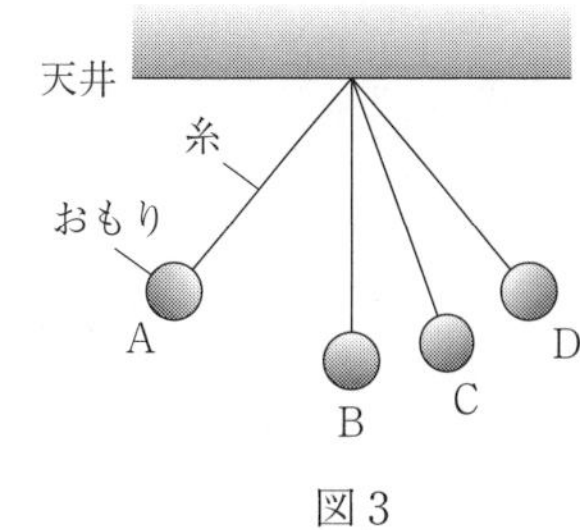

図3

⑥ 右の表は湿度表の一部を表したものです。乾球の示す温度が32.0 ℃，湿球の示す温度が26.0 ℃のときの空気1 m^3 に含まれる水蒸気量は何 g ですか。表をもとに答えなさい。ただし，このときの飽和水蒸気量を33.8g/m^3 とします。(　　　g)

表

乾球の示す温度〔℃〕	乾球と湿球の示す温度の差〔℃〕			
	4.0	5.0	6.0	7.0
35	74	68	63	57
34	74	68	62	56
33	73	67	61	56
32	73	66	60	55
31	72	66	60	54
30	72	65	59	53

⑦ 地球上で太陽投影板のついた天体望遠鏡を使って太陽を数日間観察し，太陽の様子を記録すると，太陽が自転していることがわかりました。この理由を説明した次の文の □ に当てはまる適当なことばを書きなさい。

(　　　　　　　　　　　　　　　　　　　　　　　　)

観察の記録から，□ ことがわかるので，太陽が自転しているといえるから。

2　次は，栄一さんと陽子さんが行った実験と実験後の会話です。①～⑤に答えなさい。ただし，発生した二酸化炭素はすべて空気中に出ていったものとします。

うすい塩酸に炭酸水素ナトリウムを加えると，気体の二酸化炭素が発生する。この反応は，次のように表すことができる。

$NaHCO_3 + HCl \rightarrow NaCl + H_2O + CO_2$

【実験】

うすい塩酸 $10.0cm^3$ を入れたビーカーと，炭酸水素ナトリウムの粉末0.50gをのせた薬包紙を一緒に電子てんびんにのせ，反応前の質量を測定した。次に，このうすい塩酸に炭酸水素ナトリウムを加えて反応させた。二酸化炭素の発生が完全にみられなくなった後に，この水溶液の入ったビーカーと使用した薬包紙を一緒に電子てんびんにのせ，反応後の質量を測定した。反応の前と後での質量の差を，発生した二酸化炭素の質量とした。

さらに，この実験をうすい塩酸 $10.0cm^3$ に対して，加える炭酸水素ナトリウムの質量を1.00g，1.50g，2.00g，2.50g，3.00gと変えてそれぞれ行った。

〈結果〉

加えた炭酸水素ナトリウムの質量〔g〕	0.50	1.00	1.50	2.00	2.50	3.00
発生した二酸化炭素の質量〔g〕	0.26	0.52	0.78	0.90	0.90	0.90

〈会話〉

栄一：実験の結果を表にまとめてみたよ。加える炭酸水素ナトリウムの質量が小さいときには，発生した二酸化炭素の質量は加える炭酸水素ナトリウムの質量に比例して大きくなったけど，加える炭酸水素ナトリウムの質量が大きくなると，発生した二酸化炭素の質量は0.90gで同じになっているね。

陽子：それは，塩酸がすべて炭酸水素ナトリウムと反応してしまったからかな。塩酸がなくなると，それ以上反応が起こらなくなるからね。

栄一：なるほど。では，今回使ったうすい塩酸 $10.0cm^3$ と過不足なく反応する炭酸水素ナトリウムの質量は表を見れば，すぐにわかるのかな。

陽子：どうかしら。表の値からグラフを作成して，求めてみようよ。

① 下線部のように考えられる理由は，化学変化の前と後で物質全体の質量は変わらないためです。すべての化学変化に当てはまる，この法則を何といいますか。(　　　の法則)

② 次の文章は，【実験】でうすい塩酸 $10.0cm^3$ に炭酸水素ナトリウムを1.00g加えて反応させ，二酸化炭素の発生が完全にみられなくなった後の水溶液について説明したものです。(a) に当てはまることばとして適当なのは，ア～ウのうちのどれですか。一つ答えなさい。また，(b) に当てはまる適当な語を書きなさい。(a)(　　　)　(b)(　　　)

水溶液のpHは (a) 。これは，水溶液の中に (b) イオンが残るためである。

ア　7より大きい　　イ　7になる　　ウ　7より小さい

③　二酸化炭素について，(1)，(2)に答えなさい。

(1)　二酸化炭素についての説明として最も適当なのは，ア～エのうちではどれですか。一つ答えなさい。(　　　)

ア　二酸化炭素に火のついた線香を入れると，線香は激しく燃える。

イ　二酸化炭素に色はなく，刺激のあるにおいがする。

ウ　二酸化炭素は，マグネシウムにうすい塩酸を加えると発生する。

エ　二酸化炭素は，空気よりも重く，石灰水を白く濁らせる。

(2)　地球温暖化に関わる二酸化炭素の性質について説明した，次の文章の［　　　］に当てはまる適当なことばを，「地表」という語を使って書きなさい。(　　　　　　　　　　)

二酸化炭素は，地球温暖化の原因の一つとされる温室効果ガスと呼ばれています。温室効果ガスは，［　　　］の一部を地表に放射するという性質（温室効果）があるといわれています。

④　〈結果〉をもとに，加えた炭酸水素ナトリウムの質量と発生した二酸化炭素の質量との関係を表したグラフをかきなさい。

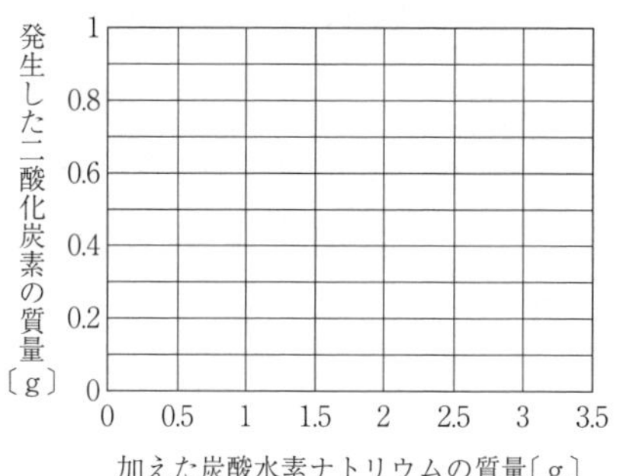

⑤　〈結果〉をもとに考えたとき，【実験】で使用したうすい塩酸 10.0cm^3 と過不足なく反応する炭酸水素ナトリウムの質量として最も適当なのは，ア～オのうちではどれですか。一つ答えなさい。(　　　)

ア　1.64g　　イ　1.73g　　ウ　1.82g　　エ　1.91g

オ　2.00g

3　次は，前日に起きた地震についての健太さんと理恵さんの会話です。①～④に答えなさい。

健太：昨日はそんなに大きなゆれはなかったよね。各地の地震のゆれの大きさはどのようにして調べるのかな。

理恵：日本全国の観測地点に設置してある地震計で調べるみたいよ。地震は(a)プレートの動きが影響して起こるのよね。

健太：そうだったね。防災の観点からも(b)地震が発生するしくみや地震のゆれについて知っておかないといけないね。震源の位置はどのようにして知るのかな。

理恵：(c)震源までの距離や地震発生時刻は，地震計の観測データから計算することができるよ。

健太：そうか。だから，地震の大きなゆれの到着時刻を計算して，大きなゆれが始まる前に(d)緊急地震速報で知らせることができるんだね。

理恵：緊急地震速報は，震源に近い位置にある地震計でＰ波を測定し，Ｓ波が到着するまでにすばやく地震の発生を各地に知らせるのよ。危険を予測するためには正しい知識とデータが大切なのね。

① 下線部(a)について，右の図１は日本付近にあるプレートを表しており，―― はプレートの境界を，----- はプレートの境目がはっきりしない境界をそれぞれ表しています。図１の □ に当てはまる適当な語を書きなさい。(　　　)

図１

② 下線部(b)について，内容が最も適当なのは，ア～エのうちではどれですか。一つ答えなさい。(　　　)

ア　地震の震度は，震源から遠ざかるほど大きくなる傾向がある。

イ　マグニチュードは，地震のゆれの大きさを表している。

ウ　断層のうち，くり返し活動した証拠があり，今後も動く可能性がある断層を活断層という。

エ　震源が比較的深い位置にある地震は，大陸プレート内部の断層がずれて起こる。

③ 下線部(c)について，右の図２は，ある地震Ｘを観測地点Ⅰ～Ⅲに設置した地震計で記録したものをそれぞれ模式的に表しています。また，「•」はＰ波によるゆれのはじまりを，「◦」はＳ波によるゆれのはじまりをそれぞれ表しています。地震ＸのＰ波とＳ波は，それぞれ震源を中心としてあらゆる方向に一定の速さで伝わるものとして，(1)～(3)に答えなさい。

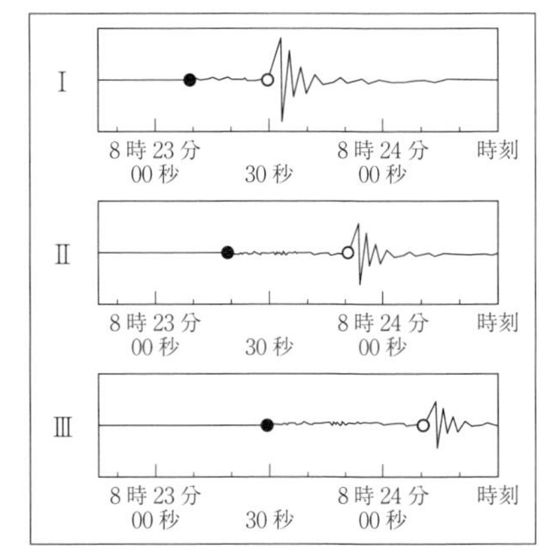

図２

(1) Ｓ波によって起こる大きなゆれのことを何といいますか。(　　　)

(2)　右の図3は地表の模式図で,「◎」は観測地点Ⅰ～Ⅲの位置を示しています。地震Xの震央の位置として適当なのは，ア～エのうちではどれですか。一つ答えなさい。ただし，地震Xの震源は浅く，震央と震源の位置はほぼ同じであるとし，また，図3の地域の標高はすべて等しいものとします。(　　　)

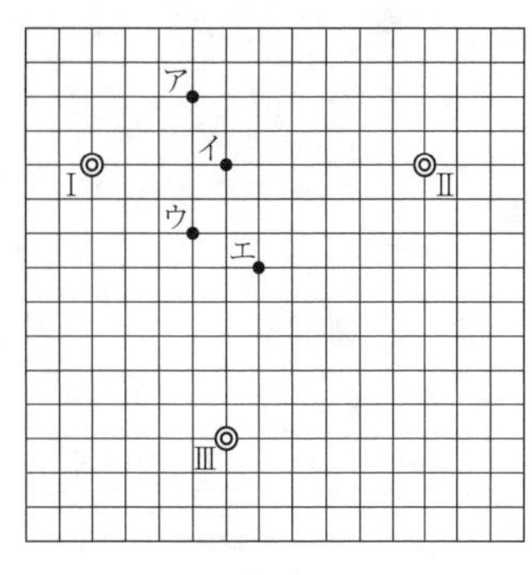

図3

(3)　地震Xの発生時刻として最も適当なのは，ア～エのうちではどれですか。一つ答えなさい。(　　　)

ア　8時22分40秒　　イ　8時22分50秒

ウ　8時23分00秒　　エ　8時23分10秒

④　下線部(d)について，ある地震Yにおいて，震源から16km離れた地点AでP波を観測し，その3秒後に，震源から60km離れた地点Bで緊急地震速報を受信しました。地点Bで緊急地震速報を受信してからS波が到達するまでの時間は何秒ですか。

ただし，地震YのP波とS波の速さをそれぞれ毎秒8km，毎秒4kmとし，P波とS波は，震源を中心としてあらゆる方向にそれぞれ一定の速さで伝わるものとします。(　　　秒)

4　中学生の太朗さんは身近な生物の観察レポートを作成しました。次は，太朗さんが観察した生物のうちの一部を示したものです。①～④に答えなさい。

ゼニゴケ　ミミズ　カビ　モグラ　ウサギ　バッタ　シイタケ　エンドウ　イカ

①　生物の観察レポートのかき方として適当でないのは，ア～オのうちではどれですか。一つ答えなさい。(　　　)

ア　目的には何のために観察を行うのかを具体的にかく。

イ　スケッチは細い線を用いて対象とするものをはっきりとかく。

ウ　観察した日時や天気の情報をかく。

エ　結果には事実だけでなく，自分の考えや感想をかく。

オ　考察には結果からわかったことや考えたことをかく。

②　ゼニゴケについて述べた，次の文の［(あ)］，［(い)］に当てはまる適当なことばを書きなさい。

(あ)(　　　)　(い)(　　　)

ゼニゴケはコケ植物であり，［(あ)］植物と比較すると，種子をつくらない点は同じだが，維管束がなく［(い)］の区別がない点で異なっている。

③　太朗さんがバッタとイカの体のつくりについて書いた次の文章について，内容が適当でないのは，下線部(a)～(e)のうちではどれですか。一つ答えなさい。また，その下線部が正しい説明になるように書き直しなさい。記号(　　　)　内容(　　　　　)

バッタとイカはともに(a)背骨をもたない無セキツイ動物である。その中でもバッタは外骨格をもつ(b)節足動物であり，筋肉は外骨格の(c)内側についている。イカは外とう膜をもつ(d)軟体動物であり，筋肉でできた外とう膜が(e)全身をおおっている。

④　次の図は，生態系における炭素の循環を模式的に示しており，矢印は炭素の流れを表しています。(1)～(3)に答えなさい。

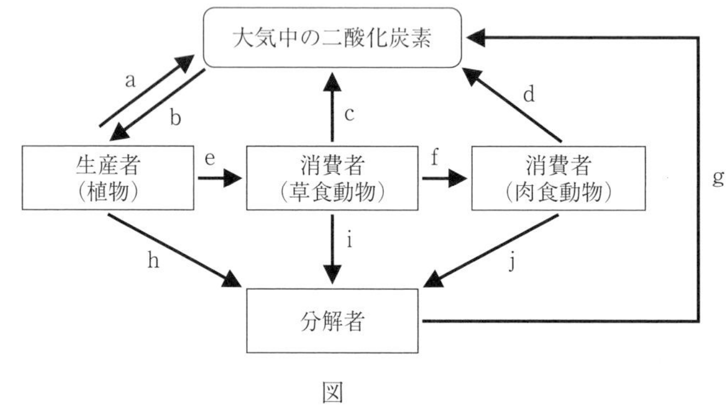

図

(1)　太朗さんは観察した生物を図の生産者（植物），消費者（草食動物），消費者（肉食動物），分解者に分けようと考えました。内容が適当なのは，ア～オのうちではどれですか。当てはまるものをすべて答えなさい。(　　　)

ア　エンドウは，光合成を行うので生産者といえる。

イ　シイタケは，他の生物を食べる生物ではないので生産者といえる。

ウ　ウサギは，生産者を食べるので消費者（草食動物）といえる。

エ　モグラは，土中のミミズなどを食べるので分解者といえる。

オ　カビは，生物の死がいなどから栄養分を得ているので分解者といえる。

(2) 呼吸の作用による炭素の流れは，図のa～jのうちではどれですか。当てはまるものをすべて答えなさい。(　　　)

(3) 次の文章の下線部にある変化として適当なのは，ア，イのどちらですか。また，文章中にあるように植物の生物量が回復する理由を，肉食動物の生物量の変化による影響がわかるように説明しなさい。

記号(　　　)

理由(　　　)

生態系では，野生生物の生物量（生物の数量）は，ほぼ一定に保たれ，つり合っている。何らかの原因で草食動物の生物量が増加した場合，植物の生物量は，一時的に減少しても多くの場合元どおりに回復する。この植物の生物量の回復には，肉食動物の生物量の変化による影響が考えられる。

ア　一時的に増加する　　イ　一時的に減少する

5　中学生の律子さんは探究活動を行いました。次は，そのときの先生との会話と実験です。①～⑥に答えなさい。ただし，実験に使用した糸の重さと体積は考えないものとします。

〈会話〉

先生：どうして氷が水に浮くと思いますか。

律子：物体が水に浮いたり沈んだりするのは，物体と水のそれぞれの密度の大小関係によって決まると学習しました。

先生：そうですね。水が氷に状態変化するときは，［P］が変わらず［Q］が大きくなり，密度が［R］なるので，氷は水に浮くことになります。水に浮いている氷は水からどんな力を受けているか覚えていますか。

律子：氷は水から浮力を受けていて，浮力が(a)重力とつり合うと静止します。

先生：では，浮力について【実験1】をもとにして，考えてみましょう。

【実験1】

容器の中に水を入れ，直方体の物体Aを入れると，物体Aは水に浮かんで静止した。図1は，このときの様子を模式的に表している。物体Aを入れる前から，物体Aが水に浮かんで静止したときまでに，上昇した水面の距離 x〔cm〕を測定した。この実験を，水の量と容器は変えずに，別の直方体の物体B～Dについても行った。図2は，物体A～Dの体積と質量の関係を示している。

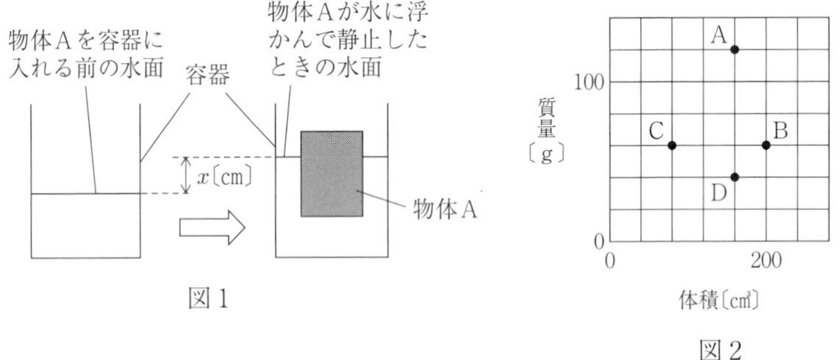

図1　図2

〈結果1〉

物体A～Dはすべて水に浮いた。

物体	Ⅰ	Ⅱ	Ⅲ	Ⅳ
上昇した水面の距離 x〔cm〕	0.8	1.2	1.2	2.4

〈考察1〉

上昇した水面の距離 x〔cm〕が大きいほど，物体の水中にある部分の体積が大きいと考えられる。物体にはたらく重力と浮力がつり合うことから，物体の水中にある部分の体積が大きいものほど浮力が大きくなることがわかった。

① 〈会話〉の[P]～[R]に当てはまることばの組み合わせとして最も適当なのは，ア～エのうちではどれですか。一つ答えなさい。(　　　)

	P	Q	R
ア	質量	体積	大きく
イ	質量	体積	小さく
ウ	体積	質量	大きく
エ	体積	質量	小さく

② 下線部(a)について，地球上ではたらく重力の大きさが約1Nになる物体の質量は，ア～エのうちではどれですか。一つ答えなさい。(　　　)

ア　1g　　イ　10g　　ウ　100g　　エ　1000g

③ 〈結果1〉の[Ⅰ]～[Ⅳ]には，物体A～Dのいずれかが入ります。[Ⅰ]～[Ⅳ]に入る物体について，正しく説明しているのは，ア～エのうちではどれですか。当てはまるものをすべて答えなさい。(　　　)

ア　[Ⅰ]には，最も質量の小さい物体Dが入る。

イ　[Ⅱ]と[Ⅲ]には，密度の等しい物体Aと物体Cが入る。

ウ　[Ⅱ]と[Ⅲ]には，質量の等しい物体Bと物体Cが入る。

エ　[Ⅳ]には，最も体積の大きい物体Bが入る。

律子さんは，さらに浮力について調べるため，【実験2】を行いました。

【実験2】

図3のように，重さ2.0Nの直方体のおもりを，面aを上にしてばねばかりにつるした。(b)このおもりを水の入った容器にゆっくりと沈めていき，水面からおもりの下面までの距離 y〔cm〕とばねばかりが示す値を測定した。おもりの下面は常に水面と平行にした。

〈結果2〉

水面からおもりの下面までの距離とばねばかりが示す値の関係は，図4のようになった。

〈考察2〉

結果2から，y の値が6.0までは，おもりにはたらく浮力の大きさは y の値に比例することがわかった。(c) y の値が6.0以上になると，浮力の大きさは変化していない。これは，浮力は水の深さに関係しておらず，また，[S]ためである。これらのことから，浮力の大きさはおもりの水中にある部分の体積に比例することがわかった。

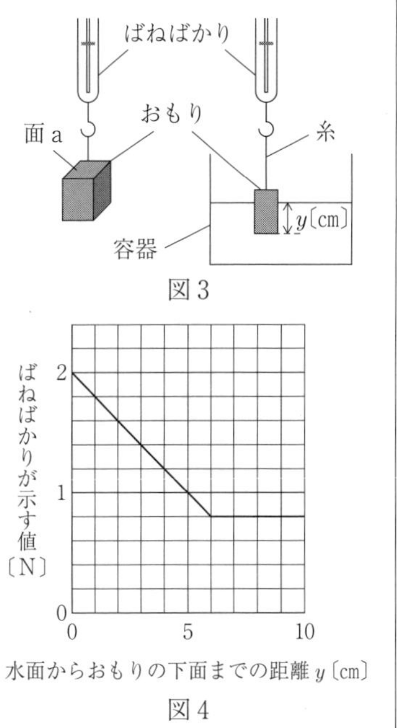

④ 下線部(b)でばねばかりが示す値が1.6Nのとき，おもりにはたらく重力の大きさと浮力の大きさはそれぞれ何Nですか。重力(　　　N)　浮力(　　　N)

⑤ 下線部(c)の理由となるように，[S]に当てはまる適当なことばを，解答欄の書き出しに続けて書きなさい。(おもりの　　　　　　　　　　　　　　　　　　　)

⑥ 【実験2】で使用したおもりと同じおもりを，面 a を上にして横に2個つなぎ，ばねばかりにつるしました。これを図5のように，水の入った容器にゆっくりと沈めていき，水面からおもりの下面までの距離 z〔cm〕とばねばかりが示す値を測定しました。図6はこの関係を表したグラフです。 (あ) ～ (う) に当てはまる適当な数を書きなさい。(あ)(　　　) (い)(　　　) (う)(　　　)

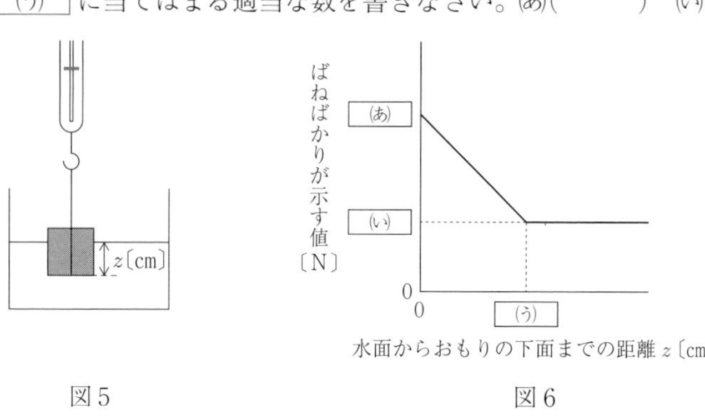

図5　　図6

光一 ⓑ【資料Ⅱ】からもそれがわかるね。考えてみると、文字で情報を伝えるときも対面で話すときも、気を付けるべきことはたくさんありそうだね。

洋平 その二つは分けて考えたほうがよさそうだね。まずは「ⓒ文字で情報を伝えるときに気を付けること」についての記事を書こうか。【資料Ⅲ】を参考にできそうだね。

① 「ⓐ文字だけだと……返事だね」とありますが、ここでの勘違いの内容を説明したものとして最も適当なのは、ア～エのうちではどれですか。一つ答えなさい。(　　)

ア 光一は来る時間を聞きたかったのに、相手は光一に怒られたと勘違いをした。

イ 光一は来る人数を聞きたかったのに、相手は光一に断られたと勘違いをした。

ウ 光一は来る手段を聞きたかったのに、相手は光一に嫌がられたと勘違いをした。

エ 光一は来る目的を聞きたかったのに、相手は光一に無視されたと勘違いをした。

② 「ⓑ【資料Ⅱ】からもそれがわかるね」とありますが、対面で話をするとき、誤解を生まないようにするための工夫として適当なのは、ア～オのうちではどれですか。当てはまるものをすべて答えなさい。

(　　　　)

ア 理解しているか確認するために相手の反応を見る。

イ 実物の写真や資料を見せながら説明する。

ウ 話の内容に関係なく常に笑顔を保つ。

エ 相手が聞きもらさないように大事なことは繰り返す。

オ 漢語を多用して話の内容を短くまとめて話す。

③ 「ⓒ文字で……気を付けること」とありますが、具体的にはどのようなことに気を付ける必要がありますか。あなたの考えを条件に従って八十字以上百字以内で書きなさい。

条件

1 一文目に、【資料Ⅲ】にある「ことばの誤解が起こる原因」のうちどれか一つを取り上げ、解答欄の書き出しに続けて書くこと。

2 二文目以降に、取り上げた原因について、誤解を生まないようにするためにはどうすればよいかを具体的に書くこと。

文字で情報を伝えるときには、

4　生徒会役員の洋平さんと光一さんは、授業で【資料Ⅰ】について学習し、その内容を生徒会新聞に取り上げることにしました。二人は【資料Ⅱ】、【資料Ⅲ】を見ながら話し合いをしています。次の【二人の会話】を読んで、①～③に答えなさい。

【資料Ⅰ】

言語表現は誤解を招きやすい仕組みになっている。伝える側はある情報をことばに託す。受けとる側は逆にことばから情報を探る。この構造がくせものなのだ。表現が正しくても、それが多義的なら、情報が思いどおりに伝達できるという保証はないからだ。他人は自分ではない。背景も知識も経験も違う。その表現で他人に正しく伝わるか、一度は他人の目になって点検したい。そんなちょっとした配慮が誤解を未然に防ぐ。

（中村明(なかむらあきら)「日本語の美――書くヒント――」より）

【資料Ⅱ】洋平さんたちの行った取材のメモの一部

［質問］対面で話をするときに，効果的だと思うことは何ですか？
［回答］
・理解しているか確認するために相手の反応を見る
・実物の写真や資料を見せながら説明する
・話の内容に関係なく常に笑顔を保つ
・相手が聞きもらさないように大事なことは繰り返す
・漢語を多用して話の内容を短くまとめて話す

【資料Ⅲ】

ことばの誤解が起こる原因
○文の組み立てや文法に関わる場合
　文の組み立てや文法的な問題により，意味が一つに決められないことがある。
○ことばを使う文脈や状況に関わる場合
　ことばの意味が，状況によって曖昧になったり異なったりすることがある。
○送り手と受け手の主観や価値観の違いに関わる場合
　意味が曖昧で，使う人の主観や価値観によって解釈が変わることばがある。
○地域のことばに関わる場合
　地域のことばの意味がわからないことがある。

（文化庁平成29年度「分かり合うための言語コミュニケーション（報告）」から作成）

【二人の会話】

洋平　【資料Ⅰ】を読んでいたら、これまで自分が正確に情報を伝えられていたか、不安になってきたよ。
光一　文字だけでやりとりするのって難しいよね。「明日家に遊びに行くよ」っていうメールに「何で来るの？」って返事をして、誤解されたことがあるよ。
洋平　それはⓐ文字だけだと勘違いしそうな返事だね。
光一　そうなんだよ。会って話をしている時と同じ感覚で返事をしたのがよくなかったね。反省したよ。
洋平　確かに、対面で話をするときには、誤解を生まないために工夫していることがあるね。

自分にとって他者は［　　］となる存在である。

④ 「ⓒ利害」と熟語の構成（組み立て）が同じものは、ア～オのうちではどれですか。当てはまるものをすべて答えなさい。（　　）

ア　懸命　イ　加減　ウ　記録　エ　動揺　オ　進退

⑤ 「ⓔ本当にそうなのだろうか」とありますが、筆者がこのように述べる理由を説明したものとして最も適当なのは、ア～エのうちではどれですか。一つ答えなさい。（　　）

ア　自分と同じように他者も自由であることを求めるので、自らの自由を強く主張すべきだと考えているから。

イ　自由になる方法は幼いころに他者から学んでいるので、相手に敬意を払うことが大切だと考えているから。

ウ　他者は自分が自由であるための前提となるものであり、成長した後もそれは同じことだと考えているから。

エ　他者がいなければ自由になることじたい不可能であり、自分を犠牲にすることは当然だと考えているから。

⑥ 「ⓕ哲学対話」について、先生と二人の生徒が話しています。［X］、［Y］に入れるのに適当なことばを、［X］は十字以内、［Y］は三十字以内でそれぞれ書きなさい。また、［Z］に入れる具体例として最も適当なのは、ア～エのうちではどれですか。一つ答えなさい。

X［　　　　　　　　　　］

Y［　　　　　　　　　　　　　　　　　　　　　　　　　　　　　　］

Z（　　）

先生　哲学対話をすることで感じられる自由について、筆者はどのように述べていますか。

香穂　自由という感覚じたいは［X］ですが、他者と共に感じるものだと筆者は言っています。でも、どうして哲学対話によって自由になれるのですか。

健太　それについては冒頭に書いてありました。自ら問い、考え、語ったことについて、他者とやりとりして互いの思考を深めるのが哲学対話でした。そして、哲学対話を通して［Y］時に抱く解放感と不安定感を、筆者は自由の感覚と呼んでいました。だから、哲学対話をすることで自由になれると言えるのでしょう。

先生　そうですね。補足すると、筆者はその解放感と不安定感とをまとめて、両義的感覚と呼んでいました。たとえば「［Z］」というのは、両義的感覚を経験している点で筆者の考える自由の感覚の例に当てはまります。二人とも深く考えられていますね。

ア　プロのサッカー選手が実際にやっているトレーニングについて取り上げられた雑誌を読んで、将来はプロになるという夢をもっている自分も同じトレーニングをして、技術を磨くことにした。

イ　欲しいゲームソフトを買うのにお金が足りなかったため祖父に相談したところ、お小遣いをたくさんもらったので、ゲームソフトを買った残りのお金で何を買おうかしばらく悩んでしまった。

ウ　学級委員として積極的にクラスの仲間とコミュニケーションをとることで、文化祭の劇を成功させることができて肩の荷が下りたが、一方で胸にぽっかりと穴があいたような寂しさも感じた。

エ　試合は勝たなければ意味がないと思っていた私は、負けた試合からも得られるものがあるという話を監督から聞いて戸惑ったが、今後はどんな試合からでも学ぶ姿勢を大切にしたいと思った。

自由には重要な点がある。それは個人と自由との関係である。私たちは、自由であることと、一人であることをしばしばⓐムスびつける。ⓑ一人のほうが気ままで自由だと考えることが多い。哲学でも「他者危害の原則」、すなわち「他人にとって害にならないかぎり、自由を認めるべきだ」という考え方がある。

日常生活の中でも、「誰にも迷惑かけてないでしょ」と言って、自分の行動の自由を正当化する人がいる。「あんたに関係ないでしょ」というのも、口出しするな、私の勝手にさせてくれという、自分の自由を主張するためによく使われるセリフだ。

このような表現からも分かるように、個人の自由にとって他者は〝障害〟とされることが多い。実際、個人どうしのⓒ利害や価値観、意向は一致しないのが普通であろう。ある人の自由は他の人の自由と衝突する。そこで他者との間で折り合いをつける必要が出てくる。他の人と関わることは、自由をⓓセイゲンする要因となる。

だがⓔ本当にそうなのだろうか。本当にそれだけなのだろうか。

実際、他の人といることで譲歩したり、我慢したりしないといけないことはある。けれども他者と共にいても、あるいは共にいるからこそ、自由だと感じることもあるのではないか。それに私たちは、どこかでまず自由の〝味〟を覚えた後に、それが抑えられたり妨げられたりする状態として不自由さを感じるのではないか。

私たちは生まれてから（あるいは生まれる以前から）、他の人との間で、他の人といっしょに生きている。最初の自由の感覚は、そこで身につけたはずだ。その時他者は、自由の障害ではなく、むしろ前提だったにちがいない。他者との関わりがあるからこそ、個人の自由が可能になり、そのうえで他者が時に障壁になるのではないか。

だとすれば、この自由の感覚は、成長するにつれて、薄まることはあっても、けっして失われることはないだろう。私たちの自由を妨げるのが他者なら、私たちを自由にしてくれるのも他者だということは、実は大人になっても変わらないはずだ。

これはたんなる理屈ではない。対話において哲学的瞬間に感じる自由は、感覚じたいが個人的であり、主観的であるとしても、だからといって、他者と共有できないわけではない。そこで自分が感じる自由は、まさにその場で他の人と共に問い、考え、語り、聞くことではじめて得られるものである。だからそれは、他者と共に感じる自由なのだ。

こうして私たちは考えることで自由になり、また他の人といっしょに考えることで、お互いが自由になる——ⓕ哲学対話は、このような固有の、そしておそらくは、より深いところにある自由を実感し理解する格好の機会なのである。

（梶谷真司「考えるとはどういうことか」より）

(注)　哲学対話——複数人で輪をつくり、正解のない身近な問いについて一緒に考え対話することで、お互いの思考を引き出す活動。

①　——の部分ⓐ、ⓓを漢字に直して楷書で書きなさい。

ⓐ □びつける　ⓓ □

②　A 、 B にそれぞれ入れることばの組み合わせとして最も適当なのは、ア～エのうちではどれですか。一つ答えなさい。（　）

ア　A 縛りつけ　B 支え　イ　A 拘束し　B 放置し

ウ　A 閉じ込め　B 避け　エ　A 支配し　B 信頼し

③　「ⓑ一人のほうが……考えることが多い」とありますが、このとき他者はどのような存在としてみなされるかを説明した次の文の □ に入れるのに適当なことばを、文章中から五字で抜き出して書きなさい。

□

さい。（　　）

(2) 「蛙」のように、俳句で季節を表すために用いられることばを何と言いますか。漢字二字で書きなさい。［　　］

② 「ⓑ新しい連想を見出した」とありますが、「新しい連想」の説明として最も適当なのは、ア～エのうちではどれですか。一つ答えなさい。（　　）

ア　古池のそばで蛙の鳴く声を手がかりにして、蛙が跳ねる気配を察したこと。

イ　古池のそばで蛙の鳴く声を手がかりにして、人生のはかなさを悟ったこと。

ウ　蛙が古池に飛び込む音を手がかりにして、その命の躍動を感じ取ったこと。

エ　蛙が古池に飛び込む音を手がかりにして、寂れた池の存在に気付いたこと。

③ 「ⓒ俳句の『時間』」とありますが、これがどういうものかを説明した次の文の［X］、［Y］に入れるのに適当なことばを、［X］は七字、［Y］は五字で、それぞれ解説文から抜き出して書きなさい。

X［　　　　　　　］　Y［　　　　　］

正確さが求められる、学校や職場で流れるような［X］時間とは違い、芭蕉が［Y］を保っていたような、思いのままに過ごす時間。

３　次の文章を読んで、①～⑥に答えなさい。

哲学対話で私たちは自ら問い、考え、語り、他の人がそれを受け止め、応答する。そして問いかけられ、さらに思考が促される。こうして私たちはお互いを鏡にして、そこから翻(ひるがえ)って自らを振り返る。

それは抽象的な言葉で言えば、「相対化」とか「対象化」ということだろう。自分自身から、そして自分の置かれた状況、自分のもっている知識やものの見方から距離をとる。その時私たちは、それまでの自分自身から解き放たれる。

自分とは違う考え方、ものの見方を他の人から聞いた時、新たな視界が開けるのは、文字通り目の前の空間が広がって明るくなる開放感として表れる。今まで分かっていたことが分からなくなると、モヤモヤした感じがする。

そうしたもろもろの感覚は、どこか似たところがある。何かから切り離された感じ。自分をつないでいたもの、自分が立っていた地盤から離れる。それは一方では、自分を［A］ていたものからの解放感であり、他方で、自分を［B］ていたものを失う不安定感である。

解放感と不安定感――この両義的感覚は、まさしく自由の感覚であろう。

これはさしあたり私の個人的な感覚にすぎないかもしれない。しかし私自身は、哲学対話のさいにこのような自由の感覚を経験し、考えることで自由になれたのだという実感がある。

そして他の人の表情を見ていても、きっと同じような経験をしているのだという感触をもっている。参加者が眉間にしわを寄せて一見苦しげに見えながら、深いところで満ち足りていて、楽しんでいるように見える。この両義的な表情から、他の人たちも同じように自由を感じているように私には思えるのだ。

に恐る恐る声をかける恵介のぎこちない態度を表現している。

イ　園児たちを銀河と重ね合わせて描写することによって、園児たちを息子同様に温かく見守っている恵介の様子を表現している。

ウ　比喩表現を使わないで具体的に説明することによって、園児たちのかわいらしい表情やしぐさをより生き生きと表現している。

エ　物語中の出来事を常に恵介の視点で語ることによって、園児たちに対する恵介の行動や気持ちの変化を客観的に表現している。

2　次の文章は、松尾芭蕉（まつおばしょう）の俳句とその解説文です。これを読んで、①～③に答えなさい。

古池や　ⓐ蛙（かはづ）飛び込む水の音

ただの古い池ではありません。「古」は「故」に通じ、かつては人が住んでいたが、今は誰も住んでいない家の池のことです。そんな場所で、蛙が飛び込んだ音に耳を傾けている人物は、相当閑（ひま）な人ですね。

単にすることがないというのではありません。心に悩み事や迷う事もない、落ち着いた心でないと、こんな状況は迎えられません。その心の静けさの中に聞こえてきたのが、蛙の水に飛び込む音だったのです。その音は、作者の雑念のない心によってすくい取られた音だったわけです。また、「古池」は一種の「死」の世界でもあるわけですが、そんなところにも生き物の命の躍動を聞き取ったとも言えるでしょう。

和歌・連歌（れんが）では蛙は鳴き声を鑑賞するものでした。しかし、芭蕉の心は、この「蛙」にⓑ新しい連想を見出（いだ）したという意味でも、実は画期的であったわけです。

俳句を詠（よ）むようになると、時間の流れが違って感じられます。何分刻みの時間に追われる世界とは別のものです。

今日のように、電車や自動車や飛行機を使って、正確に人・モノを移動させる時代、学校や職場での時間は、数字に刻まれたそれです。しかし、休憩時間や日曜日、それに夏休みには、時計を忘れた「時間」が流れます。ⓒ俳句の「時間」とは、まさにそういうものです。

（井上泰至（いのうえやすし）「俳句のルール」より）

①　「ⓐ蛙」について、次の⑴、⑵に答えなさい。

⑴　「かはづ」の読みを、現代かなづかいを用いてひらがなで書きな

の子たちのくしゃくしゃの顔をⓖ親父にも見せてやりたい。

(荻原浩「ストロベリーライフ」より)

(注) グラフィックデザイナー――商業用の目的で作られた、宣伝資料・包装などのデザインをする職業。
ウミネコ――カモメに似た海鳥。
ランナー――親株から長く伸びる茎。土に根づくと新しい株になる。
美大――美術大学の略称。
三姉――三人の姉。恵介には「剛子」「進子」「誠子」という名前の三人の姉がいる。

① ――の部分ⓑ、ⓕの漢字の読みを書きなさい。
ⓑ(　　) ⓕ(　　う)

② 「ⓐそんな言葉が……むずむずした」とありますが、ここからわかる「恵介」の心情を説明したものとして最も適当なのは、ア～エのうちではどれですか。一つ答えなさい。(　　)
ア 慣れている農業に比べると、子どもの世話をするのは得意ではないことを弁解したいという心情。
イ 農業についてはまだ素人なので、自信をもって語ることができないことを補足したいという心情。
ウ 奥深い農業の魅力を理解するためには、実際に体験したほうが早いことを説明したいという心情。
エ 農業は手伝いとして行っているだけであり、仕方なしにやっていることを主張したいという心情。

③ 「ⓒいつも理由があった」とありますが、「恵介」が考える「理由」を説明したものとして最も適当なのは、ア～エのうちではどれですか。一つ答えなさい。(　　)
ア 子どもが気に入るように配慮したり、進学に必要な資金を稼いだりするため。
イ 子どもに偉大な父親の姿を見せたり、仕事を継ぎたいと思わせたりするため。
ウ 農業の発展に様々な形で貢献したり、興味のあることを研究したりするため。
エ 子どもに嫌われないようにしたり、仕事に打ち込む姿勢を見せたりするため。

④ 「ⓓいまの恵介には……思えた」とありますが、このときの「恵介」の心情について説明した次の文の□に入れるのに適当なことばを、三十字以内で書きなさい。

苺を練乳につけて食べたがる女の子に対して、□。

⑤ 「ⓔおずおずと」のここでの意味として最も適当なのは、ア～エのうちではどれですか。一つ答えなさい。(　　)
ア 恥じらいながら　イ 喜びながら
ウ ためらいながら　エ 怒りながら

⑥ 「ⓖ親父にも見せてやりたい」とありますが、このときの「恵介」の心情を説明した次の文の□に入れるのに適当なことばを、十五字以内で書きなさい。

毎日の地味で過酷で誰もほめてくれない作業が□によって報われた喜びを、農業に人生を捧げてきた父親と共有したいという心情。

⑦ この文章の表現の特徴について説明したものとして最も適当なのは、ア～エのうちではどれですか。一つ答えなさい。(　　)
ア 恵介と園児たちの短い会話を連続させることによって、園児たち

親父のことを恵介はずっと、子どもや家庭は母親にまかせきりで、自分と仕事の都合しか考えていない人だと思っていた。旅行に行こう、ときょうだいの誰かが言っても、「仕事があるから都合が悪い」仕事がなくても「仕事で疲れてるから都合が悪い」。

　仕事。仕事。都合。都合。だが、親父の仕事の「都合」は、じつは俺たちきょうだいの「都合」だった。無口な親父の無言のメッセージだったのだ。面倒くさいメッセージではあるが。

　ふと恵介は思った。そういえば、銀河にはまだ一度も、俺の採りたて苺を食べさせてないな、と。

　俺の？

　ついん。

　誰かに尻を突かれた。

　振り返ると真下に、三歳児だろう、ひときわ幼い女の子がいた。空になった容器を両手でかかえあげて恵介に見せてくる。目が合うと、口をくし切りのかたちにして、にんまぁと笑った。練乳がなくなったから欲しい、ということのようだ。

「ああ、ちょっと待ってね」

　歩きかけてから、子どもの前にしゃがみこむ。

「そうだ。ミルクなしで食べてごらん。ほんとうはそのほうがおいしいんだよ」

　女の子はぷるぷると首を横に振る。両手の容器もぷるぷる。

　少し前なら、どう食べようが人の好き好きだ、と気にも留めなかっただろうが、ⓓいまの恵介には、何種類もの具材を何時間も煮込んだスープに、どばどばとケチャップを注いでトマト味にしてしまうぐらいもったいないことに思えた。

「ほら、これを食べてごらん」

　葉陰に隠れていた大粒をもいで差し出す。

　ひと口まんじゅうみたいなちいさくてまるっこい手がⓔおずおずと苺をつまみ取ったが、口には入れず、空っぽの容器と見比べて眉と眉をくっつけた。泣かせちまったかと思ったら、ぱかんと口を開けた。銀河と同じだ。何かを口に入れる時にはまず、口を食べ物と同じ大きさに開く。

　大きく口を開いたわりには、ほんの少しを小さく齧り取る。ほっぺたをもくもくふくらませたとたん、女の子の目が糸になった。

「ほっほう」

　紙をまるめたみたいに顔をくしゃくしゃにした。

な。うまいだろ。

　近くにいた園児たちが恵介に群がってきた。

「オレにも選んで、おいしいの」

「桃花にももかにも」

「よーし、待ってな」

　小さいほうがおいしそうに見えるのか、数多く食べられるからか、みんな小粒の苺ばかりⓕ狙う。ちっちっちっ。違うんだな。苺は大粒のほうがうまいのだ。おじさんのところでは、大玉をつくるために、ひと房ごとの実の数をわざわざ減らしているのだよ。

「まず先っぽを齧ってごらん。そこがいちばん甘いんだ」

「うっほー、うまうま」

「あま～い」

　子どもたちみんなの顔がまるめた紙になった。

　ふっふっふ。どうだ、まいったか。これがプロの味だ。

　毎日の地味で過酷で誰も誉めてくれない作業が報われた気がした。こ

国語

時間 四五分
満点 七〇点

(注) 字数が指定されている設問では、「、」や「。」も一ます使いなさい。

1 次の文章は、「望月恵介」が、苺のビニールハウスを見学に来た園児たちを迎える場面です。「恵介」はグラフィックデザイナーですが、父親が体調を崩したため、三か月前から妻と五歳の息子「銀河」を東京に残して実家に戻り、父に代わって苺の栽培をしています。これを読んで、①～⑦に答えなさい。

ハウスの前に並んだ園児は、三歳児から五歳児まで全部で四十三人。先生の一人がぱちんと手を叩いて、子どもたちの注意を集める。

「みんな～、今日お世話になる農家の望月さんでーす」

そう言って、恵介を片手でさし示した。

いや、俺は、農家の望月さんじゃなくて、これは親の手伝いで、本業は――ⓐそんな言葉が体から出たがって喉の奥がむずむずした。子どもの頃から、農業はかっこ悪い、そう考えてきたからだ。

「はい、ご挨拶～」

「おおおせおせわわにになりまおせわまますすす」

練習してきたのだろうが、声も頭を下げるタイミングもバラバラ。列から脱走して走りまわっている子もちらほら。

先生たちは慣れたもので、牧羊犬のようにすみやかに園児たちをハウスの中へ追いこんでいく。いちおう見学なのだから、全員が中に入ったところで恵介は説明を開始した。何日も前から考え、こっそりリハーサルもしたせりふだ。

「ここはハウスと言います。苺のおうちですね。ここで苺たちはまず花を咲かせます。白い小さな花です。その花をよく見ると――」

誰も聞いちゃいなかった。苺農家の「見学」に慣れているらしい五歳児が苺に群がると、年下の子どもたちも次々とそれにならう。ウミネコの群れに小魚を放り投げたような騒ぎになった。

通路に垂れたランナーが踏みにじられ、花がむしられ、白い実までつまみとられ――恵介はあわてて声を張りあげた。

「白いのはまだ食べられないよー。赤い実だけ食べてね～」

まだ白い実をむしりとっている銀河と同じ年頃の子どもに、恵介は熟した赤い実を渡してやる。銀河と、少し前の銀河が四十三人集まっていると思えば、怒ったりはできなかった。

この年になって恵介はようやく気づいた。親父の農業の方向ⓑ転換や事業拡大は、ただの気まぐれに見えて、ⓒいつも理由があったことに。

米農家をやめてトマトを始めたのは恵介が高校二年の時。進路に悩んでいた頃だ。恵介は、美大にするか普通の大学にするかで悩んでいただけなのだが、子どもと会話のない親父は、進学か農業を継ぐかで迷っているのだと勝手に信じこんだのだと思う。きっと、恵介に、トマト農家なら「かっこよくて儲かる」と思わせたかったのだ。

恵介が小学生の頃、養豚にも手を広げて、姉たちから「臭い」と嫌がられても何年も続けたのは、ちょうど三姉の高校進学や大学受験や専門学校への入学が毎年のように続いていた時期だ。

古民家みたいだった納屋を建て替えたのは、剛子ネエが成人式を迎えた年。あれは晴れ着姿の剛子ネエが家の前での記念撮影を拒否したせいかもしれない。

2021年度／解答

数　学

1 【解き方】① 与式 $= -3+7=4$

② 与式 $= -(5\times 4) = -20$

③ 与式 $= 3a-6b-2a-2b = a-8b$

④ 与式 $= -\dfrac{10ab^2}{2b} = -5ab$

⑤ 与式 $= (\sqrt{7})^2-(\sqrt{5})^2 = 7-5 = 2$

⑥ 解の公式より，$x = \dfrac{-(-5)\pm\sqrt{(-5)^2-4\times 1\times 1}}{2\times 1} = \dfrac{5\pm\sqrt{21}}{2}$

⑦ $y = ax^2$ のグラフは放物線で，$a > 0$ で上に開き，$a < 0$ で下に開く。また，a の絶対値が大きいほど開き方は小さくなる。したがって，(1)が $y = x^2$，(2)が $y = \dfrac{1}{2}x^2$，(3)が $y = -2x^2$ となる。

⑧ 大小のさいころの出る目の数をそれぞれ a，b とすると，$a+b\leqq 5$ となるのは，$(a,\ b) = (1,\ 1)$，$(1,\ 2)$，$(1,\ 3)$，$(1,\ 4)$，$(2,\ 1)$，$(2,\ 2)$，$(2,\ 3)$，$(3,\ 1)$，$(3,\ 2)$，$(4,\ 1)$ の10通り。a，b の組み合わせは全部で，$6\times 6 = 36$(通り)だから，求める確率は，$\dfrac{10}{36} = \dfrac{5}{18}$

⑨ △ABOにおいて，三平方の定理より，$\mathrm{AO} = \sqrt{7^2-3^2} = 2\sqrt{10}$ (cm)　よって，求める体積は，$\dfrac{1}{3}\times\pi\times 3^2\times 2\sqrt{10} = 6\sqrt{10}\pi$ (cm^3)

⑩ DはBCの中点となるから，BCの垂直二等分線とBCとの交点をDとすればよい。

(例)

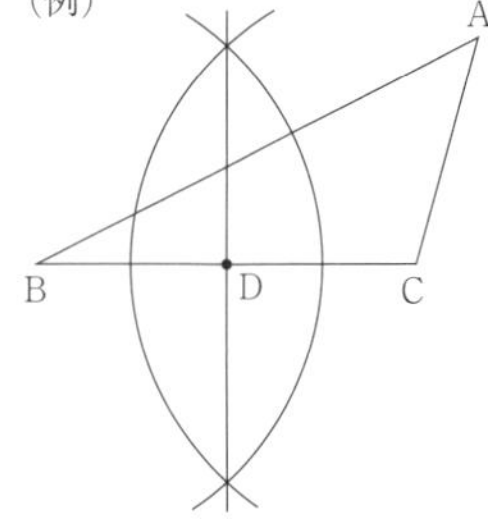

【答】① 4　② -20　③ $a-8b$　④ $-5ab$　⑤ 2　⑥ $x = \dfrac{5\pm\sqrt{21}}{2}$　⑦ エ

⑧ $\dfrac{5}{18}$　⑨ $6\sqrt{10}\pi$ cm^3　⑩ (右図)

2 【解き方】① メロンの箱は，$(50-a)$箱だから，売り上げの合計は，$750a+1600(50-a)$(円)と表せる。

② 売り上げの合計について，$250x+800y = 56200$……(i)　箱の数の合計について，$\dfrac{x}{3}+\dfrac{y}{2} = 50$……(ii)が成り立つ。

③ (i)÷50より，$5x+16y = 1124$……(iii)　(ii)×6より，$2x+3y = 300$……(iv)　(iii)×2−(ii)×5より，$17y = 748$　よって，$y = 44$　これを(iv)に代入して，$2x+3\times 44 = 300$ より，$x = 84$

【答】① (1) $50-a$　(2) $750a+1600(50-a)$　② (3) $250x+800y$　(4) $\dfrac{x}{3}+\dfrac{y}{2}$

③ (桃) 84(個)　(メロン) 44(個)

3 【解き方】① ア：$y = \dfrac{20}{x}$　イ：$y = 6x$　ウ：$y = \dfrac{1000}{x}$　エ：$y = \pi\times x^2\times\dfrac{120}{360} = \dfrac{\pi x^2}{3}$　よって，アとウが反比例の関係となる。

② (1) $y = \dfrac{a}{x}$ に，$x = 4$，$y = 3$ を代入して，$3 = \dfrac{a}{4}$ より，$a = 12$　(2) $x = 8$ で最小値，$y = \dfrac{12}{8} = \dfrac{3}{2}$，$x =$

3 で最大値，$y = \frac{12}{3} = 4$ をとるから，$\frac{3}{2} \leqq y \leqq 4$

③ a が整数のとき，点$(1,\ a)$，$(a,\ 1)$，$(-1,\ -a)$，$(-a,\ -1)$の 4 点は，$y = \frac{a}{x}$ 上の x 座標と y 座標がともに整数の点になるが，$a = 1$ のときは$(1,\ 1)$，$(-1,\ -1)$の 2 点のみで，$a = 4$ のときは，$(2,\ 2)$など，$a = 6$ のときは，$(2,\ 3)$なども x 座標と y 座標がともに整数の点になり，4 個以上になる。つまり，条件を満たす a は，6 以下の素数だから，$a = 2,\ 3,\ 5$

【答】 ① ア，ウ　② (1) 12　(2) $\frac{3}{2} \leqq y \leqq 4$　③ 2，3，5

4 **【解き方】** ① 平均値は2567 個だから，2500 個以上 3000 個未満の階級に入っており，この階級の度数は 3 回。また，最も大きい値は，1000 個以上 1500 個未満の階級の 7 回だから，最頻値は，この階級の階級値である 1250 個。

② (1) 2 点の座標より，ℓ の傾きは，$\frac{5000 - 1000}{500 - 300} = \frac{4000}{200} = 20$　よって，直線 ℓ の式を $y = 20x + b$ とおくと，点(300，1000)を通ることより，$1000 = 20 \times 300 + b$ だから，$b = -5000$　したがって，$y = 20x - 5000$　(2) $y = 20x - 5000$ に $x = 372$ を代入して，$y = 20 \times 372 - 5000 = 2440$　(3) 1500 個未満が，$4 + 7 = 11$ (回)，2000 個未満が，$11 + 5 = 16$ (回)だから，小さい方から 15 番目と 16 番目の値はともに，1500 個以上 2000 個未満の階級に入っている。

【答】 ① (1) 3　(2) 1000 (個以上) 1500 (個未満)　(3) 1250

② (1) $y = 20x - 5000$　(2) 2440 (個)　(3) 30 年間の記録の中央値は，1500 個以上 2000 個未満の階級に入っており，予想した値は中央値より大きくなるから。

5 **【解き方】** ② (1) $\overset{\frown}{\mathrm{AE}}$に対する円周角だから，∠ACE = ∠ABE　$\overset{\frown}{\mathrm{EC}}$に対する円周角だから，∠CAE = ∠CBE　∠ABE = ∠CBE だから，∠ACE = ∠CAE　したがって，△EAC は二等辺三角形になるから，CE = AE = 3 cm　(2) 同じ弧に対する円周角が等しいことと，EF ∥ CB より，右図の a，b の角度はそれぞれ等しくなる。△ABD の内角と外角の関係より，∠ADE = $a + b$ だから，△EDG と△BAE は 2 組の角がそれぞれ等しく，相似となる。したがって，ED : DG = BA : AE = 6 : 3 = 2 : 1　(3) AF = x cm とする。∠FBE = ∠FEB だから，△FBE は二等辺三角形で，FE = FB = $6 - x$ (cm)　また，∠CEG = ∠EDG，∠EGC = ∠DGE より，△CEG ∽ △EDG がいえるから，CE : EG = ED : DG = 2 : 1　よって，EG = $\frac{1}{2}$CE = $\frac{3}{2}$ (cm)　FG = FE − EG = $(6 - x) - \frac{3}{2} = \frac{9}{2} - x$ (cm)で，FG : BC = AF : AB だから，$\left(\frac{9}{2} - x\right) : 5 = x : 6$　これより，$5x = 6\left(\frac{9}{2} - x\right)$ だから，$5x = 27 - 6x$　よって，$x = \frac{27}{11}$

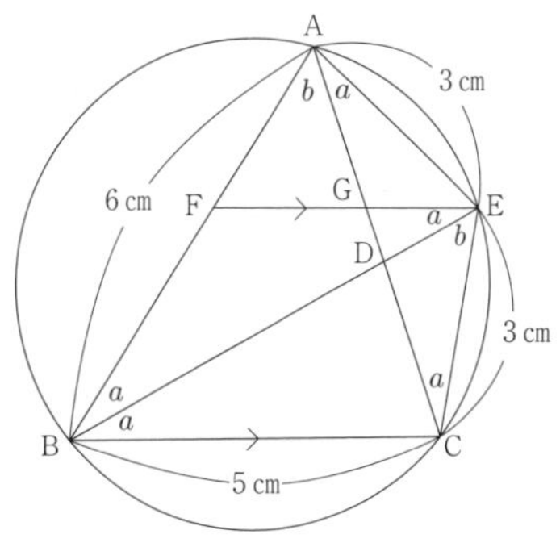

【答】 ① △ABD と△ECD において，$\overset{\frown}{\mathrm{BC}}$に対する円周角だから，∠BAD = ∠CED……(i)　対頂角だから，∠ADB = ∠EDC……(ii)　(i)，(ii)より，2 組の角がそれぞれ等しいから，△ABD ∽ △ECD

② (1) 3 (cm)　(2) 2 : 1　(3) $\frac{27}{11}$ (cm)

英　語

1 **【解き方】** 問題A. (1) 絵の少年は食事をしている。(2) 青を選んだ生徒は緑を選んだ生徒より多い。

問題B. (あ) エイミーは滞在期間をたずねられ，「半年（＝6か月）です」と答えている。(い) エイミーがしたいことの一つ目は「私たち（＝リュウタの学校の生徒たち）といっしょにバスケットボールをして厳しい『練習』を楽しむこと」。(う) エイミーがしたいことの二つ目は「たくさんの『友達』を持つこと」。

問題C. (1) 病院で診察を受けているときの会話。(2)「クラスメートの言うことを聞くよう彼に言うために明日トニーに会いましょうか？」と言っている。Shall we ～?＝「～しましょうか？」。〈tell＋(人)＋to ～〉＝「(人) に～するように言う」。

問題D. (1)「風呂には午後5時から午後9時までの間に入ってください」と言っている。(2) 質問は「公園に行くのと家で時間を過ごすのとどちらがいいですか？」。どちらがよいか答え，いっしょにしたいことや理由を加える。解答例は「私は公園に行くほうがいいです。私はテニスがしたいです」。like ～ better＝「～する方がよい」。like ～ing＝「～することが好き」。別解として I like spending time at home better because I want to show some pictures など。

【答】 問題A. (1) ウ　(2) イ　問題B. (あ) six　(い) practice　(う) friends　問題C. (1) エ　(2) ア

問題D. (1) イ　(2) (例) going to the park better. I want to play tennis

◀全訳▶　問題A.

(1) ア．少年が部屋で寝ています。　イ．少年が本を読んでいます。　ウ．少年が夕食を食べています。

(2) ア．20人より多くの生徒が赤が一番好きです。　イ．生徒の間では青が緑より人気があります。

ウ．白を選んだ生徒はいません。

問題B.

リュウタ：エイミー，あなたはどのくらいの間ここに滞在しますか？

エイミー：半年です。

リュウタ：それはいいですね。滞在中に何をしたいですか？

エイミー：学校のバスケットボール部に入れたらうれしいです。練習がとても厳しいそうですが，私はそれを楽しむつもりです。それと，多くの生徒に私と友達になってほしいです。

問題C.

(1)

A：気分がよくないです。

B：いつからですか，リーさん。

A：2日前です。

B：わかりました。薬をお出しします。来週またここに来てください。

質問：リーさんは今どこにいますか？

(2)

A：ケン，トニーの考えについてどう思う？

B：賛成しないな。彼はクラスメートの言うことを聞くべきだ。マリ，きみはどう？

A：同感よ。クラスメートの言うことを聞くよう彼に言うために明日トニーに会いましょうか？

B：わかった。

質問：ケンとマリは明日何をしますか？

問題D. あなたに私たちの家の決まりについてお話しします。あなたは週に2回部屋を掃除しなければなりません。風呂には午後5時から午後9時までの間に入ってください。午後7時までに帰宅してほしいです。あなたの部屋で楽器を演奏するのはかまいません。もし何か質問があれば，私に尋ねてください。

ところで，もしあなたが今度の週末に時間があれば，いっしょに何かしましょう。公園に行くのと家で時間を過ごすのとどちらがいいですか？

2 【解き方】① 料理講習会のちらしなので見出しとして「パッククッキングの『シェフ』になってください！」が合う。

② 「～と呼ばれている」なので，受動態〈be 動詞＋過去分詞〉にする。

③ (う) パッククッキングの利点として水を「節約」できる。(え) 調味料が少ししかいらないと聞いて，ジョンは味が「悪くなる」のではないかと心配している。

④ 青木さんが「いいわよ。次の土曜日にそこ（＝講習会）に行きましょう」と答えている。パッククッキングに興味を持ったジョンが青木さんに講習会に連れていってくれるよう頼んだ。Can you ～?＝「～してくれませんか？」。

⑤ ア．ちらしの Time を見る。食べ始めるのが午後 2 時 30 分なので，調理にかかる時間は午後 1 時から午後 2 時 30 分までの 1 時間半。イ．「ジョンがこの講習会についてもっと知りたければ電話をしなければならない」。ちらしの右の四角に「詳細は 123-4567 に電話でお問い合わせください」とあるので，正しい。ウ．ちらしの右の四角を見る。大人と参加しなければならないのは小学生。エ．ちらしの Fee を見る。中学生のジョンは部屋代がいらないので，参加費は 300 円。

【答】① ウ　② called　③ イ　④（例）Can you take me　⑤ イ

◀全訳▶

講習会のちらし

パッククッキングのシェフになってください！

料理の簡単な方法に興味はありますか？　もしそうなら，「パッククッキング」をしてみてはいかがですか？　それはとても簡単です！　食材を切って，それらを耐熱性のポリ袋に入れ，その袋をお湯の中に入れ，約 20 分間ゆでてください。

日にち：毎週土曜日
時間　：午後 1 時～午後 4 時
（食べ始める時間：午後 2 時 30 分）
場所　：こずえホール　105 号室
参加費：一人 500 円
（食材 300 円，部屋代 200 円）
学生は部屋代を支払う必要はありません。

小学生の方は，参加するのに大人と来なければなりません。

詳細は 123-4567 に電話でお問い合わせください。

ジョン　：今日の夕食はとてもおいしいです！　これをどうやって作ったのですか？

青木さん：まあ，ありがとう。これを見て。それは「パッククッキング」と呼ばれているの。必要なのは水，食材，調味料と耐熱性のポリ袋だけよ。たくさんの調理用具はいらないの。

ジョン　：それはおもしろそうですね！　僕はそれを聞いたことがありません。

青木さん：この方法で料理をすると，ポリ袋をお湯に入れていっしょにゆでることで一つのなべで同時にいくつかの料理を作ることができるのよ。

ジョン　：水を節約できるということですね？

青木さん：そうよ。それにポリ袋を密封する前に少しの調味料しかいらないわ。

ジョン　：なぜですか？　それで足りるのですか？　味が悪くなるのではないかと心配です。

青木さん：そんなことないわ！　おいしいのよ。お湯に入れたポリ袋が密封されているから調味料の味がすぐに食べ物に広がるの。料理を楽しんだあと，なべと他のものを少し洗うだけですむの。簡単でしょ？

ジョン　：それはいいですね。僕はパッククッキングに興味があります。この講習会に（僕を連れていってくれませんか）？

青木さん：ええ。じゃあ，次の土曜日にそこに行きましょう。あなたは中学生だから食べ物の分だけ支払えばいいわ。

ジョン　：やった！　ありがとうございます，青木さん。

3 **【解き方】** ①「昼食持参」を「昼食を持って来る必要がある」などわかりやすい言葉に言い換える。「～する必要がある」= have to ～。

②「雨天の場合は，授業があります」を「その日雨が降っていたら，私たちは授業があります」と言い換える。「授業がある」= have classes。class を複数形にすることに注意。

【答】（例）① have to bring lunch　② have classes

◀全訳▶

マイ　：大丈夫，ジョー？

ジョー：ええっと，ここに書かれているいくつかの言葉がわからないよ，マイ。

マイ　：どの言葉？

ジョー：これだよ。

マイ　：ええっと。これは（昼食を持って来る必要がある）という意味よ。

ジョー：わかったよ。それじゃ，これはどう？

マイ　：ええっとね。これは雨の日についてよ。もしその日雨が降っていたら，私たちは（授業があるの）。

ジョー：ああ，わかったよ。教えてくれてありがとう。

4 **【解き方】** ① ボブの発言の後半を見る。「より多くの働く人がそのようにし（＝小さい方の皿を選び），彼らはまた皿にのせた食べ物をすべて食べた」とある。

② イの just a sign は(い)の直前の文にある a no parking sign のことなので，イの「駐輪禁止の掲示だけでは状況は変わらなかった」で始まる。そのあとアの「そこで，市は別の方法を試した」と続く。そして，アの another way の具体的な内容が書かれているウの「市の子どもたちがメッセージ付きの絵を描いた」が続く。

③ 一つ目の(う)のあとの when ～は「～するとき」。need to ～＝「～する必要がある」。何かを決める必要があるときに人々がするのは「選択」。make choices＝「選択をする」。choices they make は「彼らがする選択」で they の前に目的格の関係代名詞が省略されている。二つ目の(う)も those smarter に続くのは複数名詞なので choices を入れると意味が合う。

④ (え) ボブの発言の前半に「その会社の社員の中には食べ過ぎて病気になる人がいた」とある。ジェニーの発言の中ほどに「階段を上り下りする方が身体のためによいとその市では考えた」とある。二人とも「健康」問題について触れている。(お) ジェニーの発言の最終文に「音を聞いて楽しんだ」とある。(か) シホの発言の最終文に「適切な場所に駐輪するようになった」とあるので，人々の行動変化は「駐輪禁止の区域に自転車をとめるのを『やめる』」とする。

⑤ 感想は「強い規則がなくても他の人々の行動を変えるかもしれないと知って私は驚いている。私は他の例を見つけた。私たちの学校の図書室に『この部屋で静かにしてくれてありがとう』という同じ種類の掲示がある」。「～しないでください」という強い規則のような言葉を使わずに人々の行動を変える掲示を選ぶ。

【答】 ① (1) 小さい皿　(2) 食べ物をすべて食べる（それぞれ同意可）　② イ→ア→ウ　③ choices　④ ウ　⑤ ア

◀全訳▶

ヒル先生：人々はうまい方法を使って社会問題を解決するかもしれないと学びました。あなた方に自分たちが見つけた例を共有してほしいと思います。始めましょう，ボブ。

ボブ　　：はい。私は企業の社員食堂についての例を見つけました。その会社の社員の中には食べ過ぎて病気になる人がいました。食べ物の廃棄物もまた社員食堂で問題でした。これらの問題を解決するために，その会社は社員食堂で食べる社員のために二つの大きさの料理を入れる皿を準備しました。食べ物は小さい皿の方が少ない量でした。その皿のそばに標示が置かれていました。それには，「社員のほとんどが小さい方の皿を選びます」と書いてありました。すると，より多くの働く人がそのようにし，また，皿にのせた食べ物をすべて食べました。この方法で，その会社は問題の両方を解決しました。

ヒル先生：ありがとう，ボブ。社員食堂は規則を作りませんでした。彼らはただ人々に二つの選択を与えたのですね。ジェニー，あなたの例について私たちに話してください。

ジェニー：はい。私はある市の駅にある特別な階段について話します。毎日，たくさんの人々が駅でエスカレーターを使いました。階段を上り下りする方が身体のためによいとその市では考えました。そこで，階段がピアノの鍵盤のように見える「ピアノ階段」に変えられました。人々がそれらの上を歩くと，ピアノの音が聞こえます。この階段が作られると，より多くの人々がそれらを使い，音を聞いて楽しみました。

ヒル先生：なるほど。これは人々の行動に影響するおもしろい方法ですね。あなたはどうですか，シホ？

シホ　：ええっと，道路に放置された多くの自転車をよく見かけますが，それらはそこを歩いている人々にとって危険なことがあります。最初に，市は駐輪禁止の区域に駐輪禁止の掲示を貼りました。しかし，掲示だけでは状況は変わりませんでした。そこで，市は別の方法を試してみました。市の子どもたちがメッセージ付きの絵を描きました。これらの絵が同じ場所に貼られました。それらは道路に放置された自転車がなければ子どもたちがうれしいということを表していました。人々は子どもたちを悲しませたくないので，適切な場所に駐輪するようになりました。

ヒル先生：なるほど。人々は子どもたちにすまないと思い，正しいことを選択し始めたのですね。さて皆さん，発表をありがとうございます。社会問題を解決するために，人々に何かをするよう言うことは簡単かもしれません。しかし，それが唯一の方法ではありません。これらの例では，人々が何かを決める必要があるときにする選択について，人々は「考える」機会をよく得ます。人々の行動はそれらのより賢い選択から来るものです。ささいなことが私たちの生活をよりよくするのかもしれません。

5 **【解き方】** ① (あ)の直後の文から同段落の後半までを見る。エの視線については紹介されていない。

② 前の2文で，話しているときに間をとれば聞き手がよりスピーチを理解してくれると言っている。

③ (1) 第3段落の最後から2文目を見る。why you stopped talking は wonder の目的語で間接疑問文。(2) 第3段落の最後の文を見る。what is spoken next は know の目的語で間接疑問文。

④ too ～ to …＝「～すぎて…できない」。

⑤ ア．第1段落の冒頭を見る。生徒たちは多くの学校でスピーチの仕方について学ぶ機会がある。イ．第3段落の中ほど，第4段落の後半を見る。間を取るタイミングとして，自己紹介を始める前だけでなく，本当に言いたいことの前，重要なことを言ったあとが挙げられている。ウ．「スピーチの間に間を取ることは話し手と聞き手の両方にとってよい」。第4段落に聞き手によい理由，第5段落に話し手によい理由が書かれているので，正しい。エ．第6段落の前半を見る。会話では時間が共有されるとある。オ．「人々がすばらしい話し手になりたいなら，多くの種類の技術が必要とされる」。最終段落を見る。正しい。

【答】 ① エ　② ウ　③ (1) なぜ話すのをやめた　(2) 何が話される（それぞれ同意可）

④ be too difficult to make　⑤ ウ・オ

◀全訳▶ 多くの学校で，生徒たちは他の人へ自分の考えを伝える方法を学び，スピーチをする機会があるでしょう。上手に話すことは生活の中で大切なので，それはとても役に立ちます。よいスピーチをするためには，大きな声で話そうとしなければなりません。そうすれば，聞き手はあなたを聞くのがより楽になるでしょう。使う言葉を注意深く選ぶと，聞き手があなたをより理解するでしょう。手振りを交えることもよいです。聞き手はあなたがどのように手を動かすかを見て，あなたのスピーチで何が重要かわかるでしょう。もしあなたがこれらのことをすれば，スピーチをよりよくすることができます。しかし，よいスピーチをするための別の方法があります。

スピーチをするとき，あなたは「話の間」を使おうとしたことはありますか？　それはあなたのスピーチをよりよくするためのすばらしい方法です。あなたは言葉を発しませんが，聞き手はそれでもあなたを理解できるのです。それは興味深いですよね？　それでは，なぜそれは効果的なのでしょうか？

まず，あなたは聞き手の注意を集めることができます。例えば，あなたが自己紹介を始める前に間を取ろうとしてみなさい。聞き手はあなたにもっと注意を払うでしょう。スピーチの間でさえ，あなたが本当に言いたいことの前には間を取るべきです。間を取れば，あなたがなぜ話すのを止めたのか聞き手は不思議に思うでしょう。次に何が話されるのか知るために聞き手はもっと注意深くあなたの言うことを聞こうとするでしょう。

2番目に，間は聞き手に考える時間を与えることができ，聞き手は話し手が言っていることをより理解するでしょう。もしあなたのスピーチが間を持つことなしに続けば，聞き手はあなたのメッセージをうまく理解することが難しいです。しかし，あなたが止まって重要なことを言ったあとに少しの間待てば，聞き手はより簡単にあなたの話についていくことができます。

3番目に，間を取ることは話し手にとってもよいです。間を持たずに話すと，言おうとしていることを思い出すのが難しいことがあります。次に話そうとしていることについて心配し続けると，何が起こるかわかりますか？　よいスピーチをするのはとても難しいでしょう。しかし，少しの間を取って話せば，そんなに緊張する必要はありませんし，メッセージを忘れることもないでしょう。そうすれば，あなたは自信を持って話すことができます。

他の人が自分の言うことを聞いているときに話すのを止めるのはよくないと考える人もいます。それは会話では正しいかもしれません。他人と話すとき，そこでは時間が各人と共有されます。だから，間を取ることは難しいです。しかし，スピーチをするときは，ふつう人々の集団に向かって話し，話す時間はあなたにだけ与えられます。それはあなた自身の方法で間の取り方を決めることができるということです。だから，効果的な方法で間を使うことはスピーチをする重要な部分の一つです。

すばらしい話し手になるため，人々とのよりよいコミュニケーションのためにたくさんのいろいろな技術を使うことが必要です。あなたが次回スピーチをするときは，間を取ってみてはいかがですか？

社　会

1 【解き方】① 主に収穫した稲を保管するためにつくられた倉庫。湿気やネズミの食害から米を守る目的があった。また，集落間に争いがおこり，濠(ほり)や柵(さく)などの防衛設備も作られるようになった。

② 平安時代の国風文化について述べた文を選択。アは桃山文化，ウは飛鳥文化，エは鎌倉文化や室町文化。

③ アは室町時代前期，イは鎌倉時代，ウは平安時代，エは戦国時代。

④「石高」とは，田畑など土地の生産性を米の取れ高によって表したものをいう。新田開発は耕地面積の増加につながり，石高も増したことがわかる。

⑤ X の「ドイツ」はイギリス，Y の「フランス」はロシアがそれぞれ正しい。

⑥ 江戸時代の米で納める年貢から金納に変更されたことで，明治政府の財政は安定するようになった。

【答】① 高床倉庫　② イ　③ ウ→イ→ア→エ　④ 新田の開発を進めた。(同意可)　⑤ エ

⑥ 地価をもとに決められ，土地の所有者が現金で納める (同意可)

2 【解き方】① 図 2 で X と Y を結ぶ直線が最短距離を示すので，これを図 1 にあてはめて考える。

② 図 1 で南緯 20 度，東経 20 度はアフリカ大陸南部を示すことを確認すればよい。緯度 0 度の赤道はインドネシアやギニア湾を通る緯線，経度 0 度の本初子午線は Y (イギリスのロンドン) を通る経線。

③「強い日差しや砂ぼこり」が多いことから，年間を通して気温が高く，降水量が非常に少ない乾燥帯の気候に属する地域であると判断できる。

④ (1) カナダ・メキシコ・アメリカ合衆国は，それまでの NAFTA に代わり，2018 年に USMCA (米国・メキシコ・カナダ協定) を結んだ。(2) A のグラフは増減が少なく，原油価格の下落の影響を受けていないことがわかる。

【答】① A・D　② F　③ ウ

④ (1) アメリカ合衆国　(2) (記号) B　(理由) ナイジェリアは，輸出総額に占める原油の割合が大きいため，原油価格の下落に合わせて国内総生産も下落すると考えられるから。(同意可)

3 【解き方】① 1874 年に民撰議院設立建白書が提出され，藩閥政治の打倒や言論の自由などを求める運動が始まった。

② 日露戦争が始まる 2 年前に日本と同盟を結んだ国。

④ (1) リットン調査団の報告では，満州事変のきっかけとなった鉄道爆破事件 (柳条湖事件) は，日本軍が起こしたものだとされた。(2) アは 1940 年，イは 1972 年，ウは 1945 年，エは 1951 年のできごと。

⑤ 白黒テレビと入れ替わるように普及率が高まったものを選ぶ。アは電気冷蔵庫，ウは乗用車，エはコンピュータ。

【答】① エ　② イギリス　③ 民本主義　④ (1) 満州国を承認せず，日本軍 (同意可)　(2) ア→ウ→エ→イ

⑤ イ　⑥ プライバシーの権利

4 【解き方】① 日本海を南西から北東へと流れる暖流。

② B 県は新潟県。スキー場，海水浴場がともに多いものを選ぶ。イは長野県，ウは静岡県，エは愛知県，オは富山県。

③ (2) 実際の距離は，(地図上の長さ)×(縮尺の分母)で表されるので，4 cm × 25000 を計算して，単位を m に直す。(3) X.「計曲線」とは，2 万 5 千分の 1 の地形図では，50m おきに太い線で引かれる等高線のこと。Y. 地図は，特に断りがない限り，地図の上部が北を示す。

④ 1997 年には環境アセスメント法 (環境影響評価法) が制定された。

【答】① 対馬　② ア　③ (1) 石川(県)　(2) ウ　(3) イ　④ 環境に与える影響を事前に調査 (同意可)

5 【解き方】① X. 衆議院議員の任期は 4 年なので，2 年ぶりに選挙が行われたということは，任期満了前に解散があったことになる。Y. 経済活動に対する政府の介入の度合いが強い場合を「大きな政府」，小さい場合

を「小さな政府」と表現する。

② 労働組合を組織することは,「団結権」として憲法によって保障されている。

③ (2) エ.「3億ドル」減少したのであれば, 前年の援助実績額は227億ドル。前年からの増減率は, －3÷227＝－0.013…≒－1.3％となるはずなので, 3億ドルよりは少ない額の減少だったことがわかる。

④「社会保険」とは, 病気やけが, 失業, 高齢などのため, 生活が不安定になったときに備えるための公的な保険制度。年金や医療保険などがあてはまる。また,「公的扶助」とは, 生活に困窮している人々に対し, 生活保護法にもとづき必要最低限の生活費を支給する制度。

【答】 ① ア　② 労働条件の維持・改善を図ること。(同意可)　③ (1) ODA　(2) エ　④ ウ　⑤ 世論

理　科

1 【解き方】① (2) ヘモグロビンは赤血球に含まれる物質なので，血管の外には出ない。

② 図1より，精子がもつ遺伝子は白い遺伝子が1本，受精後の胚がもつ遺伝子は白い遺伝子1本と黒い遺伝子が1本なので，卵がもつ遺伝子は黒い遺伝子1本とわかる。受精後は受精卵が体細胞分裂をくり返すので，受精卵がもつ遺伝子と胚がもつ遺伝子は同じ。

③ (1) オームの法則より，$\frac{9\,(\mathrm{V})}{3\,(\Omega)} = 3\,(\mathrm{A})$ (2) 回路Ⅱは抵抗器Aと抵抗器Bの直列回路なので，回路の合成抵抗は，$3\,(\Omega) + 6\,(\Omega) = 9\,(\Omega)$ P点を流れる電流の大きさは，$\frac{9\,(\mathrm{V})}{9\,(\Omega)} = 1\,(\mathrm{A})$ 回路Ⅲは抵抗器Aと抵抗器Bの並列回路なので，それぞれの抵抗に9Vの電圧が加わり，抵抗器Aに流れる電流の大きさは3A，抵抗器Bに流れる電流の大きさは，$\frac{9\,(\mathrm{V})}{6\,(\Omega)} = 1.5\,(\mathrm{A})$ よって，Q点を流れる電流の大きさは，$3\,(\mathrm{A}) + 1.5\,(\mathrm{A}) = 4.5\,(\mathrm{A})$なので，P点に流れる電流の，$\frac{4.5\,(\mathrm{A})}{1\,(\mathrm{A})} = 4.5$ (倍)

④ (2) 硫酸＋水酸化バリウム→硫酸バリウム＋水という反応が起こる。硫酸はH_2SO_4，水酸化バリウムは$Ba(OH)_2$，硫酸バリウムは$BaSO_4$，水はH_2Oの化学式で表され，化学反応式では化学変化の前後で原子の種類と数を合わせる。

⑤ 力学的エネルギーは保存されるので，A・B・C・Dの位置のおもりがもつ力学的エネルギーはすべて同じ。

⑥ 乾球と湿球の示す温度の差は，32.0 (℃) − 26.0 (℃) = 6.0 (℃)なので，表より，空気の湿度は60％とわかる。よって，$33.8\,(\mathrm{g/m^3}) \times \frac{60}{100} = 20.28\,(\mathrm{g/m^3})$

【答】① (1) 肺静脈 (2) エ ② (右図) ③ (1) 3 (A) (2) 4.5 (倍)

X　Y

④ (1) ア (2) $H_2SO_4 + Ba(OH)_2 \rightarrow BaSO_4 + 2H_2O$ ⑤ エ ⑥ 20.28 (g)

⑦ 黒点が少しずつ移動している (同意可)

2 【解き方】② 塩酸がすべて反応したときに発生する二酸化炭素の質量は0.90g，炭酸水素ナトリウム1.00gを加えたときに発生する二酸化炭素の質量は0.52gなので，塩酸はすべて反応せずに残っている状態で，水溶液中には水素イオンがある。よって，水溶液は酸性でpHは7より小さい。

③ (1) 二酸化炭素は無色無臭の気体で，火のついた線香を入れると火は消える。マグネシウムにうすい塩酸を加えたときに発生する気体は水素。

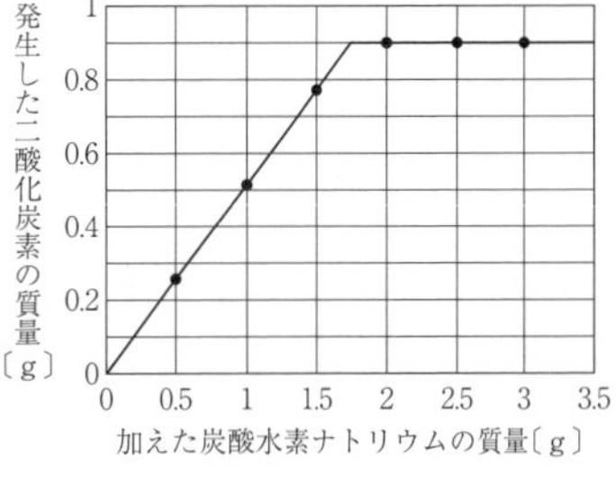

⑤ 塩酸がすべて反応したとき発生した二酸化炭素が0.90g，炭酸水素ナトリウムが1.00gのとき発生した二酸化炭素が0.52gなので，過不足なく反応する炭酸水素ナトリウムの質量は，$1.00\,(\mathrm{g}) \times \frac{0.90\,(\mathrm{g})}{0.52\,(\mathrm{g})} \fallingdotseq 1.73\,(\mathrm{g})$

【答】① 質量保存(の法則) ② (a) ウ (b) 水素 ③ (1) エ (2) 地表から放射される熱 (同意可) ④ (前図)

⑤ イ

3 【解き方】② 地震の震度は，震源に近づくほど大きくなる傾向がある。マグニチュードは地震の規模を表し，ゆれの大きさを表すものではない。大陸プレートの内部の断層がずれることによって起こる地震の震源は，比較的浅い位置にある。

③ (2) 初期微動継続時間は，震源からの距離に比例する。図2より，観測地点ⅠでP波によるゆれが始まった時刻が8時23分10秒，S波によるゆれが始まった時刻が8時23分30秒なので，観測地点Ⅰの初期微動継

続時間は，8時23分30秒－8時23分10秒＝20(秒)　観測地点Ⅱの初期微動継続時間は，8時23分50秒－8時23分20秒＝30(秒)　観測地点Ⅲの初期微動継続時間は，8時24分10秒－8時23分30秒＝40(秒)　よって，観測地点Ⅰ，Ⅱ，Ⅲの震源からの距離の比は，20(秒)：30(秒)：40(秒)＝2：3：4　(3) (2)より，観測地点ⅠとⅡの震源からの距離が2：3なので，観測地点Ⅰの震源からの距離を2$a$km，Ⅱの震源からの距離を3$a$kmとする。P波は，3a(km)－2a(km)＝a(km)の距離を，8時23分20秒－8時23分10秒＝10(秒間)で進むので，P波の速さは，$\frac{a\,(\text{km})}{10\,(\text{s})}=\frac{a}{10}$(km/s)　震源からの距離が2$a$kmの観測地点ⅠにP波が到達するまでにかかる時間は，2a(km)÷$\frac{a}{10}$(km/s)＝20(秒)　よって，地震Xの発生時刻は，8時23分10秒－20(秒)＝8時22分50秒

④ 震源から16km離れた地点AでP波を観測するのは，地震が発生してから，$\frac{16\,(\text{km})}{8\,(\text{km/s})}$＝2(秒後)　震源から60km離れた地点BでS波を観測するのは，地震が発生してから，$\frac{60\,(\text{km})}{4\,(\text{km/s})}$＝15(秒後)　地点AでP波を観測してから3秒後に地点Bで緊急地震速報を受信しているので，地点Bで緊急地震速報を受信したのは地震が発生してから，2(秒)＋3(秒)＝5(秒後)　よって，地点Bで緊急地震速報を受信してからS波が到達するまでの時間は，15(秒)－5(秒)＝10(秒)

【答】 ① フィリピン海　② ウ　③ (1) 主要動　(2) イ　(3) イ　④ 10(秒)

4 **【解き方】** ② シダ植物はコケ植物と同じで，種子をつくらず胞子でふえる。シダ植物は根・茎・葉の区別があり，維管束があるが，コケ植物は根・茎・葉の区別がなく，維管束がない。

④ (1) シイタケは菌類なので分解者。モグラはミミズや昆虫などを食べるので消費者(肉食動物)。(2) 呼吸の作用による炭素の流れは，呼吸で二酸化炭素を出す流れなので，すべての生物から大気中の二酸化炭素に向かう矢印。

【答】 ① エ　② (あ) シダ　(い) 葉・茎・根　③ (記号) (e)　(内容) 内臓をおおっている(同意可)
④ (1) ア・ウ・オ　(2) a・c・d・g　(3) (記号) ア　(理由) 草食動物の生物量は増加した肉食動物に食べられて大きく減少し，草食動物に食べられる生産者の生物量が減るから。(同意可)

5 **【解き方】** ③ 物体が静止しているとき，浮力と重力がつり合っている。結果1のⅡとⅢに入る物体にはたらく浮力の大きさは等しいので，ⅡとⅢの物体の質量は等しい。Ⅳに入る物体にはたらく浮力が最も大きいので，Ⅳの物体は質量が最も大きい物体A。

④ おもりにはたらく重力の大きさは，空気中でも水中でも変わらないので2.0N。浮力の大きさは，2.0(N)－1.6(N)＝0.4(N)

⑥ (あ) おもり1個にはたらく重力の大きさは2Nなので，2(N)×2(個)＝4(N)　(い) 図4より，おもり1個が完全に水中に沈んだときのばねばかりが示す値は0.8Nなので，0.8(N)×2(個)＝1.6(N)　(う) おもりが完全に水中に沈んだときの水面からおもりの下面までの距離は，おもりが1個のときも2個のときも同じになる。

【答】 ① イ　② ウ　③ ア・ウ　④ (重力) 2.0(N)　(浮力) 0.4(N)
⑤ (おもりの)水中にある部分の体積が変わらなくなった(同意可)　⑥ (あ) 4　(い) 1.6　(う) 6

国　語

1 【解き方】②「いや，俺は，農家の望月さんじゃなくて，これは親の手伝いで，本業は」に注目。「農家の望月さんでーす」と紹介されたが，恵介は「子どもの頃から，農業はかっこ悪い」と思っていたので，自分の本業は農業ではないと言いたくなっている。

③ 父親が米農家からトマト農家に方向転換した理由について，「恵介に，トマト農家なら『かっこよくて儲かる』と思わせたかった」のだろうと推察している。また，養豚に手を広げたことについては，「三姉の…入学が毎年のように続いていた時期だ」と結びつけている。

④「ミルクなしで食べてごらん。ほんとうはそのほうがおいしいんだよ」という恵介の言葉に着目する。少し前ならともかくいまは，「俺の採りたて苺」は練乳なしで味わってほしいと思っていることをおさえる。

⑥「この子たちのくしゃくしゃの顔」に注目。採りたての苺を「うまうま」「あま〜い」と喜んでくれている子どもたちの様子を見た恵介が，「毎日の地味で過酷で誰も誉めてくれない作業が報われた」気持ちになっていることをおさえる。

⑦ 園児たちが「ウミネコの群れに小魚を放り投げたような騒ぎ」になり，「通路に垂れたランナーが…白い実までつまみとられ」ても，「銀河と，少し前の銀河が四十三人集まっている」と思い，「怒ったり」しないで接している。

【答】① ⓑ てんかん　ⓕ ねら(う)　② エ　③ ア

④ 自分が大切に育てた苺を，本来の味で食べてほしいと思っている（29字）（同意可）　⑤ ウ

⑥ 苺を食べた子どもたちの笑顔（13字）（同意可）　⑦ イ

2 【解き方】① ⑴ 語頭以外の「は・ひ・ふ・へ・ほ」は「わ・い・う・え・お」にする。また，「づ」は「ず」にする。⑵ 俳句において通常一句に一つ用いることとなっている，特定の季節を表す語。

②「蛙の水に飛び込む音」を耳にした芭蕉は，一種の「死」の世界がある「古池」に，「生き物の命の躍動を聞き取った」と述べている。

③ X.「学校や職場で流れるような」に続くので，「学校や職場での時間は，数字に刻まれたそれです」に着目する。Y. 芭蕉が「古池や」の俳句を詠んだときの「状況」に着目する。

【答】① ⑴ かわず　⑵ 季語　② ウ　③ X. 数字に刻まれた　Y. 心の静けさ

3 【解き方】② Aは，何かから切り離される前の状態を「自分をつないでいたもの」と表現していることから考える。Bは，「自分が立っていた地盤」とあることから考える。

③「誰にも迷惑かけてないでしょ」「あんたに関係ないでしょ」と言うように，「個人の自由にとって他者は〝障害〟とされることが多い」ことに着目して探す。

④ 反意の漢字の組み合わせ。アは，上の漢字が動作を表し，下の漢字がその対象を表している。ウとエは，同意の漢字の組み合わせ。

⑤ 個人の自由にとって「他者は〝障害〟とされることが多い」ことに筆者は疑問を持ち，実際「他の人といることで…我慢したりしないといけないことはある」と認めながら，「他者と…共にいるからこそ，自由だと感じることもあるのではないか」と考えていることをおさえる。さらに，「他者は，自由の障害ではなく，むしろ前提だったにちがいない」「この自由の感覚は，成長するにつれて…実は大人になっても変わらないはずだ」と続けている。

⑥ X.「対話において哲学的瞬間に感じる自由は，感覚じたいが個人的であり，主観的である」と述べている。Y.「哲学対話」は，自分自身を「相対化」「対象化」するもの。「自分とは違う考え方，ものの見方を他の人から聞いた時」に「解放感と不安定感」を感じ，この両義的感覚こそが「自由の感覚」なのだと述べている。Z.「解放感と不安定感」を経験している例を考える。エでは，「負けた試合からも得られるものがある」という自分とは違う考え方を聞いた「私」は，戸惑いという「不安定感」を経験するものの，「試合は勝たなけれ

ば意味がない」というそれまでの考え方から解放されて「今後はどんな試合からでも学ぶ姿勢を大切にしたい」と思うようになっている。

【答】 ① ⓐ 結(びつける)　ⓓ 制限　② ア　③ 自由の障害　④ イ・オ　⑤ ウ

⑥ X. 個人的で主観的なもの（同意可）　Y. 自分とは違う考え方，ものの見方を得ることで自身を相対化する(29 字)（同意可）　Z. エ

4 **【解き方】** ①「何で来るの？」という言葉は，交通機関は何を使って来るのかという意味と，なぜ来るのかという二通りの意味にとれる。「なぜ来るのか」は，来てほしくないという気持ちを表した言葉にもとれる。

② アの「相手の反応」を見ることは，相手が誤解していないかどうかを確認することにつながる。イの「実物の写真や資料」を見せることは，伝えたい内容を的確に伝えることにつながる。エの「繰り返す」ことは，伝えたい内容を強調し，相手に印象付けることにつながる。ウの「常に笑顔を保つ」ことは，「話の内容」によっては誤解を生むことにつながる。オの「漢語」を多用することは，同音異義語などによってかえって誤解を生んでしまうことがある。

【答】 ① ウ　② ア・イ・エ

③（例）(文字で情報を伝えるときには,)ことばを使う文脈や状況に気を付ける必要があります。たとえば，何かを勧められたときに結構ですという返事をすると，相手からは断りとも承諾ともとれてしまうので，意思が明確に伝わる表現を選ぶことが大切です。(99 字)

岡山県公立高等学校
（一般入学者選抜）

2020年度
入学試験問題

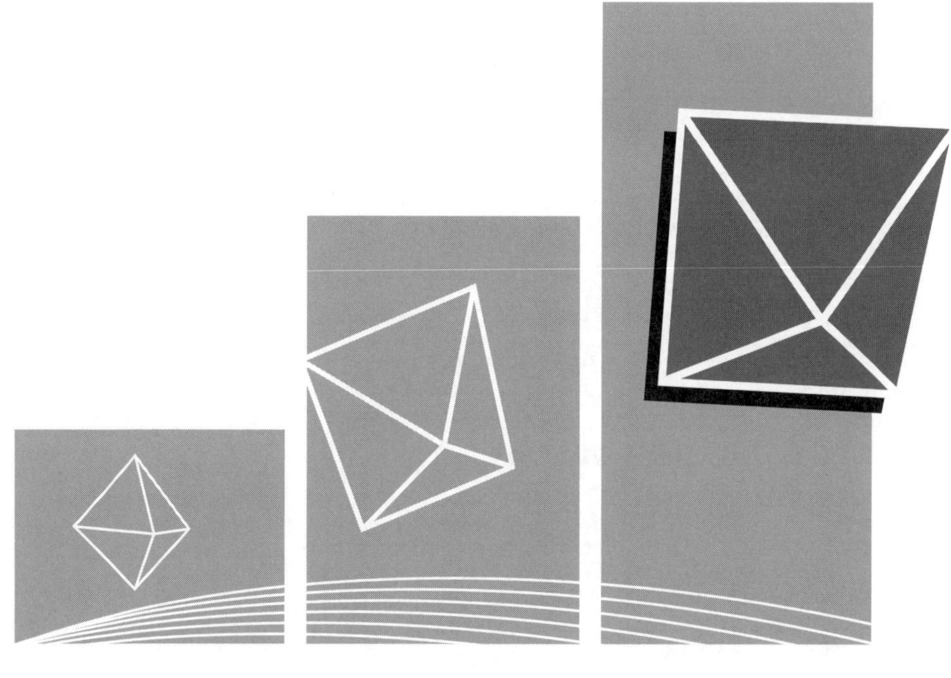

数学

時間　45分　　　満点　70点

(注)　1　答えに $\sqrt{\ }$ が含まれるときは，$\sqrt{\ }$ をつけたままで答えなさい。また，$\sqrt{\ }$ の中の数は，できるだけ小さい自然数にしなさい。

2　円周率は π を用いなさい。

1　次の①～⑤の計算しなさい。⑥～⑩は指示に従って答えなさい。

① $4+(-8)$　(　　　)

② $(-18)\div(-3)$　(　　　)

③ $4(2a-b)-(-3a+b)$　(　　　)

④ $6ab\times\left(-\dfrac{3}{2}a\right)$　(　　　)

⑤ $(1-\sqrt{5})^2$　(　　　)

⑥ 方程式 $x^2-x-3=0$ を解きなさい。$x=$(　　　)

⑦ 右の図のように，円Oの円周上に3点A，B，Cがある。四角形OABCについて，対角線の交点をPとする。$\angle AOB=70°$，$\angle OBC=65°$のとき，$\angle APB$の大きさを求めなさい。

(　　　°)

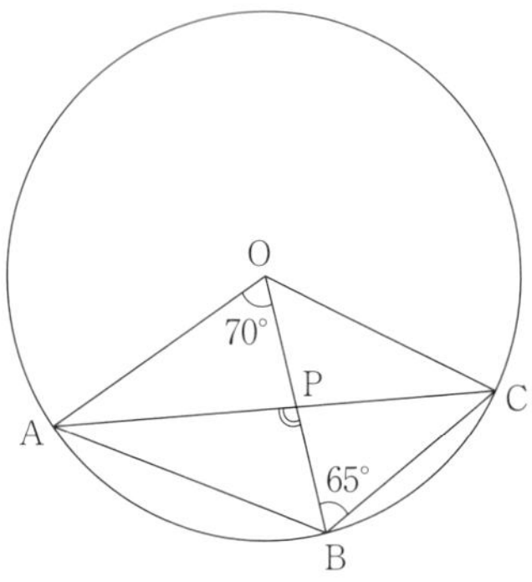

⑧ 3枚の硬貨を同時に投げるとき，少なくとも1枚は表となる確率を求めなさい。ただし，表と裏の出方は同様に確からしいものとする。(　　　)

⑨ 右の図1，図2のような，底面の半径が r cm で高さが $2r$cm の円柱（図1）と，半径が r cm の球（図2）がある。［　　］に当てはまる適当な数は，ア～エのうちではどれですか。一つ答えなさい。(　　　)

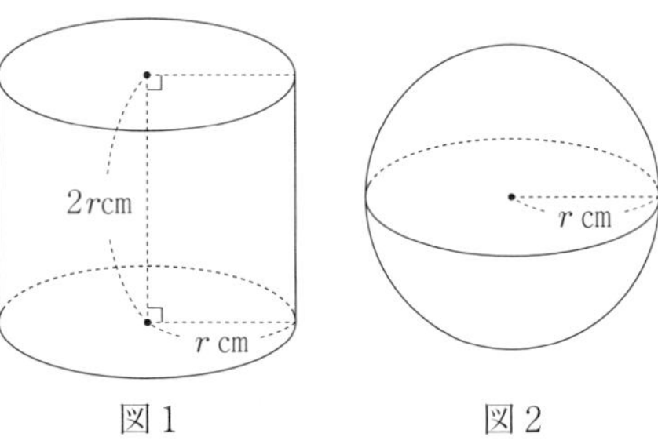

図1　　図2

> 図1の円柱の体積は，図2の球の体積の［　　］倍である。

ア $\dfrac{3}{2}$　イ $\dfrac{4}{3}$　ウ $\dfrac{5}{4}$　エ $\dfrac{6}{5}$

⑩ 右の度数分布表は，ある中学校のバスケットボール部が行った15試合の練習試合について，1試合ごとの得点の記録を整理したものである。⑴，⑵を求めなさい。

⑴ 80点以上100点未満の階級の相対度数（　　　）

⑵ 度数分布表からわかる得点の平均値（　　　点）

得点(点)	度数(試合)
以上 未満 0 〜 20	0
20 〜 40	1
40 〜 60	6
60 〜 80	4
80 〜100	3
100 〜120	1
計	15

2 大輝さんと桃子さんは，町内会の夏祭りでボールすくいを計画している。2人は，町内会の人から模様入りと単色の2種類のボールが合計500個入っている袋を1つ受け取った。その人に聞いてみたところ，ボール500個の消費税込みの価格は2,000円であることがわかった。2人は，袋の中に入っている模様入りボールと単色ボールの個数を調べる方法について，次のように考えた。①，②に答えなさい。ただし，ボールの大きさは，すべて同じものとする。

【大輝さんの考え】

標本調査を行えば，それぞれのおよその個数がわかる。

【桃子さんの考え】

それぞれのボールの1個あたりの価格がわかれば，連立方程式を利用して，それぞれの正確な個数を求めることができる。

① 大輝さんがこの袋の中から25個のボールを無作為に抽出したところ，抽出したボールのうち模様入りボールは6個だった。はじめに袋の中に入っていた模様入りボールのおよその個数として最も適当なのは，ア〜エのうちではどれですか。一つ答えなさい。（　　　）

ア およそ100個　　イ およそ120個　　ウ およそ140個　　エ およそ160個

② 桃子さんが調べたところ，消費税込みの価格で模様入りボールは1個7円，単色ボールは1個3円であることがわかった。⑴，⑵に答えなさい。

⑴ 模様入りボールをx個，単色ボールをy個として，連立方程式をつくりなさい。

（　　　　　）

（　　　　　）

⑵ ボール500個のうち，模様入りボールと単色ボールはそれぞれ何個ずつあるかを求めなさい。

模様入りボール(　　　個)　単色ボール(　　　個)

3　右の図のように，x の値が－2から4まで増加するときの変化の割合が1である関数 $y = ax^2$ について，グラフ上に2点A，Bがあり，点Aの x 座標は－2，点Bの x 座標は4である。また，直線ABと x 軸との交点をCとする。①，②は指示に従って答えなさい。③，④は［　　］に適当な数を書きなさい。

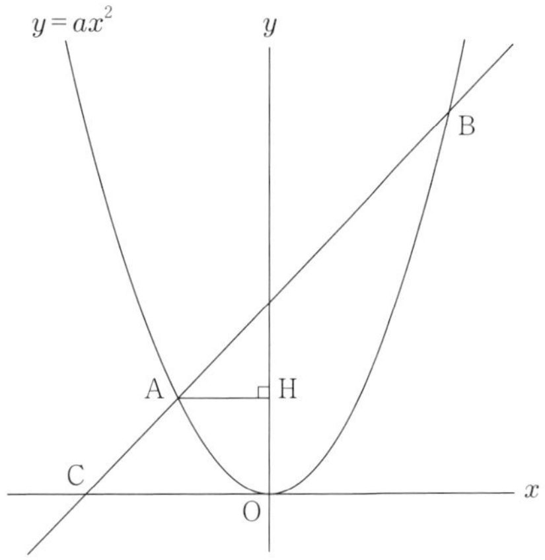

①　変化の割合が正になるのは，ア～エのうちではどれですか。当てはまるものをすべて答えなさい。(　　　)

ア　関数 $y = 2x$ で，x の値が0から4まで増加するとき。

イ　関数 $y = -3x + 4$ で，x の値が1から3まで増加するとき。

ウ　関数 $y = \dfrac{6}{x}$ で，x の値が3から6まで増加するとき。

エ　関数 $y = -x^2$ で，x の値が－3から1まで増加するとき。

②　a の値は，次のように求めることができる。［(1)］には適当な式を書きなさい。また，［(2)］には a の値を求めなさい。ただし，［(2)］は答えを求めるまでの過程も書きなさい。

(1)(　　　)　(2)(　　　)

> 関数 $y = ax^2$ について，
> $x = -2$ のとき，$y = 4a$ である。
> また，$x = 4$ のとき，$y =$ ［(1)］である。
> よって，変化の割合について，
> ［(2)］

③　点Cの座標は(［　　］，0)である。(　　　)

④　点Aから y 軸にひいた垂線と y 軸との交点をHとする。台形OHACを，直線OHを回転の軸として1回転させてできる立体の体積は［(1)］cm^3 であり，表面積は［(2)］cm^2 である。ただし，原点Oから点(1，0)までの距離，原点Oから点(0，1)までの距離をそれぞれ1cmとする。

(1)(　　　)　(2)(　　　)

4 太郎さんは，道路側が斜めに切り取られたような建物を見て，興味をもち調べると，その建物は，周辺の日当たりなどを確保するためのきまりにもとづいて建てられていることがわかった。そのきまりについて，次のように，真横から見た模式図をかいてまとめた。①～④に答えなさい。

〈太郎さんのまとめ１〉

直線 ℓ を平らな地面とみなす。また，２点 O，A は直線 ℓ 上の点で，線分 OA を道路とし，線分 OA の長さを道路の幅とみなす。

きまりⅠ

建物は，道路側に（直線 AB から）はみ出さないようにする。

あわせて建物は，図１で，OA：AB ＝ 4：5 となる直線 OB を越えてはいけない。

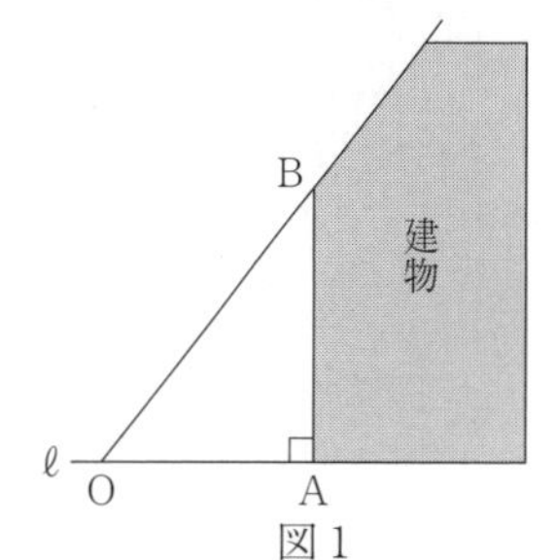

図１

きまりⅡ

建物は，きまりⅠにもとづいて建てなければならない。ただし，道路の幅が12m以上のときは，図２で，直線 OB を越えてもよいが，OC ＝ 1.25 × OA，OC：CD ＝ 2：3 となる直線 OD を越えてはいけない。これは，直線 CD より道路から遠い部分に適用される。

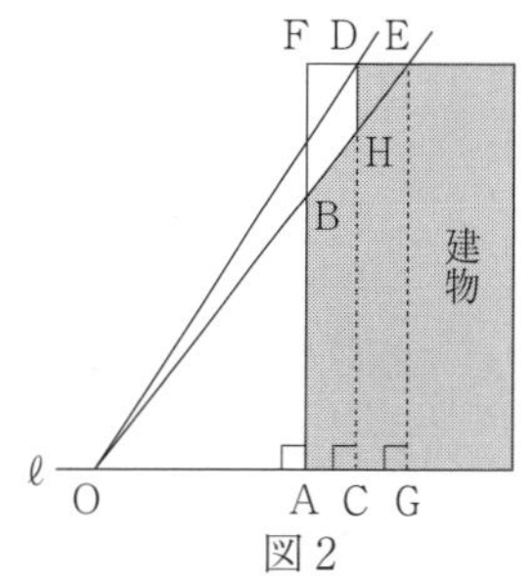

図２

【図１，２の説明】

・色（▭）のついた図形を建物とみなし，点 B は図１と図２の，点 D，E，H は図２の建物とみなす図形の周上の点
・点 C，G は，半直線 OA 上の点
・$\ell \perp$ AB，$\ell \perp$ CD，$\ell \perp$ GE
・点 E は，点 D を通り，直線 ℓ に平行な直線と直線 OB の交点
・点 F は，直線 AB と直線 DE の交点
・点 H は，直線 OE と直線 CD の交点

① 点 A を通り，直線 ℓ に垂直な直線を定規とコンパスを使って作図しなさい。作図に使った線は残しておきなさい。

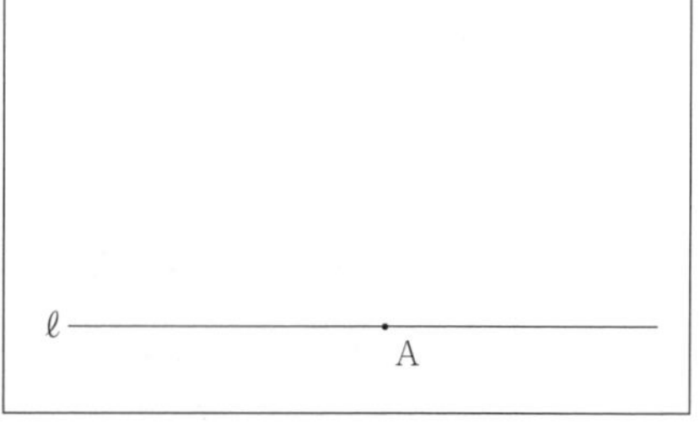

② 図１において，OA ＝ 12m のとき，線分 AB の長さを求めなさい。(　　　m)

③　太郎さんは，道路の幅が12mできまりⅡが適用されたとき，図2をもとに図3を作成し，点C，Dの特徴について考えた。[(1)]，[(2)]には適当な数または式を書きなさい。また，[(3)]には点Eのx座標を求める過程の続きを書き，〈太郎さんのまとめ2〉を完成させなさい。

(1)(　　　)　(2)(　　　)　(3)(　　　)

〈太郎さんのまとめ2〉

図3のように，点Oを原点に，直線ℓをx軸にしたグラフを考える。

直線OBの式を$y=\frac{5}{4}x$とすると，

直線ODの式は$y=$[(1)]である。

OA = 12のとき，OC = 1.25 × OA = 15となるので，点Aのx座標を12とすると，点C，Dのx座標はともに15である。

このとき，点Eのx座標を求める。

点D，Eのy座標はともに[(2)]である。また，

[(3)]

である。よって，線分ACと線分CGの長さが等しいので，AC：CG = 1：1である。

つまり，点Cは線分AGの中点であり，点Dは線分FEの中点である。

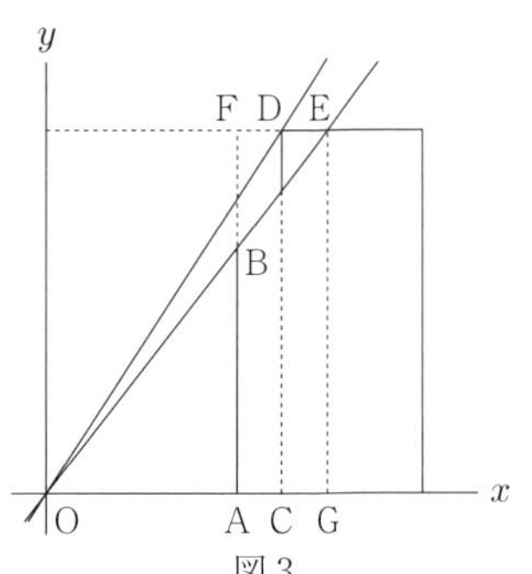

図3

④　太郎さんは，③の図3をもとに図4を作成し，建物Xと道路をはさんで向かいあう建物Yの壁面にできる建物Xの影について考えた。[　　]に適当な数を書き，〈太郎さんのまとめ3〉を完成させなさい。(　　　)

〈太郎さんのまとめ3〉

図4について，点Pは，点Fを通り直線ODに平行な直線とy軸との交点とする。

道路の幅（線分OAの長さ）が12mのとき，きまりⅠ，Ⅱの制限いっぱいに建てられた建物Xの影の部分が，ちょうど道路の幅と同じになるときを考える。南中高度で調べると，春分・秋分の日のころだとわかった。太陽の光線は平行に進むと考えることができるので，直線ODと直線PFを太陽の光線とみなすことにする。

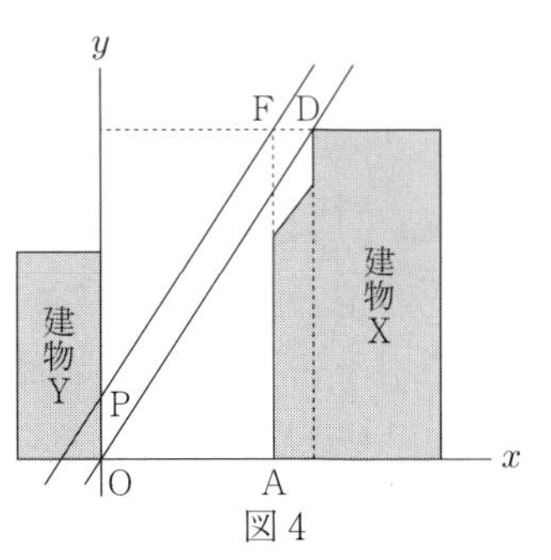

図4

このとき，線分OPはきまりⅠが適用されていない場合に，建物Yの壁面にできる影の部分とみなすことができる。

よって，きまりⅠが適用されていない場合，線分OPの長さが[　　]mであることより，建物Yの壁面にできる影の部分は，この高さまであるとわかる。

きまりによって，建物Yの日当たりがより確保されていることがわかった。

5 次の図のように，∠DABが鋭角の平行四辺形ABCDについて，線分ADを2：1に分ける点をEとする。線分ABの延長線上に，点Aとは異なる点FをAB＝BFとなるようにとり，点Bと点F，点Eと点Fをそれぞれ結ぶ。線分EFと線分BCの交点をG，線分EFと平行四辺形ABCDの対角線BDの交点をHとする。また，点Hから線分ADにひいた垂線と線分ADとの交点をPとする。①，②は指示に従って答えなさい。③は［　　］に適当な数を書きなさい。

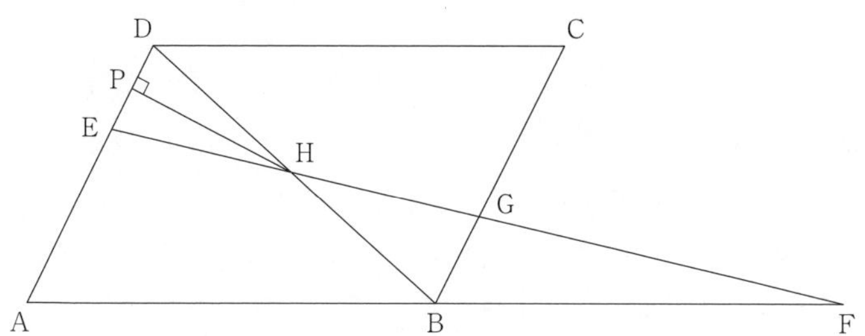

① 四角形が平行四辺形にならない場合があるのは，ア～エのうちではどれですか。一つ答えなさい。(　　　)

ア 1組の向かいあう辺が，長さが等しくて平行であるとき。

イ 2本の対角線が，それぞれの中点で交わるとき。

ウ 2本の対角線が，長さが等しくて垂直に交わるとき。

エ 2組の向かいあう角が，それぞれ等しいとき。

② BG＝EDは，次のように導くことができる。［(1)］には，△AFE∽△BFGの証明の過程を書きなさい。また，［(2)］には適当な数を書きなさい。

(1)［　　　　　　　　　　　　　　］

(2)(　　　)

> △AFEと△BFGにおいて，
>
> ［(1)］
>
> △AFE∽△BFGである。
>
> よって，この結果より，BG＝［(2)］AEとなるので，BG＝EDである。

③ AD＝15cm，DH＝EH，△BFGの面積が$20\sqrt{6}\,\text{cm}^2$のとき，線分HPの長さは［(1)］cmであり，線分ABの長さは［(2)］cmである。(1)(　　　) (2)(　　　)

英語

時間　45分　　　　満点　70点

(編集部注)　放送問題の放送原稿は英語の末尾に掲載しています。
音声の再生についてはもくじをご覧ください。

(注)　1　英語で書くところは，活字体，筆記体のどちらで書いてもかまいません。

2　語数が指定されている設問では，「,」や「.」などの符号は語数に含めません。また，「don't」などの短縮形は，1語とします。

1　この問題は聞き取り検査です。問題A～問題Dに答えなさい。すべての問題で英語は2回ずつ読まれます。途中でメモをとってもかまいません。

問題A　(1)，(2)のそれぞれの英文で説明されている内容として最も適当なのは，ア～エのうちではどれですか。一つ答えなさい。(1)(　　　)　(2)(　　　)

(1)

ア
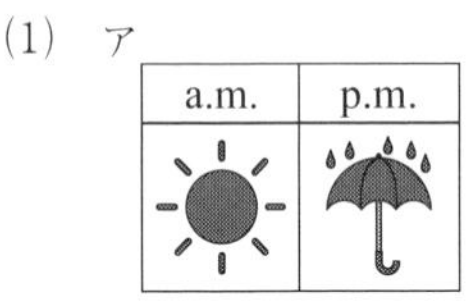

イ
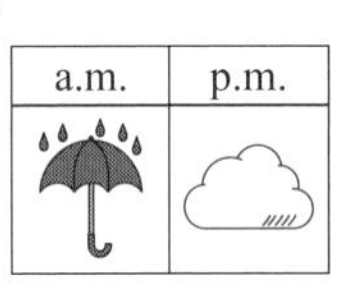

ウ
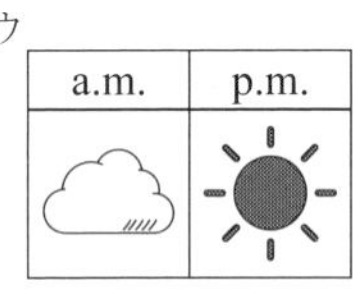

エ

a.m.	p.m.

(2)

ア

日	
月	
火	
水	↑
木	Spain
金	↓
土	

イ

日	
月	↑
火	Spain
水	↓
木	
金	
土	

ウ

日	
月	↑
火	
水	Spain
木	
金	↓
土	

エ

日	
月	
火	↑
水	
木	Spain
金	
土	↓

問題B　留学中のTomokoが，本日の予定について，留学先の先生から英語で説明を受けています。Tomokoは説明を聞きながら，必要な内容を表にまとめています。[(あ)]，[(い)]にそれぞれ英語1語を入れなさい。(あ)(　　　)　(い)(　　　)

[Tomokoがまとめた表]

Places to visit	Things to see
a [(あ)]	some beautiful flowers
an elementary school	a traditional [(い)]

問題C　(1)，(2)のそれぞれの会話についての質問の答えとして最も適当なのは，ア～エのうちでは

どれですか。一つ答えなさい。(1)(　　　) (2)(　　　)

(1) ア He will visit his aunt.　イ He will clean the room.　ウ He will go shopping.
　エ He will eat lunch.

(2) ア She has to change the meeting place.
　イ She cannot draw pictures well.
　ウ She will be late.
　エ She is waiting at the museum.

問題D 中学生のKentaは，授業でカードを見せながらスピーチをしています。そのスピーチを聞いて，(1)，(2)に答えなさい。

(1) 次は，スピーチを聞いたクラスメートが書いたKentaへのメッセージです。[(あ)]～[(う)]にそれぞれ適当な英語1語を入れなさい。(あ)(　　　) (い)(　　　) (う)(　　　)

> Thank you, Kenta. You spoke about your [(あ)] and his restaurant. I like it. He does good things for a lot of people at his restaurant, especially [(い)] people. He thinks good dishes are not enough to make those people happy. It is also important to [(う)] them when they need. I'll try to be kind to them, too.

(2) Kentaがスピーチでクラスメートに見せたカードとして，最も適当なのは，ア～エのうちではどれですか。一つ答えなさい。(　　　)

2　次の英文は，中学生の Taku が，調べたことについて Slide（スライド）1～3 を用いて授業で発表する原稿の一部である。①～④に答えなさい。

Slide 1

Average Sleeping Time of Animals in a Day

animal	average sleeping time in a day
(あ)	15.8h
lion	13.5h
(い)	2.9h
African elephant	2.0h
(う)	1.9h

h：hours

How long do animals usually sleep in a day? Slide 1 shows the answer to this question, about five kinds of animals. Tigers and lions usually sleep for more than half of the day. Giraffes, horses, and African elephants don't sleep for a long time. The sleeping time of giraffes is the shortest of the five.

Slide 2

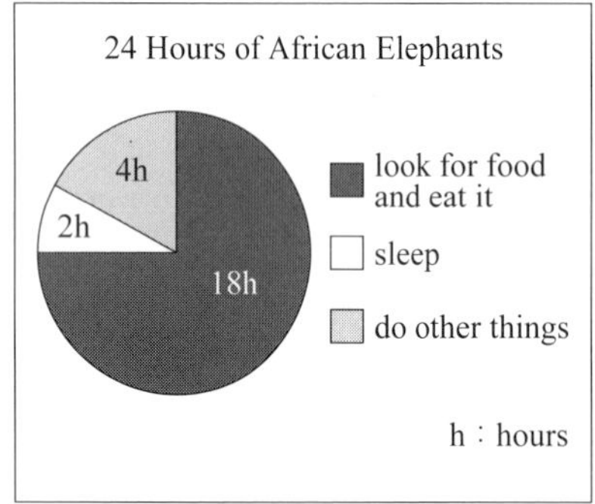

（Slide 1，2 は，University of Washington Web ページなどから作成）

Now you understand that some animals which eat plants sleep for only a few hours each day. Why? Some scientists have found two reasons.

(え), these animals need a lot of time to look for food and eat it. Look at Slide 2. For example, African elephants use about (お) % of the day to do so.

Slide 3

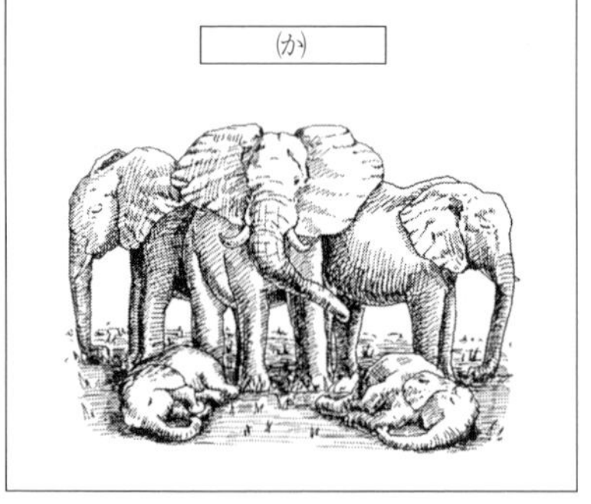

Second, some animals which eat plants need to be awake and careful about dangerous things. Other animals like lions may try to eat them. Look at Slide 3. In this slide, you can see a group of African elephants. One is awake and the other elephants are sleeping. Baby elephants are lying down. Adult elephants stay standing and take turns sleeping.

〔注〕 average　平均の　　African　アフリカの　　giraffe　キリン　　awake　眠らずに
be lying down　横になっている　　adult　成長した　　stay ～　～のままでいる
take turns ～　交替で～する

① (あ) ～ (う) に入る英語の組み合わせとして最も適当なのは，ア～エのうちではどれですか。一つ答えなさい。(　　　)

ア　(あ) tiger　(い) horse　(う) giraffe　　イ　(あ) tiger　(い) giraffe　(う) horse
ウ　(あ) horse　(い) tiger　(う) giraffe　　エ　(あ) giraffe　(い) horse　(う) tiger

② (え) に入れるのに最も適当な英語1語を書きなさい。(　　　)

③ (お) に入れるのに最も適当なのは，ア～エのうちではどれですか。一つ答えなさい。

(　　　)

ア 6　イ 18　ウ 25　エ 75

④ Slide 3の標題として，(か) に入れるのに最も適当なのは，ア～エのうちではどれですか。一つ答えなさい。(　　　)

ア African Elephants and Their Friends, Lions

イ Sleeping Styles of African Elephants in a Group

ウ Sleeping Places African Elephants Love

エ Good Food and Rest for African Elephants in a Group

3　調理部員の Mako，Yuta，Kumi は，どら焼きを作り，アメリカ出身の ALT（外国語指導助手）の Green 先生に食べてもらうことにした。会話の内容に合うように，書き出しに続けて，［①］，［②］にそれぞれ 4 語以上の英語を書き，どら焼きと一緒に渡すメッセージカードの英文を完成させなさい。ただし，どら焼きは（*Dorayaki*）と書くこと。

①(　　　　　　　　　　　　　　　　　　　　　　　　　　　　　　　　　　　　　　　)

②(　　　　　　　　　　　　　　　　　　　　　　　　　　　　　　　　　　　　　　　)

日本語でどら焼きと呼ばれていることを教えてあげようよ。

[Mako]

Green 先生の好きなアメリカの食べ物を知りたいなあ。

[Yuta]

その作り方も教えてほしいね。

[Kumi]

メッセージカード

Dear Mr. Green,
This is for you.
We ［①］ Japanese.
What is your favorite American food?
We want to ［②］ it.
Mako, Yuta, Kumi

どら焼き

4 高校生による国際会議で，Akikoが司会をして，各国代表のKevin，Cathy，Benが，プラスチックゴミ（plastic waste）について話し合い（discussion）をした。次の英文は，話し合いの一部と，それを聞いてSatomiが書いたメモと感想である。①～⑥に答えなさい。

■ 話し合い

Kevin：In Indonesia, there was a man who made a great machine. It burns plastic waste and produces energy. A few years ago, he (あ) go on a trip by motorbike with that machine. While he was traveling, he collected plastic waste on the streets to get energy for his motorbike. In this way, he traveled about 1,200 kilometers. He said he was going to try that machine on a bus the next year. Today the same kinds of machines are used by other people.

Akiko：That's interesting! Plastic waste is used in a good way, but we should not have more waste. What can we do about that?

Cathy：I know a good example from our country. In Australia, some coffee shops (い) (to / and use / their customers / ask / bring) their own cups. If the customers do so, their coffee will be cheaper. A lot of customers like this idea, and my mother is one of them. Every morning, she visits her favorite coffee shop with her own cup before she goes to her office.

Akiko：Good idea. People usually use plastic cups only once and throw them away. It is a problem. We must stop doing that.

Ben：［　(う)　］. Most of the plastic waste doesn't biodegrade easily, and it may remain on the earth for many years. We are worried about that, so a company in our country has made "water balls." Look at this picture. The water is in balls which are made from plants. People put the water balls in their mouths, bite the balls, and drink the water. After that, they can eat the balls. Last year, I joined a marathon race held in London as a volunteer and gave the runners water balls. The runners didn't have to hold the cups and throw them away. Then we didn't have to worry about cleaning the streets so much. The balls were ［ (え) ］ by the runners after they finished drinking the water.

[water ball]

Akiko：That's nice. I hope that people will use those balls in more races around the world. Thank you for your good ideas, everyone. The efforts in all these countries are useful to protect our earth.

■ Satomiのメモ

(お)

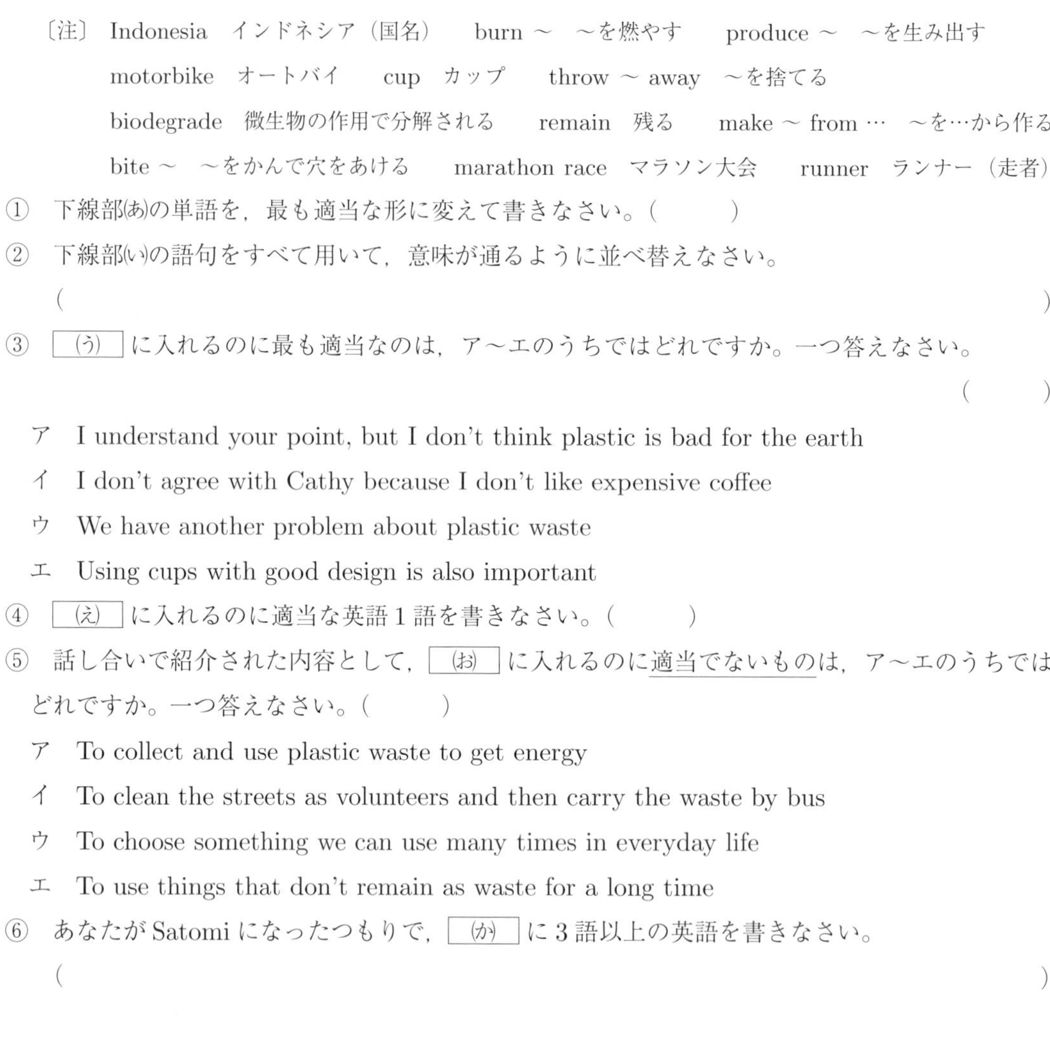

■　Satomi の感想

> Plastic waste is a problem all over the world. The three countries in the discussion have already [(か)]. These efforts are important for our earth.

〔注〕 Indonesia　インドネシア（国名）　burn ～　～を燃やす　produce ～　～を生み出す
motorbike　オートバイ　cup　カップ　throw ～ away　～を捨てる
biodegrade　微生物の作用で分解される　remain　残る　make ～ from …　～を…から作る
bite ～　～をかんで穴をあける　marathon race　マラソン大会　runner　ランナー（走者）

① 下線部(あ)の単語を，最も適当な形に変えて書きなさい。(　　　)

② 下線部(い)の語句をすべて用いて，意味が通るように並べ替えなさい。
(　　　　　　　　　　　　　　　　　　　　　　　　　　　　　　　)

③ [(う)] に入れるのに最も適当なのは，ア～エのうちではどれですか。一つ答えなさい。
(　　　)

ア　I understand your point, but I don't think plastic is bad for the earth

イ　I don't agree with Cathy because I don't like expensive coffee

ウ　We have another problem about plastic waste

エ　Using cups with good design is also important

④ [(え)] に入れるのに適当な英語１語を書きなさい。(　　　)

⑤ 話し合いで紹介された内容として，[(お)] に入れるのに適当でないものは，ア～エのうちではどれですか。一つ答えなさい。(　　　)

ア　To collect and use plastic waste to get energy

イ　To clean the streets as volunteers and then carry the waste by bus

ウ　To choose something we can use many times in everyday life

エ　To use things that don't remain as waste for a long time

⑥ あなたが Satomi になったつもりで，[(か)] に３語以上の英語を書きなさい。
(　　　　　　　　　　　　　　　　　　　　　　　　　　　　　　　)

5 次の英文を読んで，①～⑥に答えなさい。

Do you often use your smartphone when you don't have anything to do? When you ride a train in Japan, you find that many people are using their smartphones. In the past, however, Japanese people often read books when they had time. When Perry came to Japan from America in the Edo period, he was [(あ)] to find that so many Japanese people were interested in reading books. Later, in his book, he said that Japanese people enjoyed learning from books and that was amazing.

Today, there are some Japanese people who don't often use libraries, so some libraries are trying to start (い) new things. For example, some libraries have volunteers who visit people's houses with books for them. This is good for people who live a long distance from the library and cannot go there easily. Some libraries feature books no one has borrowed yet. Some people want to read those books. In other libraries, music is played softly, so many people feel good while they are reading books or studying there.

There is another interesting event, "Human Library." It is held in several places, like libraries and schools, or even outside. Usually, when you visit a library, you borrow books and read them, but in this event, you borrow humans. You can choose a person, sit together, and listen to ideas and experiences from the person. You can also ask the person some questions. In this special "library," you have one important thing to remember. You must respect the person. When you borrow books, you treat them carefully. Just like (う) that, you must treat the humans well.

Human Library is becoming popular around the world. Now, this event is held in over ninety countries. (え) Why is it popular? Some people think that this event gives them a chance to tell other people about their ideas and experiences, so they want to be "books" in Human Library. Other people think that learning new things from listening to someone's story is very interesting. People have different reasons to enjoy Human Library, but they all can enjoy communication in this event.

Some people may think that listening to someone's story in Human Library is better than reading books borrowed from libraries. However, there is not much difference between them. Why? Writers often record their ideas and experiences and share them with the readers, both now and in the future. Readers often learn what the writers are thinking and what is important in the writers' lives. When they have questions while they are reading, they usually continue reading and try to find the answers. When you think about these things, you can find that [(お)] as listening to someone's story. Which do you want to choose for communication?

〔注〕 smartphone スマートフォン　past 過去　Perry ペリー（人名）　Edo 江戸
feature ～ ～を特集する　no one ～ だれも～ない　softly 静かに　human 人間
treat ～ ～を扱う　record ～ ～を記録する　reader 読者

① [(あ)] に入れるのに最も適当なのは，ア～エのうちではどれですか。一つ答えなさい。(　　　)

ア　worried　　イ　surprised　　ウ　angry　　エ　sad

② 下線部(い)について，紹介されている内容として，当てはまらないものは，ア～エのうちではどれですか。一つ答えなさい。(　　　)

ア　スマートフォンでの蔵書検索　　イ　ボランティアが本を配達すること

ウ　貸し出されたことがない本の特集　　エ　館内で静かな音楽を流すこと

③ 下線部(う)の具体的内容を説明する次の文の (1) ， (2) にそれぞれ適当な日本語を入れなさい。

(1)(　　　　　　　　　　　　　　　　　　)

(2)(　　　　　　　　　　　　　　　　　　)

人々が (1) とき，それらを (2) こと。

④ 下線部(え)について，次の □ に適当な英語1語を入れて，本文で挙げられている最初の理由を説明する英文を完成させなさい。(　　　)

Some people want to share their ideas and experiences with others by □ to them in Human Library.

⑤ 文脈に合うように， (お) に5語以上の英語を書きなさい。

(　　　　　　　　　　　　　　　　　　)

⑥ 本文の内容と合っているのは，ア～オのうちではどれですか。当てはまるものをすべて答えなさい。(　　　)

ア　Perry's book said that Japanese people had fun when they read books.

イ　Human Library started in America and then came to Japan in the Edo period.

ウ　People have Human Library only in high schools.

エ　People must not ask any questions in Human Library.

オ　Human Library is held in more than ninety countries.

〈放送原稿〉

2020年度岡山県公立高等学校一般入学者選抜入学試験英語の聞き取り検査を行います。

問題A　英文が2回読まれるのを聞いて，問題用紙の指示に従って答えなさい。

(1)　Today it will be sunny in the morning. Then it will be cloudy in the afternoon.

（繰り返す）

(2)　It's Wednesday today. I came to Spain two days ago. I'm going to stay in this country until Friday.

（繰り返す）

問題B　英文が2回読まれるのを聞いて，問題用紙の指示に従って答えなさい。

Today, we will go to a garden to see some beautiful flowers. After that, we will visit an elementary school. Some children will show us a traditional dance at the school. It will be exciting.

（繰り返す）

問題C　会話と質問が2回読まれるのを聞いて，問題用紙の指示に従って答えなさい。

(1)　A：　Aunt Emily will visit us this evening, John.

B：　I see, Mom. What should I do?

A：　Please clean this room after lunch. I'll go shopping for dinner.

B：　OK. I will.

Question：What will John do after lunch?

（(1)を繰り返す）

(2)　A：　Hello, Jim? This is Becky speaking.

B：　Hi. I'm at the museum now. We will meet here at three, right?

A：　I'm sorry. I'm coming, but I will get there at about three ten.

B：　OK. Thank you for calling. See you soon.

Question：What is Becky's problem?

（(2)を繰り返す）

問題D　英文が2回読まれるのを聞いて，問題用紙の指示に従って答えなさい。

My brother works at a restaurant. It is popular, especially among people from other countries. Those people often have something they cannot eat. Which dishes can they eat? To know that, they sometimes need help. Then how does my brother help them? He uses cards. Look at this. It's one of the cards from his restaurant. You can see a picture on it. When my brother wants to say beef is used in a dish, he shows this card, and the people can understand it easily. In his restaurant, these kinds of cards are used for communication. I believe more people will come to Japan in the future. Like my brother, I want to be nice to them.

（繰り返す）

これで聞き取り検査を終わります。

社会

時間　45分　　　　満点　70点

1　奈良県に暮らす真一さんは，家族旅行で近隣の府県を訪れたことをきっかけに近畿地方に関心をもち，地域的特色を調べた。①～④に答えなさい。

① 右の図1は，真一さんが作成した近畿地方の略地図である。図1について述べた文として，内容が適当でないのは，ア～エのうちではどれですか。一つ答えなさい。(　　　)

ア　A県とB県のどちらも，県名と県庁所在地の都市名が異なる。

イ　地点Cにある大仙古墳は，我が国最大の古墳である。

ウ　Dの範囲には，リアス海岸がみられる。

エ　地点Eでは，季節風の影響により，夏に比べて冬の降水量が多い。

図1

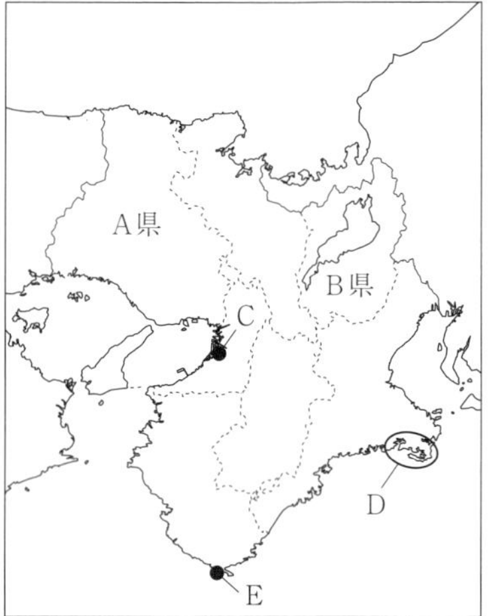

② 旅行先で見かけた外国人の多さに関心をもった真一さんは，右の資料1を見つけた。図2は，資料1をもとに，あとの計算の方法と表記の方法にしたがって，外国人宿泊者数の増加率を表そうと作成中の主題図である。X県を塗るのは，ア～エのうちではどれですか。一つ答えなさい。(　　　)

ア ■　　イ ▒　　ウ ▨　　エ □

資料1　外国人宿泊者数(千人)

府県	2013年	2018年
三重	131	341
滋賀	132	413
京都	2 626	6 268
大阪	4 315	15 124
兵庫	507	1 260
奈良	165	439
和歌山	187	584
日本全体	33 496	94 275

(注)　宿泊者数は延べ人数である。

(観光庁 Web ページから作成)

図2　外国人宿泊者数の増加率
(2013－2018年)

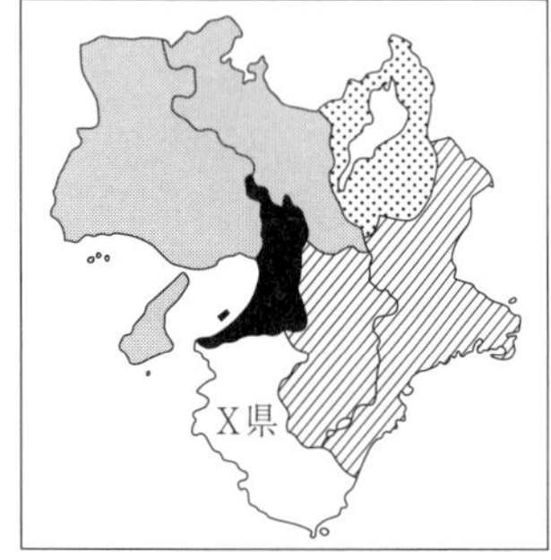

計算の方法

例えば，日本全体の増加率は，
$\frac{94275}{33496}-1=1.814\cdots$
よって，181%となる。

表記の方法

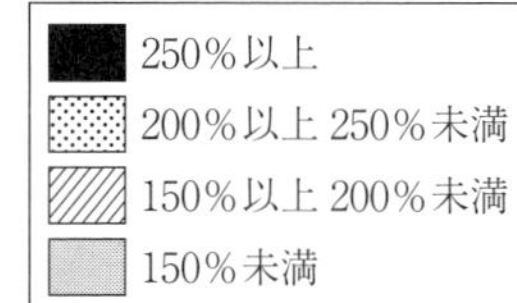

③ 真一さんは，奈良県と近畿地方の他府県とを比べて，資料2と資料3を作成した。二つの資料のア～エは，滋賀県，京都府，奈良県，和歌山県のいずれかである。奈良県に当てはまるのは，ア～エのうちのどれですか。一つ答えなさい。なお，資料2，資料3のア～エは，それぞれ同じ府県を示している。(　　　)

資料２　近畿地方４府県の各種統計

府県	人口（万人）	人口密度（人／㎢）	農業産出額（億円）	漁業生産量（万トン）
ア	96.4	203.9	1 011	2.7
イ	261.0	566.0	719	1.2
ウ	136.4	369.6	408	0.002
エ	141.3	351.7	586	0.1

（注）　統計年次は 2015 年。

（「データでみる県勢 2018」などから作成）

資料３　国宝の指定件数
（2019 年）

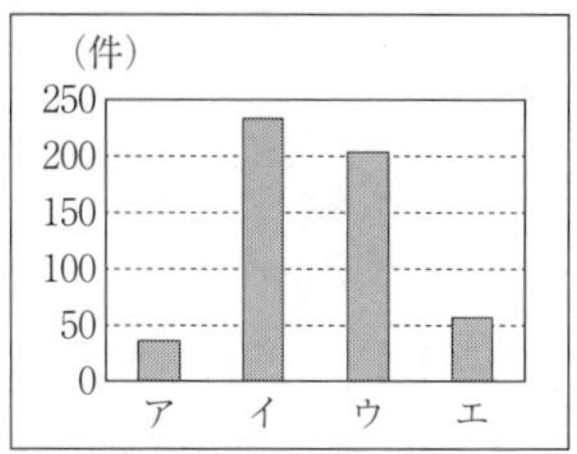

（文化庁 Web ページから作成）

④　次は，真一さんが作成した，阪神工業地帯と他の二つの工業地帯における製造品出荷額等とその構成のグラフである。(1)，(2)に答えなさい。

グラフ

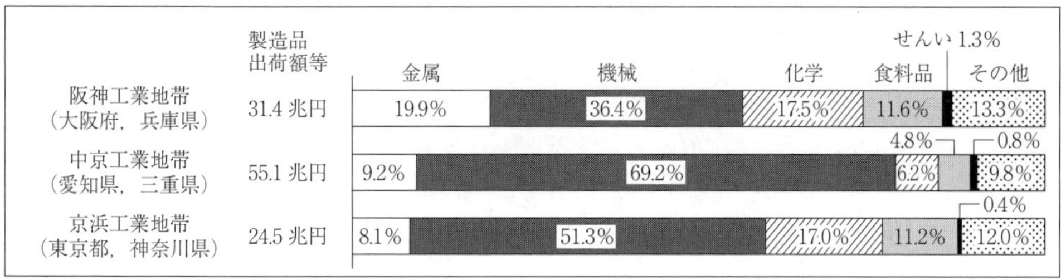

（注）　統計年次は 2016 年。

（経済産業省　平成 29 年「工業統計」から作成）

(1)　グラフから読み取れる内容を述べた次のＸとＹの文について，内容の正誤を表したものとして最も適当なのは，ア～エのうちではどれですか。一つ答えなさい。（　　　）

Ｘ　食料品の製造品出荷額等は，グラフ中の三つの工業地帯の中で，阪神工業地帯が最も額が大きい。

Ｙ　グラフ中の三つの工業地帯すべてで，製造品出荷額等に占（し）める重化学工業の割合は，製造品出荷額等に占める軽工業の割合より大きい。

ア　Ｘ，Ｙのどちらも正しい。　　イ　Ｘのみ正しい。　　ウ　Ｙのみ正しい。

エ　Ｘ，Ｙのどちらも誤っている。

(2)　日本の工業に関して真一さんがまとめた次の文の［　　］に当てはまる適当な内容を，「工場」「製品」という二つのことばを用いて書きなさい。

（　　　　　　　　　　　　　　　　　　　　　　　　　　　　　　　　　）

> 日本の工業は，グラフで取り上げた工業地帯を中心として，主に加工貿易を通して発展してきました。しかし，1980 年代以降の，他国との貿易上の対立や円高の急激な進行，不況の長期化などに対応するため，［　　　　　］ようになった企業が増えました。こうして，産業の空洞化が進むことになりました。

2　中学生の夏子さんは，社会科の授業のまとめとして食品廃棄の問題について調べて，レポートを作成することにした。次は，夏子さんのレポートの構想メモの一部である。①～⑤に答えなさい。

食品廃棄を減らすために

○テーマ設定の理由

(a)発展途上国では，飢餓で苦しむ人がいるのに，日本では大量に食品が廃棄されていると知り，自分に何かできることがないか，考えたいと思ったから。

○日本の食品廃棄

・食品廃棄物等が1年間で2,759万トン出ている（2016年）。

・日本は，多くの食料を輸入しており，輸送によって(b)環境に負荷をかけている。運んできた食料の中には，消費しきれず無駄になっているものもあると考えられる。

○日本の食品ロス

・食品ロスとは，まだ食べられるのに捨てられてしまう食品のこと。

・食品廃棄物等2,759万トンのうち，食品ロスは643万トン（2016年）。毎日，国民一人当たりお茶碗（わん）一杯分の食品ロスが発生している。

・スーパーマーケットやコンビニエンスストアでは(c)売れ残りなど，飲食店や一般家庭では調理のくずや食べ残しなどが，食品ロス発生の原因となっている。

○気づいたこと・考えたこと

・日本と他の先進国では，(d)食料自給や食品廃棄物発生の状況にどのような違いがあるだろう。

①　下線部(a)に関して，発展途上国の中には，工業化が進んだ国や産油国など，豊かになった国がある一方で，経済発展から取り残されて貧困から抜け出せない国がある。このような発展途上国間の経済格差の問題を何といいますか。(　　　　問題)

②　下線部(b)に関して，夏子さんは，輸送による二酸化炭素の排出に着目した。二酸化炭素排出量増加の原因として，大量消費が問題と考えられている石油や石炭，天然ガスなどの燃料を総称して何といいますか。(　　　　燃料)

③　下線部(c)について，夏子さんは，需要と供給の量と価格との関係を示すグラフを用いて説明することにした。夏子さんが作成した右のグラフで，需要曲線を表すのはA，Bのどちらですか。また，売れ残りが生じる価格を表すのはC，Dのどちらですか。それぞれ一つずつ答えなさい。

需要曲線(　　　)　価格(　　　)

グラフ

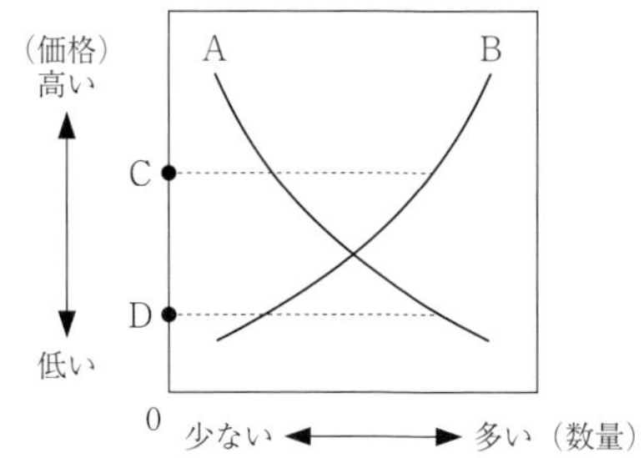

④　下線部(d)に関して，夏子さんは，次の資料1と資料2を作成した。二つの資料から読み取れる内容として最も適当なのは，ア～エのうちではどれですか。一つ答えなさい。(　　　)

資料１　各国の農産物自給率

国名	穀類(%)	肉類(%)
日本	24	51
ドイツ	113	114
イギリス	87	69
アメリカ	126	116
韓国	22	72

(注)　統計年次は2013年。

(「世界国勢図会 2018/19」から作成)

資料２　一人当たりの年間食品廃棄物発生量

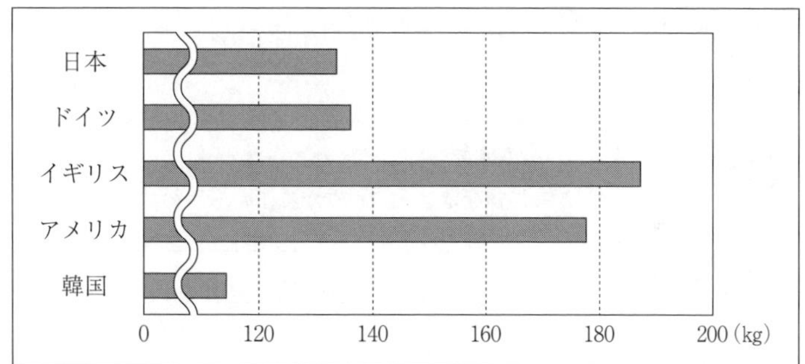

(注)　波線は，省略部分があることを示している。
各国の数値は各種統計・調査等の推計。2011～2015年のいずれかの年に公表の資料による。

(農林水産省　平成28年「海外における食品廃棄物等の発生及び再生利用等の状況」から作成)

ア　肉類の自給率が最も高いのはアメリカであり，一人当たりの年間食品廃棄物発生量も最も多い。

イ　穀類の自給率では，日本はイギリスの半分以下であり，一人当たりの年間食品廃棄物発生量でも，日本はイギリスの半分以下である。

ウ　ドイツは，イギリスと韓国と比べて，穀類と肉類の自給率がどちらも高いが，一人当たりの年間食品廃棄物発生量は両国よりも少ない。

エ　穀類，肉類の自給率がどちらも日本より高い国は，一人当たりの年間食品廃棄物発生量も日本より多い。

⑤　次は，構想メモをもとにレポートを作成した夏子さんがまとめとして書いた文章の一部である。あなたが夏子さんになったつもりで，［　　　］に共通して当てはまる適当な内容を書きなさい。

(　　　　　　　　　　　　　　　　　)

> 賞味期限は，食品をおいしく食べられる期限を表しており，期限を過ぎればすぐに食べられなくなるということではありません。そこで，小売店の中には，売れ残りになりそうな，［　　　］を商品棚の手前に置いて取りやすくしたり，値引きをしたりしているところがあります。一方で，賞味期限を気にする傾向にある消費者への配慮から，そうした商品を，早めに店頭から回収してしまう小売店もあり，食品ロスの増加につながっていると考えられます。
>
> こうしたことから，私は今後，買い物の際には［　　　］を積極的に買い，使い切るようにに心がけたいです。

3　社会科の授業で，班ごとにテーマを設定して主題学習を行うことになった。光司さんの班は元号（年号）をテーマに選び，班員それぞれが疑問点や気付いたことを出し合って調査を進めた。①～④に答えなさい。

光司さん

(a)我が国で初めての元号とされる「大化」が定められたころの社会は，どのような様子だったのでしょうか。

(b)元号が改まる理由には，どのようなものがあるのでしょうか。

敬子さん

真弓さん

承久(じょうきゅう)の乱の「承久」のように，中世と近世には，(c)元号がつけられたできごとが多くみられます。

(d)新しい元号である「令和」と昔の元号との共通点，相違点は何でしょうか。

勇輝さん

① 学習を進めた光司さんは，下線部(a)の様子を次のように説明した。［　　］に当てはまる国名（王朝名）を書きなさい。(　　　)

「大化」が定められたとされるころ，中大兄皇子(なかのおおえのおうじ)を中心に政治改革が進められました。これは，大陸で隋(ずい)にかわって成立した［　　］が周辺の国を攻撃するなどし，緊張が高まった東アジアの国際情勢に対応するためでした。

② 敬子さんは，下線部(b)について調べたことを表にまとめた。次は，その表の一部である。表の下線の天皇について述べた文として，内容が適当でないのは，ア～エのうちではどれですか。一つ答えなさい。(　　　)

表

元号が改まる主な理由	例	新しい元号
新しい天皇が即位した。	光仁(こうにん)天皇にかわり桓武(かんむ)天皇が即位した。	延暦(えんりゃく)
縁起のよいできごとがあった。	珍しい亀が聖武(しょうむ)天皇に献上された。	天平(てんぴょう)

ア　朝廷の支配を広げるため，東北地方へと軍を送った。

イ　地方政治の立て直しのため，国司に対する監督を強めた。

ウ　都を平安京へと移し，新しく政治の拠点とした。

エ　天皇の位を幼少の皇子にゆずり，院政を行った。

③ 真弓さんは，下線部(c)について調べた。(1)，(2)に答えなさい。

(1) 真弓さんが見つけた右の資料は，「文永」の元号のときにおこった「文永の役」で戦う御家人の姿を描いたものである。鎌倉幕府における将軍（幕府）と御家人の主従関係

資料

について，解答らんの書き出しに続けて説明しなさい。

（将軍（幕府）は　　　　　　　　　　　　　　　　　　　　　　　　　）

(2) 真弓さんが調べた次のア～エのできごとを，年代の古いものから順に並ぶように記号で答えなさい。（　→　→　→　）

ア　幕府の政策に反対する武士らが弾圧された安政の大獄がおこった。

イ　後醍醐（ごだいご）天皇が，天皇を中心とした政治を目指した建武の新政を始めた。

ウ　松平定信（まつだいらさだのぶ）が，幕府政治を立て直すため，寛政の改革を始めた。

エ　将軍のあとつぎ問題に守護大名の対立が結びつき，応仁（おうにん）の乱が始まった。

④　下線部(d)について調べた勇輝さんは，元号に使われた漢字に注目して，次のようなメモをつくった。メモの［(X)］，［(Y)］に当てはまることばの組み合わせとして最も適当なのは，ア～エのうちではどれですか。一つ答えなさい。（　　）

〈調べてわかったこと〉

○共通点：「令和」の「和」という漢字が我が国の元号に使われるのは20回目。他には「永」「天」「元」「治」などが繰り返し使われてきた。

○相違点：「令和」の「令」という漢字は，我が国の元号に初めて使われた。

〈感想〉

同じ漢字が繰り返し使われていることに驚いた。例えば，「天」の場合，［(X)］がローマ教皇のもとに少年使節を送ったときの「天正」や，水野忠邦（みずのただくに）が改革を行ったときの「天保（てんぽう）」など，授業で学んだ元号もある。

「令和」の出典となった『万葉集』は［(Y)］であるが，我が国の書籍が元号の出典になったのは初めてだそうだ。

今回調べた元号の他に，授業で学習した時代区分や西暦などについても，次は調べてみたい。

ア　(X)：キリシタン大名　(Y)：奈良時代にまとめられた歌集

イ　(X)：キリシタン大名　(Y)：平安時代に書かれた随筆

ウ　(X)：江戸幕府　(Y)：奈良時代にまとめられた歌集

エ　(X)：江戸幕府　(Y)：平安時代に書かれた随筆

4　次の図1，図2は，世界の一部地域を表した略地図である。①～④に答えなさい。なお，略地図中の経線と緯線はいずれも20度間隔であり，海上部のみ描かれている。

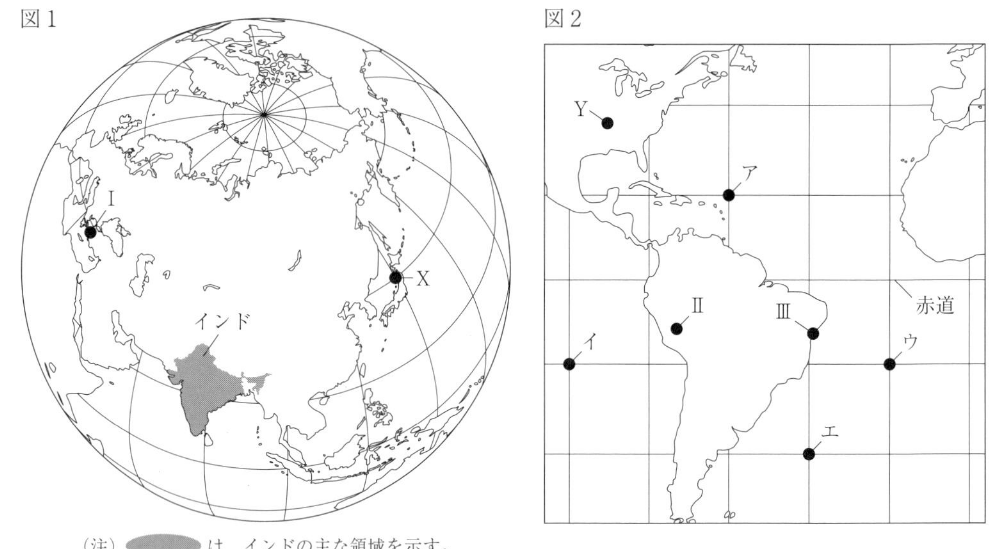

(注) ▬ は，インドの主な領域を示す。

① 図1の地点Xに対する地球の中心を通った反対側の地点として最も適当なのは，図2の地点ア～エのうちではどれですか。一つ答えなさい。(　　　)

② 東京で開催されるオリンピックの開会式は，日本の標準時で7月24日の午後8時から始まる。図2の都市Y（西経90度）にいる人が，開会式を衛星中継による生放送で見る場合，式の開始を見る現地の日時として最も適当なのは，ア～エのうちではどれですか。一つ答えなさい。ただし，サマータイムは考えないものとする。(　　　)

ア　7月23日午前5時　　イ　7月23日午後5時　　ウ　7月24日午前5時
エ　7月24日午後5時

③ 次のグラフのア～エは，図1，図2の地点Ⅰ～Ⅲと東京の月別平均気温を表したものである。また，表は，それぞれの地点の標高を表している。Ⅱに当てはまる気温のグラフは，ア～エのうちのどれですか。一つ答えなさい。(　　　)

グラフ

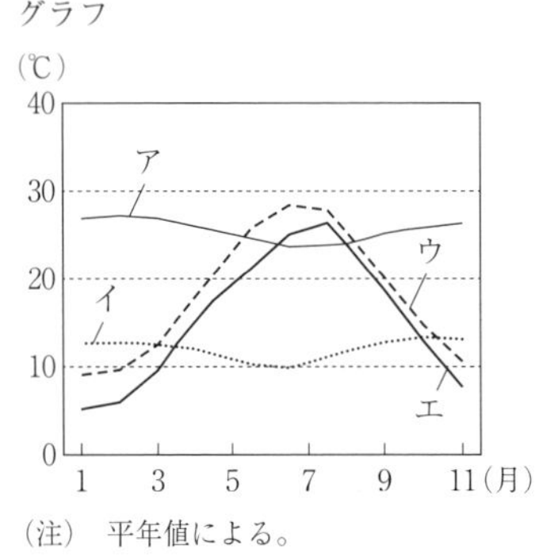

(注)　平年値による。

表

地点	標高（m）
東京	25
Ⅰ	25
Ⅱ	3 248
Ⅲ	52

（グラフ及び表は気象庁 Web ページから作成）

④ 図1のインドについて，(1)，(2)に答えなさい。

(1) インドで，最も多くの人に信仰されている宗教名を書きなさい。(　　　)

⑵ 次の図3は，インド，ロシア，南アフリカ共和国，カナダ，日本について，AとBの期間における出生率と死亡率のそれぞれの平均の数値を示しており，Aの期間は1975～1980年，Bの期間は2010～2015年である。〈情報〉は，図3の内容について述べたものである。図3で，インドに当てはまるのは，ア～エのうちではどれですか。一つ答えなさい。(　　　)

図3

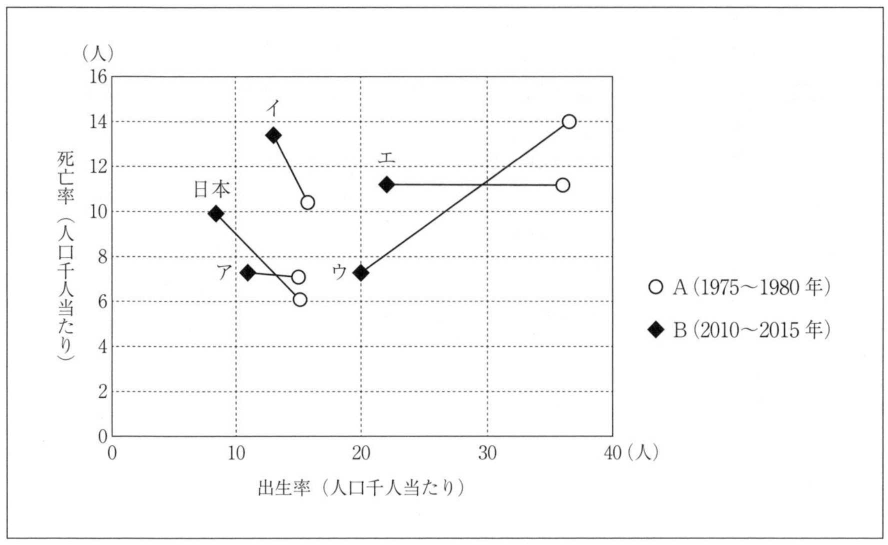

(注) 日本の1975～1980年の出生率は15.1（人），死亡率は6.1（人）である。

（総務省統計局「世界の統計2019」から作成）

〈情報〉

・Aの期間と比べてBの期間の死亡率が高いのは，日本，ロシア，カナダである。
・Bの期間において，5か国の中で，出生率が最も高いのは南アフリカ共和国であり，死亡率が最も高いのはロシアである。

5 中学生の健次さんは，博物館で開催されていた「貨幣と我が国の近代化」展に行き，学んだことを授業で発表するためにスライドA～スライドCを作成した。①～⑧に答えなさい。

スライドA

貨幣とは

○商品などと交換できる価値があり，社会に流通しているもの。通貨ともいう。一般には，(a)紙幣や硬貨などが用いられる。

○我が国の紙幣は，正式には日本銀行券といい，国立印刷局で製造されている。日本銀行に納入されたのち，金融機関を通して，(b)世の中に出回る。硬貨は，国の造幣局で製造されている。

○紙幣には(c)我が国の歴史上の人物，硬貨には産業，文化などを表すデザインがそれぞれ盛り込まれている。

スライドB

貨幣に関するおもなできごと

年	できごと
1871（明治4）	(d)通貨の単位に「円」が正式に採用された。
1882（明治15）	日本銀行が設立された。
1930（昭和5）	アメリカで始まった(e)世界恐慌(こう)の影響が深刻になった。
1944（昭和19）	(f)第二次世界大戦中，極めて小額の紙幣が発行された。
1984（昭和59）	福沢諭吉の肖像が入った一万円札が発行された。

スライドC

津田梅子　～我が国最初の女子留学生～

○2024年度に発行予定の新五千円札の肖像に選定された。

○1864年に江戸で生まれた。

○明治政府の留学生としてアメリカに渡った。帰国し，英語教師をつとめた後，再度留学した。(g)我が国の女性の地位向上のために女子教育の充実が必要と考え，学校を設立するなどした。

① 現在，我が国で下線部(a)を発行しているのは日本銀行である。日本銀行のように紙幣を発行したり，政府の預金を管理したりする特別な銀行のことを何といいますか。(　　　)

② 下線部(b)に関して，企業などが資金を調達する際，直接金融とよばれる方法をとることがある。この直接金融について，解答用紙の書き出しに続けて，「発行」ということばを用いて説明しなさい。

(企業などが　　　　　　　　　　　　　　　　)

③ 下線部(c)に関して，健次さんは千円札の肖像に注目し，これまでに肖像となった人物と，2024年度に発行予定の新千円札の肖像に選定された北里柴三郎(きたさとしばさぶろう)の業績を調べた。健次さんが調べた四人について述べたア～エを，年代の古いものから順に並べたとき，三番目となるのはどれですか。一つ答えなさい。(　　　)

ア　夏目漱石(なつめそうせき)は，ポーツマス条約が結ばれた年に，『吾輩(わがはい)は猫である』を発表した。

イ　野口英世(のぐちひでよ)は，国際連盟が設立された年に，ノーベル賞候補となった。

ウ　北里柴三郎は，日清(しん)戦争がおこった年に，ペスト菌を発見した。

エ　伊藤博文(いとうひろぶみ)は，内閣制度が創設された年に，初代内閣総理大臣に就任した。

④　下線部(d)に関して，健次さんは貨幣制度が整えられた背景について次のようにまとめた。□に当てはまる適当なことばを漢字四字で書きなさい。□□□□

明治政府は，欧米諸国に対抗する近代国家の建設を目指し，□を目標として，殖産興業政策や徴兵令の制定などを進めました。この動きの中で，貨幣制度や銀行制度なども整えられました。

⑤　下線部(e)に対する各国の対策やその後の動きとして<u>適当でない</u>のは，ア～エのうちではどれですか。一つ答えなさい。(　　　)

ア　アメリカでは，ニューディール政策のもと，大規模な公共事業が行われた。

イ　ドイツでは，ファシスト党が政権を握り，独裁体制が築かれた。

ウ　ソ連では，計画経済のもと，工業化と農業の集団化が進められた。

エ　イギリスでは，外国の商品に対して高い関税をかけるブロック経済が行われた。

⑥　下線部(f)に関して，博物館には，次のような解説があった。□に当てはまる適当な内容を，「不足」ということばを用いて書きなさい。(　　　　　　　　　　　　　　　　　　)

> 戦争中には，鍋や釜，さらに鉄くずや寺の鐘などまで回収されることがありました。こうしたことが行われたのは，□からです。このような状況の中，硬貨の製造も困難になり，「五銭」や「十銭」といった小額の紙幣が発行されることになりました。

(注)　一銭は，一円の百分の一に当たる。

⑦　下線部(g)について述べた次のXとYの文について，内容の正誤を表したものとして最も適当なのは，ア～エのうちではどれですか。一つ答えなさい。(　　　)

X　樋口一葉(ひぐちいちよう)は，女性差別の解消を目指して青鞜(とう)社を結成した。

Y　第二次世界大戦後最初の衆議院議員総選挙で，我が国で初めて女性国会議員が誕生した。

ア　X，Yのどちらも正しい。　　イ　Xのみ正しい。　　ウ　Yのみ正しい。

エ　X，Yのどちらも誤っている。

⑧　健次さんは，我が国の貨幣がこれからどうなっていくのかということに関心をもち，資料を収集して，発表のまとめを作成しているあとの資料と健次さんのまとめの□に共通して当てはまることばを書きなさい。(　　　)

> 店舗で利用したことのある支払い方法は，□カードが，現金に次いで多くなっています。この支払い方法では，商品代金は後払いであり，手元に現金がなくても商品を購入することができるので，計画的に利用する必要があります。
>
> □カードや電子マネーなどの利用が増えていくと，将来は，紙幣や硬貨などの現金が使われる機会は減っていき，経済のしくみにも大きな影響をあたえるのではないでしょうか。

資料　この1年間に店舗で利用したことがある支払い方法

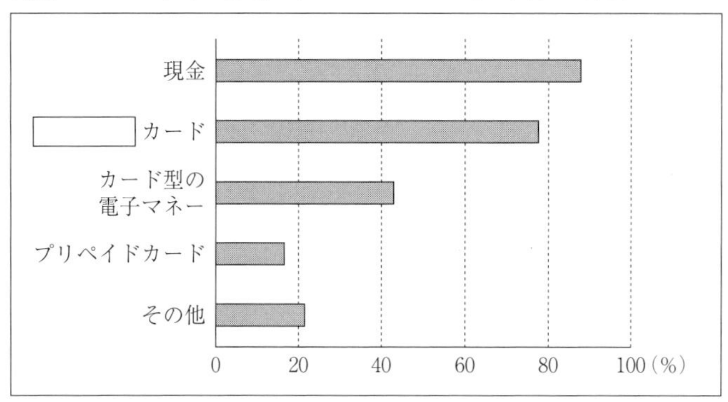

(注)　調査年次は2018年。
この1年間に店舗での支払いをしている人を対象とした質問項目。
複数回答可。

(消費者庁　平成30年「キャッシュレス決済に関するアンケート結果」から作成)

理科

時間 45分　　　満点 70点

1 陽子さんと光一さんが，「東京 2020 オリンピック・パラリンピック競技大会」について会話をしている。次は，そのときの会話の一部である。①～⑥に答えなさい。

図1

陽子：今年は日本でオリンピックが開催されるね。

光一：(a)日本の夏は高温・多湿なので，選手も観客も熱中症にならないように(b)水分や塩分の補給をしないとね。陽子さんは，どの競技に興味があるの。

陽子：私は(c)スポーツクライミングに興味があるわ（図1）。道具を使わずに，人工の壁を登るなんてすごいよね。光一さんは，どの競技に興味があるの。

光一：(d)スケートボードの選手はかっこいいね（図2）。

図2

陽子：表彰式ではメダルと一緒に，宮城県で育てられた(e)ヒマワリなどを使った花束も渡す予定みたいだよ。

光一：(f)使い捨てプラスチックを再生利用して表彰台を製作したり，使用済みの小型家電などから集めたリサイクル金属でメダルを作ったりもするみたいだね。限りある資源を有効に使うのは大切だね。

① 下線部(a)となるのは，日本の南の太平洋上で発達する暖かく湿った気団の影響が大きい。この気団を何といいますか。(　　　気団)

② 下線部(b)には，塩化ナトリウムを含む経口補水液などを飲むことが有効である。塩化ナトリウムが水に溶けるときの電離の様子を，化学式とイオン式を使って書きなさい。

(　　　　　　　　)

③ 下線部(c)について，図3はヒトの骨格と筋肉を模式的に表している。腕を矢印の向きに曲げたとき，筋肉X，Yの様子の組み合わせとして正しいものは，ア～エのうちではどれですか。一つ答えなさい。(　　　)

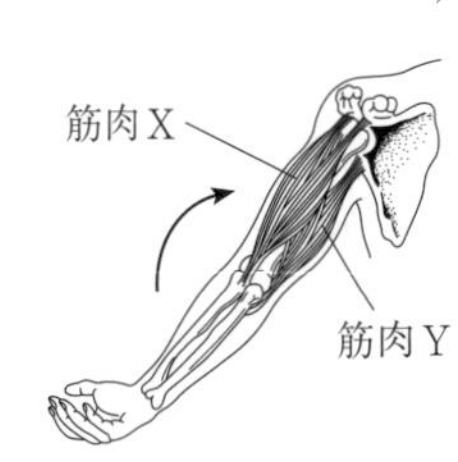

図3

	筋肉X	筋肉Y
ア	縮んでいる	ゆるんでいる
イ	縮んでいる	縮んでいる
ウ	ゆるんでいる	縮んでいる
エ	ゆるんでいる	ゆるんでいる

④ 下線部(d)について，光一さんはスケートボードの動きを小球で考えた。(1)，(2)に答えなさい。ただし，空気抵抗や摩擦は考えないものとする。

(1)　図4は，静止した小球を表した模式図であり，小球には矢印のような，床が小球を押す力がはたらいている。この力と作用・反作用の関係にある力を解答欄に，作用点を「•」で示して矢印でかきなさい。

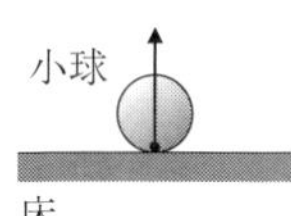

図4

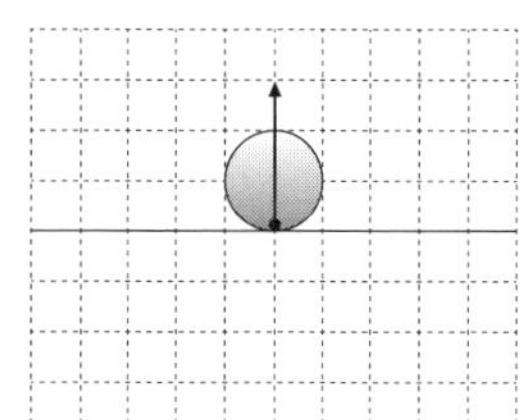

(2)　図5の模式図のように斜面上の点Pに小球をおき，手を離した。小球が点Pから点Qまで移動するときのエネルギーの変化について述べた次の文章の (A) ， (B) に当てはまることばとして最も適当なのは，ア～ウのうちではどれですか。それぞれ一つ答えなさい。ただし，同じ記号を選んでもよい。(A)(　　　)　(B)(　　　)

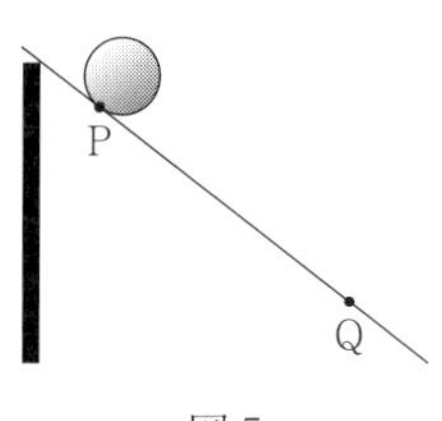

図5

小球が点Pから点Qまで移動するとき，運動エネルギーは (A) 。また，力学的エネルギーは (B) 。

ア　大きくなる　　イ　小さくなる　　ウ　一定に保たれる

⑤　下線部(e)は双子葉類である。一般的に，双子葉類は単子葉類とは違い，中心に太い根と，そこから枝分かれした細い根をもつという特徴がある。この枝分かれした細い根を何といいますか。

(　　　)

⑥　下線部(f)について，プラスチックを再生利用するとき，種類を区別するために密度の違いを利用する。表は代表的なプラスチックの種類とその密度をそれぞれ表したものである。質量5.6g，体積4cm^{3}のプラスチックと考えられるのは，ア～エのうちではどれですか。一つ答えなさい。(　　　)

表

種類	密度〔g/cm^3〕
ポリプロピレン	0.90～0.91
ポリエチレン	0.92～0.97
ポリスチレン	1.05～1.07
ポリエチレンテレフタラート	1.38～1.40

ア　ポリプロピレン　　イ　ポリエチレン
ウ　ポリスチレン　　エ　ポリエチレンテレフタラート

2 中学生の花子さんは，家庭学習として身近な電気の技術について調べた。次は，そのときのノートの一部である。①〜③に答えなさい。

1 電気を使った新しい技術

近所の図書館では，図1のような新しい貸出機が導入された。台上にICタグのついた本を同時に複数冊置くと，バーコードのように1冊ずつではなく，まとめて手続きができる。

図1

調べてみると，このICタグにはコイルと，情報を管理するチップが内蔵されていて，貸出機の台が磁界を発生させていることがわかった。

【実験1】 コイルのはたらきを確認するため，図2のように，静止したコイルの上で棒磁石を動かして，電流が発生するかを調べた。

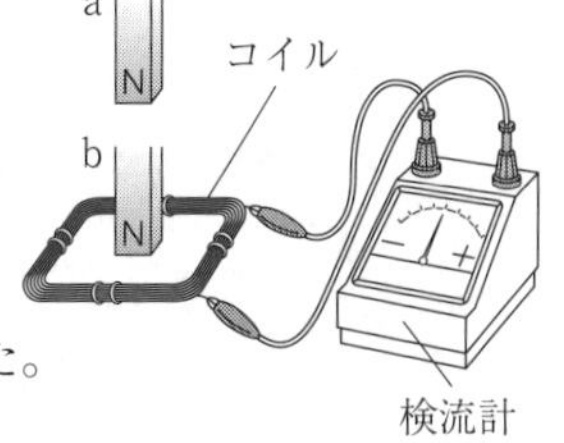

図2

〈結果1〉

・棒磁石をaからbの位置に動かすと，検流計の針は右に振れた。

・棒磁石をbからaの位置に動かすと，検流計の針は (X) 。

・棒磁石のS極を下に向けてaからbの位置に動かすと，検流計の針は (Y) 。

電源がなくても，コイルには電流が流れることがわかった。この現象は家庭の電磁調理器(IH調理器)などにも利用されているようだ。

2 家庭の電化製品調べ

電化製品には，電圧や電力の表示があるが，電流の表示がないものが多かった。

【実験2】 電圧と電流の関係を確認するために，図3のような回路をつくって電圧と電流の関係を調べた。

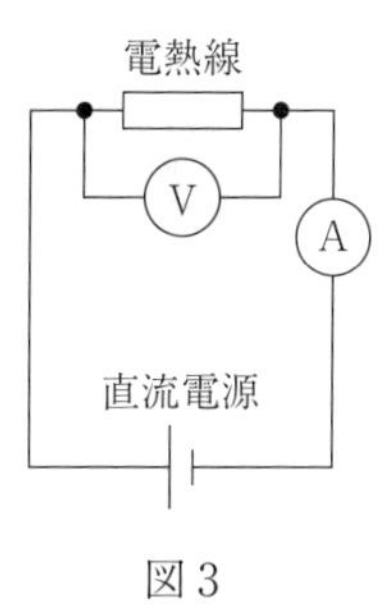

図3

〈結果2〉

電圧〔V〕	0	2	4	6	8
電流〔mA〕	0	41	80	122	160

ほとんどの家庭用の電化製品は100Vで使うので，<u>消費電力は，抵抗の値に関係がある</u>と考えた。電気スタンドに取り付けられていた消費電力5WのLED電球の箱には，明るさは消費電力36Wの白熱電球に相当すると書いてあり，省電力化が進んでいるとわかった。

① 【実験1】について，(1)〜(4)に答えなさい。

(1) コイルの中の磁界が変化することで電圧が生じ，コイルに電流が流れる現象を何といいますか。(　　　)

(2) コイルの中の磁界が変化することで電圧が生じ，コイルに電流が流れる現象を利用したものとして最も適当なのは，ア〜エのうちではどれですか。一つ答えなさい。(　　　)

ア モーター　　イ 電熱線　　ウ 電磁石　　エ 手回し発電機

(3) (X) ， (Y) に当てはまることばとして最も適当なのは，ア～ウのうちではどれですか。それぞれ一つ答えなさい。ただし，同じ記号を選んでもよい。(X)(　　　)　(Y)(　　　)

ア　右に振れた　　イ　左に振れた　　ウ　振れなかった

(4) コイルや棒磁石を変えずに，N 極を下に向けた棒磁石を a から b の位置に動かすとき，流れる電流を大きくするためには，どのような方法があるか書きなさい。(　　　　　　　　　　)

② 【実験 2】について，(1)，(2)に答えなさい。

(1) 〈結果 2〉をもとに電圧と電流の関係を表すグラフをかきなさい。

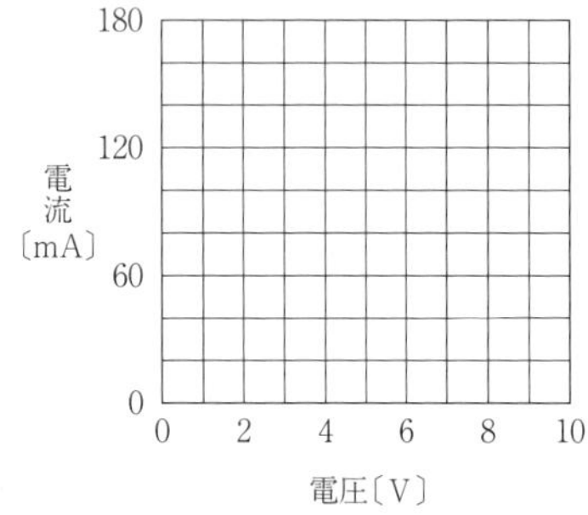

(2) 下線部について，【実験 2】と同じ電熱線を用いて，ア～ウの回路をつくった。直流電源の電圧が同じとき，ア～ウを回路全体での消費電力の大きい方から順に並べ，記号で答えなさい。

(　　　)

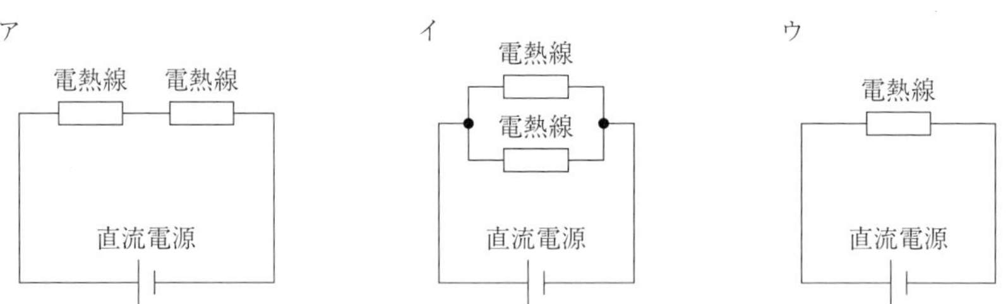

③ 消費電力 36W の白熱電球と消費電力 5 W の LED 電球をそれぞれ 5 分間点灯したとき，それぞれの消費する電力量の差は何 J ですか。(　　　J)

③　探査機はやぶさ2のニュースを聞いた純子さんは，過去に探査機はやぶさが持ち帰った小惑星「イトカワ」の微粒子の分析結果について資料を調べた。次は，そのときのメモである。①〜⑦に答えなさい。

> **小惑星「イトカワ」について**　〜地球の岩石と比べてわかること〜
>
> ○イトカワは他の小惑星と同様に(a)太陽のまわりを公転している。
>
> ○微粒子の(b)年代分析により，イトカワのもととなった岩石は，約46億年前の太陽系誕生に近い時期にできたと推測された。(c)イトカワには，誕生から現在にいたるまで，その岩石が残っている。
>
> ○地球に落ちてくるコンドライトいん石とイトカワの微粒子の成分が一致した。このいん石は岩石質で，(d)一度とけた岩石が急激に冷え固まって粒状になったものを含んでいる。このことから，いん石の一部は小惑星からきているとわかった。
>
> ○微粒子に含まれていた□の中から水が検出された。□は柱状，緑褐色や黒緑色の有色鉱物で，地球の(e)火成岩にも含まれる。
>
> ○イトカワは(f)太陽などの影響で起こる宇宙風化の影響を受けていて，約10億年後には消滅する可能性がある。

①　下線部(a)には小惑星の他にも惑星などがあるが，太陽系には，惑星のまわりを公転する月のような天体もある。このような天体を何といいますか。(　　　)

②　下線部(b)の方法について，地球では地層に含まれる特定の生物の化石によっても，その地層の年代を知ることができる。ある地層から，図1のような示準化石となる生物の化石が見つかった。この示準化石から推定される地質年代として最も適当なのは，ア〜エのうちではどれですか。一つ答えなさい。(　　　)

ア　古生代より前　　イ　古生代　　ウ　中生代　　エ　新生代

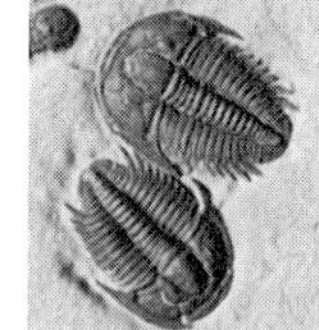

図1

③　下線部(c)である一方，地球では，表面をおおう複数のプレートの活動によって絶えず地形変化や地震が起こり，大地が変化している。日本列島付近の大陸プレートと海洋プレートの境界で地震が起こるしくみを「大陸プレート」「海洋プレート」という語を使って，プレートの動きがわかるように説明しなさい。

(　　　　　　　　　　　　　　　　　　　　　　　　　　　　　　)

④　下線部(d)のように地球のマグマが急激に冷やされてできた岩石を観察すると，石基に囲まれた比較的大きな鉱物が見えた。この鉱物を石基に対して何といいますか。(　　　)

⑤　□に共通して当てはまる語として最も適当なのは，ア〜エのうちではどれですか。一つ答えなさい。(　　　)

ア　石英（セキエイ）　　イ　黒雲母（クロウンモ）　　ウ　長石（チョウ石）　　エ　輝石（キ石）

⑥　下線部(e)について，地球上では，含まれる鉱物の割合とつくり（組織）によって図2のように大きく分類される。

ある岩石Xは，ほぼ同じ大きさの鉱物が組み合わさったつくりをもっていた。純子さんは，岩石Xの表面のスケッチをもとに，図3のように，それぞれ無色鉱物は「□」，有色鉱物は「■」で模式的に表した。表面の鉱物の様子が岩石全体と同じであると考えると，この岩石Xとして最も適当なのは，ア～カのうちではどれですか。一つ答えなさい。(　　　)

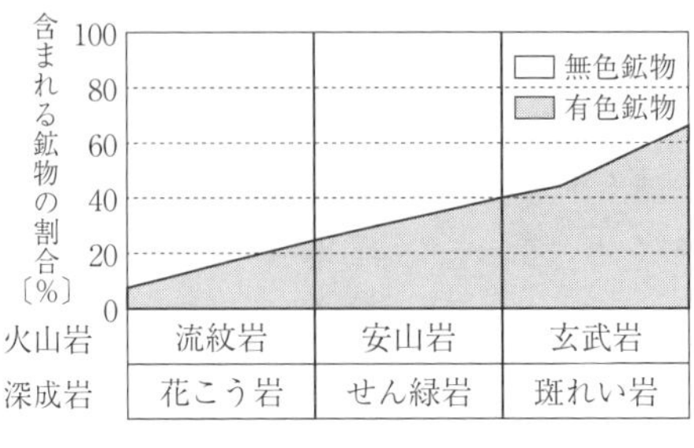

図2

図3

ア　流紋岩　　イ　安山岩　　ウ　玄武岩　　エ　花こう岩　　オ　せん緑岩　　カ　斑れい岩

⑦　下線部(f)に対して，地球の表面では，水などの影響による風化の後，土砂が運搬されて堆積し，地層を形成する。図4はボーリング調査が行われたA～C地点の位置を示した略地図であり，曲線は等高線を，数値は標高を表している。図5はボーリング調査から作成された柱状図である。これらの地点で見られた火山灰の層は同一のものであり，地層の上下の逆転や断層は起こっていない。図5の層ア～ウを堆積した年代の古いものから順に並べ，記号で答えなさい。

(　　→　　→　　)

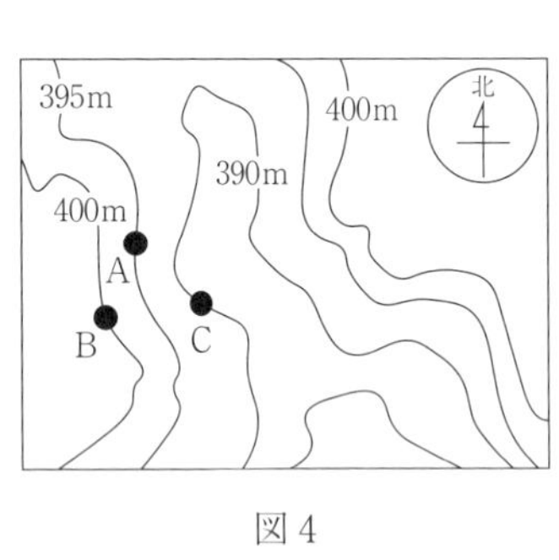

図4

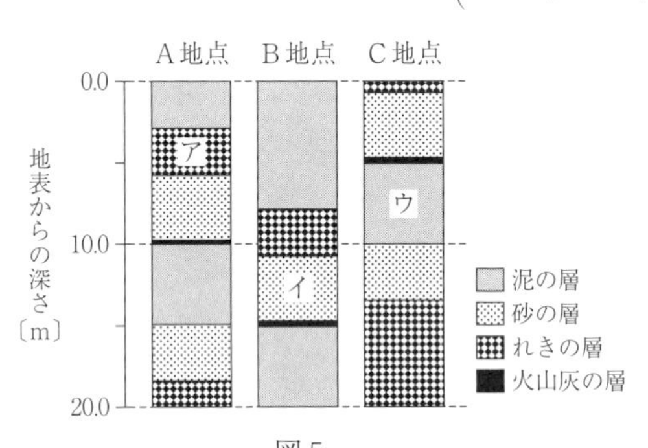

図5

4 中学生の洋平さんは，近所にできた水素ステーションとそれを利用する自動車を見て，興味をもち，放課後に先生と実験を行った。次は，そのときのレポートの一部である。①～④に答えなさい。

水素の反応　～燃料電池～

1　はじめに

図1

図1は，燃料電池によってモーターを回転させて動く自動車である。水素ステーションで供給された水素と空気中の酸素が反応し，水ができるときに電気を生み出す。水素と酸素がどのような比で反応するかについて，燃料電池を用いて調べた。

2　実験と結果

図2の模式図のような燃料電池で，水を満たした容器の一方に水素，もう一方に酸素を入れるとモーターが動き，容器内の気体が減少した。6 cm^3 の水素に対して入れる酸素の量を変え，モーターが動いた時間と反応後に残った気体の体積を測定した。表はこのとき行った実験A～Dをまとめたものである。

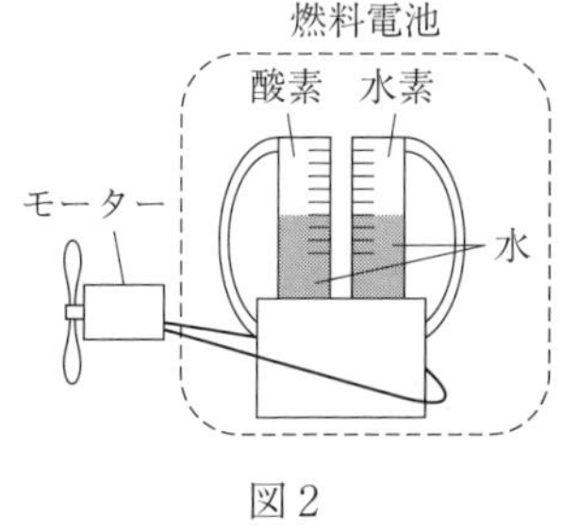

図2

表

実験	A	B	C	D
水素の体積〔cm^3〕	6	6	6	6
酸素の体積〔cm^3〕	1	3	5	7
残った気体の体積〔cm^3〕	4	0	2	4
モーターが動いた時間〔分〕	2	6	6	6

3　考察

実験Aでは水素が残り，実験C，実験Dではそれぞれ酸素が残った。実験Bでは気体が残らなかったことから，水素と酸素がすべて反応したことがわかった。このことから，水の電気分解のときに発生する水素と酸素の体積の比と同様に，反応する水素と酸素の体積比は2：1であることがわかった。また，実験結果から考えると，実験A～Dで反応によってできる水の量は図3のようになると予想できる。

(X)

図3

① 水素の発生について述べた次の文の (あ) ， (い) に当てはまる語として最も適当なのは，ア～クのうちではどれですか。それぞれ一つ答えなさい。(あ)(　　　) (い)(　　　)

水素は (あ) に (い) を加えることによって発生する。

ア　銅　　イ　石灰石　　ウ　亜鉛　　エ　二酸化マンガン　　オ　うすい塩酸
カ　過酸化水素水　　キ　食塩水　　ク　水

② 水素の貯蔵方法の一つに，水素を液体にする方法がある。(1)，(2)に答えなさい。

(1) 次のア～ウは固体，液体，気体のいずれかにおける粒子の集まりを表したモデルである。液体と気体のモデルとして最も適当なのは，ア～ウのうちではどれですか。それぞれ一つ答えな

さい。液体(　　　)　気体(　　　)

ア

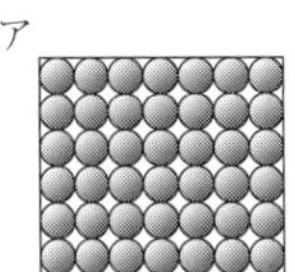

イ

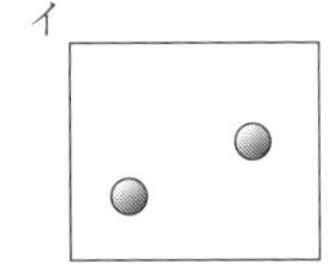

ウ

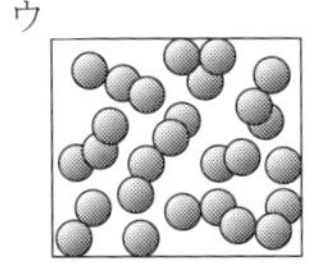

(2)　気体の水素を液体にして貯蔵する利点を「質量」「体積」という語を使って説明しなさい。

(　　　　　　　　　　　　　　　　　　　　　　　　　　　　)

③　下線部について，蒸留水に少量の水酸化ナトリウムなどを加える場合がある。(1)，(2)に答えなさい。

(1)　水の電気分解で，水酸化ナトリウムを加える理由を説明した次の文の［(う)］に当てはまる適当なことばを書きなさい。(　　　　　　　)

水に［(う)］するため。

(2)　質量パーセント濃度５％の水酸化ナトリウム水溶液200gに水を加えて，質量パーセント濃度２％の水溶液をつくるとき，加える水の質量は何gですか。(　　　g)

④　図３の(X)に当てはまる，洋平さんが正しく予想して作成したグラフとして最も適当なのは，ア～エのうちではどれですか。一つ答えなさい。(　　　)

ア

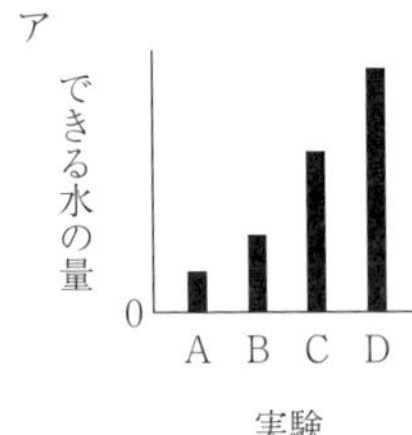

イ

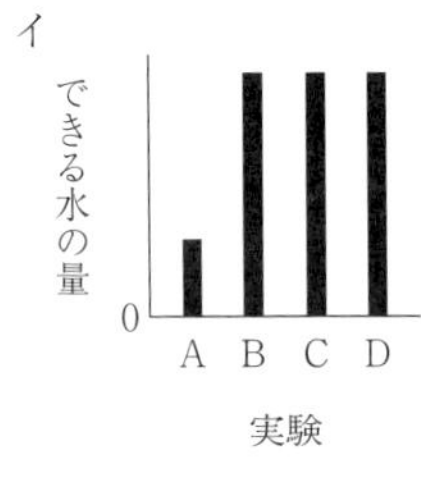

ウ

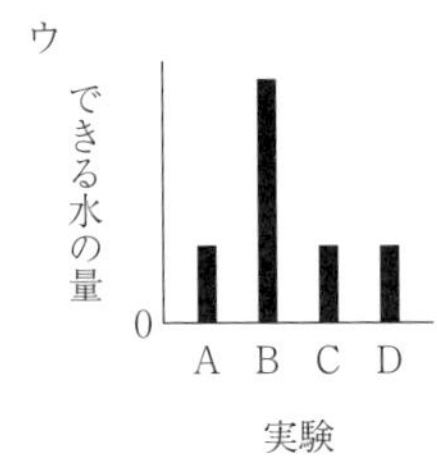

エ

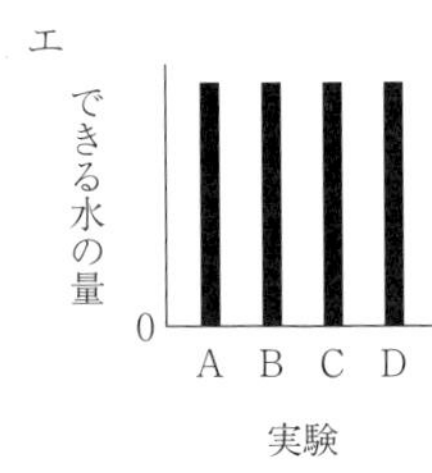

5　中学生の健太さんは理科の授業でヒトが栄養分をとり入れるしくみについて学習した。次は，実験1（健太さんが授業で行った実験），実験2（探究活動として科学部で行った実験）とその後の先生との会話である。①～⑥に答えなさい。

実験1

だ液のはたらきを確かめるため，図1のように，試験管a～dにデンプンのりを入れ，だ液または水を加えて40℃で10分間あたためた。その後，試験管a，cにはヨウ素液を少量加えた。試験管b，dにはベネジクト液を少量加えて加熱した。このときの試験管a～dそれぞれの色の変化を観察し，表1にまとめた。

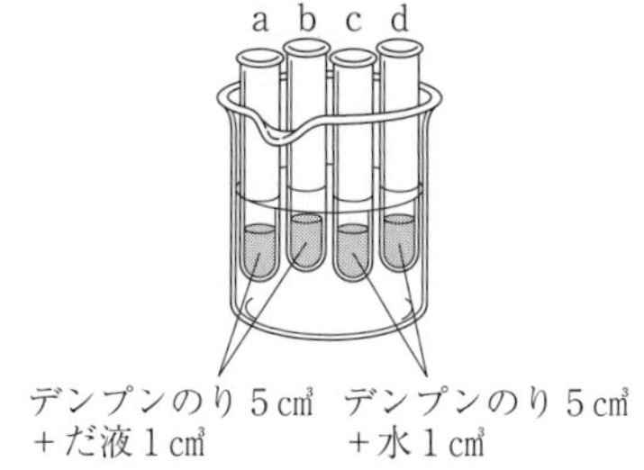

図1

表1

	試験管a	試験管b	試験管c	試験管d
色の変化	Ⅰ	Ⅱ	Ⅲ	Ⅳ

実験2

試験管にアミラーゼ水溶液を入れ，図2のように食品の分解について調べた。アミラーゼの代わりに，ペプシンとリパーゼでもこの実験を行い，結果を表2にまとめた。なお，実験はそれぞれの消化酵素がはたらきやすい環境に整えて行った。

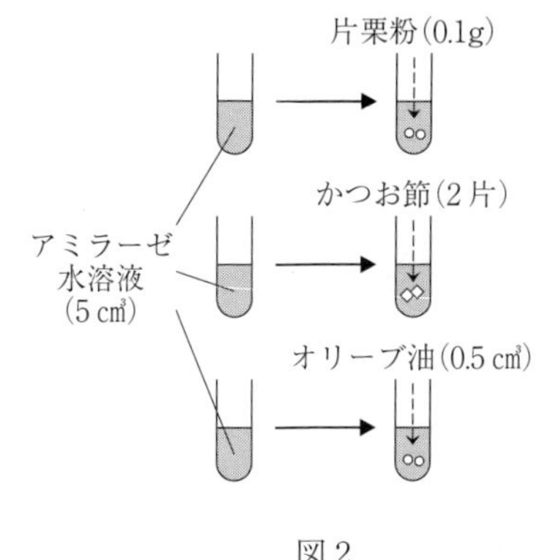

図2

表2

食品の主成分（食品）／消化酵素	デンプン（片栗粉）	タンパク質（かつお節）	脂肪（オリーブ油）
アミラーゼ	○	×	×
ペプシン	×	○	×
リパーゼ	×	×	○

食品の主成分が消化酵素によって分解された場合は○，分解されなかった場合は×とする。

【会話】

健太：表2から，消化酵素のはたらきの特徴について，それぞれの消化酵素は，[　　　　]ということが確認できました。

先生：その通りです。消化酵素によって分解された栄養分は，主に小腸で吸収され，生命活動のエネルギーとして利用されます。

健太：複数の消化酵素を含む水溶液をつくると，食品の主成分を同時に分解できるのではないでしょうか。

先生：それはおもしろい考えですね。実際にやってみましょう。

① ヒトは有機物を摂取して栄養分とするため，生態系では消費者とよばれている。これに対して，生態系において生産者とよばれるものとして適当なのは，ア～オのうちではどれですか。当てはまるものをすべて答えなさい。(　　　)

ア　アブラナ　　イ　カメ　　ウ　シイタケ　　エ　ウサギ　　オ　オオカナダモ

② 表1のⅠ～Ⅳに当てはまる組み合わせとして最も適当なのは，ア～エのうちではどれですか。一つ答えなさい。(　　　)

	Ⅰ	Ⅱ	Ⅲ	Ⅳ
ア	変化なし	変化なし	青紫色になった	赤褐色になった
イ	青紫色になった	赤褐色になった	変化なし	変化なし
ウ	変化なし	赤褐色になった	青紫色になった	変化なし
エ	青紫色になった	変化なし	変化なし	赤褐色になった

③ だ液やすい液などの消化液は消化酵素を含んでいる。すい液に含まれる，タンパク質を分解する消化酵素を何といいますか。(　　　)

④ □に当てはまる適当なことばを書きなさい。

(　　　　　　　　　　　　　　)

⑤ 小腸内部の表面は柔毛でおおわれている。このつくりによって栄養分を効率よく吸収することができる理由を書きなさい。(　　　　　　　　　　　　　　)

【会話】の下線部について調べるために，さらに実験を行った。次はそのときの実験3である。

実験3

ペプシンがはたらきやすい環境でペプシン，アミラーゼが同量入った混合溶液を充分においた。この混合溶液を図3のように，試験管A，Bに分け，試験管Bはアミラーゼがはたらきやすい環境に整えた。その後，試験管Aにはかつお節を，試験管Bには片栗粉を入れ，食品の分解について調べた結果を表3にまとめた。

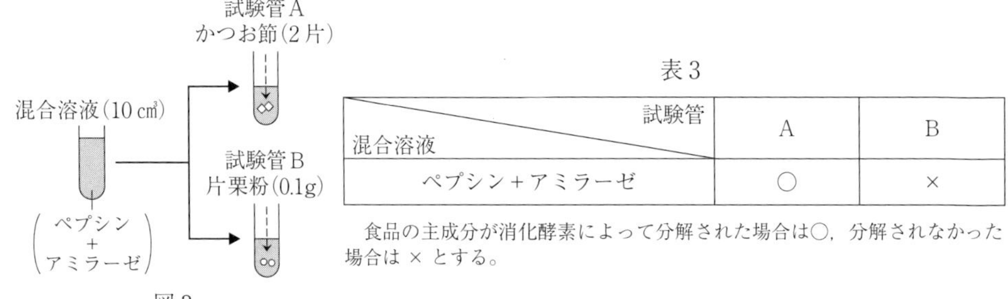

図3

表3

混合溶液＼試験管	A	B
ペプシン＋アミラーゼ	○	×

食品の主成分が消化酵素によって分解された場合は○，分解されなかった場合は×とする。

・混合溶液では，同時に食品を分解することができなかった。

⑥ 健太さんは実験1～3の結果をもとに考察した。このとき正しく考察したものとして最も適当なのは，ア～エのうちではどれですか。一つ答えなさい。(　　　)

ア 実験1と実験2から，だ液にはペプシンが含まれていることが確認でき，実験3からアミラーゼはタンパク質でできていると考えられる。

イ 実験1と実験2から，だ液にはペプシンが含まれていることが確認でき，実験3からアミラーゼはデンプンでできていると考えられる。

ウ 実験1と実験2から，だ液にはアミラーゼが含まれていることが確認でき，実験3からアミラーゼはタンパク質でできていると考えられる。

エ 実験1と実験2から，だ液にはアミラーゼが含まれていることが確認でき，実験3からアミラーゼはデンプンでできていると考えられる。

にして表記すること。

(例)

35.0
%

（解答欄）

（解答欄）

（解答欄）ということかな。

【資料Ⅲ】

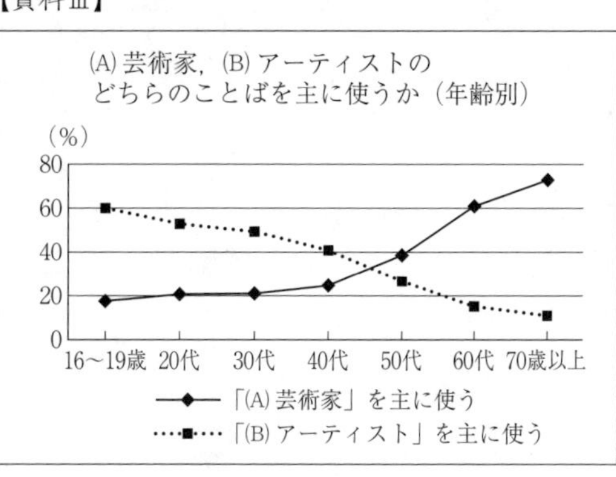

（文化庁　平成27年度「国語に関する世論調査」から作成）

① 「外来語」とあるが、これに対して、もともと日本で使われていたことばのことを何というか。漢字二字で書きなさい。［　　］

② 奈緒さんの意見が論理的なものとなるために、［X］に入れるのに最も適当なのは、ア～エのうちではどれですか。一つ答えなさい。（　　）

ア 「共同事業体」の意味しかわからないという人の割合が五割を超えているのに対して、「コンソーシアム」の意味しかわからないという人の割合は5％に満たないね

イ 「共同事業体」と「コンソーシアム」のどちらの意味もわかるという人の割合と、どちらも意味がわからないという人の割合はほとんど変わらないことがわかるね

ウ 「指針」と「ガイドライン」のどちらか一方の意味しかわからないという人の割合が約12％であるのに対して、どちらの意味もわかるという人の割合は七割を超えているね

エ 「指針」と「ガイドライン」のどちらも意味がわからないという人の割合よりも、どちらか一方の意味しかわからないという人の割合の方が大きくなっているね

③ 話し合いにおける四人の発言の特徴について説明したものとして適当なのは、ア～オのうちではどれですか。当てはまるものをすべて答えなさい。（　　）

ア 奈緒はことばの定義を確認することで、孝一が提示した話題のわかりづらさを暗に批判している。

イ 優太は自らの経験を具体例として示すことによって、話し合いの方向性を変える発言をしている。

ウ 絵理は資料から読み取った情報をもとに、それまで出ていたものとは異なる見方を提示している。

エ 絵理と優太は質問をすることで、他の人の発言の中でよく理解できなかった部分を確認している。

オ 孝一は絵理の考えを言い換えることによって、優太の考えとの違いがわかるようにまとめている。

④ 奈緒さんの発言の［Y］に入れるのに適当な内容を、条件に従って六十字以上八十字以内で書きなさい。

条件

1 二文に分けて書き、一文目に、【資料Ⅲ】からわかることを書くこと。

2 二文目に、カタカナ語の使用について注意すべきことを、「だから」に続けて書くこと。

※資料の数値は使わなくてもよいが、数値を使う場合は次の例を参考

4　四人の中学生が、日本語に関する問題をテーマとするグループ学習で、【資料Ⅰ】～【資料Ⅲ】をもとに話し合いをした。次の【四人の中学生の話し合い】を読んで、①～④に答えなさい。

【四人の中学生の話し合い】

孝一　昨日の新聞記事によると、カタカナ語を使用することについて、16歳以上の人の35％が「どちらかと言うと好ましくないと感じる」と答えているようだね。これはどうしてだろう。

奈緒　カタカナ語というのは、主に外国語、外来語のことだよね。【資料Ⅰ】を見ると、［ X ］。そこから考えると、カタカナ語だと意味がよくわからないので、カタカナ語の使用を好ましくないと感じる人がいるということなのではないかな。

優太　うちのおじいちゃんも、この間テレビを見ながら、「最近はカタカナ語が多くてさっぱりわからない」と言っていたよ。確かにニュースでも、何のことを言っているのかわからないものが多いよね。

絵理　でも、【資料Ⅱ】を見ると、「リベンジ」を主に使う人の割合は、「雪辱」を主に使う人の割合より40％も多いよね。私も「リベンジ」の方がなじみがあるし、よく使うかな。

孝一　つまり、単純に「カタカナ語だからわかりづらい」ということではないのではないか、ということだね。

絵理　あまり身近でない、わかりにくいカタカナ語もあれば、逆にカタカナ語の方が伝わりやすいこともあるよね。カタカナ語の使用について、私たちが注意すべきことは何かあるかな。

奈緒　【資料Ⅱ】のなかでは、「芸術家」を主に使う人の割合と「アーティスト」を主に使う人の割合とは、あまり差が大きくないように見えるけれど、【資料Ⅲ】を見ると、［ Y ］ということかな。

【資料Ⅰ】

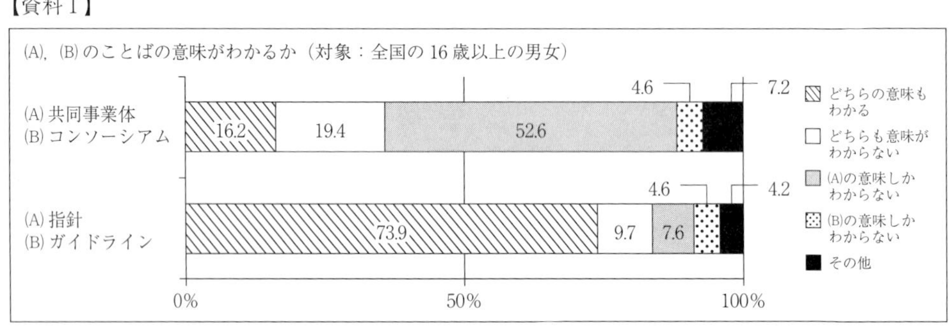

（文化庁　平成 29 年度「国語に関する世論調査」から作成）

【資料Ⅱ】

(A), (B) のどちらのことばを主に使うか（対象：全国の 16 歳以上の男女）

	(A)を主に使う	(B)を主に使う	どちらも同じくらい使う	どちらも使わない	その他
(A) 脚本 (B) シナリオ	54.5	22.3	18.7	4.3	0.2
(A) 芸術家 (B) アーティスト	45.3	30.9	21.5	2.1	0.1
(A) 雪辱 (B) リベンジ	21.4	61.4	11.6	5.0	0.6

（数字は％）

（文化庁　平成 27 年度「国語に関する世論調査」から作成）

が、無意識のうちに自分の中で再構成され表出することだから。

ウ　自分が意識せずつくり上げたものでも、世の中に多くの作品が存在することで、結果的に似通ったものにならざるを得ないから。

エ　創造という営みは、人生で影響を受けてきたものを記憶の中から意図的に選択して、孤独な作業で形にしていくことであるから。

④「ⓒ自分の中に……つくる」とあるが、これがどういうことかを説明した次の文の［　　］に入れるのに適当なことばを、文章中から八字で抜き出して書きなさい。［　　　　　　　　］

芸術や日常の会話などを通して得たさまざまな体験がつながっていくことで、［　　］に対する理解が深まっていくということ。

⑤「ⓔ自分の地図が……変化し続ける」とあるが、これがどういうことかを説明した次の文の［X］、［Y］に入れるのに適当なことばを、［X］は文章中から八字で抜き出して書き、［Y］は四十字以内で書きなさい。

X ［　　　　　　　　］

Y ［　　　　　　　　　　　　　　　　　　　　］

今の自分の中では理解できないものや矛盾しているものでも、すべて自分自身を成り立たせているものとして、［X］ていくとともに、常識や先入観にとらわれることなく、［Y］ということ。

⑥この文章の構成と内容の特徴について説明したものとして最も適当なのは、ア～エのうちではどれですか。一つ答えなさい。（　　）

ア　冒頭に筆者自身の経験を述べることにより、常に他者と共同作業で作品づくりをすることが重要だという主張に説得力をもたせている。

イ　接続詞を効果的に使用することにより、若い時の自分というものがどれほど不完全な存在であるかという事実を筋道立てて述べている。

ウ　知らない街を訪れる場面を読者に想像させた上で、様々な情報が書かれた地図が街の詳しい把握には役立つという主張を展開している。

エ　自分にとっての「モザイク状の地図」の意義を述べた上で、それは他者や建築を理解する場合にも重要なものであると結論づけている。

たいと思っています。

そのまま、ということが大事だと思うのです。自分の中にあるバラバラなものを、自分の理解する範囲だけで整理整頓してしまわないこと。今の自分では意味が回収できないものであっても、ときに矛盾することであっても、自分の地図に描かれていることを総体としてちゃんと自覚して、受け入れる。

人間だれもがそれぞれの生きた時間の分だけ、それぞれの体験が濃縮されたモザイクからできている。そのバラバラのモザイクに秘められた輝きは、唯一無二なもの。個性と言ってもいいでしょう。他人と比較することに意味などまったくありません。

ただ、そのモザイク状のものがいろんな人と接することで、変化していくことが重要だと思うのです。いろんな他者との交流で、多様な光に照らされるからです。コミュニケーションを通して自分が持っているモザイク状の地図が変わっていく。常識や先入観にとらわれていたら、地図はすぐに古くなってしまいます。自分の地図を批判的に疑いながら、更新し続けることです。

ⓔ自分の地図がモザイク状に変化し続けると、相手のモザイクに対しても多様な読み取り方があることを学びます。ものを観察する力と一緒で、それをしないで、自分が絶対だとか、この本にはこう書いてあったと、思い込んでいたらすごく限られた小さいモザイクだけになってしまい、うまくいかなくなってしまいます。

これと同様に、建築をⓕヒョウカする時もできるかぎりモザイク状でありたいと考えています。建築を成り立たせている要素を単純化しないで、総体としての存在であると理解したい。建築を単純化してしまうと、極端な結論に陥りがちです。多くの要素が同居していることこそ、健全な建築のあり方だと思うのです。

(光嶋裕介「建築という対話　僕はこうして家をつくる」より)

(注) スタンス――物事に対する立場、態度、姿勢。
ドローイング――ここでは、「建築物の構想を描いた絵」のこと。
ストック――蓄えておくこと。また、蓄えてあるもの。
咀嚼――ここでは、「物事の意味をよく考え、自分なりに理解する」こと。
マッピング――地図を作成すること。
モザイク――様々な色の石やガラスなどの小片を組み合わせてつくった模様や絵。壁や床の装飾に使われる。

① ――の部分ⓓ、ⓕを漢字に直して楷書で書きなさい。

ⓓ[　]生える　ⓕ[　]

② 「ⓑ表れる」の品詞について説明した次の文の Ⅰ 、 Ⅱ にそれぞれ入れることばの組み合わせとして最も適当なのは、ア～エのうちではどれですか。一つ答えなさい。（　）

「表れる」は動詞であり、動作の対象を必要と Ⅰ ので、 Ⅱ である。

ア　Ⅰ　しない　Ⅱ　自動詞　　イ　Ⅰ　しない　Ⅱ　他動詞
ウ　Ⅰ　する　Ⅱ　自動詞　　エ　Ⅰ　する　Ⅱ　他動詞

③ 「ⓐまったくの……ありえない」とあるが、このように筆者が考える理由を説明したものとして最も適当なのは、ア～エのうちではどれですか。一つ答えなさい。（　）

ア　真の創作と呼べるものは、自己との対話を通して、はじめから心の奥底に存在しているものによって着想を得た作品だけだから。

イ　何かを生み出すということは、先人たちから得てきた情報の蓄積

3 次の文章は、建築家の光嶋裕介が書いた文章である。これを読んで、①〜⑥に答えなさい。

何かを生み出す時のスタンスは、なにも建築を設計する時だけのことではなく、ドローイングを描いている時も、同じように思います。僕が今までの人生で見てきたありとあらゆるビジュアル情報が自分の中にストックされていて、そこから無意識的に、選択しながら描かされているように思うことがあるのです。

文章を書いている時も、そう。自分自身で書いているのに、僕が今まで読んできたいろいろな本の影響が入ってきているように感じます。先人たちによって心を揺さぶられた言葉が、自分の中の記憶の奥底に染み込んでいて、それらが変容しながら再度生み出されていくような感覚。逆に言ったら、ⓐまったくのゼロからの創造などありえない、と言っても過言ではありません。

文章や絵は一人で行う孤独な作業。ただ、一人でやる行為であったとしても、それは、自分と対話しているのです。

そこから多くの着想が立ち上がり、ドローイングとなって、あるいは文章となって、表れます。一人だからこそ生まれ得るのです。自分の中にあったものが、熟成し、咀嚼されて形を変えてゆっくりⓑ表れるのです。

さまざまな経験を通して、私たちは「自分の地図」を描き続けていると思うのです。

知識として手に入れたものも、体験として感動したことも含めて、自分という人間をつくりあげているありとあらゆるものが、この地図に描き込まれていく。若い時は、自我や人格が不透明で、地図の情報量が少なかったこともあり、ものごとの的確な判断ができなかったり、ことの本質を見抜くことが困難だったりします。

しかし、本を読んで感銘を受けた思想や、美術館で心を鷲摑みにされた美しい絵画との出会い、時間を忘れるようにして聴き込んだ音楽、あるいは友達とのちょっとした会話から得た着想や、日常の何気ない風景など、日々体験したものがぎっしりとこの地図に描かれていくのです。すると、いかに多くの他人によって今の自分があるか、ということに気付かされます。

要するに、ⓒ自分の中に緻密な地図をつくるということは、多くの他人からバトンを受け取っていることの自覚がⓓメ生えるということだと思うのです。必要な情報が必要な情報とリンクして、総体としての自分が見えてくるようになります。

はじめて訪れる街のことを想像してみてください。きっと知らないことばかりでしょう。しかし、地図を持って、その街を歩きながら建物の情報や街の雰囲気を収集していくと、その地図を介して街への理解がグンと深まります。そのとき、地図に書いてあるどの情報が自分にとって大切な情報であるかを嗅ぎ分ける必要があります。地図がその存在意義をもっとも発揮するのは、ある目的をもってその地図を利用するときなのです。

だから、自分の知らない世界に手を伸ばし、新しい扉を開いて、新しい自分を発見し続けるためにも、自分の地図を上書きし続ける必要があります。明確な意志をもって描いていくのです。

いま、僕が建築家としての自分の地図をマッピングしていく中で、大事にしていることのひとつに、「モザイク状である」ということがあります。できる限り客観的な視点から、自分自身を成り立たせているものを、バラバラのモザイク状であることに目を背けないで、そのまま受け入れ一首の歌の中に掛詞・縁語によって持ち込まれる「［X］」は、必ずしも「［Y］」の比喩や象徴であるとはかぎらない。けれども、この歌の場合は、「唐衣」語群から、都に残してきた妻を思い浮かべてもよいのだろうと思われる。布を染め、裁断し縫い合わせて、季節ごとの衣装を整えるのは、妻の役目であった。業平の旅装も、妻が用意してくれたのであろう。糊気のとれた衣の柔らかさは、妻のやさしさ、懐かしさともつながっていよう。

（鈴木宏子「『古今和歌集』の創造力」より）

(注) 美称——物を美化していう言い方。
糊気——着物のしわを伸ばすために使う洗濯用の糊を含んでいる様子。
洗い張り——着物をいったんほどいて水洗いした後、板などに張って糊付けしてしわを伸ばすこと。
物象——物の姿、形。

① 「思ふ」とあるが、「おもふ」の読みを、現代かなづかいを用いてひらがなで書きなさい。(　　)

② ［X］、［Y］にそれぞれ入れることばの組み合わせとして最も適当なのは、ア～エのうちではどれですか。一つ答えなさい。(　　)
ア　X　物象　Y　同音異義　　イ　X　物象　Y　心情表現
ウ　X　文脈　Y　同音異義　　エ　X　文脈　Y　心情表現

③ 解説文を授業で学習した中学生の健助さんは、学習したことを次のようなレポートにまとめた。［Ⅰ］～［Ⅳ］に入れるのに適当なことばを、［Ⅰ］は一字、［Ⅱ］は四字、［Ⅲ］は六字で、それぞれ解説文から抜き出して書き、［Ⅳ］は解説文のことばを使って十字以内で書きなさい。

Ⅰ □　Ⅱ ＿＿＿＿　Ⅲ ＿＿＿＿＿＿　Ⅳ ＿＿＿＿＿＿＿＿＿＿

【健助さんのレポート】

［在原業平の和歌に用いられている掛詞と縁語］

からころも　きつつ　なれにし　つましあれば
はるばる　きぬる　たびをしぞおもふ

掛詞	馴れ	妻	遥々	［Ⅰ］ぬる
語群（縁語）	萎れ	褄	張る	着ぬる

※═のことばは「唐衣」と［Ⅱ］によってつながっている

［和歌の解釈と鑑賞］

「糊気がとれ、柔らかくなって［Ⅲ］唐衣のように慣れ親しんだ妻を、都に残してきたので、はるばるとやってきたこの旅がいっそう感慨深く思われることだ」というこの和歌は、たくさんの掛詞と縁語を組み合わせた技巧的な歌です。しかし、これらの表現技法は単なることば遊びではありません。掛詞によって歌に詠み込まれた「萎れ」「褄」「張る」「着ぬる」はすべて「唐衣」の縁語であり、その「唐衣」を着た詠み手が、旅先で［Ⅳ］ことにつながっていて、和歌に込められた思いに、より深みを与えていると思います。

このときの「灰島」と「小田」の様子について説明したものとして最も適当なのは、ア～エのうちではどれですか。一つ答えなさい。（　　）

ア　灰島は、小田のバレーボールに対する熱意を確認しようとしており、小田は、灰島の生意気な態度に怒りを感じながらもチームのために我慢して説得しようとしている。

イ　灰島は、弱小チームなのに全国大会を目指すと言う小田の考えの甘さに疑問を投げかけ、小田は、自分が本気だということを示そうとして同じことばを繰り返している。

ウ　灰島は、小田に本気で全国を目指す気があるのかを問いただそうとしており、小田は、自分のことばを灰島が覚えていたことに動揺しながらもそれを隠そうとしている。

エ　灰島は、全国大会を目指すために自分のことが必要だと言う小田の覚悟を確かめようとしており、小田は、それに対して一歩もひくことなく強い思いで向き合っている。

2　次の文章は、『古今和歌集』（『古今集』）の和歌のレトリック（表現技法）について書かれた解説文である。これを読んで、①～③に答えなさい。

「掛詞」と「縁語」は、いずれも『古今集』において発達したレトリックである。

「掛詞」は、「同音異義を利用して、一つのことばに複数（通常は二つ）の語を重ねるレトリックである」と定義することができる。具体例を見てみよう。在原業平の歌である。

唐衣着つつなれにしつましあればはるばるきぬる旅をしぞ思ふ

「唐衣」は本来中国風の衣装の意であるが、転じて衣一般の美称となった語で、和歌の中にしばしば用いられる。「なれ」には身になじんだ衣の糊気がとれて柔らかくなる意の「萎れ」と、人と慣れ親しむ意の「馴れ」が掛かる。「つま」には「褄（着物の端の部分）」と「妻」、「はる」には「張る（衣を洗い張りする）」と「遥々」、「きぬる」には「着ぬる」と「来ぬる」が、それぞれ掛かっている。そして掛けられた二語のうち、一方は「唐衣」にまつわる物象のことば――萎れ・褄・張る・着ぬる――もう一方は妻を思う心情表現のことば――馴れ・妻・遥々・来ぬる――であることも見えてくる。

業平の歌の中には、「唐衣・萎れ・褄・張る・着ぬる」という「唐衣」に縁のある語群が、掛詞を介してちりばめられていた。このようなレトリックを縁語という。縁語とは、「一首の歌の中の複数のことばが、文脈上のつながりとは別に、何らかの連想関係によって結びついていること、あるいは、そのような関係にある語群のこと」である。

「おれを信じて欲しい。おまえの全力を、貸してくれ」

（壁井ユカコ「2.43　清陰高校男子バレー部」より）

(注)　テーピング――けがの予防や治療のために、関節、筋肉などにテープを巻くこと。

努力したかって――「努力したとしても」という意味の方言。

嵌まってもたんやろなあ――「嵌まってしまったのだろうかなあ」という意味の方言。

スパイク――味方がネットぎわに打ち上げたボールを、ジャンプして相手方に強く打ち込む攻撃法。

ラリー――相手方との打ち合いが続く状態。

ストイック――欲望に流されず、厳しく身を律する様子。

春高――全日本バレーボール高等学校選手権大会の愛称。「春高バレー」とも呼ばれる。

二・四三――バレーボール競技のネットの高さ。高等学校男子の全国大会では、二・四三メートルの高さのネットが使用される。地方大会や練習等では、二・四〇メートルが使用される場合もあるが、清陰高校は普段の練習でも二・四三メートルを使用している。

① ――の部分ⓒ、ⓕの漢字の読みを書きなさい。

ⓒ（　　げて）　ⓕ（　　）

② [A] に入れることばとして最も適当なのは、ア～エのうちではどれですか。一つ答えなさい。（　　）

ア　公明正大　　イ　優柔不断　　ウ　傍若無人　　エ　温厚篤実

③ 「ⓐまるで……かのように」とあるが、この部分の表現について説明した次の文の [X] に入れる表現技法として最も適当なのは、ア～エのうちではどれですか。一つ答えなさい。また、[Y] に入れるのに適当なことばを、文章中から十四字で抜き出して書きなさい。

X（　　）　Y [　　　　　　　　　　　　　　]

この部分には [X] が用いられており、体育館に残されたネットと、その前に立つ灰島の姿が重ねられることによって、灰島の [Y] という気持ちが強調されている。

ア　隠喩法　　イ　擬人法　　ウ　倒置法　　エ　対句法

④ 「ⓑああ……やっぱり」とあるが、ここからわかる「小田」の心情を説明したものとして最も適当なのは、ア～エのうちではどれですか。一つ答えなさい。（　　）

ア　灰島の小首をかしげるしぐさにより、自分の気持ちが少しも伝わっていないという事実を突きつけられたことへの怒りと落胆。

イ　灰島が見事に言い当てた世の中の真理により、身長の低い自分がバレーを続けてきた理由に気づかされたことへの驚きと感謝。

ウ　灰島の迷いのないことばにより、バレーが好きですべてをかけて打ち込んできた自分を肯定してもらえたことへの安堵（あんど）と喜び。

エ　灰島が自分と同じ思いを抱いていると知ったことにより、自分の後を託すに足る人物だという確信を得たことへの感動と満足。

⑤ 「ⓓ本当に……感触があった」とあるが、「小田」がこのように思った理由を説明した次の文の [　　] に入れるのに適当なことばを、三十五字以内で書きなさい。

[　　　　　　　　　　　　　　　　　　　　　　　　　　　　　　　　　　　]

バレーのことになると自分自身にも他人にも厳しい灰島に対してだからこそ、[　　] という手ごたえを感じているから。

⑥ 「ⓔ目の前の……向けられる」、「ⓖ小田も……答えた」とあるが、

はなかったと信じられる。

　世の中にこれほど面白いものが、熱くなれるものがあるだろうか。スパイクを豪快に放ったときの爽快感を。仲間全員で粘り抜いてラリーをもぎ取ったときの達成感を。集中力が極まって、チームの心が一つになったとき、ボールの軌跡が途切れない一本の線として鮮明に見える、あの、最高の陶酔を――。

　喉もとに熱いものがこみあげてきて、ふと泣きたくなる。だが、泣くのは早い。まだなにも成しⓒ遂げていない。

　だからかわりに歯を見せて笑った。

「おれなあ、バレーが死ぬほど好きなんや。これだけは誰にも負けん自信あるぞ」

　灰島がくそ真面目な顔で、

「おれも負けません」

　と対抗してきたのがおかしかった。

「……灰島。おまえに入って欲しいんはおれの都合や。おれはもう三年や。一試合でも多くコートでプレーしたい。一日でも長く……一分でも、一秒でも長く、バレーをしていたいんや。そのためにおまえの力を借りることはできんか？　おまえの、全力を……」

　こんな言い方では逆効果だろうか？　いや、大丈夫だ。この言葉は灰島に壁を作らせるものではないはずだ。こいつはどうやら自分に対しても他人に対しても恐ろしくストイックだが、本気でバレーと向きあっている者を拒絶することはない。バレーに本気か本気じゃないか――灰島の線引きはたったそれだけなのだ。

　だから踏み込むのをためらう理由はない。ドアの鍵をおれは持っている。

　ⓓ本当に右手の中に小さな鍵を握り込んでいるような感触があった。手のひらを開くともちろん実際には鍵は載っていない。けれどそれを見せるように灰島に向かって差しだした。

「おれを信じてくれんか、灰島」

　伏し目がちに小田の手を見つめたまま、灰島はしばらく黙っていた。引き結ばれていた唇がほどけ、

「……春高（はるこう）」

　と、ぼそっとした声が漏れた。

「……本気で行く気なんですよね。県内でまともに勝ったこともない弱小チームが、本気で行けると思って目指してるんですよね。二・四三のネットは、そのためなんですよね」

　ⓔ目の前のもの全てを刺し貫くような鋭さをもった瞳が、ひたと小田の顔に向けられる。一週間前に小田がちらっとしただけの話が灰島の中にずっと残っていたらしいことに驚いた。が、それだけ強い思いがあることに納得もした。

　バカにしているような言い方ではなかった。逆にこっちがほんのちょっとでも茶化（ちゃか）したり、答えをⓕ曖昧にしたら間違いなく即座に手をはたき落とす気だ。

　こいつの前ではごまかしも、なまぬるい本気も許されない。

「ああ。これで役者は揃（そろ）った。今年の清陰は必ず全国に行けるチームになるって、おれは本気で思ってる」

　ⓖ小田もまた射ぬくような目で灰島の目を見つめ返して答えた。

　この手を取ってくれるなら、おれもまた全力で応えねばならないだろう。その覚悟が伝わるようにもう一度力強く繰り返す。難しい理屈は必要ない。きっとこいつの心には、まっすぐな言葉だけが届く。

国語

時間 四五分
満点 七〇点

(注) 字数が指定されている設問では、「、」や「。」も一ます使いなさい。

1 次の文章は、清陰高校バレーボール部主将の「小田」が、校内球技大会の終了後、一年生の「灰島」と会話をする場面である。「小田」は、能力の高い「灰島」をぜひ入部させたいと考えていたが、「灰島」は、中学生のとき他の部員たちとの関係が上手くいかなかった経験から、「小田」の誘いを拒否していた。これを読んで、①～⑥に答えなさい。

体育館はがらんとしていたが、試合が行われていたステージ側コートにだけネットとポールがまだ残っていた。ⓐまるでネットだけがまだ試合が終わったことを認めるまいとしているかのように。コートを包んでいた決勝の熱気も今はもう夕方の空気に冷やされて、急に物寂しく感じられた。

ネットの前に立っている人影があった。目の前のネットと同じくまだ試合を続けたがっているみたいに、身体の横におろした両手のテーピングはまだ解いていない。

灰島は顎を持ちあげてまっすぐな眼差しをネットの白帯に向けていた。窓から射す陽も弱まって屋内はだいぶ薄暗くなっていたが、瞳の中には光が見えた。物足りなさを抑えきれないような、灰島自身の内に滾るぎらぎらした光が。

「部の打ちあげ行くで、六時半に校門に集合な。三年の奢りやで安心しろ」

「おれを数に入れないでください」

迷惑そうに言い返された。小田は溜め息をつく。こんなにもわかりやすくバレーがやりたくてたまらないっていう渇望を放出してるくせに、いったいなにがこいつの中のブレーキになっているのか。基本的に［A］で人の気持ちなど意にも介さなそうな奴が、なにかが起こることをあきらかに怖がっている。

「なあ……バレーっちゅうんはほんと人を選ぶスポーツやな。一人じゃボールを運べん競技やで、一人が上手かっても勝てん。体格差に露骨に泣かされるっちゅうんもある。残酷な話やろ、おれみたいな奴がどんなに努力したかって……身長っていう、その一つの要素で、やっぱりでかい奴には勝てん。よりにもよってなんでバレーに嵌まってもたんやろなあ、おれ」

嫌というほど人から浴びせられた言葉を自分で口にした。人に説明したところで今ひとつ共感してもらえず微妙な顔をされるので、最近ではもうその手の話は聞き流すようになっていた。

灰島は答えを悩まなかった。変なことを訊くなこの人はとでもいうように小首をかしげて、言い切った。

「バレーより面白いものなんて、他にないじゃないですか」

ⓑああ……やっぱり。

こいつなら言ってくれるような気がしたんだ。おれたちにとってのごくシンプルな、世の中の真理を。

自分以外の誰かの言葉が欲しかった。おれなんかでも夢中になっていいものなんだって、誰かに肯定してもらいたかった。おれよりもずっと才能があって、そしてもしかしたらおれ以上にバレーが好きなこの男に、そう言ってもらえたら、おれがバレーに捧げてきた時間は決して無駄で

2020年度／解答

数　学

1 【解き方】③ 与式 $= 8a - 4b + 3a - b = 11a - 5b$

④ 与式 $= -\dfrac{6ab \times 3a}{2} = -9a^2b$

⑤ 与式 $= 1^2 - 2 \times 1 \times \sqrt{5} + (\sqrt{5})^2 = 1 - 2\sqrt{5} + 5 = 6 - 2\sqrt{5}$

⑥ 解の公式より，$x = \dfrac{-(-1) \pm \sqrt{(-1)^2 - 4 \times 1 \times (-3)}}{2 \times 1} = \dfrac{1 \pm \sqrt{13}}{2}$

⑦ $\overset{\frown}{\mathrm{AB}}$について，円周角の定理より，$\angle \mathrm{ACB} = \dfrac{1}{2}\angle \mathrm{AOB} = 35°$　△BCP の内角と外角の関係より，$\angle \mathrm{APB} = 65° + 35° = 100°$

⑧ 3 枚の硬貨の表裏の出方は，$2 \times 2 \times 2 = 8$ (通り)　このうち，3 枚とも裏となるのは，$1 \times 1 \times 1 = 1$ (通り)だから，求める確率は，$\dfrac{8-1}{8} = \dfrac{7}{8}$

⑨ 円柱の体積は，$\pi \times r^2 \times 2r = 2\pi r^3$ (cm^3)，球の体積は，$\dfrac{4}{3}\pi r^3\mathrm{cm}^3$。よって，$2\pi r^3 \div \dfrac{4}{3}\pi r^3 = \dfrac{3}{2}$ より，アが正しい。

⑩ (1) 80 点以上 100 点未満の試合は 3 試合だから，$3 \div 15 = 0.2$　(2) $(30 \times 1 + 50 \times 6 + 70 \times 4 + 90 \times 3 + 110 \times 1) \div 15 = 66$ (点)

【答】① -4　② 6　③ $11a - 5b$　④ $-9a^2b$　⑤ $6 - 2\sqrt{5}$　⑥ ($x =$) $\dfrac{1 \pm \sqrt{13}}{2}$　⑦ 100°　⑧ $\dfrac{7}{8}$　⑨ ア
⑩ (1) 0.2　(2) 66 (点)

2 【解き方】① 抽出した 25 個のボールの中にふくまれる模様入りボールの割合は $\dfrac{6}{25}$ なので，はじめに袋に入っていた模様入りボールの個数はおよそ，$500 \times \dfrac{6}{25} = 120$ (個)より，イ

② ボールの個数について，$x + y = 500$……(i)，ボールの価格について，$7x + 3y = 2000$……(ii)が成り立つ。(ii)－(i)× 3 より，$4x = 500$　よって，$x = 125$　これを(i)に代入して，$125 + y = 500$ より，$y = 375$

【答】① イ　② (1) $\begin{cases} x + y = 500 \\ 7x + 3y = 2000 \end{cases}$　(2) (模様入りボール) 125 (個)　(単色ボール) 375 (個)

3 【解き方】① それぞれの変化の割合を求めると，アは 2　イは -3　ウは，$\left(\dfrac{6}{3} - \dfrac{6}{6}\right) \div (3 - 6) = -\dfrac{1}{3}$　エは，$\dfrac{-1^2 - \{-(-3)^2\}}{1 - (-3)} = \dfrac{8}{4} = 2$　よって，ア，エ。

② A $(-2,\ 4a)$，B $(4,\ 16a)$となる。2 点 A，B の座標から，$y = ax^2$ の変化の割合を a の式で表し，a の値を求める。

③ A $(-2,\ 2)$で，直線 AB は傾きが 1 だから，$y = x + b$ とおいて，点 A の座標の値を代入すると，$2 = -2 + b$ より，$b = 4$　$y = x + 4$ に，$y = 0$ を代入して，$0 = x + 4$ より，$x = -4$ だから，C $(-4,\ 0)$

④ 直線 AB と y 軸との交点を D とすると，D $(0,\ 4)$　また，H $(0,\ 2)$となる。台形 OHAC を，直線 OH を軸に 1 回転させてできる立体は，△DCO を同様に回転させてできる円すい……(I)から，△DAH を同様に回

転させてできる円すい……(Ⅱ)を切り取った形となる。よって，$DH = 4 - 2 = 2$ より，求める体積は，$\frac{1}{3} \times \pi \times 4^2 \times 4 - \frac{1}{3} \times \pi \times 2^2 \times 2 = \frac{64}{3}\pi - \frac{8}{3}\pi = \frac{56}{3}\pi\,(cm^3)$　また，$AH = DH = 2$，$CO = DO = 4$ より，△DAH，△DCO は直角二等辺三角形なので，$DA = 2\sqrt{2}\,cm$，$DC = 4\sqrt{2}\,cm$ より，展開図において，(Ⅰ)の側面を表すおうぎ形の面積は，$\pi \times (4\sqrt{2})^2 \times \frac{2\pi \times 4}{2\pi \times 4\sqrt{2}} = \frac{32}{\sqrt{2}}\pi = 16\sqrt{2}\pi\,(cm^2)$，(Ⅱ)の側面を表すおうぎ形の面積は，$\pi \times (2\sqrt{2})^2 \times \frac{2\pi \times 2}{2\pi \times 2\sqrt{2}} = \frac{8}{\sqrt{2}}\pi = 4\sqrt{2}\pi\,(cm^2)$　よって，AC を回転させた部分の面積は，$16\sqrt{2}\pi - 4\sqrt{2}\pi = 12\sqrt{2}\pi\,(cm^2)$ だから，求める表面積は，$\pi \times 2^2 + \pi \times 4^2 + 12\sqrt{2}\pi = 20\pi + 12\sqrt{2}\pi = (20 + 12\sqrt{2})\pi\,(cm^2)$

【答】 ① ア，エ　② (1) $16a$　(2) $\frac{16a - 4a}{4 - (-2)} = 1$ が成り立つ。$\frac{12a}{6} = 1$ より，$2a = 1$　したがって，$a = \frac{1}{2}$

③ -4　④ (1) $\frac{56}{3}\pi$　(2) $(20 + 12\sqrt{2})\pi$

4 **【解き方】** ② OA：AB = 4：5 より，OA = 12m のとき，$AB = 12 \times \frac{5}{4} = 15\,(m)$

③ (1) OC：CD = 2：3 より，直線 OD の式は，$y = \frac{3}{2}x$　(2) $y = \frac{3}{2}x$ に，$x = 15$ を代入して，$y = \frac{3}{2} \times 15 = \frac{45}{2}$　よって，点 D，E の y 座標はともに $\frac{45}{2}$。

④ FA と OD との交点を H とすると，四角形 POHF は平行四辺形だから，OP = HF となる。ここで，③より，FD = 3m，直線 OD の傾きは $\frac{3}{2}$ だから，$HF = 3 \times \frac{3}{2} = \frac{9}{2}\,(m)$　よって，$OP = HF = \frac{9}{2}m$

【答】 ① (右図)　② 15 (m)　③ (1) $\frac{3}{2}x$　(2) $\frac{45}{2}$

(3) 点 E は，直線 $y = \frac{5}{4}x$ 上の点だから，$y = \frac{45}{2}$ を代入して，$\frac{45}{2} = \frac{5}{4}x$ より，$x = 18$　よって，点 E の x 座標は 18　④ $\frac{9}{2}$

(例)

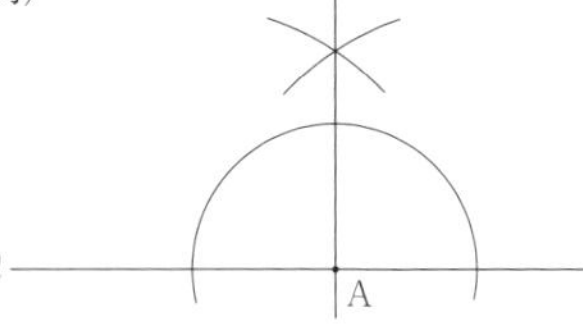

5 **【解き方】** ① ウは，対角線がそれぞれの中点で交わらなければ平行四辺形にならない。

② △AFE と△BFG の相似比は 2：1 だから，BG：AE = 1：2　よって，$BG = \frac{1}{2}AE$

③ △BFG と△AFE は相似比が 1：2 だから，面積比は，$1^2 : 2^2 = 1 : 4$ となり，$△AFE = 20\sqrt{6} \times 4 = 80\sqrt{6}\,(cm^2)$ より，四角形 $ABGE = 80\sqrt{6} - 20\sqrt{6} = 60\sqrt{6}\,(cm^2)$　ここで，△BGH と△DEH は，BG = DE，∠BGH = ∠DEH，∠HBG = ∠HDE より，合同となるから，△ABD = 四角形 ABGE = $60\sqrt{6}\,(cm^2)$　$DH = \frac{1}{2}DB$，$ED = \frac{1}{3}AD$ より，$△DEH = 60\sqrt{6} \times \frac{1}{2} \times \frac{1}{3} = 10\sqrt{6}\,(cm^2)$　よって，$DE = \frac{1}{3}AD = 5\,(cm)$ より，$\frac{1}{2} \times 5 \times HP = 10\sqrt{6}$ だから，$HP = 4\sqrt{6}\,(cm)$　また，B と E を結ぶと，P，H はそれぞれ DE，DB の中点だから，△DEB において，中点連結定理より，HP ∥ BE，$BE = 2HP = 8\sqrt{6}\,(cm)$ となる。△ABE において，三平方の定理より，$AB = \sqrt{10^2 + (8\sqrt{6})^2} = \sqrt{484} = 22\,(cm)$

【答】 ① ウ　② (1) AE ∥ BG より，同位角は等しいから，∠EAF = ∠GBF……(i)　共通だから，∠AFE = ∠BFG……(ii)　(i)，(ii)より，2 組の角がそれぞれ等しいから，　(2) $\frac{1}{2}$　③ (1) $4\sqrt{6}$　(2) 22

英 語

1 【解き方】問題A. (1) 午前は晴れで，午後は曇り。(2) 今日は水曜日で，スペインに来たのは「2日前」の月曜日。話し手は金曜日まで滞在する。

問題B. (あ)「きれいな花を見に『庭園』に行く」と言っている。(い)「学校で子どもたちが伝統的な『踊り』を見せてくれる」と言っている。

問題C. (1) 母親に「昼食後にこの部屋を掃除して」と言われ，ジョンは「わかった」と答えている。(2) ベッキーは3時にジムと会う予定だったが，待ち合わせ場所に着くのは3時10分ごろになると言っている。

問題D. (1) (あ)「あなたは自分の～と彼のレストランについて話しました」という文。ケンタは「兄」が働いているレストランについて話している。(い) 彼は「レストランで多くの人々，特に～の人々のためによいことをしています」という文。ケンタは「それ（そのレストラン）は特に『他の国々から来る』人々に人気だ」と言っている。「外国の」= foreign。(う)「彼ら（外国の人々）が必要とするとき，彼らを～することも大切です」という文。ケンタは「彼らは時々『助け』が必要です」，「兄はどのように彼らを『手助けする』のでしょうか？」と言っている。(2) 料理に牛肉が使われているときに見せる，絵のついたカードを選ぶ。

【答】問題A. (1) エ (2) ウ　問題B. (あ) garden　(い) dance　問題C. (1) イ (2) ウ

問題D. (1) (あ) brother　(い) foreign　(う) help　(2) ア

◀全訳▶　問題A.

(1) 今日，午前は晴れるでしょう。その後，午後は曇るでしょう。

(2) 今日は水曜日です。私は2日前にスペインに来ました。私は金曜日までこの国に滞在する予定です。

問題B. 今日，私たちはきれいな花を見に庭園に行きます。その後，私たちは小学校を訪れます。学校で何人かの子どもたちが私たちに伝統的な踊りを見せてくれます。それはわくわくするでしょう。

問題C.

(1)

A：今日の夕方にエミリーおばさんが私たちを訪ねてくるわ，ジョン。

B：わかったよ，お母さん。僕は何をしたらいい？

A：昼食後にこの部屋を掃除してちょうだい。私は夕食の買い物に行くわ。

B：わかった。するよ。

質問：ジョンは昼食後に何をしますか？

(2)

A：もしもし，ジム？　こちらはベッキーよ。

B：やあ。僕は今博物館にいるよ。僕たちは3時にここで会うんだよね？

A：ごめんなさい。今向かっているんだけど，3時10分ごろにそこに着くわ。

B：わかった。電話をありがとう。すぐに会おうね。

質問：ベッキーの問題は何ですか？

問題D. 私の兄はレストランで働いています。それは特に他の国々から来る人々の間で人気があります。それらの人々にはしばしば食べられないものがあります。彼らはどの料理を食べることができるのでしょうか？それを知るために，彼らは時々助けが必要です。では，私の兄はどのように彼らを手助けするのでしょうか？彼はカードを使います。これを見てください。それは彼のレストランのカードの1枚です。それには絵が見えます。牛肉が料理に使われていると兄が言いたいとき，彼がこのカードを示すと，人々はそのことを容易に理解することができます。彼のレストランでは，これらの種類のカードが意思疎通のために使われています。将来より多くの人々が日本に来ると私は信じています。兄のように，私は彼らに親切にしたいです。

2 【解き方】①「トラとライオンはふつう1日の半分以上眠っている」とあることから，(あ)はトラ。「キリンの睡眠時間は5種類の中で最も短い」とあることから(う)がキリンで，残りのウマが(い)となる。

② 最終段落の冒頭に Second（第二に）とある。First を入れ「第一に」とする。

③ (お)を含む文の so は2文前の look for food and eat it（食べ物を探し，それを食べる）を指す。スライド2のグラフより，アフリカゾウは24時間のうち18時間，食べ物を探しそれを食べていることがわかる。18時間は24時間の75％。

④ アフリカゾウが群れの中で眠る様子を説明している。イの「群れでのアフリカゾウの眠り方」が適当。

【答】 ① ア　② First　③ エ　④ イ

◀全訳▶ 動物はふつう1日にどれくらい眠っているのでしょうか？　スライド1は，5種類の動物についてのこの質問に対する答えを示しています。トラとライオンはふつう1日の半分以上眠っています。キリン，ウマ，アフリカゾウは長い時間眠りません。キリンの睡眠時間は5種類の中で最も短いです。

これであなたは，植物を食べるいくつかの動物は1日数時間しか眠らないということがわかりました。なぜでしょうか？　何人かの科学者が二つの理由を見つけました。

第一に，これらの動物は食べ物を探し，それを食べるたくさんの時間が必要です。スライド2を見てください。例えば，アフリカゾウはそうするために1日の約75％を使います。

第二に，植物を食べる数種類の動物たちは，眠らずに危険なものに気をつけている必要があります。ライオンのような他の動物がそれらを食べようとするかもしれません。スライド3を見てください。このスライドには，アフリカゾウの群れが見られます。1頭は起きていて，その他のゾウは眠っています。赤ちゃんゾウは横になっています。成長したゾウは立ったままで，交代に眠ります。

3 **【解き方】** ① マコの発言より「私たちはそれを日本語でどら焼きと呼びます」とする。「A を B と呼ぶ」= call A B。

② クミの発言より「私たちはそれの作り方を知りたいです」とする。「～のし方」=〈how to ＋～(動詞の原形)〉。

【答】（例）① call it *Dorayaki* in　② learn how to cook

4 **【解き方】** ① a few years ago =「数年前」。過去を表す語句があるので過去形にする。

② 〈ask ＋人＋ to ＋～(動詞の原形)〉=「人に～するように頼む」。to の後に bring と use の二つの動詞が続く。

③ 直後でベンはプラスチックゴミの新たな問題について話しているので，ウの「私たちはプラスチックゴミについて別の問題がある」が適当。

④ ベンの発言の中ほどに，「その後（水を飲んだ後），彼らはその玉を食べることができる」とある。「水を飲み終えた後，水の玉はランナーによって食べられる」とする。受動態〈be 動詞＋過去分詞〉の文。

⑤ ア.「エネルギーを得るためにプラスチックゴミを集めて使うこと」。ケビンが話した男性の例に合う。イ.「ボランティアとして通りをきれいにし，それからバスでゴミを運ぶこと」。そのような記述はない。ウ.「毎日の生活の中で何回も使うことができるものを選ぶこと」。キャシーが話したコーヒー店のカップの例に合う。エ.「長い間ゴミとして残らないものを使うこと」。ベンがプラスチックゴミの問題点として微生物に分解されにくいことを話し，ゴミを出さない水の玉の例を挙げている。

⑥ 話し合いに出てきた国々がどんなことをしていたのか考える。直前に have already とあることから，現在完了〈have ＋過去分詞〉の文を作る。

【答】 ① went　② ask their customers to bring and use　③ ウ　④（例）eaten　⑤ イ

⑥（例）done useful things

◀全訳▶

■　話し合い

ケビン　：インドネシアに，素晴らしい機械を作った男性がいました。それはプラスチックゴミを燃やしてエネルギーを生み出します。数年前，彼はその機械のついたオートバイで旅行に出かけました。旅行している間，彼はオートバイ用のエネルギーを得るために通りでプラスチックゴミを集めました。このようにして，彼は約 1,200 キロメートルを旅しました。彼は，翌年はバスでその機械を試すつもりだと言いました。今日，同じ種類の機械が他の人々によって使われています。

アキコ　：それはおもしろいですね！　プラスチックゴミがよい方法で使われていますが，私たちはこれ以上ゴミを出すべきではありません。私たちはそれについて何をすることができるでしょうか？

キャシー：私の国のよい例を知っています。オーストラリアでは，いくつかのコーヒー店が客に自分のカップを持ってきて使うように頼んでいます。もし客がそうすれば，彼らのコーヒーは安くなります。たくさんの客がこのアイデアを気に入っており，私の母はその中の一人です。彼女は毎朝，会社に行く前に自分のカップを持ってお気に入りのコーヒー店を訪れます。

アキコ　：よい考えですね。人々はたいていプラスチックのカップを一度しか使わず，捨ててしまいます。それは問題です。私たちはそれをするのをやめなければなりません。

ベン　　：プラスチックゴミについて別の問題があります。プラスチックゴミのほとんどが微生物の作用では簡単に分解されず，長年地球上に残るかもしれないのです。僕たちはそれを心配しているので，僕たちの国のある会社は「水の玉」を作りました。この写真を見てください。植物から作られている玉に水が入っています。人々は自分の口に水の玉を入れ，その玉をかんで穴をあけ，その水を飲みます。その後，彼らはその玉を食べることができます。昨年，僕はボランティアとしてロンドンで開かれたマラソン大会に参加し，ランナーたちに水の玉を渡しました。ランナーはカップを持ったりそれらを捨てたりする必要がありませんでした。それに僕たちは，通りの掃除を心配する必要があまりありませんでした。ランナーが水を飲み終えると，その玉は彼らによって食べられました。

アキコ　：それは素晴らしいですね。世界中のもっと多くの大会で人々がその玉を使うことを願っています。みなさん，よい考えをありがとうございます。すべてのこれらの国々の努力が私たちの地球を守るのに役立ちます。

■　サトミのメモ

(お)

■　サトミの感想

プラスチックゴミは世界中の問題です。話し合いに出てきた三つの国々はすでに（有益なことをして）います。これらの努力は私たちの地球にとって大切です。

5【解き方】① 直後の文に「のちに彼は本の中で，それは驚くことだと書いている」とある。

② 下線部の直後の例を見る。アの「スマートフォンでの蔵書検索」についての記述はない。

③ 直前の文の内容を，指定された日本文に合わせてまとめる。

④ 直後の文より，「人間図書館で他人に『話すこと』により彼らと考えや経験を共有したいと考える人もいる」とする。

⑤ as ～ as …＝「…と同じぐらい～」。同段落の最初の 2 文より，「本を読むことは人の話を聞くことと同じぐらい役立つ」という内容にする。

⑥ ア．「ペリーの本に，日本人は本を読むとき楽しんでいると書いてあった」。第 1 段落の最終文を見る。正しい。イ．人間図書館が始まった場所やどのように日本に伝わったかについての記述はない。ウ．第 3 段落の前半を見る。人間図書館は図書館，学校，野外などで行われている。エ．第 3 段落の中ほどを見る。人間図書館では質問することができる。オ．「人間図書館は 90 を超える国々で開かれている」。第 4 段落の前半を見る。正しい。

【答】① イ　② ア　③ (1) 本を借りる　(2) 注意深く扱う（それぞれ同意可）　④（例）talking

⑤（例）reading books is as good　⑥ ア・オ

◀全訳▶　何もすることがないとき，あなたはよくスマートフォンを使いますか？　日本では電車に乗るとき，多くの人々がスマートフォンを使っていることに気がつきます。しかしながら，過去には時間があるとき，日本の人々はよく本を読みました。江戸時代にペリーがアメリカから日本に来たとき，とてもたくさんの日本人が本を読むことに関心を持っていることに気がつき，彼は驚きました。のちに彼は自分の本の中で，日本人は本から学ぶことを楽しんでいて，それは驚くことだと書いています。

今日，図書館をあまり使わない日本人もいるので，新しいことを始めようとしている図書館もあります。例えば，人々のために本を持って彼らの家々を訪れるボランティアがいる図書館もあります。これは図書館から離れたところに住んでいて，そこに簡単に行けない人々に役立ちます。まだだれも借りていない本を特集する図書館もあります。それらの本を読みたいと思う人々もいます。他の図書館では，静かに音楽が流されているので，多くの人々がそこで本を読んだり勉強したりしている間，心地よく感じます。

もう一つ，「人間図書館」というおもしろいイベントがあります。それは図書館や学校のようないくつかの場所，あるいは野外でさえ開かれます。ふつう図書館を訪れると，本を借りそれらを読みますが，このイベントでは人間を借ります。ある人を選び，一緒に座り，その人から考えや経験を聞くことができます。またその人にいくつかの質問をすることもできます。この特別な「図書館」では，覚えておくべき大切なことが一つあります。あなたはその人に敬意を表さなければなりません。あなたは本を借りるとき，それらを大切に扱います。ちょうどそれと同じように，あなたはその人たちを大事に扱わなければなりません。

人間図書館は世界中に広まりつつあります。現在このイベントは90を超える国々で開かれています。なぜそれは人気があるのでしょうか？　このイベントは自分の考えや経験について他の人々に伝える機会を与えてくれるのだと考える人たちがいて，彼らは人間図書館の中の「本」になりたいと思っているのです。だれかの話を聞くことから新しいことを学ぶのはとても興味深いと考える人たちもいます。人間図書館を楽しむ理由は人それぞれですが，彼らはみな，このイベントでコミュニケーションを楽しむことができます。

人間図書館でだれかの話を聞くことは，図書館から借りられた本を読むことより役立つと考える人もいるかもしれません。しかし，それらにはあまり違いはありません。なぜでしょう？　作者はしばしば自分の考えや経験を記録し，今と未来の両方でそれらを読者と共有します。読者はしばしば作者が考えていること，作者の生活の中で大切なことを学びます。読書をしているときに疑問に思うことがあれば，読者はたいてい読み続け，その答えを見つけようとします。これらのことについて考えると，本を読むことはだれかの話を聞くのと同じぐらい役立つということにあなたは気づくことができるでしょう。コミュニケーションのためにあなたはどちらを選びたいですか？

社　会

1 【解き方】① 地点Eは太平洋側の気候に属するので，夏の降水量の方が多い。降雪により冬の降水量の方が多くなるのは，日本海側の気候に属する地域。

② X県は和歌山県。増加率は 584 ÷ 187 － 1 から約 2.12 となるので，212 %があてはまるものを選ぶ。

③ 奈良県と滋賀県はともに内陸県のため，漁業生産量が非常に少ないが，奈良県のほうが国宝は多い。

④ (2)「加工貿易」とは，原材料や燃料を海外から輸入し，国内の工場で製品や半製品に加工したものを輸出する貿易のこと。円高が急速に進行した 1980 年代以降，現在の日本ではこの貿易形態が変化してきている。

【答】① エ　② イ　③ ウ　④ (1) ア　(2) 工場を海外にもつくって，製品の現地生産をすすめる（同意可）

2 【解き方】① 発展途上国は南半球に多いことからこのような名称になっている。先進国と発展途上国との間の経済格差のことは南北問題という。

② 何億年も前に地球上に存在した動植物の死骸(しがい)が長い時間をかけて堆積し，変化してできた燃料。

③（需要曲線）「需要量」は人々が買いたいと思う量のこと。価格が下がれば需要は増えるので，需要曲線は右下がりで描かれる。（価格）売れ残りは，ある価格において需要が供給よりも少ないときに生じる。

④ ア.「一人当たりの年間食品廃棄物発生量」が最も多いのはイギリス。イ．イギリスの「一人当たりの年間食品廃棄物発生量」は約 190kg，日本の数値は約 130kg で，イギリスの半分よりは多い。ウ．ドイツの「一人当たりの年間食品廃棄物発生量」は，韓国よりも多い。

【答】① 南南(問題)　② 化石(燃料)　③（需要曲線）A　（価格）C　④ エ　⑤ 賞味期限が近い商品（同意可）

3 【解き方】②「院政」は平安時代後期に白河上皇が始めた政治形態。桓武天皇は平安時代初期に活やくした。

③ (1) 将軍と御家人は，土地を仲立ちに結ばれる主従関係（封建関係）にあった。(2) アは 1858 年から，イは 1333 年から，ウは 1787 年，エは 1467 年のできごと。

④ (X) 天正遣欧少年使節を派遣したのは九州のキリシタン大名であった大村，大友，有馬の各大名であった。

【答】① 唐　② エ　③ (1)（将軍(幕府)は)御家人に新たな領地をあたえるなどの御恩をほどこし，御家人は戦いのときに軍役を果たすなどの奉公にはげんだ。(同意可)　(2) イ→エ→ウ→ア　④ ア

4 【解き方】① ある地点に対する地球の反対側は，緯度は北緯と南緯を入れ替え，経度は 180 度からその地点の経度を引き，東経と西経を入れ替えた地点になる。地点Xは北緯 40 度，東経 140 度なので，その反対側は南緯 40 度，西経 40 度の地点となる。

② 都市Yと標準時子午線を東経 135 度としている日本との経度差は 90 ＋ 135 から 225 度。経度差 15 度で 1 時間の時差が生じるため，225 ÷ 15 から時差は 15 時間とわかる。本初子午線をはさんで東にある日本の方が時刻は進んでいる。

③ 標高が高いⅡはボリビアの首都ラパスで，高山気候に属しており，年間を通して気温が低い。

④ (2) 死亡率が大きく低下していることがポイント。アはカナダ，イはロシア，エは南アフリカ共和国。

【答】① エ　② ウ　③ イ　④ (1) ヒンドゥー教　(2) ウ

5 【解き方】② 銀行が家計などから預金として受け入れたお金を企業などに貸し出す場合は「間接金融」という。

③ アは 1905 年，イは 1920 年，ウは 1894 年，エは 1885 年のできごと。

④ 経済の発展と軍事力の強化は，近代国家の建設には欠かせない要素であった。

⑤「ファシスト党」はイタリアの政党。ドイツではナチ党が権力を握った。

⑦ X.「樋口一葉」は『たけくらべ』などを著した作家。青鞜社は平塚らいてうらによって結成された。

⑧ 購入時はクレジットカード会社が商品代金を立て替え，後日，購入者の銀行口座などから商品代金を引き落とす支払い方法。

【答】① 中央銀行　②（企業などが)株式や債券を発行して，出資者から直接資金を調達すること。(同意可)　③ ア　④ 富国強兵　⑤ イ　⑥ 武器をつくるための金属が不足した（同意可）　⑦ ウ　⑧ クレジット

理　　科

1 【解き方】② 塩化ナトリウムは水溶液中でナトリウムイオンと塩化物イオンに電離する。

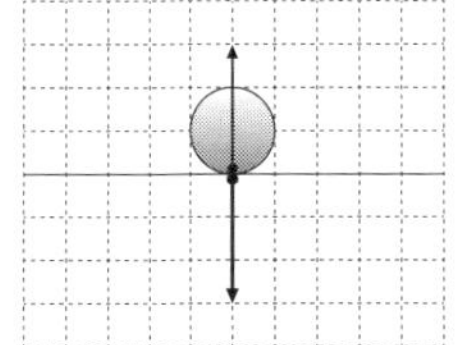

④ (1) 小球が床を押すことに対する反作用として，床が小球を押す力が生じる。作用と反作用は同じ作用点で，大きさは等しく，向きは逆。(2) 力学的エネルギー保存の法則により，位置エネルギーが小さくなると，運動エネルギーが大きくなる。

⑤ 双子葉類の根は主根と側根からなる。

⑥ このプラスチックの密度は，$\frac{5.6\ (\text{g})}{4\ (\text{cm}^3)} = 1.4\ (\text{g/cm}^3)$　表より，密度が 1.4g/cm^3 のプラスチックはポリエチレンテレフタラート。

【答】① 小笠原(気団)　② $NaCl \rightarrow Na^{+} + Cl^{-}$　③ ア　④ (1) (前図)　(2) (A) ア　(B) ウ　⑤ 側根　⑥ エ

2 【解き方】① (2) モーターや電磁石はコイルに電流を流すことで磁界を発生させる。電熱線は電気エネルギーを熱エネルギーに変換している。(3) (X) 棒磁石の動かす向きを逆にすると，コイルに流れる電流も逆向きになるので，検流計の針も逆向きに振れる。(Y) 棒磁石の極を逆にすると，コイルに流れる電流も逆向きになるので，検流計の針も逆向きに振れる。(4) 棒磁石を速く動かすと，コイルの中の磁界の変化が大きくなるので，大きな電流が流れる。

② (1) 結果の値を座標上に示し，原点を通って，各点のなるべく近くを通る直線を引く。(2) 〈結果 2〉 より，160mA = 0.16A なので，オームの法則より，電熱線の抵抗は，$\frac{8\ (\text{V})}{0.16\ (\text{A})} = 50\ (\Omega)$　また，電流 = $\frac{\text{電圧}}{\text{抵抗}}$ なので，消費電力 = 電圧 × 電流 = 電圧 × $\frac{\text{電圧}}{\text{抵抗}}$ と表すことができる。これより，それぞれの回路の電圧は等しいので，抵抗が小さいほど消費電力は大きいことがわかる。各回路の抵抗は，アは，$50\ (\Omega) + 50\ (\Omega) = 100\ (\Omega)$，イは，$\frac{50\ (\Omega)}{2} = 25\ (\Omega)$，ウは $50\ \Omega$。

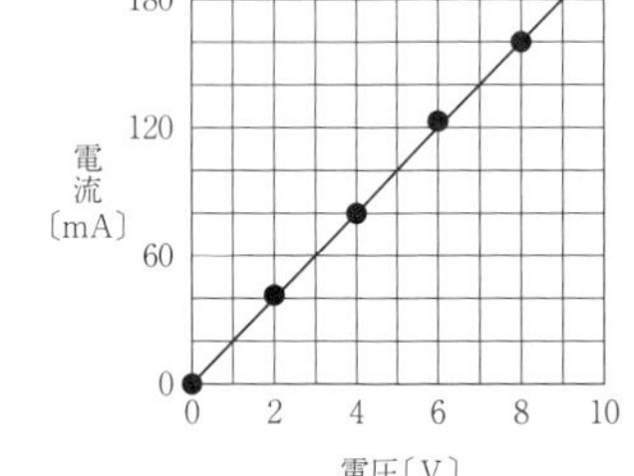

③ 白熱電球と LED 電球の消費電力の差は，36 (W) − 5 (W) = 31 (W)　電力量の差は，5 分 = 300 秒より，31 (W) × 300 (s) = 9300 (J)

【答】① (1) 電磁誘導　(2) エ　(3) (X) イ　(Y) イ　(4) 棒磁石をより速く動かす。(同意可)

② (1) (前図)　(2) イ，ウ，ア　(3) 9300 (J)

3 【解き方】② 図 1 はサンヨウチュウの化石。

⑤ 石英・長石は無色鉱物。黒雲母は板状で，黒色の鉱物。

⑥ ほぼ同じ大きさの鉱物が組み合わさったつくりの火成岩は深成岩。図 3 で，25 マスのうち有色鉱物は 8 マスなので，有色鉱物の割合は，$\frac{8}{25} \times 100 = 32\ (\%)$　図 2 より，有色鉱物を 32 ％含む深成岩はせん緑岩。

⑦ 図 5 の火山灰層より下にあるウが最も古く，火山灰層のすぐ上にあるイ，さらにその上にあるアの順になる。

【答】① 衛星　② イ

③ 大陸プレートの下に海洋プレートがもぐりこむ。その後，引きずり込まれた大陸プレートの先端が，急激に隆起してもとに戻ることで地震が起こる。(同意可)

④ 斑晶　⑤ エ　⑥ オ　⑦ ウ→イ→ア

4 【解き方】① 石灰石にうすい塩酸を加えると二酸化炭素が，二酸化マンガンに過酸化水素水を加えると酸素が発生する。

② (1) アは固体のモデル。

③ ⑴ 純粋な水は電流を通さない。⑵ 質量パーセント濃度5％の水酸化ナトリウム水溶液200gに含まれる水酸化ナトリウムの質量は，$200\ (\mathrm{g}) \times \dfrac{5}{100} = 10\ (\mathrm{g})$　これを溶かして2％の水溶液xgができたとすると，$\dfrac{10\ (\mathrm{g})}{x\ (\mathrm{g})} \times 100 = 2\ (\%)$より，$x = 500\ (\mathrm{g})$　よって，加える水の質量は，$500\ (\mathrm{g}) - 200\ (\mathrm{g}) = 300\ (\mathrm{g})$

④ 表より，モーターが動いた時間がB，C，Dで等しいので，B，C，Dでは水素$6\,\mathrm{cm}^3$はすべて反応したことがわかる。C，Dでは，水素に対して酸素が過剰なので，できる水の量はBと等しい。

【答】 ① ㋐ ウ　㋑ オ

② ⑴ (液体) ウ　(気体) イ　⑵ 同じ質量の場合，液体にすると気体よりも体積が小さくなるので，より多くの量を貯蔵できる。(同意可)

③ ⑴ 電流を流しやすく (同意可)　⑵ 300 (g)　④ イ

5 **【解き方】** ① 生産者は葉緑体を持ち，光合成によって自ら養分をつくり出せる緑色植物。イ・エは消費者，ウは分解者。

② だ液に含まれるアミラーゼはデンプンを麦芽糖などに分解する消化酵素。試験管a，bに加えたデンプンは麦芽糖などに変化するが，試験管c，dに加えたデンプンは変化しない。ヨウ素液はデンプンがあるときに青紫色に変化し，ベネジクト液は麦芽糖などがあるときに加熱すると赤褐色に変化する。

⑥ 消化酵素はタンパク質の一種なので，実験3ではアミラーゼはペプシンによって分解されてなくなってしまい，試験管Bのデンプンが分解されなかったと考えられる。

【答】 ① ア・オ　② ウ　③ トリプシン　④ 分解できる食品の主成分が決まっている (同意可)

⑤ 表面積が大きくなるから。(同意可)　⑥ ウ

国　語

1 【解き方】② 直後に「人の気持ちなど意にも介さなそうな奴」とあるので，それと似たものを選ぶ。アは，公平な様子。イは，気が弱くて決断力に欠ける様子。エは，情が厚く，誠実なさま。

③ X.「ネットだけが」「認めるまいとしている」と，ネットの様子を人間のように表現している。Y. 後に「目の前のネットと同じくまだ試合を続けたがっているみたいに」とあるので，まだ試合をしたいという灰島のバレーに対する気持ちをさがす。

④ 灰島が「バレーより面白いものなんて，他にないじゃないですか」と言い切ったことに，小田が「こいつなら言ってくれるような気がしたんだ…世の中の真理を」「自分以外の誰かの言葉が欲しかった…誰かに肯定してもらいたかった」と感じていることに着目する。

⑤ この「鍵」とは，灰島の心の壁を開く糸口を指す。「おまえの，全力を」と言い方に迷ったが，「いや，大丈夫だ。この言葉は灰島に壁を作らせるものではないはずだ」「こいつはどうやら…恐ろしくストイックだが，本気でバレーと向きあっている者を拒絶することはない」と感じている。

⑥ このときの灰島の様子を，小田は「こっちが…答えを曖昧にしたら間違いなく即座に手をはたき落とす気だ」「こいつの前ではごまかしも，なまぬるい本気も許されない」と感じており，そんな灰島に対して「この手を取ってくれるなら…その覚悟が伝わるようにもう一度力強く繰り返す」ことで気持ちを返している。

【答】① ⓒ と(げて)　ⓕ あいまい　② ウ　③ X. イ　Y. バレーがやりたくてたまらない　④ ウ

⑤ 本気でバレーと向き合っている自分のまっすぐな言葉は灰島の心に届くはずだ（35字）（同意可）　⑥ エ

2 【解き方】① 語頭以外の「は・ひ・ふ・へ・ほ」は「わ・い・う・え・お」にする。

② 直後の「けれども，この歌の場合は，『唐衣』語群から，都に残してきた妻を思い浮かべてもよい」に注目。Xには「唐衣」語群が，Yには「妻を思い浮かべ」ることが入る。

③ Ⅰ.「『きぬる』には…それぞれ掛かっている」と，掛かっている言葉を挙げて説明している。Ⅱ.「縁語」についての説明なので，解説文の「縁語とは…そのような関係にある語群のこと』である」に着目する。Ⅲ. 唐衣が「なれ」てきたことが入るので，「糊気がとれて柔らかく」なった「衣」の様子を，「萎れ」と説明しているところに着目する。Ⅳ. 詠み手が和歌に込めた思いについて，筆者は「『唐衣』語群から…思い浮かべてもよいのだろう」「糊気のとれた衣の柔らかさは，妻のやさしさ，懐かしさともつながっていよう」と述べている。

【答】① おもう　② イ　③ Ⅰ. 来　Ⅱ. 連想関係　Ⅲ. 身になじんだ　Ⅳ. 都の妻を思い浮かべる（同意可）

3 【解き方】③「逆に言ったら」とあるので，前にある，筆者がドローイングを描いたり文章を書いたりする時の「今までの人生で見てきたありとあらゆるビジュアル情報が…無意識的に，選択しながら描かされているように思う」「先人たちによって心を揺さぶられた言葉が…再度生み出されていくような感覚」をおさえる。

④ 直後で，「多くの他人からバトンを受け取っていることの自覚がメ生えるということ」「必要な情報が必要な情報とリンクして…見えてくる」とくわしく説明している。

⑤ X. 自分の地図が「モザイク状」であることは，筆者が「建築家として…大事にしていることのひとつ」であることをおさえる。このことについて，筆者は「自分自身を成り立たせているものを…受け入れたい」「ときに矛盾することであっても…受け入れる」と心がけている。Y. 自分の地図が「変化し続ける」ことについて，「モザイク状のものが…変化していくことが重要」「いろんな他者との交流で，多様な光に照らされるから」と述べていることから考える。

⑥「僕が建築家としての自分の地図をマッピングしていく中で，大事にしていること」のひとつとして「モザイク状である」ことをふまえて，「モザイク状であること」「そのモザイク状のものが…変化していくこと」について説明した上で，「自分の地図がモザイク状に変化し続けると…多様な読み取り方があることを学びます」「これと同様に，建築をヒョウカする時も…モザイク状でありたい」と述べている。

【答】① ⓓ 芽(生える)　ⓕ 評価　② ア　③ イ　④ 総体としての自分

⑤ X．そのまま受け入れ　Y．いろんな他者との交流によって，自分自身を常に多様な視点からとらえ直そうとしていく（40字）(同意可)

⑥ エ

4 **【解き方】** ② 奈緒の，「カタカナ語だと意味がよくわからないので，カタカナ語の使用を好ましくないと感じる人がいる」という意見を裏付ける資料が必要となる。資料Ⅰに挙げられた二つの例のうち，「(A)の意味しかわからない」と答えた人の割合が多い方を選び，それを根拠としている選択肢が入る。

③ 絵理は，資料Ⅱを例に挙げ「『リベンジ』を主に使う人の割合は，『雪辱』を主に使う人の割合より40％も多いよね」と，それまでの「カタカナ語の使用を好ましくないと感じる人がいる」という流れとは逆の意見を述べている。孝一は，絵理が述べた具体例を「つまり，単純に『カタカナ語だからわかりづらい』ということではないのではないか，ということだね」と改めてわかりやすくまとめている。

④ 資料Ⅲを見ると，16〜19歳では「芸術家」を使う人の割合が約20％なのに対し，「アーティスト」を使う人の割合が60％。年代が上がっていくにつれてこの差は縮まり，50代以上になると逆転していることから考えてまとめる。

【答】 ① 和語　② ア　③ ウ・オ

④ どちらのことばを主に使うかの割合は年代によって異なる。だから，カタカナ語を使うときは，それが相手の年代にとってなじみのあることばなのかどうかに留意する必要がある(ということかな。)（80字）(同意可)

~MEMO~

2025 年度受験用

公立高校入試対策シリーズ 3033-1

岡山県公立高等学校
(一般入学者選抜)

別冊

解答用紙

● この冊子は本体から取りはずしてご使用いただけます。

● 解答用紙(本書掲載分)をダウンロードする場合はこちら↓
https://book.eisyun.jp/

※なお,予告なくダウンロードを終了することがあります。

英俊社

●解答用紙の四隅にあるガイドに合わせて指定の倍率で拡大すると，実物とほぼ同じ大きさでご使用いただけます（一部例外がございます）。

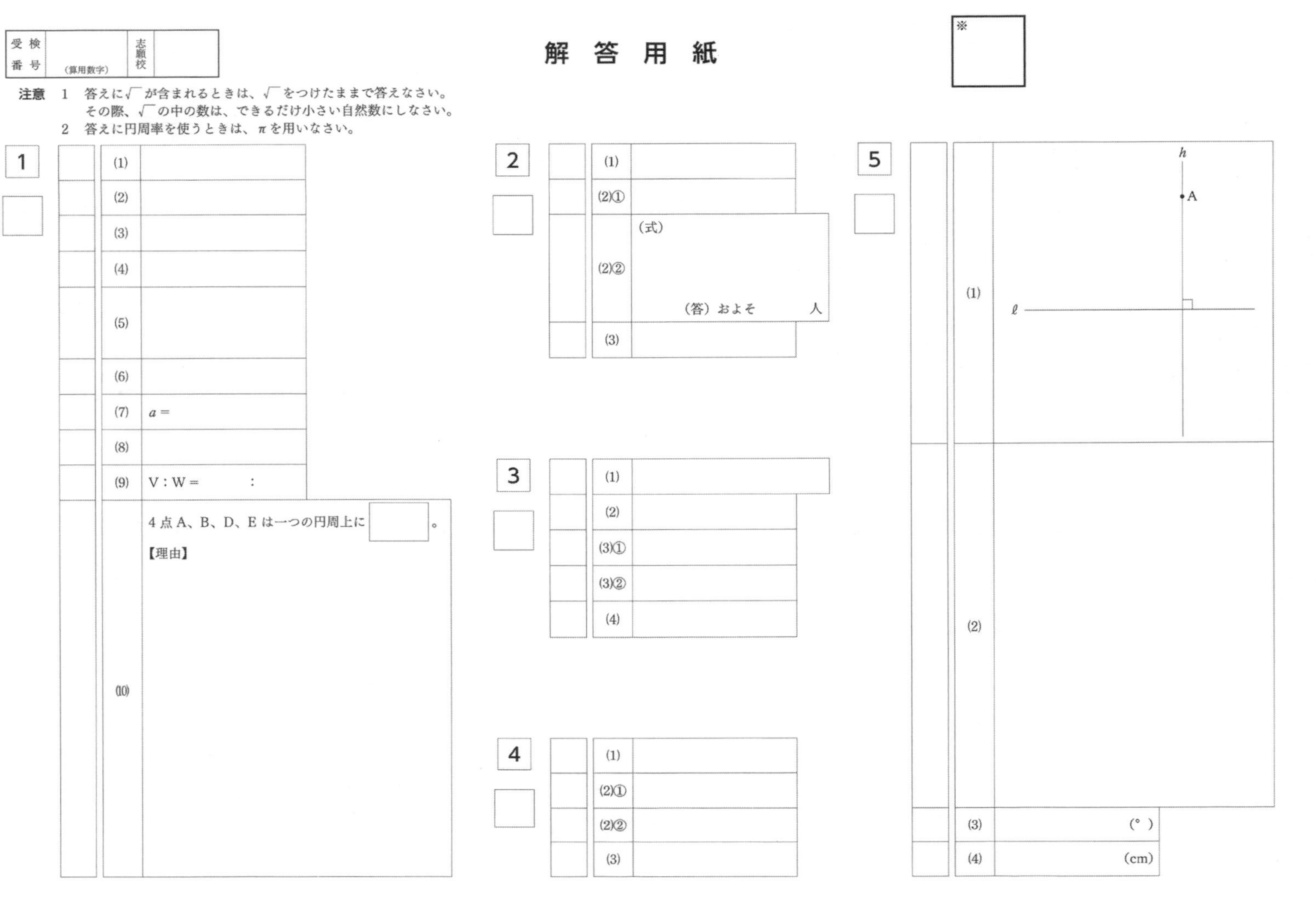

※実物の大きさ：195% 拡大（A3 用紙）

※個別の配点は非公表。

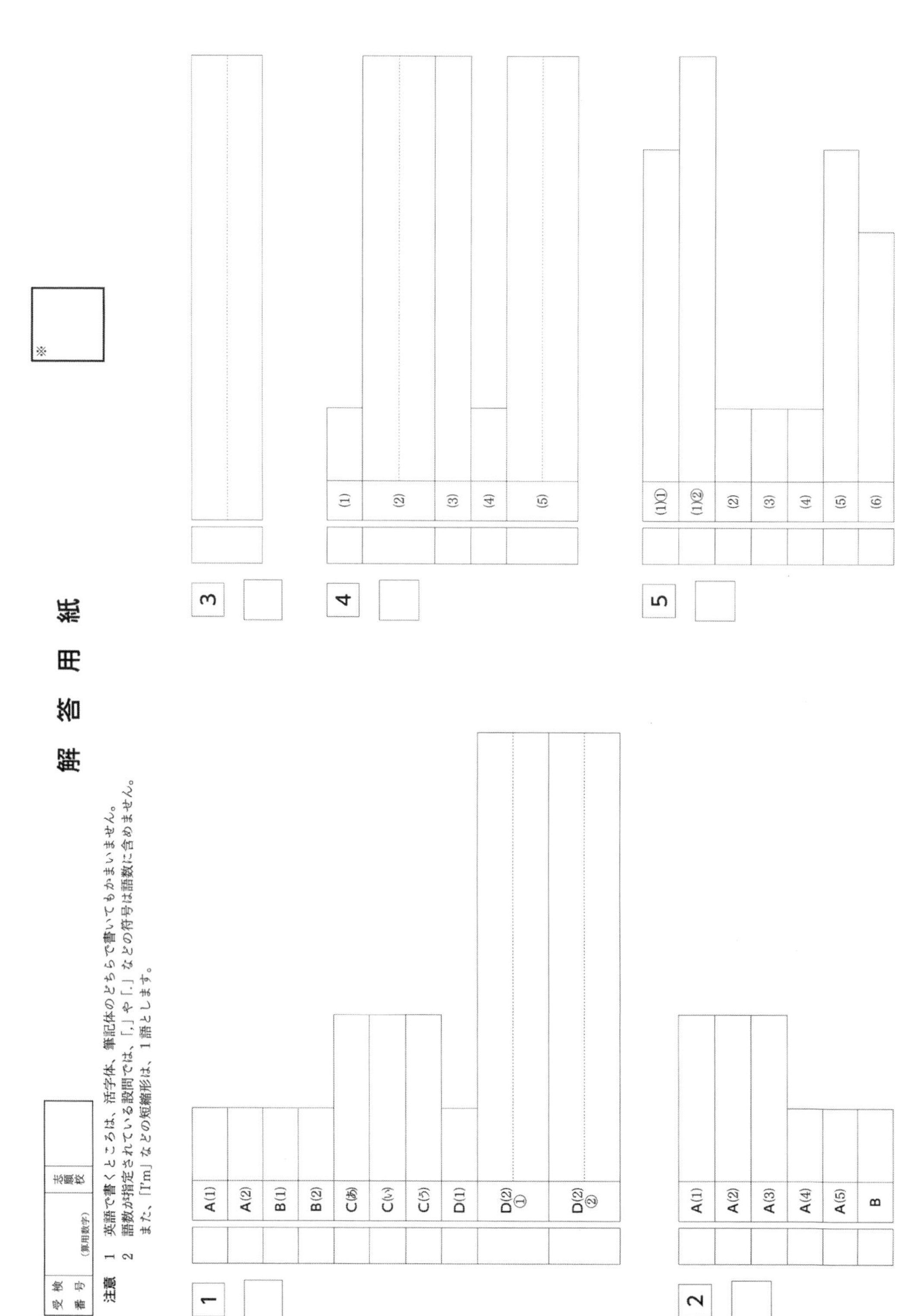

解答用紙

受検番号	(算用数字)	志願校	

注意　1　英語で書くところは、活字体、筆記体のどちらで書いてもかまいません。
2　語数が指定されている設問では、「,」や「.」などの符号は語数に含めません。
また、「I'm」などの短縮形は、1語とします。

1　A(1)　A(2)　B(1)　B(2)　C(あ)　C(い)　C(う)　D(1)　D(2)①　D(2)②

2　A(1)　A(2)　A(3)　A(4)　A(5)　B

3

4　(1)　(2)　(3)　(4)　(5)

5　(1)①　(1)②　(2)　(3)　(4)　(5)　(6)

※

※実物の大きさ：195% 拡大（A3 用紙）

※個別の配点は非公表。

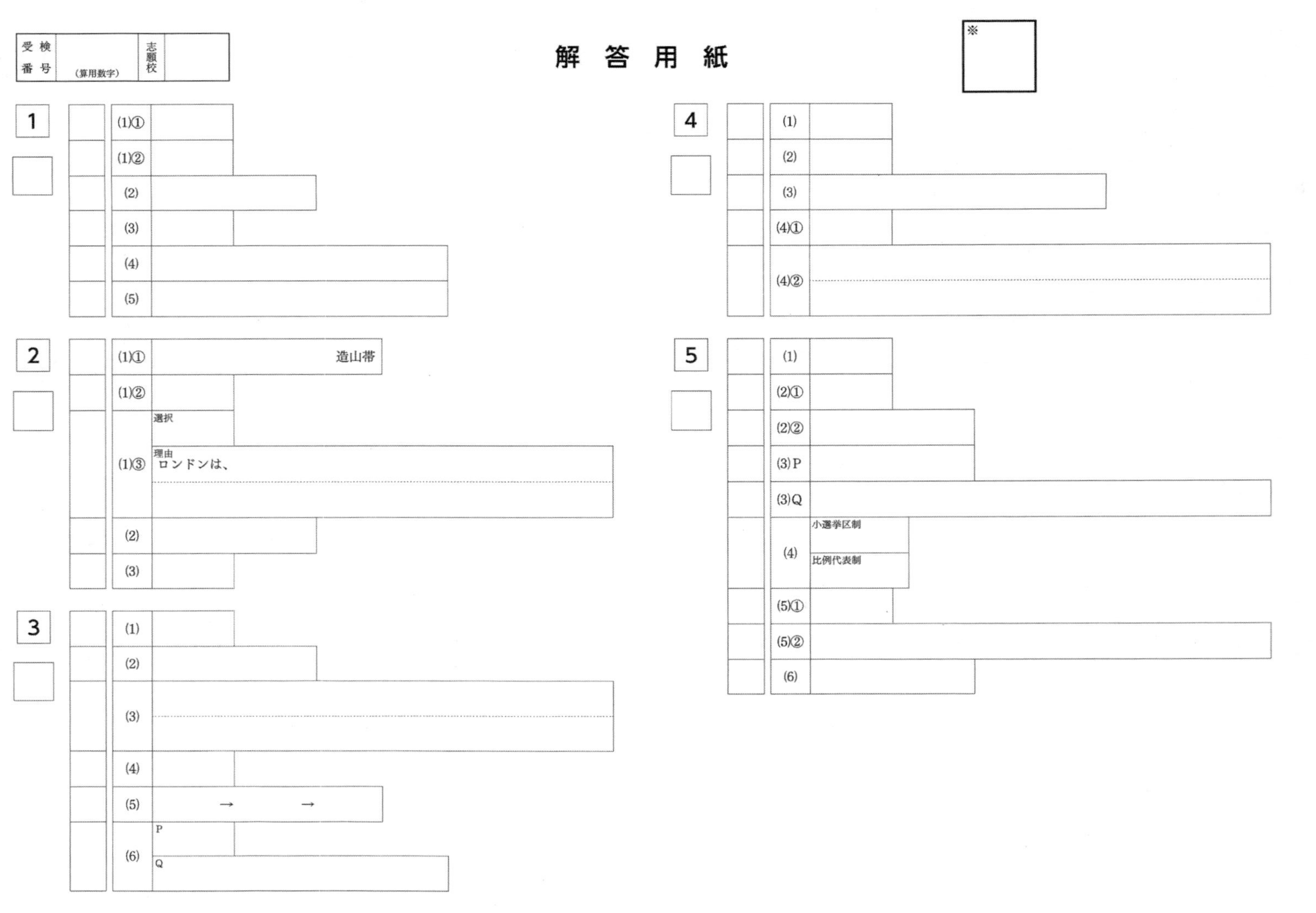

※実物の大きさ：195% 拡大（A3 用紙）

※個別の配点は非公表。

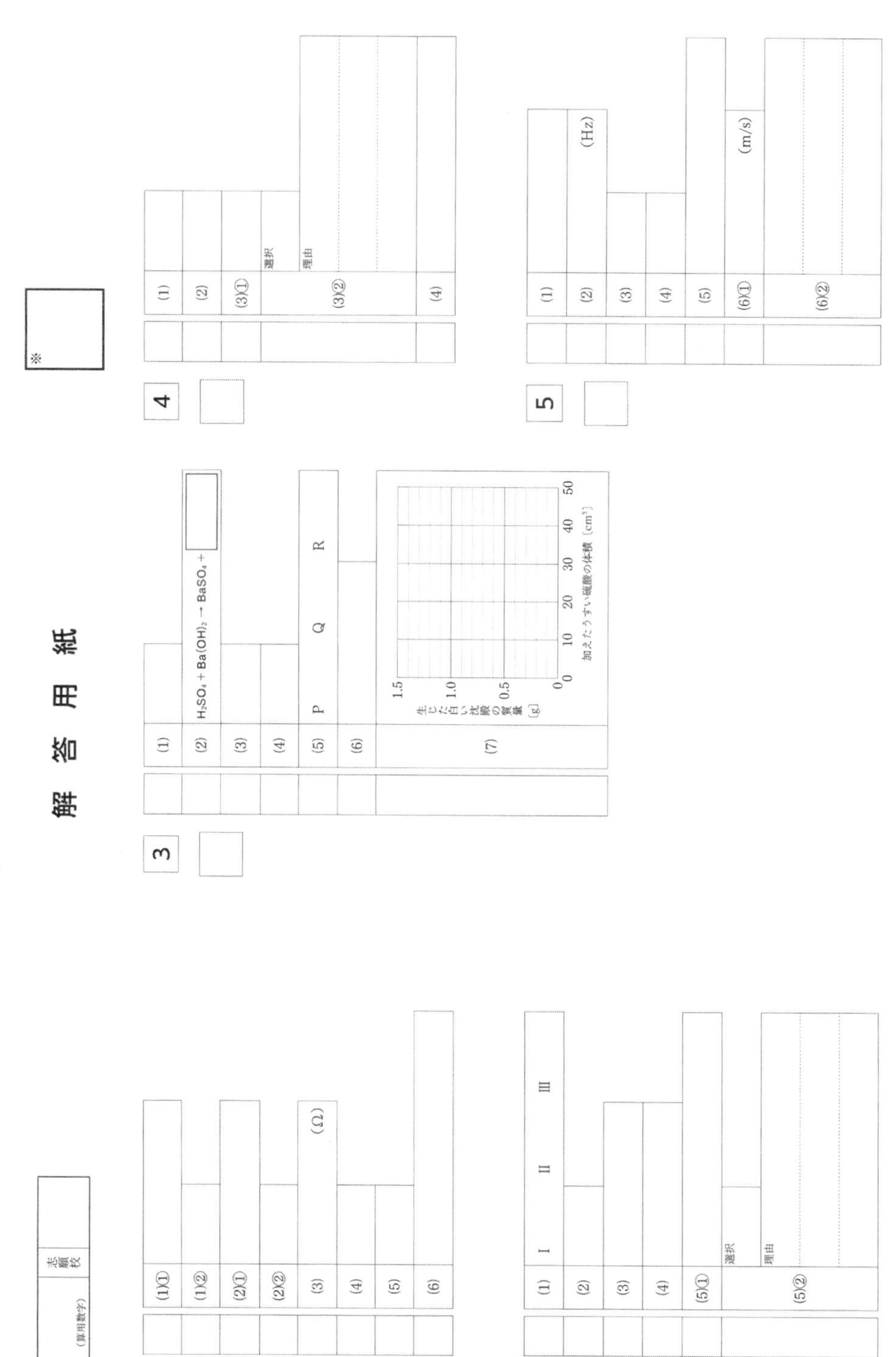

※実物の大きさ：195% 拡大（A3 用紙）

※個別の配点は非公表。

解答用紙

受検番号（算用数字）
志願校

※

注意　字数が指定されている設問では、「、」や「。」も一ます使いなさい。

1

(1)ⓓ　んだ
(1)ⓔ　み
(2)X
(2)Y
(3)
(4)
(5)X
(5)Y
(6)

2

(1)
(2)
(3)
(4)①
(4)②

3

(1)ⓐ　き
(1)ⓒ
(2)
(3)X
(3)Y
(4)①
(4)②
(5)

4

(1)
(2)
(3)
(4)　80

※実物の大きさ：195% 拡大（A3用紙）

※個別の配点は非公表。

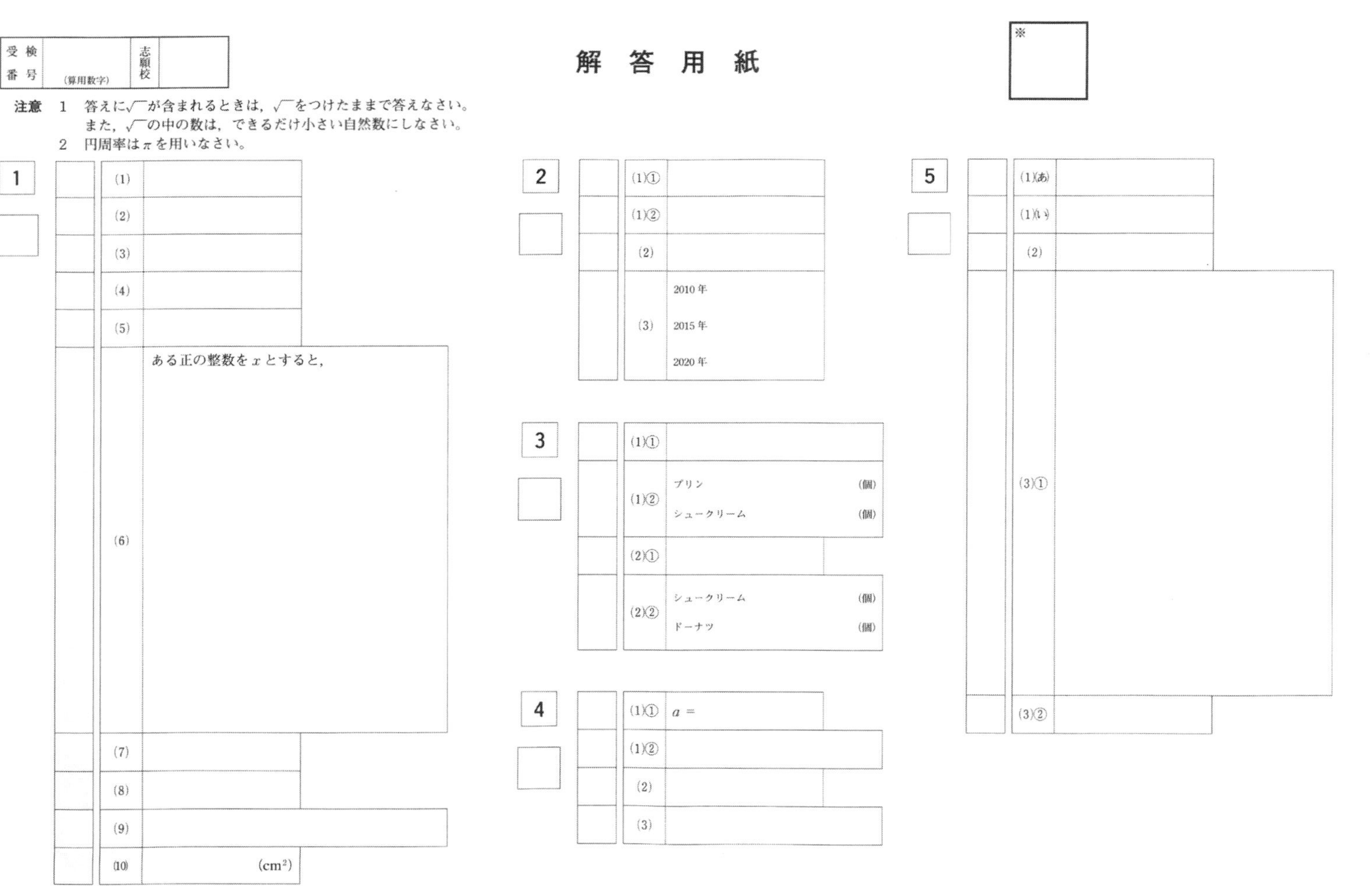

※実物の大きさ：195% 拡大（A3 用紙）

※個別の配点は非公表。

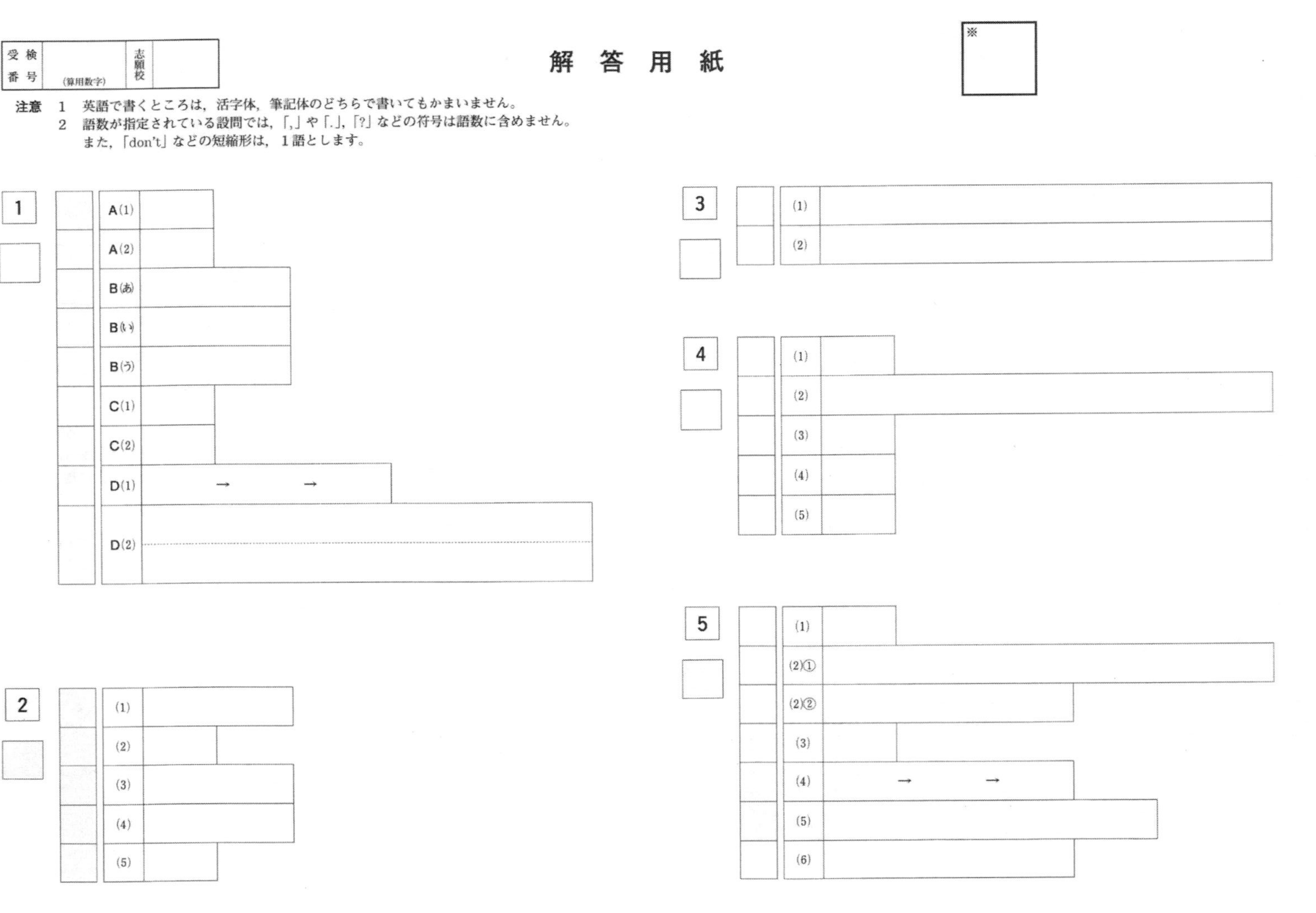

※実物の大きさ：195% 拡大（A3 用紙）

※個別の配点は非公表。

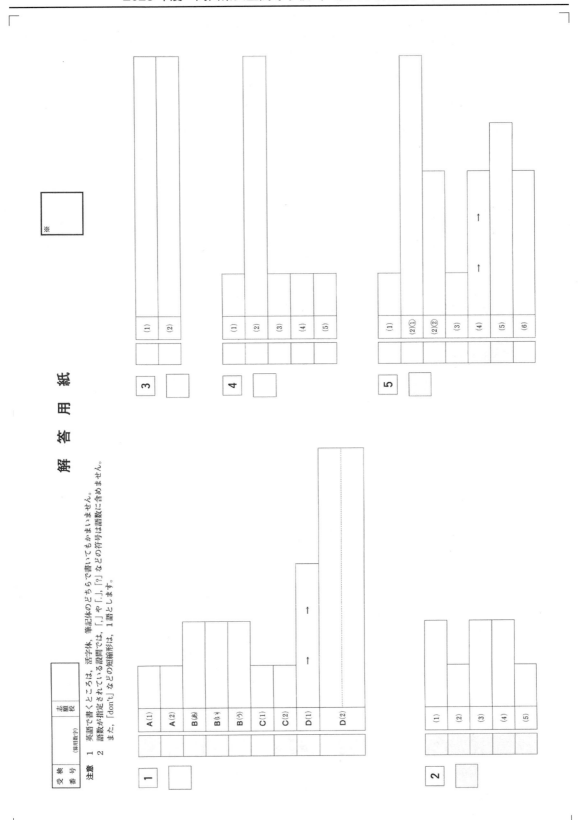

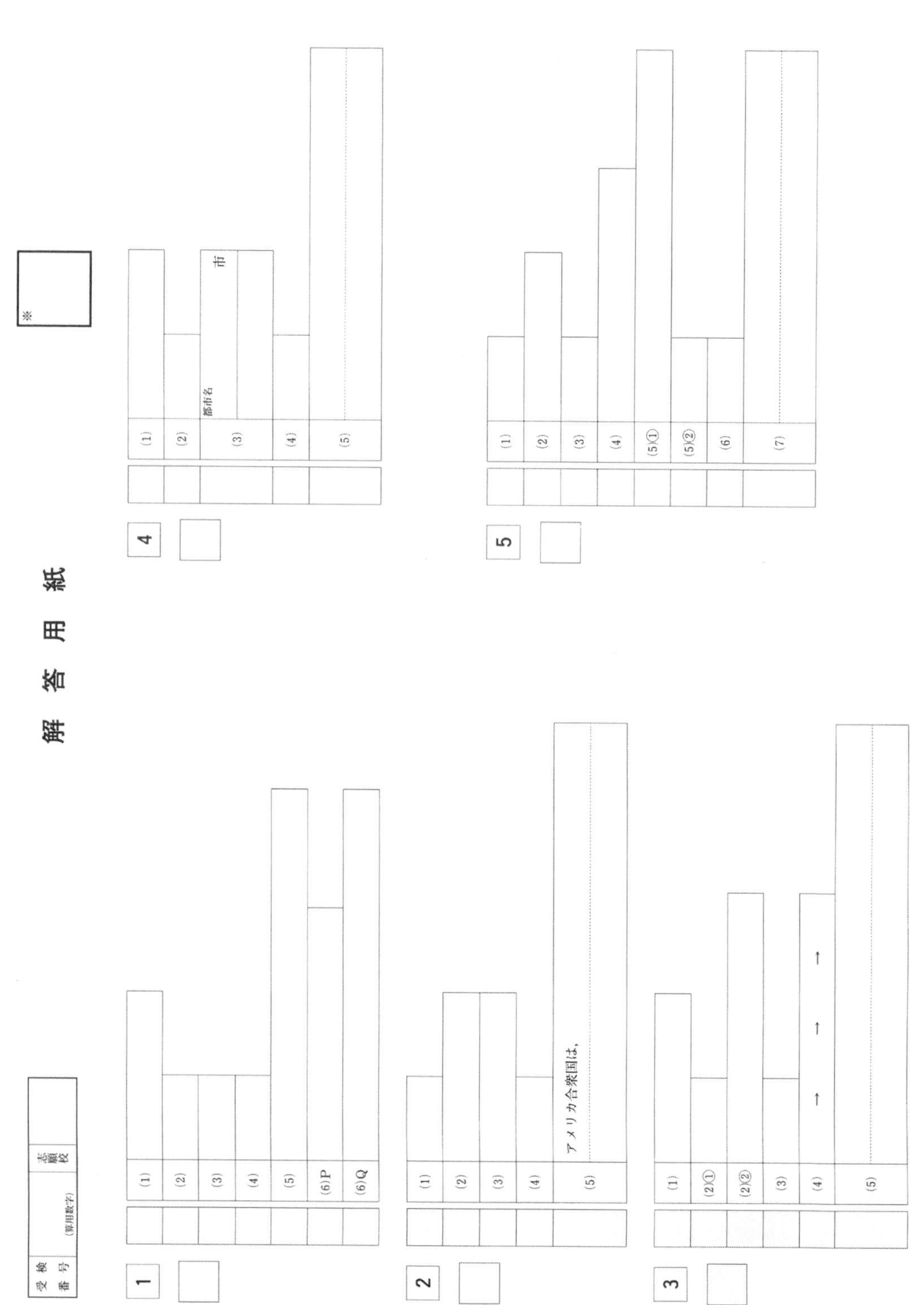

※実物の大きさ：195% 拡大（A3 用紙）

※個別の配点は非公表。

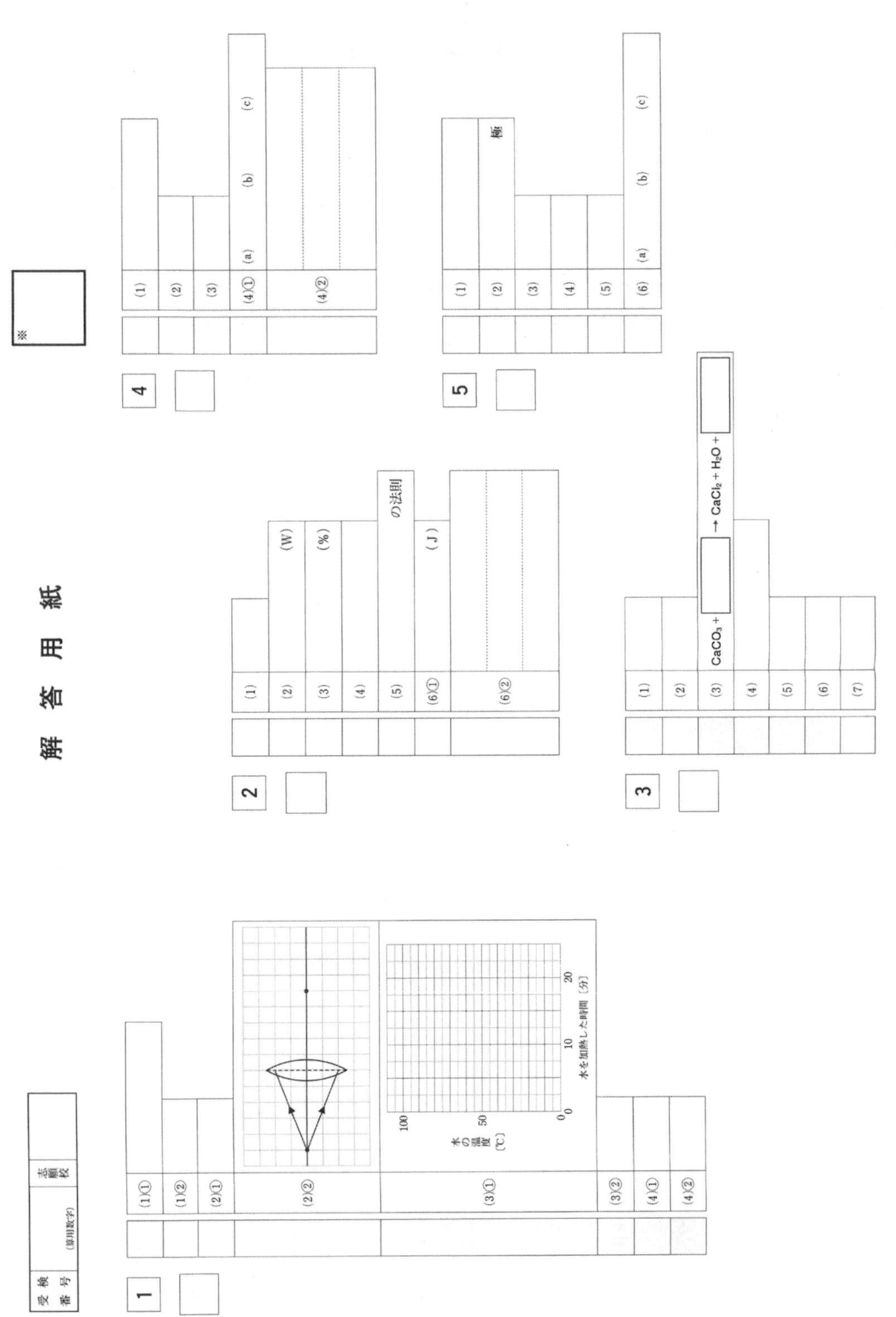

※実物の大きさ：195% 拡大（A3 用紙）

※個別の配点は非公表。

解答用紙

受検番号（算用数字）　志願校

※

注意　字数が指定されている設問では、「、」や「。」も一ます使いなさい。

1

(1)ⓑ
(1)ⓖ いた
(1)ⓔ
(1)ⓕ て
(2)
(3)
(4)
(5)
(6)

2

(1)
(2)
(3)X
(3)Y
(4)

3

(1)
(2)
(3)X
(3)Y
(4)
(5)
(6)

4

(1)
(2)
(3) 図書室が無償で本を貸し出せば、

80

※実物の大きさ：195% 拡大（A3 用紙）

※個別の配点は非公表。

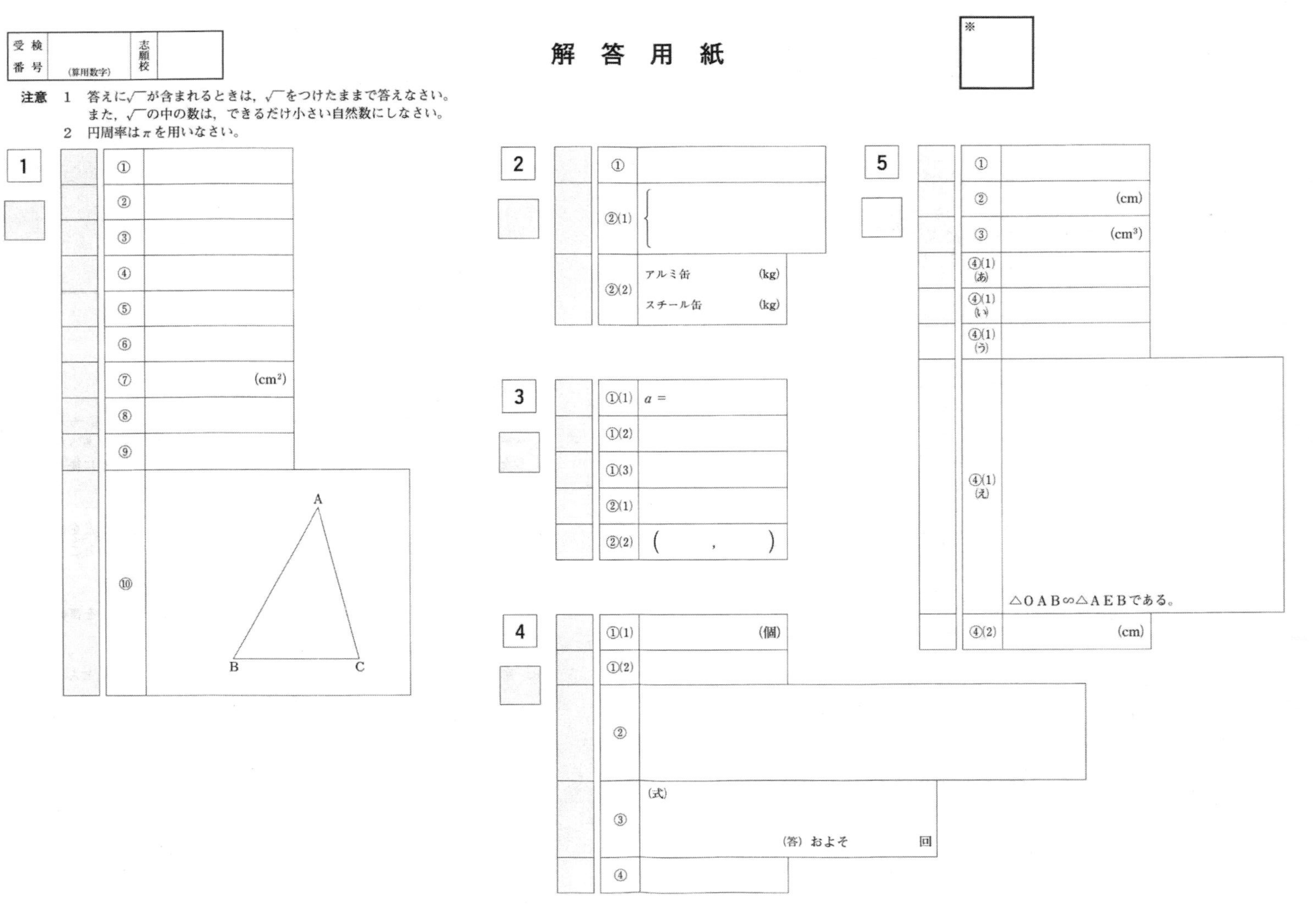

解答用紙

受検番号（算用数字）　志願校

※

注意　1　答えに√が含まれるときは，√をつけたままで答えなさい。
また，√の中の数は，できるだけ小さい自然数にしなさい。
2　円周率はπを用いなさい。

1

①
②
③
④
⑤
⑥
⑦ (cm²)
⑧
⑨
⑩

2

①
②(1)
②(2) アルミ缶 (kg)　スチール缶 (kg)

3

①(1) a =
①(2)
①(3)
②(1)
②(2) (　,　)

4

①(1) (個)
①(2)
②
③ (式)　(答) およそ　回
④

5

①
② (cm)
③ (cm³)
④(1)(あ)
④(1)(い)
④(1)(う)
④(1)(え) △OAB∽△AEBである。
④(2) (cm)

※実物の大きさ：195% 拡大（A3 用紙）

※個別の配点は非公表。

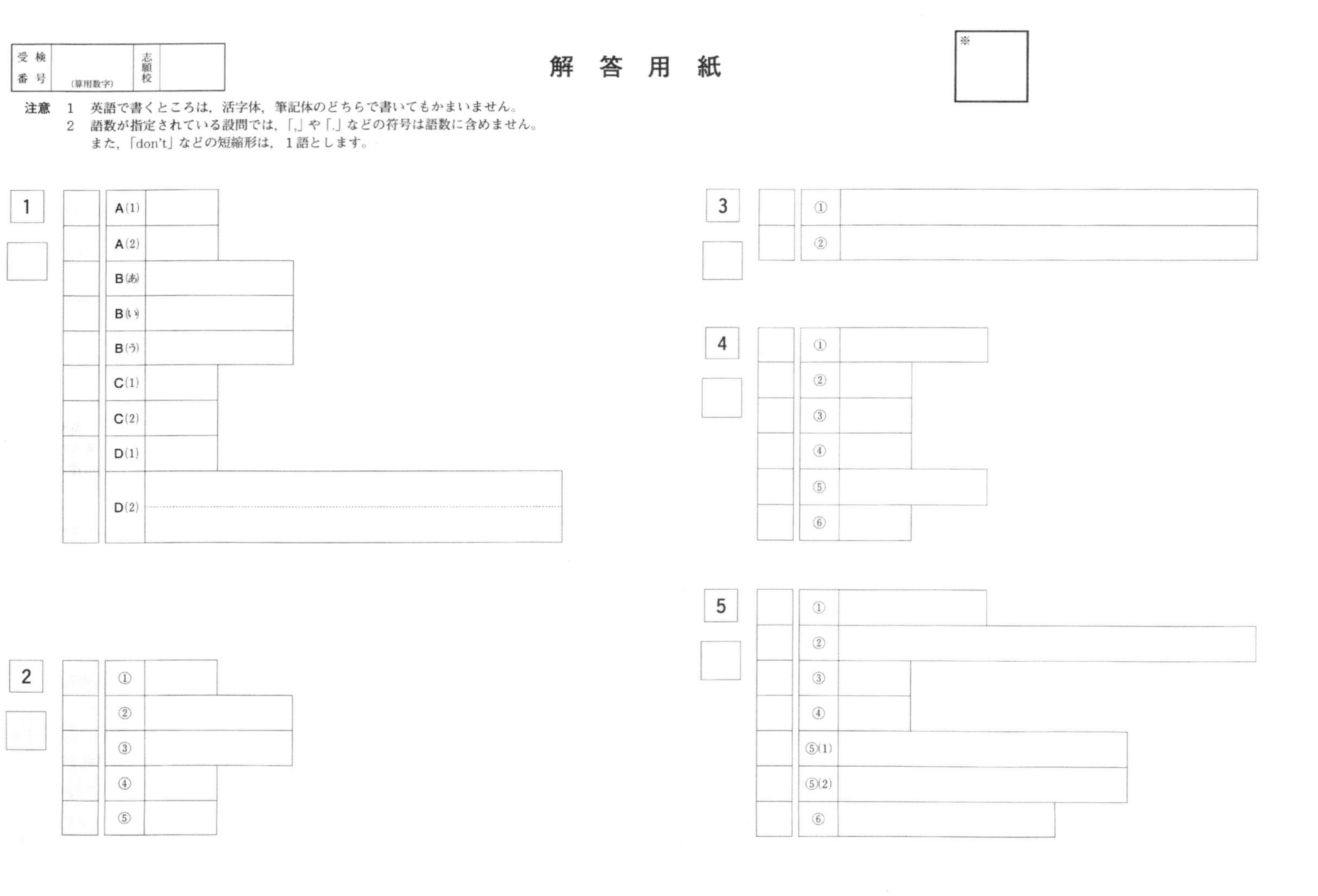

解答用紙

受検番号	(算用数字)	志願校	

※

注意　1　英語で書くところは，活字体，筆記体のどちらで書いてもかまいません。
　　　2　語数が指定されている設問では，「,」や「.」などの符号は語数に含めません。
　　　　また，「don't」などの短縮形は，1語とします。

1

A(1)	A(2)	B(あ)	B(い)	B(う)	C(1)	C(2)	D(1)	D(2)

2

①	②	③	④	⑤

3

①	②

4

①	②	③	④	⑤	⑥

5

①	②	③	④	⑤(1)	⑤(2)	⑥

※実物の大きさ：195% 拡大（A3 用紙）

※個別の配点は非公表。

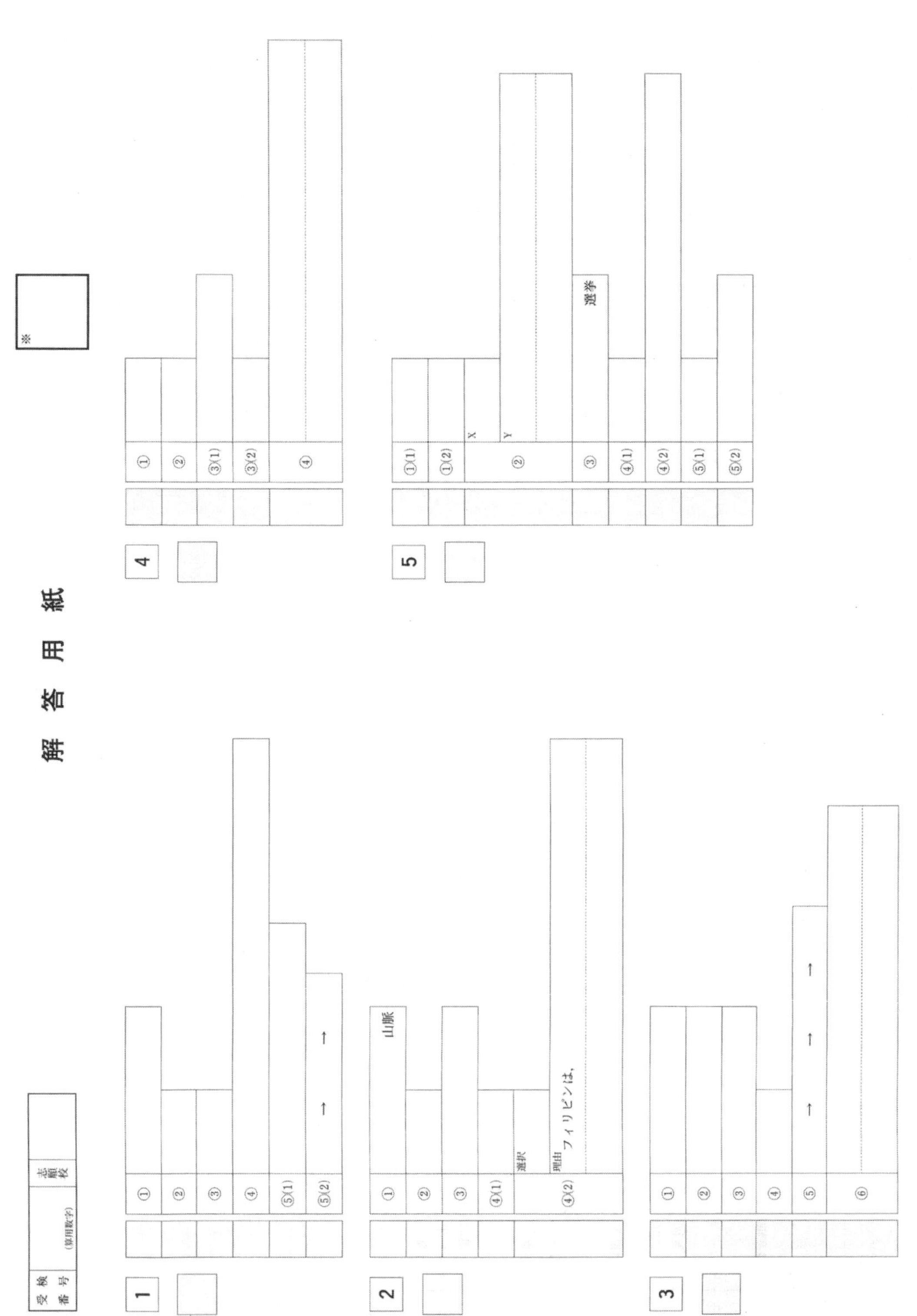

※実物の大きさ：195% 拡大（A3 用紙）

※個別の配点は非公表。

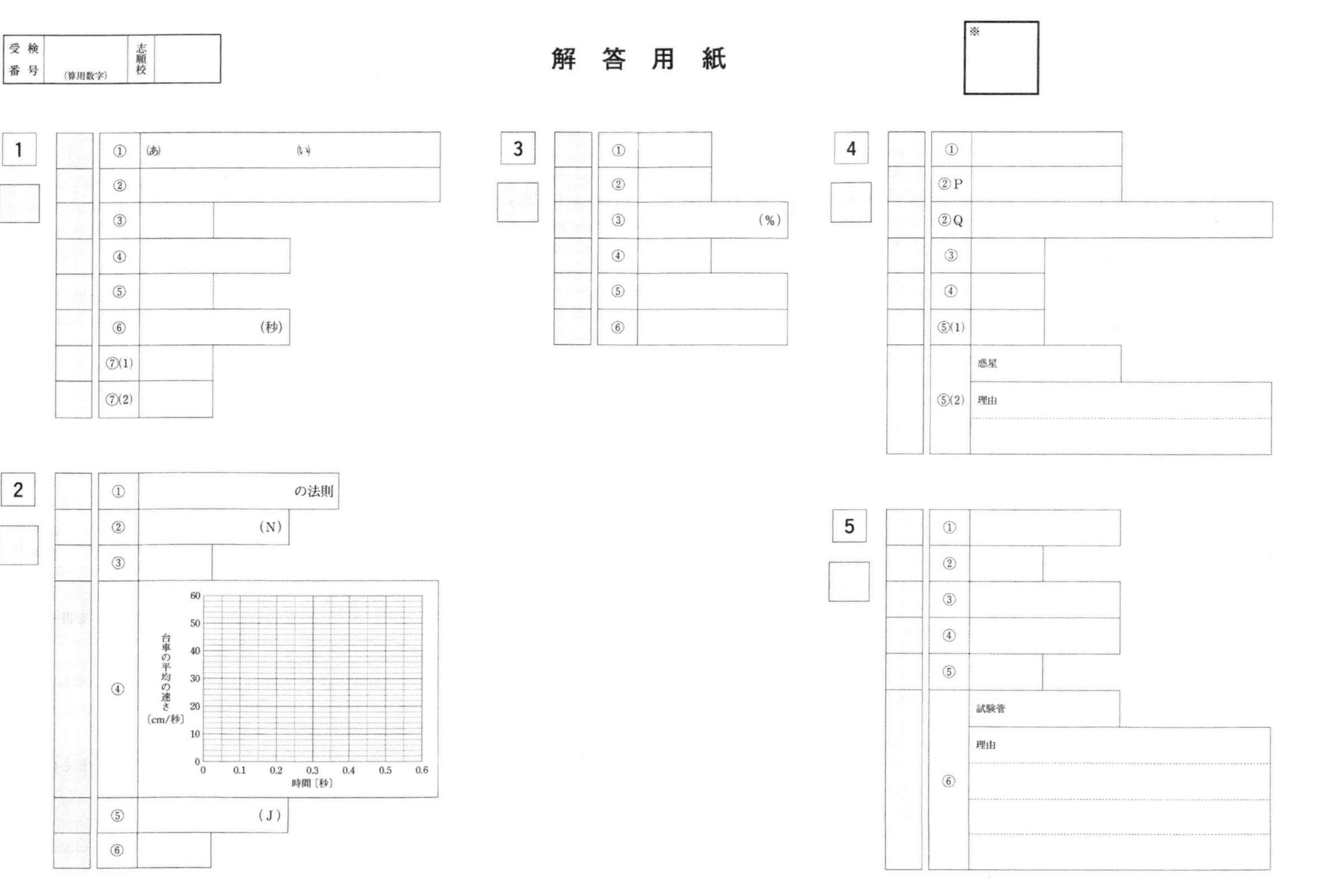

※実物の大きさ：195% 拡大（A3 用紙）

※個別の配点は非公表。

解答用紙

受検番号（算用数字）	
志願校	

※

注意　字数が指定されている設問では、「、」や「。」も一ますと使いなさい。

1

①ⓑ　んしまった
①ⓓ
②
③
④
⑤X
⑤Y
⑥

2

①
②
③
④X
④Y

3

①ⓒ
①ⓓ　んだ
②
③X
③Y
④
⑤
⑥

4

①
②
③　80

※実物の大きさ：195％拡大（A3用紙）

※個別の配点は非公表。

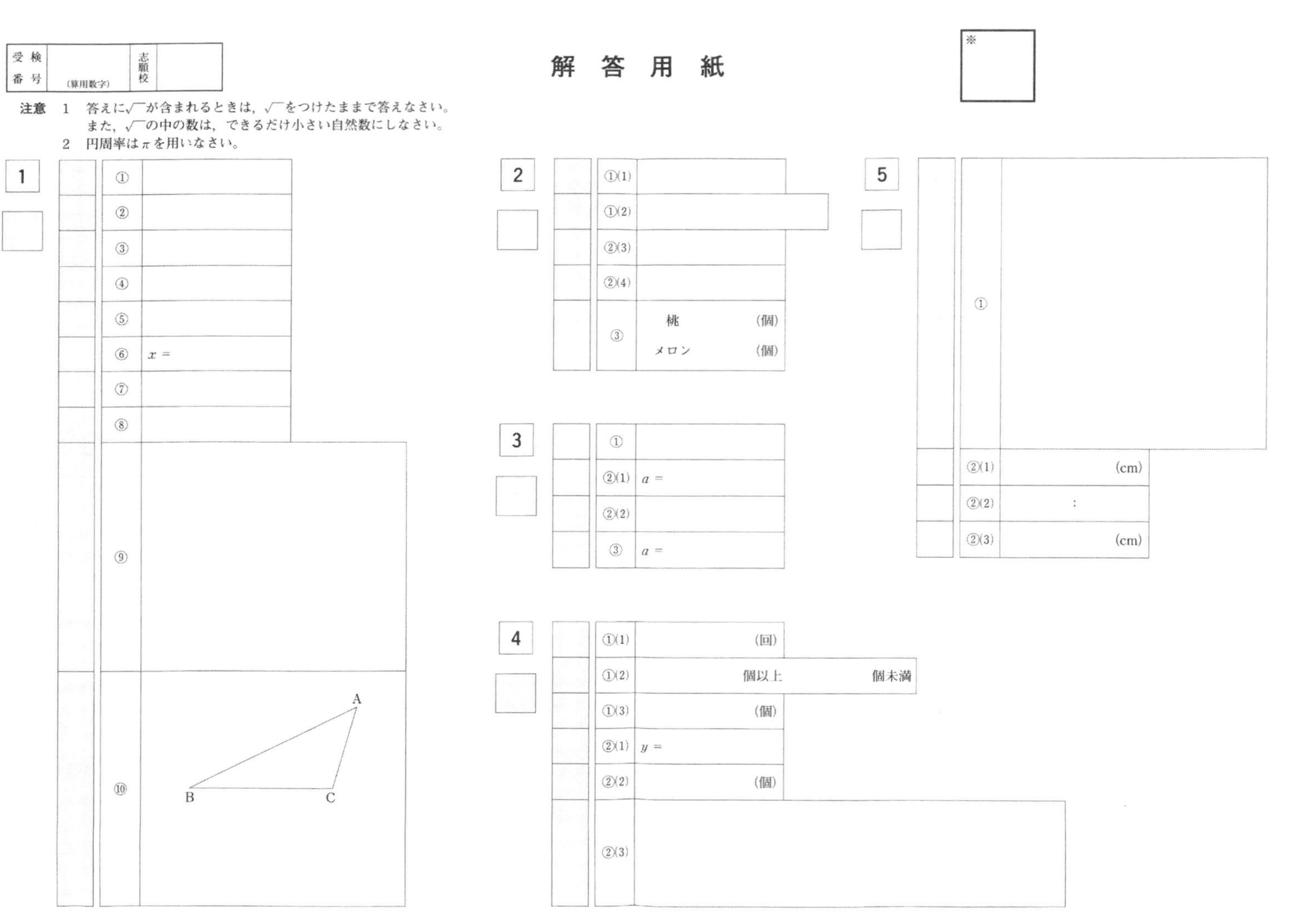

解答用紙

受検番号	(算用数字)	志願校	

※

注意 1 答えに√が含まれるときは，√をつけたままで答えなさい。
また，√の中の数は，できるだけ小さい自然数にしなさい。
2 円周率はπを用いなさい。

1

①	
②	
③	
④	
⑤	
⑥	x =
⑦	
⑧	
⑨	
⑩	A B C

2

①(1)	
①(2)	
②(3)	
②(4)	
③	桃 (個) メロン (個)

3

①	
②(1)	a =
②(2)	
③	a =

4

①(1)	(回)
①(2)	個以上 個未満
①(3)	(個)
②(1)	y =
②(2)	(個)
②(3)	

5

①	
②(1)	(cm)
②(2)	:
②(3)	(cm)

※実物の大きさ：195% 拡大（A3 用紙）

※個別の配点は非公表。

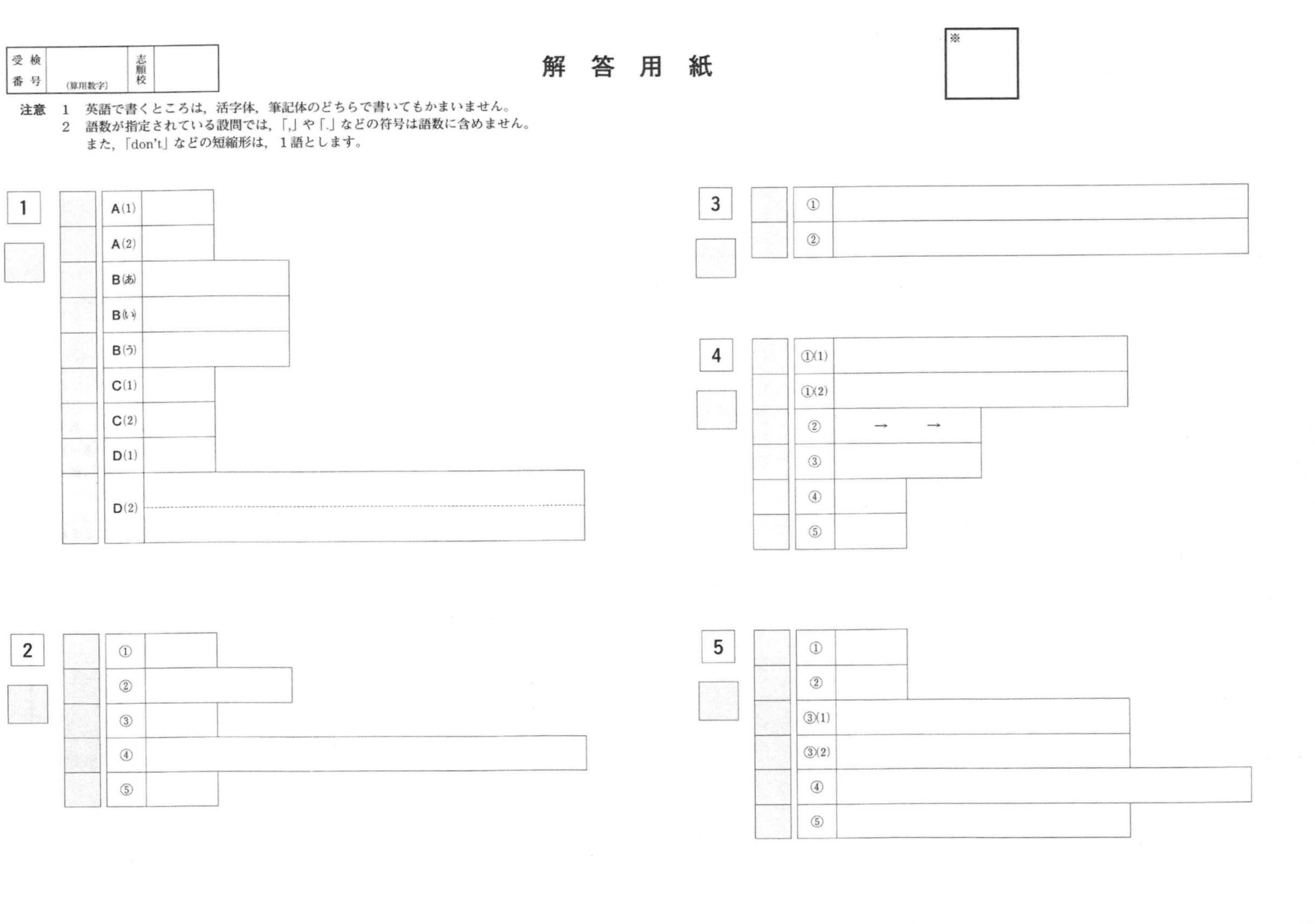

解答用紙

受検番号	（算用数字）	志願校	

※

注意 1 英語で書くところは，活字体，筆記体のどちらで書いてもかまいません。
2 語数が指定されている設問では，「,」や「.」などの符号は語数に含めません。
また，「don't」などの短縮形は，1語とします。

1
A(1)
A(2)
B(あ)
B(い)
B(う)
C(1)
C(2)
D(1)
D(2)

2
①
②
③
④
⑤

3
①
②

4
①(1)
①(2)
② → →
③
④
⑤

5
①
②
③(1)
③(2)
④
⑤

※実物の大きさ：195% 拡大（A3 用紙）

※個別の配点は非公表。

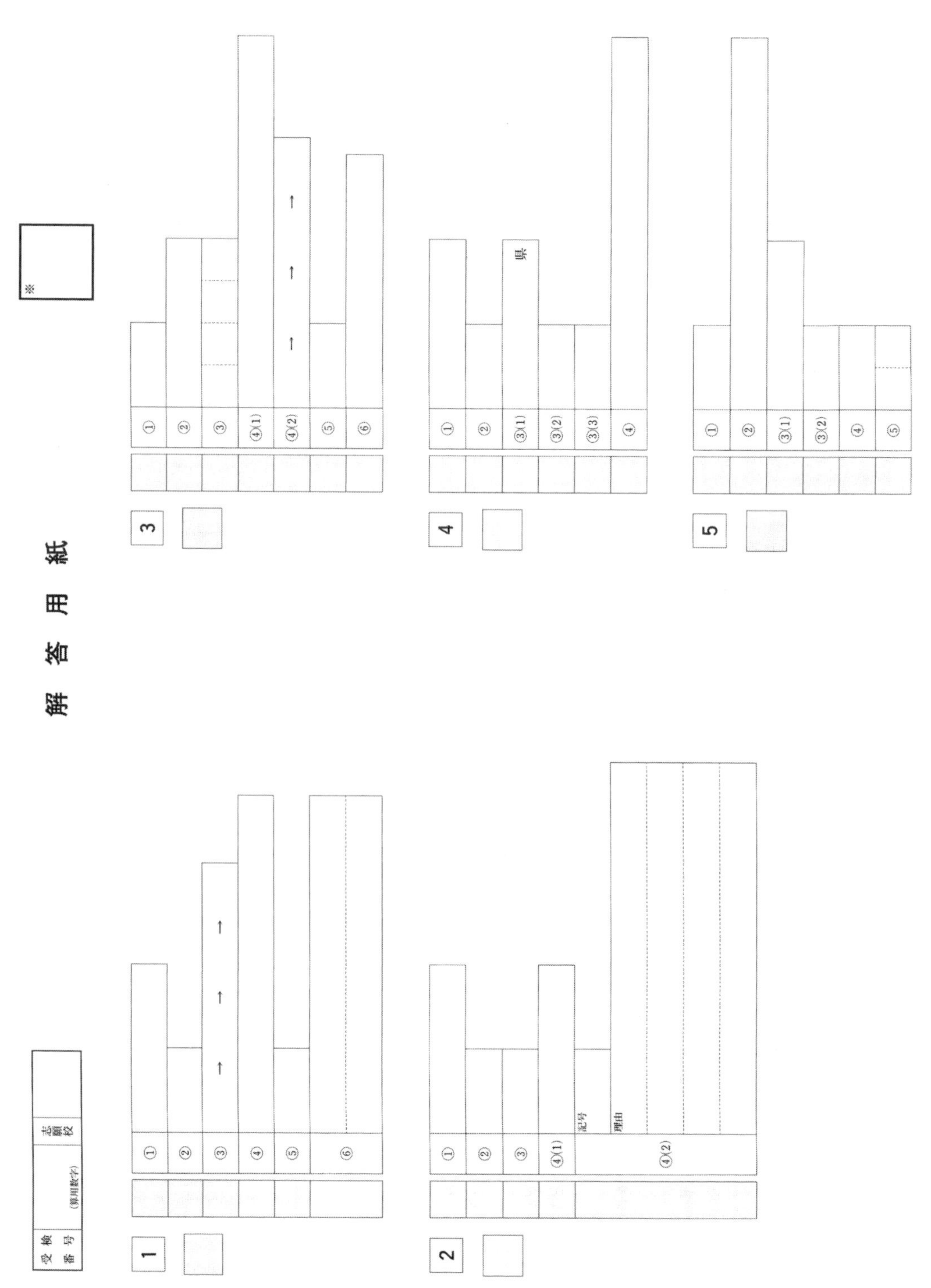

※実物の大きさ：195% 拡大（A3 用紙）

※個別の配点は非公表。

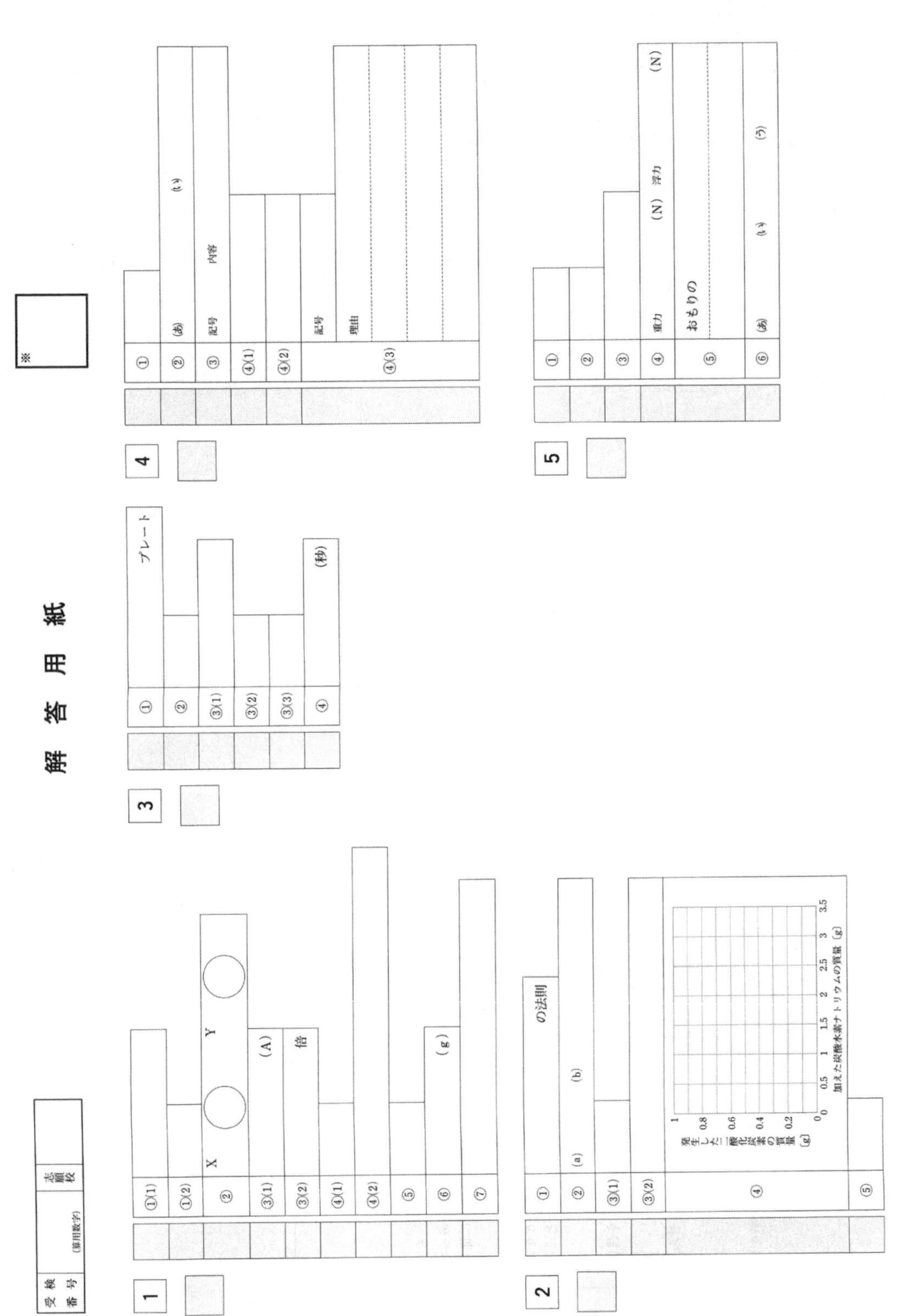

※実物の大きさ：195% 拡大（A3 用紙）

※個別の配点は非公表。

解答用紙

受検番号（算用数字）　志願校

※

注意　字数が指定されている設問では、「、」や「。」も一ますに使いなさい。

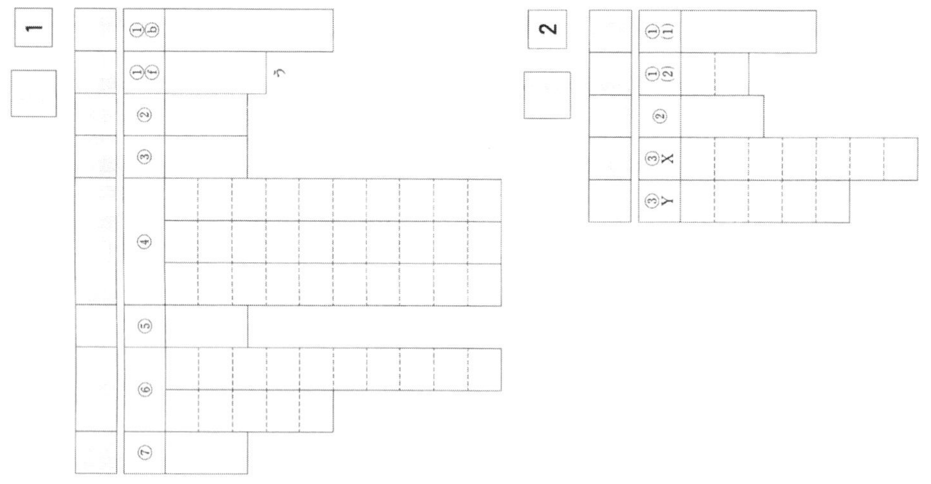

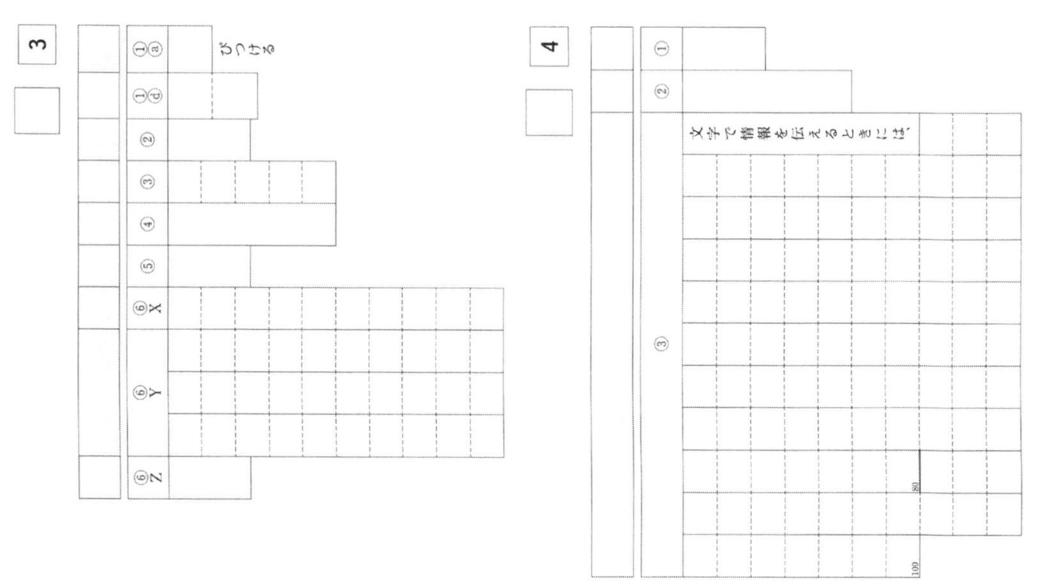

※実物の大きさ：195% 拡大（A3 用紙）

※個別の配点は非公表。

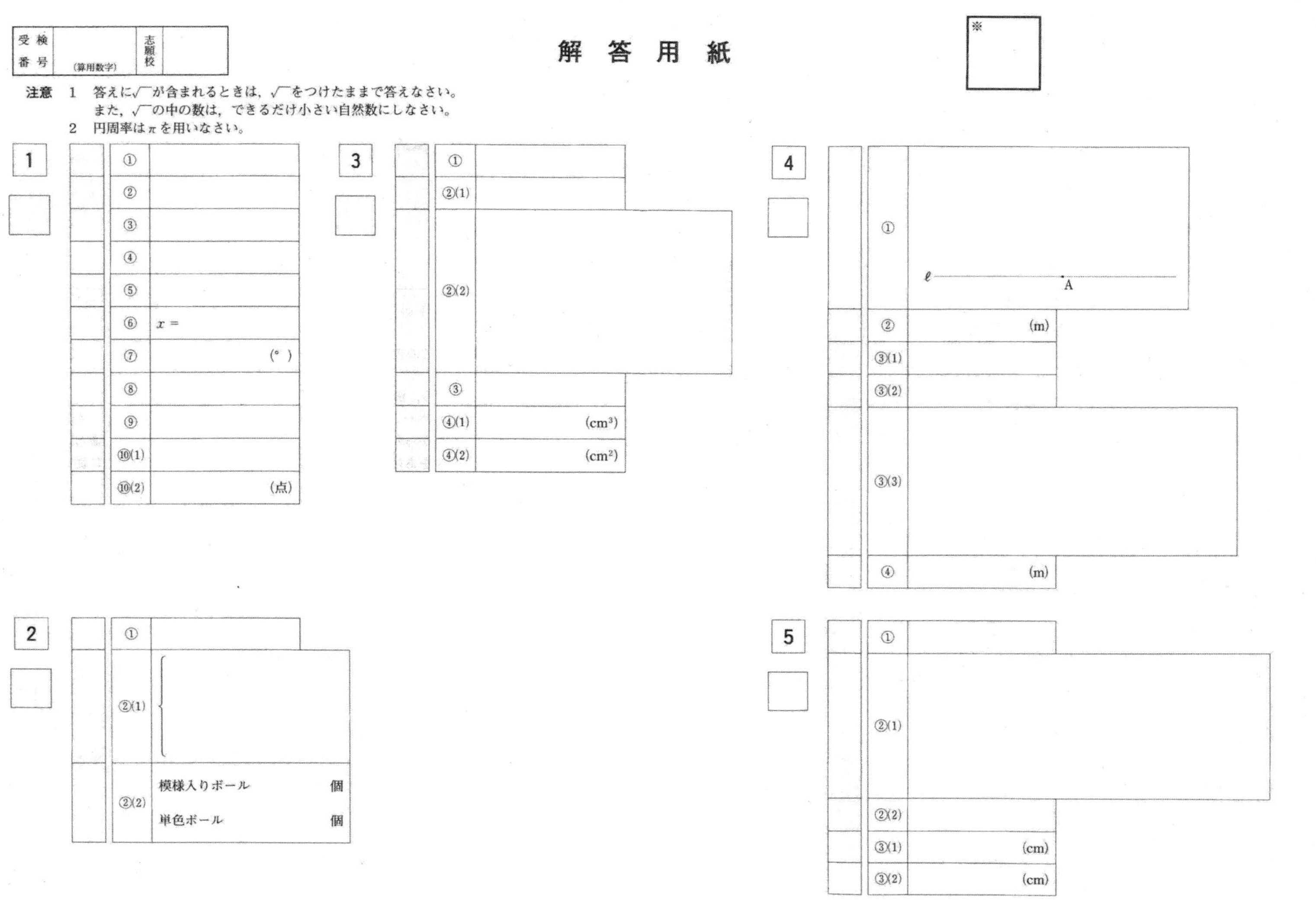

解答用紙

受検番号	(算用数字)	志願校	

※

注意　1　答えに√が含まれるときは，√をつけたままで答えなさい。
　　　また，√の中の数は，できるだけ小さい自然数にしなさい。
　　　2　円周率はπを用いなさい。

1

①	
②	
③	
④	
⑤	
⑥	x =
⑦	(°)
⑧	
⑨	
⑩(1)	
⑩(2)	(点)

2

①	
②(1)	
②(2)	模様入りボール　個 単色ボール　個

3

①	
②(1)	
②(2)	
③	
④(1)	(cm³)
④(2)	(cm²)

4

①	ℓ　A
②	(m)
③(1)	
③(2)	
③(3)	
④	(m)

5

①	
②(1)	
②(2)	
③(1)	(cm)
③(2)	(cm)

※実物の大きさ：195% 拡大（A3 用紙）

※個別の配点は非公表。

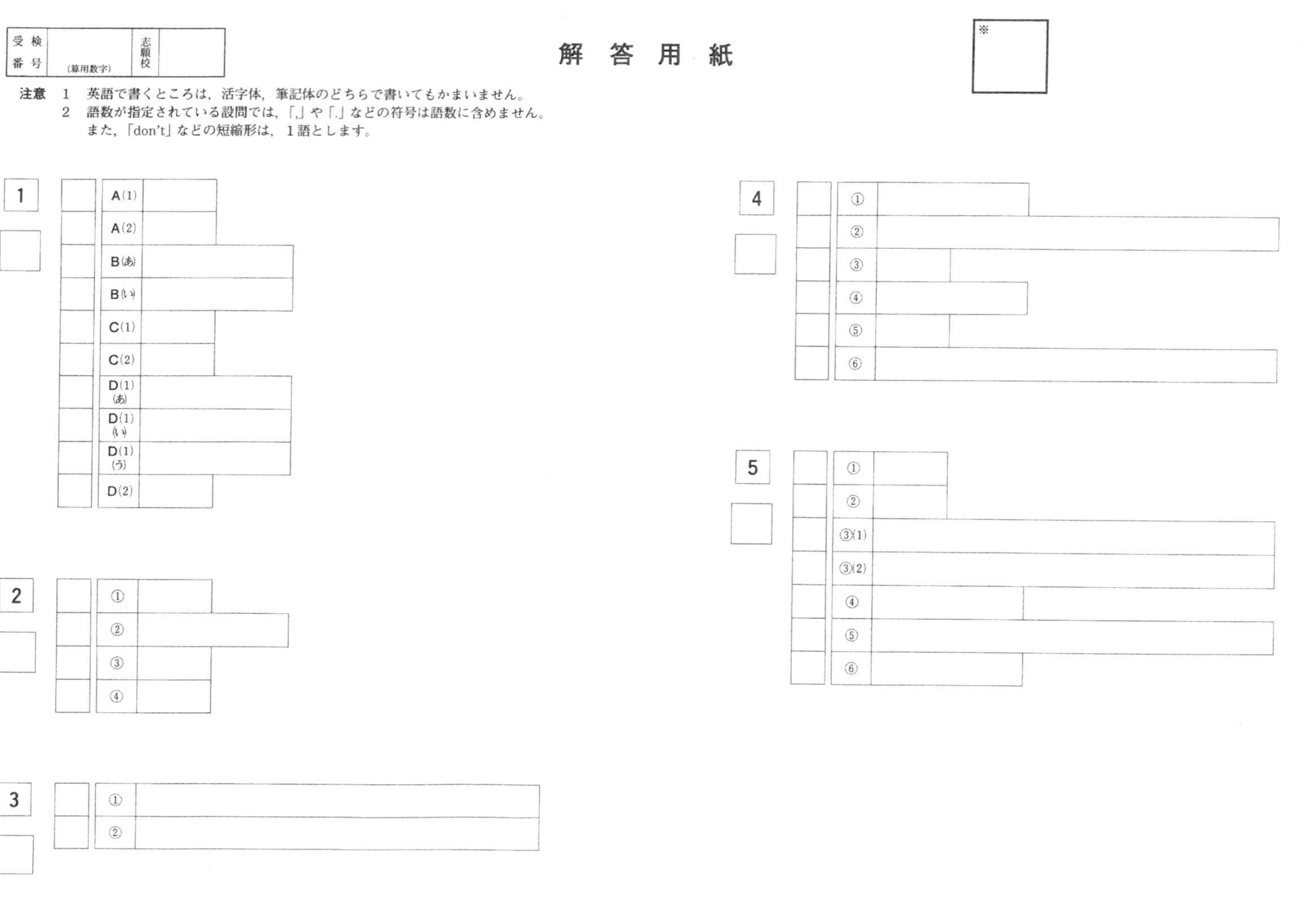

解答用紙

受検番号	(算用数字)	志願校	

※

注意
1　英語で書くところは，活字体，筆記体のどちらで書いてもかまいません。
2　語数が指定されている設問では，「,」や「.」などの符号は語数に含めません。
　また，「don't」などの短縮形は，1語とします。

1

A(1)	
A(2)	
B(あ)	
B(い)	
C(1)	
C(2)	
D(1)(あ)	
D(1)(い)	
D(1)(う)	
D(2)	

2

①	
②	
③	
④	

3

①	
②	

4

①	
②	
③	
④	
⑤	
⑥	

5

①	
②	
③(1)	
③(2)	
④	
⑤	
⑥	

※実物の大きさ：195% 拡大（A3 用紙）

※個別の配点は非公表。

2020 年度　岡山県公立高等学校（一般入学者選抜）　社会

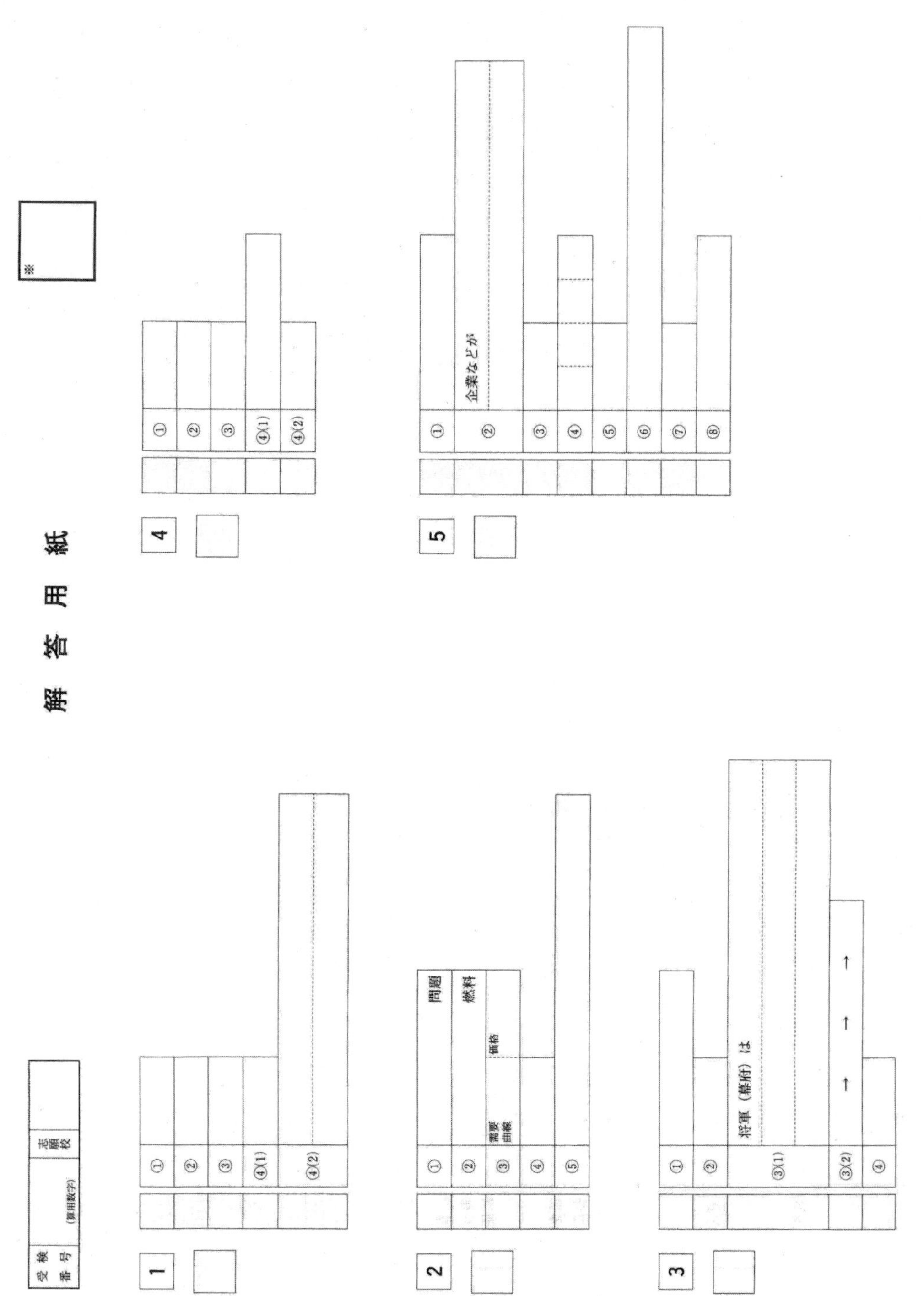

※実物の大きさ：195% 拡大（A3 用紙）

※個別の配点は非公表。

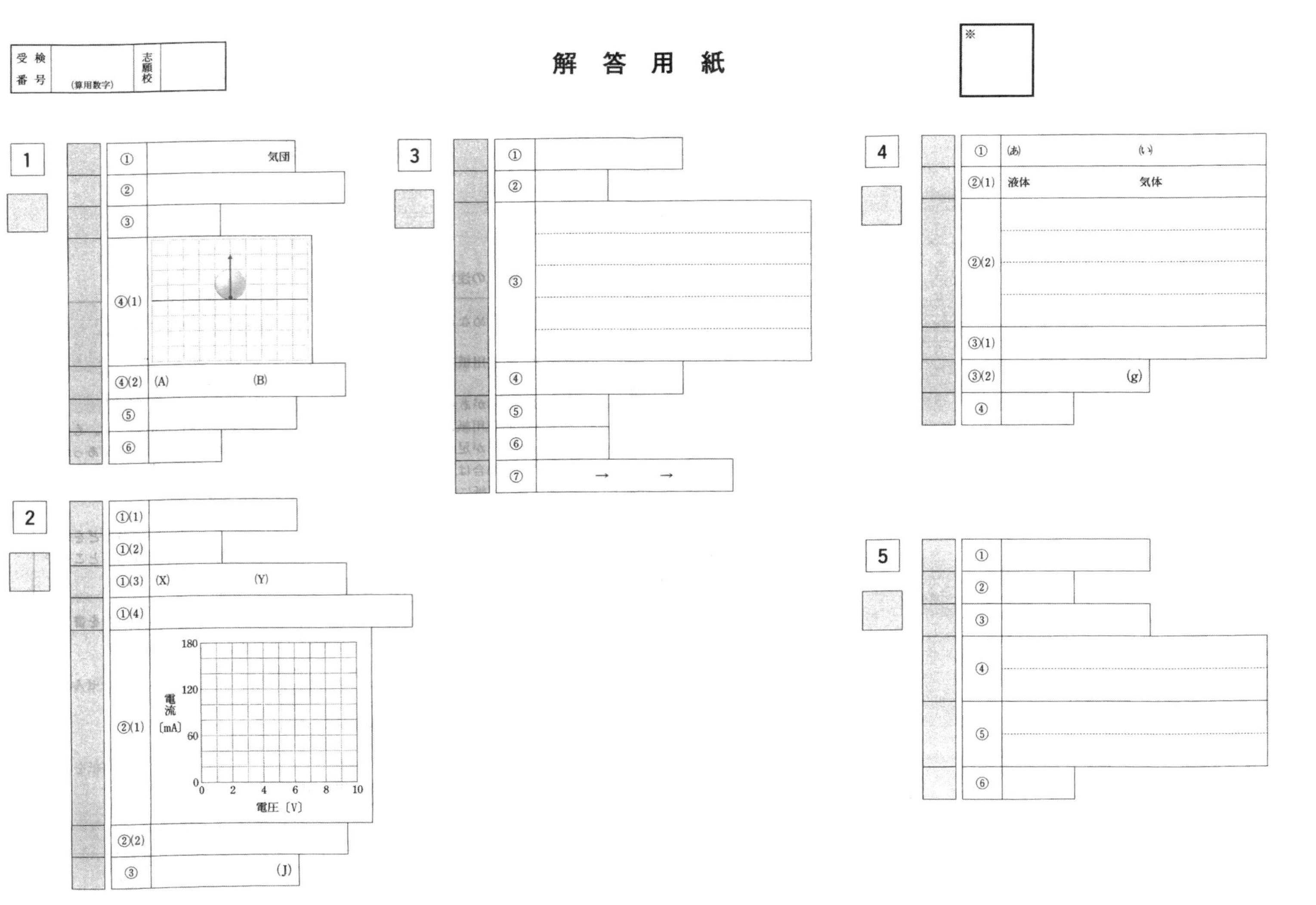

※実物の大きさ：195% 拡大（A3 用紙）

※個別の配点は非公表。

解答用紙

受検番号（算用数字）

志願校

※

注意　字数が指定されている設問では、「、」や「。」も一ますに使いなさい。

1

① ⓒ げて
① ⓕ
②
③ X
③ Y
④
⑤
⑥

2

①
②
③ Ⅰ
③ Ⅱ
③ Ⅲ
③ Ⅳ

3

① ⓓ 生える
① ⓕ
②
③
④
⑤ X
⑤ Y
⑥

4

①
②
③
④ 60 ということかな。

※実物の大きさ：195% 拡大（A3 用紙）

※個別の配点は非公表。

~MEMO~

~MEMO~

~MEMO~

~MEMO~

~MEMO~